高等院校通识教育系列教材

数字时代信息检索

于翠玲◎编著

中国传媒大學出版社
·北京·

目　录

第一章

绪论：从工具书到数据库

本章基于从工具书到数据库(从纸质工具书到数字检索工具)的发展线索,论述数字时代信息检索的特征及信息素养教育的内涵,梳理中文检索工具的演变历史,介绍中文检索工具的基本知识。

第一节 数字时代与信息素养

一、追踪数字时代的脚步

2020年以来,由于疫情防控所造成的人际隔离,反而加快了数字化信息的传播速度,数字课堂、数字会议、数字经济、数字产业、数字政府、数字城市……“数字”这个关键词进入各个领域,几乎无处不在。

“不识庐山真面目,只缘身在此山中。”为了说明当今时代的变化,我们不妨采用信息检索的方式,追溯媒体有关文章的记载,来捕捉数字时代的脚印。▲利用《人民日报》图文数据库,检索选项为“标题”(截至2021年12月24日),分别输入三个关键词:信息时代、网络时代、数字时代;在检索结果(篇数总计)中,每个关键词首先选择最早出现的一篇,再选择有代表性的一篇,简单列表如下:

表1-1 《人民日报》相关词语统计

关键词	篇名(标题)	作者	发表日期	篇数总计
信息时代	马克思对信息时代的预见	苏绍智 丁学良	1984-08-24	204
	德专家认为:本世纪末将跨入信息时代	李钟发	1994-09-12	

续表

关键词	篇名(标题)	作者	发表日期	篇数总计
网络时代	网络时代离你多远?	王政	1996-11-12	235
	大学生步入网络时代(电脑·通信·网络)	张岩峰	1998-11-26	
数字时代	盖茨称数字时代刚起步	张小军	2001-07-30	158
	数字时代教育不能缺位	田建国	2011-11-25	

上述资料仅仅出自单一数据库的检索结果,只是借助主流媒体的关注度,搜寻中国进入数字时代的点滴记录。从20世纪80年代开始,文章题目中所谓预见、步入、起步的“时代”,到今天都已成为现实。总起来看,信息化浪潮席卷而来,网络化世界日新月异,数字化、智能化生活就在身边。

上面所引报纸篇目提到国外专家的看法,说明这些词语概念最初是从国外输入的。在全球化的背景下,中国是紧跟着世界信息技术的发展潮流而前进的。有学者描述“社会的数字化转型已经成为不容置疑的世界共识,这是现代社会继信息化转型之后的新一波浪潮,也是信息文明进一步发展的体现。与信息化革命相比,数字化浪潮的深度和广度正借助移动终端、大数据、云计算、人工智能、5G通信网络、虚拟现实等新兴数字技术的突破而达到前所未有的程度”①。生活在这样一个新时代,每个人都要面对和思考数字化变革所带来的新问题。

本教材的内容限于文献的信息检索,从文献检索到信息检索这个名称的变化,正是受到信息技术影响的结果。如今进入数字时代,文献文本的数字化、检索系统的数字化,为数字化图书馆提供了丰富的数据库资源,也衍生了数字人文的研究方法。以表1-1为例,如果不是通过互联网进入学校图书馆的数据库,我们根本无法迅速检索《人民日报》从1946年创刊至今的全部文本,从中发现有代表性的题目,找到其中的关联。这几篇文章的题目按照年份编排在一起,在今天看来,已经具有历史见证的意义,值得重新解读。显然,在“数字时代”的背景下,在虚拟的数字图书馆空间,检索数字化的文献信息或数据,完全不同于走进图书馆的阅览室,在琳琅满目的书架中穿梭,寻觅和翻检纸质文献、亲手抄录所需资料的切身体验(可以说是一种触摸历史的感觉),因此人的知识视野和思维方式、治学方法也受到了数字技术的牵引。从文献信息的处理来看,“大数据技术引发了传统文献的生产方式创革、结构形态新变和获取方式拓展,文献的碎片化、标准化、结构化与可视化形成各种文本集、数据库等‘宏文

① 贝里,费格约德.数字人文:数字时代的知识与批判[M].王晓光,等译.大连:东北财经大学出版社,2019:(译者前言)1.

本’‘超文本’，促进了文献的关联与知识的再发现”①。当然，这种关联和再发现，也拆解了纸质文本原有的知识体系和整体结构。

本教材关注的是数字时代的信息检索，或者说是数字化文献信息资源的检索，因此，我们不能不思考：从工具书到数据库，经历了怎样的演变过程。当我们不再借助工具书，一步步找到所需要的文献信息，而是依赖数据库，在“全文”检索系统的平台，点击鼠标，一键到位时，是否会追溯那个空洞的检索框后面，究竟囊括了什么，又遮蔽了什么？那种规模宏大的知识仓库是否“如七宝楼台，眩人眼目，碎拆下来，不成片段”②？正是跟随“数字时代”的脚步，我们有必要从历史、理论和实践等方面，认识数字信息资源的特征，探讨文献信息检索课程如何更新、传统的文献学知识与数字信息素养怎样融合等问题。

二、认识数字信息的特征

数字信息是相对非数字信息而言的，非数字的文献信息是数据库的内容资源，文献信息检索经历了从工具书到数据库的演进过程。下面以工具书作为关键词，将其置于历史研究的框架中，借鉴相关学科的研究视角（知识社会史、媒介史、书籍史等），进行梳理和探讨，借以认识数字信息不同以往的特征。

工具书是书籍的一种类型，也是知识建构的一种工具。问题是：知识从何而来？知识是如何建构的？《知识社会史》一书提到“将我们所处的‘信息时代’放入一个更长远的历史背景之中”。其上卷的副标题是“从古登堡到狄德罗”，下卷的副标题是“从《百科全书》到维基百科”。这本书正是选择了有代表性的检索工具——纸质的印刷版《百科全书》和数字化的维基百科作为演进的线索和比较的对象，讲述知识形成及传播的社会史。作者甚至考虑“把两本书合为同一个题目：《从古登堡到谷歌》”，尝试回答这样一个问题：“我们通过什么途径到达了现在这个知识大综合的阶段？”③这需要勾勒从印刷技术到网络数字技术的发展轨迹，探讨知识建构及变迁的历史过程。

工具书有悠久的历史，工具书最初是书籍信息的载体，也是信息整合、检索和管理的工具。《工具书的诞生：近代以前的学术信息管理》一书指出：“我们认为自己生活在一个‘信息时代’，似乎这是一个全新的时代。事实上，我们现在思考和处理信息的不少方法可被追溯到许多世纪以前。本书要探究信息管理，也就是供查阅所用的文献

---

① 刘石，李飞跃．大数据技术与传统文献学的现代转型［J］．中国社会科学，2021（2）：63-81．

② 夏承焘．词源注［M］．北京：人民文学出版社，1981：16．

③ 伯克．知识社会史：下卷：从《百科全书》到维基百科［M］．汪一帆，赵博囡，译．杭州：浙江大学出版社，2016：2．

摘录的辑录和编订的悠久传统。我将这类文献摘录称为‘参考工具书’”①；本书“不是把信息界定为原始数据，而是将其界定为被摘录和传播的书籍内容”；“研究工具书的编纂、抄写、印刷、流通、接受和流传，及其与所处历史语境之间的关系的全面的历史”。② 其中提到中国古代的工具书（类书等），将其作为与西方比较的对象。由此可见，各国的工具书最初都是书籍的工具，是对日益增加的书籍信息进行整理或者说管理的结果。中国的工具书在中西文化的交流中也是重要的媒介，了解中国工具书的历史及其在近代的演变，对于探讨工具书目前数字化转型的特点，也具有参照意义。

从工具书到数据库的历史，涉及媒介技术（从印刷技术到信息技术）的发展，数据库是知识信息和文献资源聚合与传播的一种新媒介。西方媒介理论同样强调历史，“理解新媒体应试图立足于历史的角度”③。麦克卢汉曾经描述：“如果说彩色照相术产生了‘没有墙壁的博物馆’，那么电光照明产生没有墙壁的空间、没有黑夜的日子就深刻得多了”；“在这个领域，媒介即是讯息。电灯一亮，就出现一个感知世界。电灯一灭，这一感知世界就荡然无存”。④ 在电力时代，普通人并不知道电的原理，却能感知到电所带来的变化。同样，在当今的数字时代，数字媒介技术产生了没有墙壁的虚拟图书馆，打开电脑或手机屏幕，就进入了一个无边无际的、基于互联网的知识仓库。这种打开或关闭，将个人置于完全不同的感知世界，必然改变其获取知识信息的途径，启发跨学科的思维方式，开创数字化的研究方法。《数字人文：数字时代的知识与批判》一书指出：“通过对历史和文化的研究，数字人文将‘旧的’与‘新的’文化知识引入令人兴奋的世界级创新性研究的同时，也在利用这些技能帮助社会应对数字转型带来的急速变化。通过教育活动，数字人文将有关数字世界的智慧传递给了下一代，包括如何利用它、如何理解它，更关键的是如何在新兴的数字环境中培养创造性和创新性。”⑤

在数字时代，纸质的工具书已经向数字化转型，“工具书是离散的片状知识的集合”，“快速地查阅某一特定的知识片段的能力因而成为一个很有价值的特色。与此类似，对相关材料的交互检索也是用户所重视的”。⑥《知识社会史》一书下册以维基百科作为代表，说明“最为显著的长期趋势是所谓的‘知识爆炸’……这个新的比喻很

---

① 布莱尔. 工具书的诞生：近代以前的学术信息管理[M]. 徐波，译. 北京：商务印书馆，2014：17.

② 布莱尔. 工具书的诞生：近代以前的学术信息管理：译者序[M]. 徐波，译. 北京：商务印书馆，2014：7，8.

③ 李斯特，多维，吉丁斯，等. 新媒体批判导论：第二版[M]. 吴炜华，付晓光，译. 上海：复旦大学出版社，2016：55.

④ 麦克卢汉. 理解媒介：论人的延伸[M]. 何道宽，译. 北京：商务印书馆，2000：168，169.

⑤ 贝里，费格约德. 数字人文：数字时代的知识与批判[M]. 王晓光，等译. 大连：东北财经大学出版社，2019：（前言）2-3.

⑥ 汤普森. 数字时代的图书[M]. 张志强，等译. 南京：译林出版社，2014：336.

好地结合了两个概念——快速的扩张和碎片化”①。数字化加速了知识文本的碎片化、拼接和关联，包括无效链接等现象，因而更加让人感受到“信息过载”的焦虑。从媒介演变的历史来看，工具书的数字化以及数据库的出现，也是一次对书籍文本形式，或者说是知识建构方式的革命。以前所有的知识系统都是以单线性原则建立起来的，“到今天，知识以多线性而非单线性建构的这一论断就成为对知识的组织和管理的颠覆性威胁。因此，文本本身的特定状态就已经被挑战了。你握在手中的书被溶解为一个关联性的网络——在其中，书本身的众多交错关联的链接有助于形成许多不同的阅读途径；书本身也逐渐向其他文本渗透。书中的文献和引文立即可用，其他相关讨论或相反的观点可直接比对。总之，书的完整性与以书本为基础建立起来的知识系统的完整性被网络知识系统取代了。形成图书馆系统（杜威分类法、索引、基于纸张的目录）的知识存储的上层建筑被搜索引擎及相关的元数据、标签和用户生成的知识分类的设计所取代”②。在这种数字环境中，反而需要对信息摄入加以限制，“对这些海量材料进行筛选的能力以及识别少量关键资料和文本的能力成了核心技能。如今，研究者必须具备比以往更强的信息检索技能，并且更需要具有学科领域的专门知识，以便识别研究领域内关键的核心资源并加以突出。同时，研究者也更加需要和其他同行建立网络，交流经验，分享知识”③。

目前“数字人文”已经成为一个交叉学科的研究热点。哈佛大学中国史教授包弼德认为，“数字人文是人文研究的工具，为人文研究提供数据科学的研究方法”，带来了智力和理论层面的五个飞跃，第一个飞跃是从数据库到关系数据库；第二个是从地图到地理信息系统和空间分析的飞跃；第三个是社会网络分析；第四个是用于文本分析的工具和平台。最后是基于 API 的网络基础设施。④ 这个概括有助于我们了解目前的数字人文项目及其数据库的特点。关于数字技术对传统阅读与学术研究所产生的影响，中国的文史研究者也有批判性思考。陈平原指出：“阅读被检索取代是一个很可怕的问题”；“检索能力是很容易学会的。全世界的图书都在一个‘云’里，将来稀缺的是独立思考、批判精神，不依附于前人、古人，不盲从于社会”。⑤ 王子今《“史识”与计算机“利器”》一文，针对“史学领域多数学人也普遍应用计算机技术检索史料、收集信息、整理思路、撰写论著”的情形，以具体的检索实例，强调“史识”的重要：“虽然

① 伯克．知识社会史：下卷：从《百科全书》到维基百科［M］．汪一帆，赵博囡，译．杭州：浙江大学出版社，2016：280.

② 李斯特，多维，吉丁斯，等．新媒体批判导论：第二版［M］．吴炜华，付晓光，译．上海：复旦大学出版社，2016：034-035.

③ 杜恰泰．如何利用互联网做研究［M］．傅存良，译．北京：北京大学出版社，2014：3.

④ 包弼德．数字人文与中国研究的网络基础设施建设［J］．图书馆杂志，2018（11）：19.

⑤ 陈平原．阅读不能流于浅薄［J］．教育，2020（17）：1.

检索手段越来越先进，但是检索的主题，必须由研究者凭借主观判断来选定。学术见识的水准，往往可以于此体现。"[①]邓小南也指出："各类数据库协助我们抓取文本，观察文本间的关联；而非字面的深层领会，只能靠我们对各类史籍、对田野、对历史遗迹的'触摸'，靠我们内心的感悟，靠自身实践与思考来摸索形成。'数字人文'的深度发展、其成果的出现及其充分利用，都与人文学科的深度发展相伴相随；加强问题提炼、材料阅读与辨析的训练，仍然是学人不容忽视的基础与责任。"[②]上述看法对理性认识检索工具的变化以及数字人文的方法具有启示意义。

无论是知识体系的建构，还是信息技术所带来的文本革命，工具书都是一个值得研究的聚焦点。此外，工具书史是书籍史的组成部分。书籍史研究书籍产生与传播的历史及其所产生的社会影响，"人类借助于某种有型的介质来记录信息，并在一定的期限内保存该信息，由此便促成了知识与学问的积累，它是思想发展史必不可少的中介"[③]。或者说，书籍不是孤立存在的，"它在每个阶段表现出来的特点及其发展变化都有着复杂的社会历史背景。与书籍有关的各种思想、政治、经济、社会、文化现象，都是书史研究的对象。因而它绝不仅仅是书籍本身形制和内容的演化史，更是一部社会史、文化史、传播史"。[④] 工具书的一个显著特征就是与时俱进，这既是知识积淀的过程，也是知识筛选的结果。《知识社会史》指出："历史学家们需要研究知识的废弃过程，即知识是怎么被转换成非知识或者假知识的。当新知识进入某个特定文化时，大学课程、百科全书、档案馆或者图书馆里是否有旧知识被替代了，这一过程可被称作'文化选择'。"[⑤]因此，从一般工具书到百科全书，再到维基百科，不仅是知识载体的变化，也是知识更新和文化选择的过程。基于这样的视角，我们可以探讨中国的工具书从古代到近代再到当今的演变历史，例如，从古代的类书到近代的百科全书，再到当今的古籍全文检索数据库，只有置于古今贯通、中西比较的语境，才能更好地认识数字时代的知识建构和信息检索所发生的变化及其文化特征。

总之，在当今的数字时代，我们随时身处数字环境之中，要认识数字信息的特征，把握价值评判的尺度，反而更加需要具有历史眼光。而多学科的研究成果，在历史考察及理论视角方面，都可以聚焦于"工具书"，将其作为认识当今数字时代发展轨迹的"后视镜"。

---

① 王子今."史识"与计算机"利器"[J].史学月刊，2015(1)：9-11.

② 邓小南.数字人文与中国历史研究[J].中国文化，2021(2)：11-14.

③ 巴尔比耶，拉维尼尔.从狄德罗到因特网：法国传媒史[M].施婉丽，徐艳，俞佳乐，译.上海：上海人民出版社，2009：002.

④ 芬克尔斯坦，麦克利里.书史导论[M].何朝晖，译.北京：商务印书馆，2012：(译者前言)7.

⑤ 伯克.知识社会史：下卷：从《百科全书》到维基百科[M].汪一帆，赵博囡，译，杭州：浙江大学出版社，2016：167.

三、拓展信息素养的内涵

无论是工具书还是数据库,都是文献检索的工具。但具体的教学指导活动,从工具书使用法到信息素养教育,同样有一个与时俱进的过程。

(一)传统的文献检索教学

中国近代在社会文化变迁的背景下,受到西学书籍及其检索工具的影响,编辑出版了许多新式工具书。学者专家开始从指导大众读书的角度,介绍工具书的使用法,例如 1934 年汪辟疆发表了《读书法:工具书的类别及其解题》一文①。1947 年中华书局出版的楼云林《工具书使用法》一书系统介绍了工具书的知识,包括工具书的含义、工具书的演进及类型等,强调工具书的作用。这本书是"中华文库初中第一集",是针对初中生而编写的普及教材。

1984 年教育部印发《关于在高等学校开设文献检索与利用课的意见》的通知强调:"从国外的经验和教育发展的趋势来看,这是一门很有意义的课,凡有条件的学校可作为必修课,不具备条件的学校可作为选修课或先开设专题讲座,然后逐步发展、完善。"因此各高校纷纷开设"文献检索与利用"课程,或者沿用"工具书使用法"的名称。1984 年《教育部关于筹办编辑专业的报告》同样强调:学生要"具有熟练查证工具书的能力,要懂得一点考据学,懂得使用各种工具书,懂得现代化知识的储存和使用"。1994 年新闻出版署教材领导小组最先确定的八种编辑专业教材,就包括《社科中文工具书使用》《科技工具书及其使用》。② 此后,苏州大学策划的"现代出版学丛书"系列教材,其中就包括《现代出版信息检索》(2007 年)③。

伴随信息时代的到来,计算机技术成为知识信息挖掘及整合的工具,文献的载体形式以及检索方式发生了巨大变化。传统的纸质文本的工具书逐渐被转化为数字文本,规模宏大的学术数据库大量出现并不断更新。因此,传统的文献检索也拓展到更为广泛的信息检索范围,包括数字化文献信息、多媒体文献信息、网络数据库信息资源等。有关教材的书名及内容开始突出文献的"信息"特点,偏重"数字"资源的检索与利用方法。我们今天是在数字环境中来讲述文献信息检索问题,必然要有新的变化。

---

① 汪辟疆. 读书法:工具书的类别及其解题[J]. 读书顾问,1934(1):178-214.

② 邓宗荣. 社科中文工具书使用[M]. 沈阳:辽宁教育出版社,1995. 宋鸿国. 科技工具书及其使用[M]. 沈阳:辽宁教育出版社,1996.

③ 于翠玲. 现代出版信息检索[M]. 苏州:苏州大学出版社,2007.

(二)信息素养教育的内涵

信息素养(information literacy)是从国外引进的概念。中国图书馆学领域的学者特别关注国外有关研究情况,及时跟进并加以介绍。1989年美国图书馆协会对"信息素养"概念的界定是:"要想成为具备信息素养的人,必须能够明确何时需要信息,具有查找、评价和有效利用信息的能力。"这个概念涉及个人应该具备的信息意识、信息能力、信息伦理等方面。随着信息环境的变化,信息素养的内涵不断拓展和深化。美国大学与研究图书馆协会(ACRL)2000年颁布了《高等教育信息素养能力标准》,2014年又发布了《高等教育信息素养框架》(第三版,简称《框架》)。《框架》定义"信息素养是一套综合能力,包含思考、发现、理解信息如何产生、如何实现价值,并用信息创造新知识,还包括参与信息活动的道德"。以往的概念将信息素养作为独立的、静态的一种素养,而新的框架把信息素养与学术过程有机地融合在一起,将信息素养作为学术过程的一部分。① 在数字时代,信息素养又和数字素养关联,数字素养的指标之一是"信息和数据素养",包括"浏览、搜索、过滤、评价和管理数据、信息和数字内容的能力"。② 信息素养与媒介素养也有交叉关系,媒介与信息素养已经成为一个复合概念。2014年联合国教科文组织在中国介绍了"媒介与信息素养的宏观指标"以及《媒介与信息素养课程方案》(教师用)。③

我国高校的图书馆一般通过讲座等形式,从利用图书馆文献资源的角度,对大学本科新生进行信息素养教育。各学科专业的教师则通过具体课程及论文指导,从学术研究角度引导学生具备信息检索与利用的能力。信息素养的内涵不断拓展,但文献是学术信息的载体,文献信息的检索与利用依然是基础知识。国外有学者指出,"信息素养与文献检索一脉相承,重心仍然是摸清人的认知基础,培养面向信息的批判性思维;对信息进行有效识别、获取、评估及应用都是批判性思维的最好体现",因而"以信息素养为核心,保留了信息查找、获取、评估、理解等最基本的能力要求,在此基础上强化信息素养与其他概念的联系,通过构建一个博采众长的框架,对新信息媒体、新社交情境和网上信息协同生产做出更相符和细致的响应,使信息素养能更好地支持不同类型的信息形式"。④

---

① 于翠玲. 信息素养:走向深化与融合——2015年研究述评[M]//中国媒介素养研究年度报告2015. 北京:中国广播影视出版社,2017:378-386.

② 卜卫,任娟. 超越"数字鸿沟":发展具有社会包容性的数字素养教育[J]. 新闻与写作,2020(10):30-38.

③ 于翠玲. 信息素养:应对网络信息社会[M]//王天德,主编. 大学生媒介素养读本. 北京:高等教育出版社,2016:83.

④ 杨鹤林. 元素养:美国高等教育信息素养新标准前瞻[J]. 大学图书馆学报,2014(3):5-10.

对于大学生来说，提升个人的信息素养能力，还要强调主体意识，自觉建构和充实“个人信息世界”①；有效利用高校多学科的交流环境和图书馆的各种文献信息资源，在专业学习和研讨实践的过程中，拓展学术视野，努力成为数字时代的知识创造者，避免因被数字化碎片所淹没而导致的信息失衡或信息贫困现象。

对于各种媒体的编辑人员来说，作为知识产品的策划者和把关人，综合利用工具书及数据库，有助于及时了解语言文字的最新规范、印刷及数字出版物的发展状况、学术研究的动态趋势等多方面的信息，还能有效解决编校工作中遇到的知识问题。▲岳麓书社的编辑曾谈到，“编辑要有熟练掌握在网上检索、查证信息的能力”，而利用学术数据库这个“利器”，可以助力编辑高效工作。②

（三）本教材的思路和内容

根据以上论述，本教材的基本思路是引入历史考察的视角，兼顾工具书与数据库，介绍文献信息检索与利用的实例。

1. 引入历史考察的视角

绪论部分借鉴书籍史、知识社会史、媒介史的视角，以传统的工具书为线索，梳理中文检索工具的演变历史；分为古代、近代、当代三个阶段，参照社会文化变迁、媒介技术进步、知识体系演变的历史语境，纵向考察从工具书到数据库的演变过程。从编辑出版专业来看，工具书的历史是编辑出版史的组成部分，工具书也是最先走向数字化的出版物。目前开发的各种古籍数据库、晚清民国时期图书及报刊数据库，为书籍、期刊、报纸的历史研究提供了大量文献资源。从信息检索与利用来说，大学生具备历史眼光，有助于拓展跨学科的知识视野和研究方法，把握评判文献信息的价值尺度，提升综合的人文素养和信息素养（包括数字素养、媒介素养）。

2. 兼顾工具书与数据库

工具书的特点是历史悠久、积淀深厚，类型多样。在数字时代，工具书为学术数据库提供了内容资源和检索方法；数据库是工具书的延伸与创新。文献作为“记录有知识的一切载体”，完全可以兼容不同的知识文本（工具书及数据库）。目前的情况是，大学生对数字化检索工具易于掌握、熟能生巧，反而有必要弥补文献信息的基础知识，了解被数字化检索框所遮蔽的原文本的相关信息。要有效利用大型的古籍全文检索

① 于翠玲. 延展与细化：2017年信息素养教育研究述评［M］//中国媒介素养研究年度报告2017. 北京：中国广播影视出版社，2019：134.

② 胡宝亮. “五把利器”与“两个平台”助力编辑高效工作［N］. 新华书目报，2018-11-29(4). 按：此文介绍了五种数据库，国学大师、读秀、全国图书馆参考咨询联盟、中国知网、中国工具书网络出版总库。

数据库，必须具备古典文献学的基础知识，而古代的字书、书目、类书具有不可替代的文献价值。工具书本身也有传承和更新的历史，民国时期编辑出版的《辞源》《辞海》，经过修订而成为新版的《辞源》《辞海》，延续至今，并衍生了网络版。工具书和数据库分别建构了独具特色的知识检索系统，二者可以相互辅助。文献信息的检索与利用，不仅要掌握各种检索工具和检索方法，而且要具备见微知著、从信息碎片的链接中发现内在关联，并使之变为知识和解决具体问题的能力。因此，本教材的知识范围以文献信息、人文社科类信息、学术信息为主，涉及各种类型的工具书以及相关数据库，可为工具书及数据库的使用者提供参考路径，也为数据库开发者提供文献资源。

3. 介绍检索与利用的实例

本教材以需要检索的问题作为线索，展开各章的专题内容，分别介绍有代表性的工具书以及学术数据库资源（截至 2021 年 12 月底）。工具书信息依据其编纂凡例和版权页，注意选择权威出版社最新修订的版本；在同类工具书中选择有特色的几种，便于参考比较；学术数据库（以✲标明）侧重目前比较完备的、高校图书馆普遍提供使用的版本。尽量结合具体的检索实例（以▲标示，省略“例如”二字），讲述工具书及数据库的应用范围和实用价值；不仅说明遇到某类问题时，可以查检和利用哪些工具书及数据库，还要了解基于工具书的总体特点以及数据库的检索系统，能够检索到什么信息、解决什么问题。本教材直接引用或参考的文献资料均以脚注方式说明。

第二节　中文检索工具的历史

无论是工具书还是数据库，它们既是检索工具，也是知识载体。从工具书到数据库，构成了知识演进的历史。本节的问题是：工具书是如何产生的？工具书的检索方法是如何形成的？工具书所建构的知识体系是如何演变的？以此为基础，进一步认识当今出现的文献数据库所带来的变化。下面将中文检索工具的历史分为三个阶段：古代、近现代（晚清民国）、当代。这是一个长时段的历史演变过程，其中有传承也有更替，涉及复杂的社会文化背景。①

一、古代工具书的文化积淀

中国古代没有工具书这个概念，但有用于检索其他文献的书籍，实际上就是后人所

① 于翠玲. 工具书：知识整合功能及其历史演变[M]//印刷文化的传播轨迹. 中国传媒大学出版社，2015：187-200.

说的工具书。下面仅以字书、书目、类书三种类型为例,简述其基本情况及文化特征,这些书籍是中国工具书的源头,也是古籍数据库的重要资源。

(一)古代工具书的类型

1. 小学类

中国古代没有字典和词典的名目,而是将其统称为字书。据《汉书·艺文志》记载,周宣王时代就有了关于文字的《史籀篇》。秦始皇统一天下后,李斯的《苍颉篇》等识字课本可看作字书的萌芽。汉代是字书的形成时期,可以说《说文解字》是中国第一部以字形分类的字典,《尔雅》是中国第一部按语义分类的词典。中国古代的字书基本上是在这两部书的基础上繁衍的。

从《说文解字》发展而来的字书,主要有南朝梁时顾野王的《玉篇》、宋代司马光等的《类篇》、明代梅膺祚的《字汇》和张自烈的《正字通》、清代御定《康熙字典》等。从《尔雅》发展而来的词书,大多以"雅"命名,主要有三国魏张揖的《广雅》、宋代陆佃的《埤雅》和罗愿的《尔雅翼》、明代朱谋玮的《骈雅》和方以智的《通雅》、清代吴玉搢的《别雅》和洪亮吉的《比雅》、史梦兰的《叠雅》等。还有不以"雅"字命名的,如汉代刘熙的《释名》、汉代扬雄的《輶轩使者绝代语释别国方言》(简称《方言》)等。中国古代还有一类以字音分类的韵书,流传下来的常用韵书有宋代陈彭年等人所编《广韵》、丁度等人所编《集韵》等。

这三种书籍形成了三个系统,清代的《四库全书总目》将其一并纳入经部"小学"类,并明确划分为训诂、字书、韵书三个子目。《尔雅》以下编为训诂,《说文》以下编为字书,《广韵》以下则编为韵书。清代段玉裁为《广雅疏证》作序也概括说:"形书,《说文》为之首,《玉篇》以下次之;音书,《广韵》为之首,《集韵》以下次之;义书,《尔雅》为之首,《方言》《释名》《广雅》以下次之。"①因此,我们检索古籍中的任何一个字词,都是被置于"四库"——"经部"——"小学"的知识体系之中的。

2. 书目类

中国的图书源远流长、数量众多。为了便于阅读和收藏,官方开始校雠群书、编写目录。古代图书目录属于目录学的研究范围,自汉代刘向、刘歆父子整理群书,编纂《别录》《七略》,建构了书籍目录的分类体系,逐渐形成了"辨章学术,考镜源流"的传统。历代官修的书目连续不断,有综合性的群书目录、史志书目等类型,清代的《四库全书总目》是最有代表性的目录书,按照经、史、子、集四部分类,每部又分小类,确定了所有书籍

① 王念孙. 广雅疏证:段玉裁序[M]. 南京:江苏古籍出版社,2000:2.

的编排秩序和地位。此外还有为数众多的私人编纂的综合性目录书或家藏书目。这些书目比较连贯地记录了中国古代典籍的分类体系、留存线索以及学术发展的情况。

中国是最早发明和使用造纸技术和印刷技术的国家,中国的书籍从书于竹帛的抄本到印刷版本,形式多样,卷帙浩繁。古代书目记载了书籍版本的丰富信息,成为文人读书治学的基础,并与版本、校勘、辑佚、考据等专门学问密切相关,这些学问都被归入"文献学"。

3. 资料汇编类

这类工具书主要有类书、政书、会要、地方志、年谱、谱录等,还包括大型的诗文总集、大型丛书等。

类书是古代的资料汇编。历代官修的综合性类书,有别于书目的分部体系,重新建构起层级分类的框架,摘录和囊括各种古籍的片段资料,经过历代不断积累和整理,形成了无比丰富的文献资源仓库。清代编纂的《古今图书集成》是现存最大的类书,也被称为东方的百科全书。

政书汇集史书资料,记载历代的典章制度,属于专门类书,如《通典》《通志》《文献通考》等。

(二)古代工具书的文化特征

中国古代工具书,在内容体系和编排方式等方面,都受到中国传统文化的深刻影响,其特点可以归纳为以下几点。

1. 经学为本

汉武帝采取"罢黜百家,独尊儒术"的文化政策,确立了儒家经典的权威地位,从此经学成为历代最为兴盛的学术。古代的书目始终将经学置于首位,由此建构了书籍的秩序和知识体系。字书在《汉书・艺文志》中已经列入经部小学类,是作为经学的附庸而存在的。汉代许慎是古文经学的大师,其《说文解字叙》说道:"盖文字者,经艺之本,王政之始。"[①]《尔雅》被《汉书・艺文志》附在《六艺略・孝经》类,在唐代开成年间所刻石经中已被列入十二经之一。

其他小学书籍,如《经典释文》《五经文字》《新加九经字样》《经籍籑诂》《经传释词》等,都是解释经书的工具。由于经学的兴盛,中国古代从《说文解字》和《尔雅》系列发展而来的、研究文字及训诂学的著作和工具书受到重视、数量众多,并得以流传。后人编纂的大型字典和词典在注释字词义项、列举字形及书证等方面都要援引《说文

---

① 许慎.说文解字:说文解字叙[M].北京:中华书局,1979:316.

解字》《尔雅》等小学书籍。正因为如此,古代没有编纂针对普通人的字典,来自民间的语词被排斥在字书之外,例如《康熙字典》不收唐宋以后戏曲、小说的词语以及方言、俗语。

2. 文献一统

古代的许多史书、类书、丛书是由朝廷组织诸多文臣编纂的,其目的是标榜稽古右文的业绩,因此规模宏大、力求全备,体现了集天下群书为一书的思路。明代的类书《永乐大典》原名《文献集成》,明成祖作序称"尚惟有大混一之时,必有一统之制作,所以齐政治而同风俗,序百王之传,总历代之典"①。清代大型类书名为《古今图书集成》,雍正帝作序称许此书"广罗群籍,分门别类,统为一书,成册府之巨观,极图书之大备"②。官修的地理总志也反映了"大一统"的文化意识,《明一统志序》说明编辑此书"用昭我朝一统之盛,而泛求约取,参极群书"③。

在书籍以抄本或刻本形式留存的古代,皇帝的谕旨为集中人力、物力和图书资源,编纂大型工具书起到推动作用。而且编纂体例和收录的内容也要遵从皇帝的旨意,《永乐大典》"以韵统字,以字隶事"的编排体例就是秉承明成祖的旨意;《四库全书总目》实施了乾隆帝"寓禁于征"的文化政策。古代官修的大型类书大多是在前代类书基础上不断累积文献资料而编纂的,其规模越来越大,这一方面有利于保存和辑录历代文献资料,另一方面由于卷帙浩繁、成于众手,难免存在以讹传讹的问题。但这种大型书籍为现今的古籍数据库提供了文献资源。

3. 以史为鉴

历代统治者都重视以前朝史事作为施政治国的借鉴,因此史书的编纂不仅历代连续不断,而且种类丰富,数量众多。史书中艺文志、经籍志就是官方藏书的目录,《隋书·经籍志序》就提到"古者史官既司典籍,盖有目录,以为纲纪"④的传统。

政书是整理史书资料而编辑的一种类书。唐代杜佑《通典》作为第一部政书就是按照"征诸人事,将施有政"的宗旨和体例编纂的。自杜佑之后,历代不断续编政书,形成了"十通"系列。传统类书《皇览》《太平御览》等是为皇帝施政参考而编纂的。《册府元龟》的内容主要来自史书,所谓"取著历代君臣德美之事,为将来取法,至于开卷览古,亦颇资于学者"⑤。

---

① 朱棣.《永乐大典》序[M]//姚广孝. 明实录:明太宗文皇帝实录:卷之七十三. 台北:台湾中央研究院历史语言研究所校印,1962.

② 清世宗雍正. 古今图书集成序[M]//古今图书集成. 北京:中华书局,成都:巴蜀书社,1985.

③ 大明一统志:御制大明一统志序[M]//四部丛刊四编史部(75). 北京:中国书店出版社,2017.

④ 魏征,令狐德棻. 隋书(四):经籍志序[M]. 北京:中华书局,1973:992.

⑤ 李嗣京. 册府元龟考据[M]//王钦若,等. 册府元龟:一册. 北京:中华书局,1982:卷首.

4. 以类相从

在中国古代工具书的编排体例中，以类相从是最为常用的。《说文解字》的编排体例虽然是按照部首“分别部居，不相杂厕”，但其部首的区分是与汉字形体结构所表示的意义相联系的，其内容包括“六艺群书之诂，皆训其意。而天地鬼神、山川草木、鸟兽昆虫、杂物奇怪、王制礼仪、世间人事，莫不毕载”[①]。▲“鸟”字的解释：“长尾禽总名也。象形。鸟之足似匕，从匕。凡鸟之属皆从鸟。”其部首符号就有区分类别的意义。《尔雅》是古代名物训诂的书，按语义分类编排，包括人类社会和自然万物等，▲“释鸟”部有“二足而羽谓之禽，四足而毛谓之兽”的分类。张舜徽认为“类书之起，昉于明分部类，据物标目，盖必推《尔雅》为最先”[②]。官修的综合性类书有完备的分类框架，所收录的内容杂采百家、包罗万象，大体包括天地、人事、万物等方面，而且天部、岁时部、地部列在首位。这种排列顺序反映了古代“有天地，然后万物生焉”[③]、万物以类聚群分的文化观念。三国魏文帝时编纂的第一部类书《皇览》就采用“集五经群书，以类相从”的体例[④]。清代《古今图书集成》分为三级目录：汇编、典、部。▲《博物汇编》的“草木典”，又分草、木、花、五谷、药材等数百部，每一部再摘录、编排来自四部书籍的片段资料。这种分门别类的资料汇编，形成了博览群书、触类旁通、引经据典的知识结构和治学方法。[⑤]

二、近代工具书的知识演变

晚清民国时期，西学图书大量翻译输入中国，许多新学科、新知识、新名词、新术语纷纷涌入，工具书的内容和形式随之发生了巨大变化。1947 年楼云林《工具书使用法》一书简单描述了这段历史：“我们看了过去的许多工具书，不可谓不发达，但被利用的却很少，因为从前一般学者，多轻视工具书，以为人人能为，不足称为著述，用之者不过一班浅薄的应试举子而已。所以工具书的编制虽多，终不能在我国学术界走出灿烂光辉的风气。到了现代，工具书已为学者所重视，因为学术发达，书籍浩繁，而且新名词与新知识日见增多，苟无切实有用的工具书，学者将多费光阴而不便于研讨，所以《中华大字典》《中华百科辞典》《辞海》《辞源》等，应社会的需要，纷纷出而问世。至于各种百科全书，与夫一切统计、年鉴之属，均为前人所未编的工具书，现在也有不少

① 许冲．上书进说文[M]//说文解字．北京：中华书局，1979：320.
② 张舜徽．清人文集别录：下册[M]．北京：中华书局，1980：424.
③ 楼宇烈．周易注校释[M]．北京：中华书局，2012：262.
④ 陈寿．三国志[M]．裴松之，注．北京：中华书局，1982：618.
⑤ 于翠玲．论官修类书的编辑传统及其终结[J]．北京师范大学学报，2002(6)：118-125.

的编刊发行。索引一类的工具书,实为查检书籍的宝钥,编刊也较古昔为多。我们处这时代,除了一部分有价值的旧有工具书以外,又能使用这许多新出的工具书,不可谓非厚幸。"[①]刘叶秋《中国字典史略》一书将这一时期(近代)概括为"字书的演变与改革期"[②]。

(一)传统工具书的重新定位

民国时期,"工具书"的概念已经流行,中国传统的字书、书目、类书等已经被归入了工具书范围。1923年胡适发表《一个最低限度的国学书目》[③],首先在"工具之部"列出了14种工具书,其中包括《四库全书总目提要》《经籍籑诂》《经传释词》等古籍工具书。1931年姜亮夫《研究国故应有的基本知识与应备的工具书》一文,介绍古文字工具书等。[④] 1947年楼云林《工具书使用法》一书有简明定义:"工具书的重要含义,是供检查之用,不是阅读的书。"[⑤]此书介绍了工具书的各种类型:字典和辞典、韵书和类书、目录等,都追溯到中国古代的工具书。

古代的字书、类书、书目作为研究国学的工具书而被重新提起,并与其他新式工具书相提并论,这也改变了传统的书籍秩序,字书不再附属于经学,《尔雅》被看作"我国最早的训诂辞典";《康熙字典》失去了独占"字典"之名的地位,还遭到学者批评。1915年熊希龄为新出版的《中华大字典》作序指出:"若夫近世新增之术语,百科之名词,与夫数百年来俗语之迁变,此皆非求之《康熙字典》所能得者也。余尝谓一国文化愈进,其字书辞书,愈益繁多。"[⑥]大型类书《古今图书集成》,由于分类汇编、资料丰富,被称为"洋洋大观之中国百科全书"[⑦],反而受到重视,先后有三家出版机构采用新式印刷技术加以刊行。

(二)新式工具书的"百科"内容

近代出版了许多新式工具书,其特点是编辑者具有明确的"百科"意识,了解西方的学科分类和知识体系,这是与中国古代工具书的知识体系完全不同的。

双语字词、词典是中、西知识交流的媒介。传教士马礼逊的《华英字典》(1815—1823年出版)采用《康熙字典》的部首和字面,对其内容重新编写,是最早的中西字词

---

① 楼云林.工具书使用法[M].上海:中华书局,1947:4.
② 刘叶秋.中国字典史略[M].北京:中华书局,2003:252.
③ 胡适.一个最低限度的国学书目[J].清华周刊:书报介绍副刊,1923(2):38-39.
④ 姜亮夫.研究国故应有的基本知识与应备的工具书[J].青年界,1931,1(3):13-31.
⑤ 楼云林.工具书使用法[M].上海:中华书局,1947:1.
⑥ 熊希龄.中华大字典序[J].大中华,1915,1(1):3.
⑦ 陆费逵.影印古今图书集成缘起[J].新中华,1934,2(7):240-241.

对译的字典。[1] 1815 年到 1907 年间主要的西文中文双语词典有十多种。[2] 商务印书馆在成立之初就出版了第一部英汉对照的大型字典《华英字典》(1904 年)和词典《英华大词典》(1908 年)等。

近代早期的中文工具书还有新旧形式过渡的痕迹。《新尔雅》于 1903 年出版,其命名沿用《尔雅》而且采用“释”的方式,但其类目和内容已经是西方新学科的知识,有“释法”(释宪法、释国际法等八部分)、“释格致”、“释生理”、“释几何”等 14 类。[3]《中华大字典》于 1915 年出版,其体例和内容以《康熙字典》为基础,但已经包括来自西方的“天象地质理化等科之字”和“生理博物学科诸字”(凡例),这“标志着我国字书进入了一个历史的新阶段”[4]。

辞书是与字书相提并论的,字书也称字典,辞书也称词典,也作辞典。陆尔奎《辞源说略》分辨“辞书之与字书”,说明“有字书不可无辞书,有单辞不可无复辞”。字典收录单辞,辞书收录复辞,即多音节词。此文又区分了“普通辞书之与专门辞书”,强调《辞源》“就学术一方面而论,谓之百科辞书亦无不可,唯其程度,皆以普通为限”。[5]《辞源》是中国第一部用现代方法编纂的比较大型的以语词为主、兼收百科常识的综合性词典,由商务印书馆 1908 年开始编纂,1915 年正式出版。此书是对《尔雅》以来为解说经典而编纂的辞书的根本革新,所收新语词涉及清末至五四以前的“西学”、中国的社会面貌、知识界的思想状态等,如科学、民主、主义、进化论、摩登、租界、治外法权等新名词,皆可在此书中查到。[6] 另一部大型的综合性词典《辞海》由中华书局 1936 年出版,《辞海》广告说明其有四大特色:新辞收罗广博、旧辞义证确切、辞目去取谨严、印刷装订精美。[7]《国语辞典》(中国大词典编纂处编,商务印书馆 1937 年出版第一册,1945 年全部出齐)采用当时的注音字母注音,是对古代字典反切注音的突破。

民国时期有关哲学、政治、经济、文化、科学等方面的新式辞书竞相出版。正如蔡元培《植物大词典序》所言:“盖当时学术发展之期,专门学术之名词与术语,孳乳浸多,学者不胜其记忆,势不得不有资于检阅之书。”专科辞书的代表有《博物大词典》(曾朴、徐念慈合编,上海宏文馆 1907 年出版),以翻译西学知识为主要内容;杜亚泉

① 钟少华. 马礼逊的《华英字典》与《康熙字典》文化比较研究[M]//中国近代新词语谈薮. 北京:外语教育与研究出版社,2006:69-90. 马礼逊. 华英字典[M]. 郑州:大象出版社,2008 影印版.

② 钟少华. 中国近代新词语谈薮[M]. 北京:外语教育与研究出版社,2006:41.

③ 汪荣宝,叶澜. 新尔雅[M]. 上海:文明书局,1903:20. 沈国威. 新尔雅:附解题·索引[M]. 上海:上海辞书出版社,2011.

④ 刘叶秋. 中国字典史略[M]. 北京:中华书局,2003:253.

⑤ 附录:辞源说略[J]. 学生,1915,2(4):132-137. 按:《辞海》第七版解释:辞书是“以条目为单元提供知识信息的工具书。是字典、词典和百科全书的统称”。

⑥ 刘叶秋. 中国字典史略[M]. 北京:中华书局,2003:253,268.

⑦ 《辞海》整版广告[N]. 申报,1936-06-17(1).

等编辑的《植物学大辞典》（商务印书馆 1918 年出版）、《动物学大辞典》（商务印书馆 1923 年出版），包含从日本、英国、德国等辞书翻译而来的术语和知识。

西方的"百科全书"，作为工具书的一种类型被引入了中国。1907 年商务印书馆曾代销《大英百科全书》第 14 版[①]，《申报》刊发广告予以介绍："英籍中之有百科全书，犹中籍之有图书集成也。所以称为百科者，其目则分历史、文学、医学、卫生、哲理、心理、理财、政治、制造、工商学、宗教、神学，及律例、人类、博言、地理、风俗迷信、美术传记、音乐、戏曲各门。"这就是当时人所了解的"百科全书"的学科分类体系。中国学者参照"百科"体系以及国外相关辞书编纂的辞书很多，▲《普通百科新大词典》（黄摩西主编，严复作序，上海国学扶轮社 1911 年刊行），1931 年还有广告称其作为"百科词典，取材丰富，解说明了，为各科学之大导师，早蒙学界同声赞美"[②]；《日用百科全书》（王言纶等编，商务印书馆 1919 年出版）主要向一般读者介绍日常实用的"百科"知识，具有新学启蒙的意义。[③]《新文化辞书》（唐敬杲编，商务印书馆 1923 年出版）收录大量新语词、新学说、新知识，旨在"包罗各方面完全而有系统的知识，成为比较上扼要精善的一部小小的百科辞书"（叙言）。

书籍目录的分类同样涉及"百科"概念。图书馆的编目一方面保留古代的图书分类法，一方面参考国外的文献分类法，▲1929 年刘国钧的《中国图书分类法》说明，"关于中国固有之类目，则大率采之汉书艺文志、通志艺文略、文献通考经籍略、焦竑国史经籍志、张之洞书目答问、四库全书总目"；"关于新近之学科，则采之美国国会图书馆分类者为最多，而杜威十进位分类法次之，布朗、科特两氏之分类法亦多资参考"。[④]这是一个"中西合璧"的图书文献分类法，但也说明古籍书目与新书目是两个不同的知识体系。

这一时期工具书知识内容的演变，明显受到当时社会文化思潮的影响。陈原曾以《辞源》《辞海》为例，指出"这两部词典，我个人认为是在'中学为体、西学为用'的一种思潮下搞出来的。它搞出来的主要目的，不是为了总结中华民族汉语的规律，而是为了介绍新的、当时认为可以救国的、可以对我们的现代科学文化水平有所提高的新的学说，新的名词"。[⑤] 这些新名词包括新概念、新术语、新知识，为从概念史角度考察

---

① 英国百科全书书后[N]. 申报，1907-02-06(1).

② 广告[N]. 申报，1931-04-21(11). 可参考：钟少华. 中国近代第一部百科全书型的工具书：普通百科新大词典[J]. 百科知识，1983(3)：46-48. 陈平原，米列娜. 近代中国的百科辞书[M]. 北京：北京大学出版社，2007.

③ 于翠玲. 民国日用百科全书：中西知识交汇的样本[M]//印刷文化的传播轨迹. 北京：中国传媒大学出版社，2015：205-223.

④ 俞君立. 中国文献分类法百年发展与展望[M]. 武汉：武汉大学出版社，2002：16.

⑤ 陈原. 辞书和信息[M]. 上海：上海辞书出版社，1985：206.

中国近代的知识转型提供了重要史料，近年来引起了中外学者的关注，其价值不容忽视。[①]

三、当代检索工具的新格局

1949 年后，工具书的发展，以 1978 年的改革开放为界，可以分为两个阶段。

（一）工具书的波动阶段

1949 年以来，辞书（字典、词典）出版取得了一定的成果。由于国家进行文字改革，推广简化字，语文性工具书《新华字典》（1953 年初版）[②]的编辑出版以及不断修订，对大众扫盲识字、推广普通话、促进语言文字规范化起到了重要作用。方言、成语、虚词等语文词典也出版了多种。从 50 年代开始，近代工具书《辞海》《辞源》开始修订，出版了新版本。这一时期还出版了多种古籍工具书，详见后面各章介绍。

1966 年到 1976 年的“文革”期间，中国出版业受到了严重冲击，工具书的编辑和出版工作受到影响，工具书的品种及数量很少，出现了所谓“大国家，小字典”[③]这种不成比例的现象。例如，1967 年“文革”期间，《辞海》修订过程非常艰难，“编纂《辞海》工作变成了批判《辞海》工作”。[④] 而且，“从收词范围看，改革开放以前出版的《辞海》所收政治性条目、阶级斗争类条目较多”[⑤]。

肖东发 1985 年的文章指出，“在进入 80 年代以前，我国的辞书事业一直处于落后状态，相当长的一个时期，是以《新华字典》作为我国辞书的代表作”[⑥]。当时的字典也留下了政治运动的痕迹，▲1975 年版《新华字典》关于“儒”的解释是：“①旧时指读书的人：大～、腐～。②儒家，以孔丘、孟轲为头子的代表没落奴隶主阶级利益的反动学派，始于春秋战国时代。后来，儒家反动思想又成为我国封建社会的统治思想，成为巩固和维护地主阶级专政的思想工具。”

这一时期的工具书也是历史的见证，但不少内容已经过时了。即使是日常生活中

---

① 参考：钟少华．中国近代辞书指要［M］．北京：商务印书馆，2017．词语的知惠——清末百科辞书条目选［M］．贵阳：贵州教育出版社，2000．6

② 贾晓燕．我们一起查过的《新华字典》［N］．北京日报，2017-07-21（017）．其中介绍了“《新华字典》的版本沿革”。

③ 金欣欣．周恩来总理与《新华字典》1971 年修订重排本［J］．南阳师范学院学报（社会科学版），2009（8）：71-76．

④ 李春平．辞海纪事［M］．上海：上海辞书出版社，2000：116．

⑤ 熊月之．知识体系的新陈代谢［N］．文汇报（文汇学人），2021-05-16．按：此文以《辞海》近代史条目为例，说明：改革开放后，“经过这三四十年的不断修订，社会史、文化史、经济史、中外关系史的内容，增加了许多，也更能反映丰富的历史内涵。”

⑥ 肖东发．近年来新出版的中文工具书述评下［J］．大学图书馆通讯．1985（2）：27-33．

的词语也需要修订,▲1971年修订重排本《新华字典》中“桥”字的解释是:“架在水上便于通行的建筑物:独木桥、铁桥。”而新版的《新华字典》(2004年第10版)的解释是:“架在水上(或空中)便于通行的建筑物。”例证中增加了“立交桥”。

(二)工具书的出版高峰

1978年改革开放以来,伴随整个文化出版事业的复兴,工具书的编辑和出版呈现繁荣局面。除商务印书馆、中华书局以外,上海辞书出版社、中国大百科全书出版社、汉语大词典出版社、四川辞书出版社、湖北辞书出版社等相继成立,这使工具书的编辑出版更加专业化。

一批大型辞书编纂完成并出版。特别是中国第一部大型的百科全书《中国大百科全书》(第一版)终于编纂完成并出版,共74卷,规模宏大,知识丰富,代表了中国社会文化发展的新成果。

适应新学科、新知识发展的需要,专科词典形式多样、层出不穷。大型的分卷本辞书体系完整,成龙配套。专题(专人、专书、专地等)词典内容广泛,具有新型百科词典的性质。

《现代汉语词典》于1956年由国家立项,1978年正式出版,多次修订。一些有影响的辞书几经修订,出版了最新版本,如新版《辞源》和《辞海》。大型语文性辞书《汉语大字典》和《汉语大词典》编辑出版,《汉语大词典》光盘1.0版出版,这些具有原创性的辞书的出版,标志着中国辞书出版进入了新阶段。

大批古代工具书得到整理并重新影印出版。例如,《中华汉语工具书书库》(李学勤主编,本书编委会编,安徽教育出版社2002年影印本)分字典部、说文部、形体部、雅书部、音义部、韵书部、方言部、人名职官部、书目部、专科部等,以100册的规模,汇集了先秦至民国年间各类汉语工具书224部。

伴随信息技术和网络技术的发展,工具书的载体形式发生巨大变化。工具书的数字化平台与大型的学术数据库兼容,可以将历代积淀的各种文献资源以及每日更新的报纸等媒体信息,不断囊括其中,并提供综合的检索系统和知识挖掘功能,打破了古今工具书的编辑体例和知识框架。关于这一时期(特别是近年来)工具书及数据库的发展情况,将在后面各章详细介绍。

四、检索工具发展史的启示

(一)工具书演变的复杂因素

从书籍史的视角来看,工具书的特征是由多方面因素决定的,“任何单一因素,无论是技术、制度,还是文化传统,都不足以解释不同语境中工具书的性质和命运"①。中国古代的检索工具,是以解读和传承儒家经典为重点,以博览群书为基础的,其知识体系是自行衍生、相对停滞的。中国近代在社会制度变迁、中西文化融合的背景下,工具书的知识内容是兼容并包、与时俱进的。1936 年蔡元培在《辞海题词》中指出:"吾国最古之辞书为《尔雅》,其后一方面演而为《广雅》《骈雅》等小学书;一方面演而为《初学记》《太平御览》等类书。清初分编《康熙字典》《渊鉴类涵》《佩文韵府》《骈字类编》等书,检阅之便可云空前,但行世已二百余年。科举既废,文学革新,而科学新词,日益孳乳。清初之作,又病其不适用。中华书局于是有《辞海》之编……其内容之丰富与扼要,又适合于今人之所需,诚有用之书也。"②这段话梳理了古代辞书延伸的脉络,由此说明了当时推陈出新、势在必然的出版文化格局。

新式工具书适应了新时代的需要,成为知识传播和文化启蒙的载体。当时的学者、编辑出版者有明确的文化创新意识。1915 年商务印书馆出版《辞源》,陆尔奎在"辞源说略"中谈到"编纂此书之缘起",曾引友人的话精辟地概括:"一国之文化常与其辞书相比例……国无辞书,无文化之可言也。"1917 年蔡元培为《植物学大辞典》作序指出:"一社会学术之消长,观其各种辞典之有无与多寡而知之。各国专门学术,无不各有其辞典。"《辞海》编辑大纲也说明:"现代学艺之进展,人事之迁移,新陈代谢,瞬息万变。因之语言之孳乳递演,亦绝尘而驰,一日千里。苟非推陈出新,顺时以应,则辞书之用有时而穷,此《辞海》之所由编辑也。"这些观点不仅针对具体辞书而言,也从宏观角度确认了工具书的编辑出版与社会文化、学术发展的关系,并将其提升到前所未有的高度。③ 而在"文革"期间所出现的"大国家,小字典"这种不成比例的现象,也是深刻的历史教训。

古代官修的大型字书、类书、书目等不是商品,一般人难以接触。《古今图书集成》用铜活字印刷了 60 多部,仅有少量以皇帝颁赐等方式流通。到了近代,新式印刷技术的引进,民间出版机构的繁荣,使工具书成为各家竞相出版、大力推广的文化商品。商务印书馆、中华书局等竞争激烈,彼有《辞源》,此有《辞海》,各种工具书层出不穷。《申报》等大众媒体刊发大量工具书广告,其对工具书的介绍也起到了知识推广作用。但受到市场运作方式的影响和经济利益的驱动,工具书出版也存在粗制滥造的产品④,2003 年有辞书专家评述了中国辞书界打假批劣的"三大战役"⑤。在当今数字

---

① 布莱尔. 工具书的诞生:近代以前的学术信息管理[M]. 徐波,译. 北京:商务印书馆,2014:45,57.

② 蔡元培. 辞海题词[J]. 礼拜六,1936(658):17.

③ 于翠玲. 工具书与文化中国[J]. 编辑学刊,2005(3):47-49.

④ 发人深思的笑话:《语言大典》短评集[M]. 上海:上海辞书出版社,1995.

⑤ 巢峰. 巢峰辞书学论稿[M]. 上海:上海辞书出版社,2011:330-349.

化环境中,学术数据库也存在同质开发或价格高涨的现象,引起了媒体的关注和批评。[①]

(二)检索工具的综合利用

中国的书籍有悠久的历史,字书、类书、书目都是引证或考据书籍文献的工具,积淀深厚,到清代达到"集成"的高峰。《康熙字典》《古今图书集成》《四库全书总目》都是集大成的代表作。民国时期学者在引进西学的同时,也提倡"国学"。1923 年,胡适主张"整理国故"的第一步是"把一切大部的书或不容易检查的书,一概编成索引,使人人能用古书"。[②] 梁启超梳理"清代学者整理旧学之总成绩",认为"小学及音韵学"已经"成为专门之业",而"字义学即是字典之学。我国古来之字典有三种组织法":一是以各字(或辞)所含意义分类组织,《尔雅》等;二是以各字的形体及所从偏旁分类组织,《说文》等;三是以各字的读音分类组织,《广韵》等。[③] 中国大词典编纂处所编《国语词典》的序写道,"忽然打算要对于中国文字作一番根本的大改革,因而不能不给四千多年来语言文字和他们所表现的一切文化学术等等,结算一个详密的总账",其具体工作就是编辑大词典。[④]

在今天的数字时代,古籍工具书以及古籍文献,还有晚清民国以来的各种纸质文献,一并进入了数字化"集成"和全文检索的新阶段。从古代的字书、类书、书目,到近代的新式工具书等,都具有历史文献的价值。▲"瀚堂典藏"数据库以"目录树"形式保留了古代的四部分类体系以及古籍文献,还利用数据库资源编辑出版了《说文解字》《康熙字典》的新版本及其光盘版。数据库中还有"近代辞书"一类,收录了《中华大字典》《新字典》《辞海》《国语辞典》《中国古今地名大辞典》《中国法律大辞典》等辞书;同时链接了"瀚堂近代报刊"数据库。这些文献资源可以跨库进行全文检索,为今天的学术研究提供了古今关联、相互比较的线索,可以说实现了胡适所谓"一概编成索引"的步骤。

无论是工具书还是数据库,都是知识信息的载体,都在不断建构其知识体系,各有其优势和特点。这对读书人的思维方式、学术研究的方法也会产生深刻影响。古代的工具书为考据学提供了文献信息;近代工具书建构了"百科"知识体系,拓展了"国学"研究的方法;当今的数据库具有跨库检索、超文本链接的网状结构,为古今贯通、学科交叉的研究提供了路径,也引发了数字文献学的新概念以及数字人文的新方法。近代

---

① 徐书白. 北大都用不起"知网"了:知识产权不能被垄断[N]. 东方早报,2016-04-08(A04).

② 胡适.《国学季刊》发刊宣言[J]. 国学季刊,1923,1(1).

③ 梁启超. 中国近三百年学术史[M]. 北京:东方出版社,1996:253-254.

④ 国语词典[M]. 上海:商务印书馆印行,1948 年重印本.

的“百科”型辞书作为中西文化交汇的媒介,为概念史、观念史研究提供了大量史料,成为目前一个跨学科的研究热点。而数据库中类似“知网节”的聚合方式,为知识挖掘、综合利用文献资源提供了有效平台。

总之,规模宏大的数据库是新型的“古今图书集成”和“百科全书”,中文工具书进入了一个重新整理和开发的阶段,这对读书人来说也是一个千载难逢的机遇。追溯中文检索工具的演变历史,对于书籍史、编辑出版史、中西文化交流史都有参考价值;对于了解中国文献学的发展脉络、综合利用各种检索工具、有效选择工具书版本、辨析数字文献信息的来源与价值、开拓学术研究及数字人文的视野,并从文化层面提升信息素养能力,都是必不可少的基础知识。

第三节　信息检索的基本知识

本节从文献信息的概念出发,介绍工具书的检索方法以及数据库的主要特点。

一、文献信息检索概念

(一)文献的概念

中国古代有“文献”一词,也有研究文献的学问。但根据现代的《文献著录总则》(GB/T3792.1-2009),文献是“记录有知识的一切载体”。这一术语界定了文献的三个基本要素:

其一,文献所包含的知识信息内容(知识信息是经过加工整理的系统的信息);

其二,记录知识信息的符号与技术(包括文字、图像、符号、声频、视频、数据等);

其三,存储知识信息内容的物质载体(包括纸质载体、缩微胶片、电子载体、数字载体等,物质载体的演变与科学技术相关)。

图书情报学一般根据对文献加工整理的程度,将文献信息及其形态划分为不同的层级。

一次文献:又称原始文献,指由作者最初著述的知识成果,并在一定范围内已经传播的文献。例如学术著作、期刊论文、会议论文、学位论文、科技报告等。

二次文献:指对一次文献的外部特征,如题名、作者、出处等进行著录;或将其内容压缩,并按照一定的学科或专业有序编排,以便于检索的文献。例如图书目录、报刊目录、索引、文摘等。

三次文献:以二次文献为检索线索,对一次文献的知识信息进行归纳分析、重新编写而成的具有参考价值的文献。例如专题述评、文献综述,以及年鉴、百科全书、文献指南、手册、词典等。

从文献的载体来看,以往的文献多指纸质的印刷文本的书籍、报刊等出版物。计算机技术发展后,出现了电子版本的文献、数据库版本的文献。

以纸质文献而言,作者在出版社出版的论著是一次文献,出版社编辑的便于检索的出版书目是二次文献,而《中国图书年鉴》《中国出版年鉴》有关年度出版物的综合评述或报告就是三次文献了。以电子版文献而言,大型古籍《四库全书》《二十四史》等文献开发了光盘版,这是数字化的一次文献;但其具备了书目、索引及全文检索功能,又可以说是二次文献。

而网络版大型数据库平台,将所收录的各种文献库整合在一个平台,可以实现一站式检索。▲中国知网的"文献检索"(图 1-1)包括:学术期刊、学位论文、会议、报纸、年鉴、专利、标准、成果、图书、学术辑刊、法律法规、政府文件、企业标准、科技报告、政府采购。这种集成各种类型文献的数据库,是对文献信息进行数字化、网络化加工整理的结果,可称之为数字文献资源库、文献信息检索系统。而维普期刊资源整合服务平台介绍其为"提供多层次、纵深度的集成期刊文献服务:从一次文献保障到二次文献分析,再到三次文献情报加工,深入整理期刊文献服务价值"。

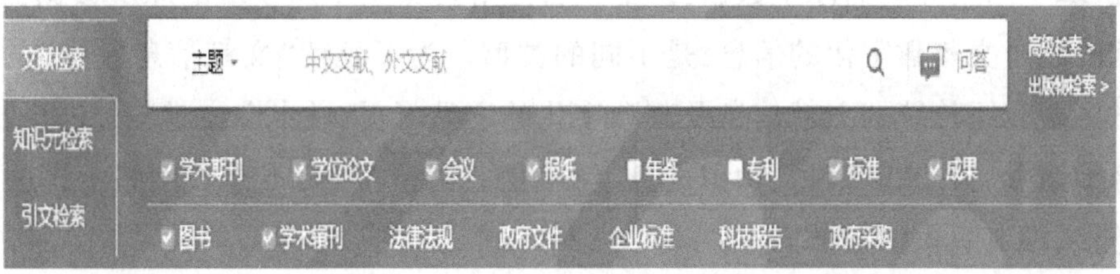

图 1-1 中国知网检索框

(二)信息的概念

信息是一个多学科定义的概念。利用《中国大百科全书》(第一版),查检"信息"条目,其"自动控制与系统工程卷"解释:"信息一词往往在不同的场合有不同的含义,在控制、通信和计算机科学等领域内信息是信号和数据的同义词。在情报检索、新闻传播和经济管理等领域内,信息是消息和情报的同义词。在科学、文化、教育等领域内,信息是新知识的同义词。"①其"电子学与计算机卷"解释信息论中信息的含义,提到"人们对信息却另有一些笼统的解释。例如,信息常被解释为由语言、文字或图画等表示的新闻、消息或情报;通过读书、受教育或其他方式所搜集的知识或学问、数据、

① 中国大百科全书:自动控制与系统工程卷[M].北京:中国大百科全书出版社,1986:521.

事实、事件、行为;为了作出判决、计划或求解问题等所需要的资料等。实际上,这些都属于不同形式的消息,不过有些是经过有意识的处理,使它们内含的信息是信宿感兴趣的而已”①。从文献信息检索的角度,可以参考这种笼统的解释。

文献信息是依附于文献而存在的信息,工具书是从文献中检索知识信息的工具。美国学者布莱尔《工具书的诞生:近代以前的学术信息管理》一书指出:“信息(information)一词有一个漫长的历史。”从生物学到计算机科学都有解释。作者说明其“是在非技术的意义上使用‘信息’一词,以使之区别于数据(它需要进一步的处理才能具有意义),也区别于知识(它意味着个别的认知者)。我们常说储存、检索、选择和组织信息,意味着信息能够被许多人以不同的方法为了利用和再利用来储存和共享,也就是说,信息具有一种区别于个人知识的公共属性。而且,信息通常被从其原始语境中剥离出来、以具体的小条目形式出现,而这些小条目便成为可获取的易于重新连接的‘碎片’”;作者认为“近代以前的参考工具书的作者和使用者的确是在进行‘信息管理’,虽然那时候还没有出现这一术语”。②

当今的信息时代,也被描述为信息过载、信息爆炸的时代,而数字技术进一步改变了文献信息的存在方式。“对于原生数字数据、从计算机网络环境中采集的数据以及从档案或馆藏数字化而得到的不同类型的数字对象,数字方法的呈现迥然不同”③。或者说,基于网络环境的原生数据,例如从百度等搜索引擎所获取的原生数据,和来自图书馆的纸质文献数字化的信息,是不同的类型。为了延续“文献信息检索”的传统,本教材主要介绍传统的文献信息及其数字化的产品,包括学术性文献数据库,或者说,将信息检索限定在文献信息、知识信息、学术信息的范围,而不涉及网络上即时生成、无序链接、没有版权的数据文本。

(三)信息存储和检索工具

信息检索有广义和狭义的区别。广义的指信息的存储与检索,狭义的指利用适当的方法或工具从信息集合中查出所需要的信息的过程。文献信息经过加工整理、有序组织,以一定载体形式(印刷版本、数字文本、数据库等)加以存储,被专门的机构(图书馆、档案馆、文献信息中心、数据库中心等)收藏和管理,为公众提供阅读和检索服务。

随着数字信息技术的发展,图书馆开拓了数字化的文献存储空间,建构起虚拟的数字图书馆网站,加强了图书馆之间在文献信息资源共建共享、联合编目、馆际互借

---

① 中国大百科全书:电子学与计算机卷[M].北京:中国大百科全书出版社,1986:869.

② 布莱尔.工具书的诞生:近代以前的学术信息管理[M].徐波,译.北京:商务印书馆,2014:18,19.

③ 贝里,费格约德.数字人文:数字时代的知识与批判[M].王晓光,等译.大连:东北财经大学出版社,2019:134.

(传递)等方面的合作。✲"全国图书馆参考咨询联盟"将全国图书馆的文献资源链接起来,形成更为庞大的知识信息共享平台,可以检索书籍、期刊、报纸、学位论文等。✲"百链云图书馆"是专业的学术搜索门户,为读者提供资源补缺服务,包括期刊、论文、外文图书、报纸、专利、视频等各类资源,以超链接及文献传递的方式帮助读者找寻、获取资源。目前已经集成了500多个中外文数据库,利用"百链"的文献传递服务可以获取到1000多家图书馆的文献资料。

高校的图书馆存储了大量纸质文献(图书、报刊、学位论文等),还设有专门的工具书阅览室,同时开发了数字导航系统,将纸质文献与数字资源聚合起来。✲北京师范大学图书馆的"木铎搜索"是一站式文献资源发现系统,不仅可以搜索到图书馆订购的多种资源,还能发现更多的馆外资源。▲在"题名"中输入一个关键词"信息检索",可以发现多篇"在线全文",由此进入中国知网等学术期刊数据库;还可以检索馆藏的纸质图书目录,其中标出"在线访问"的资料可以链接到"超星电子图书""中文在线电子书"等网站,直接点击阅读。此外,还有"数据库导航"。

文献信息检索工具包括传统的检索工具,即各种类型的印刷版工具书;还有数字化检索工具,包括工具书的电子版(磁盘版、光盘版、网络版)、网络学术数据库检索系统(网络版专业数据库、综合的数字文献资源平台)、学术搜索引擎(例如,"读秀中文学术搜索"、百度学术搜索)等。

从使用者的角度来说,文献信息检索是借助检索工具(工具书、数据库等),运用一定的检索方法,从文献知识库中获取所需要的信息内容(文献、事实、概念、数据等),以解决实际问题的过程。传统的检索工具书与数字化检索工具各有特点,彼此辅助,不可或缺。

二、印刷版检索工具

印刷版检索工具即工具书,它是书籍的一种类型,是由于书籍数量增加而产生的辅助读书的工具。《工具书的诞生:近代以前的学术信息管理》一书指出:工具书(reference books)是一个现代术语,"今天(尽管最近在线工具书激增)我们可以把工具书定义为放在图书馆工具书阅览室书架上的那些书"。① 要具体了解工具书的类型,读者不妨进入中国国家图书馆或者高校图书馆的工具书阅览室,进行一次浏览,就会获得一种直观印象。

---

① 布莱尔.工具书的诞生:近代以前的学术信息管理[M].徐波,译.北京:商务印书馆,2014:157.

(一)工具书的特征

工具书是一种特殊形式的图书,其特点可以归纳如下。

1. 工具书有特殊的编制目的和知识范围,为特定的读者对象提供检索某种类型的知识信息或参考资料,而不需要按内容章节或逻辑顺序系统阅读。

2. 工具书有特殊的编排体例和检索方法。或者按照特定的符号系统(部首、拼音、号码等)、或者按照文献的内容特征(分类、主题等),对收录的文本进行编排和组织,并提供多种辅助的检索方法,以便于读者获取所需要的信息。

3. 工具书是以一个又一个相对独立的项目(字条、词条、条目、资料)为单元汇集而成的信息库。其所收录的内容一般是经过加工整理的二次或三次文献,是比较广泛的、概况性的、比较权威的知识内容,并需要在一定周期内修订或更新。

4. 工具书有特殊的结构形式,大体有序跋(前言)、说明、凡例、词目表、正文、辅助索引和附录、补遗等组成部分。每种工具书的正文有统一的编写程式和编纂符号等,每页的书眉也有统一的检索标记。

工具书的类型主要有:字典和词典、百科全书;书目、索引;年鉴、文摘、图录、表谱、手册、资料汇编等,还有古代的类书和政书等。

根据工具书的作用,可以将其归纳为三种类型:语文工具书、检索工具书、参考工具书。语文工具书主要指各种语文性字典、词典、词表等。检索工具书主要指书目、目录、索引、文摘、题录等书刊,通常称之为文献检索工具,或二次文献。参考工具书主要指专业词典、类书、政书、会要、百科全书、手册、指南、名录(人名录、地名录、行业名录)、年鉴、图谱、图录、年表、历表、年谱、统计资料汇编、数据集等。有些资料性、可检索性很强的丛书、丛刊、文件集、资料汇编等也可归于这一类。

工具书是纸质的印刷出版物,一般由专业出版社的专门编辑部门组织专家学者编辑、审定,并出版发行,具有原创性和权威性。工具书的编辑要依据国家制定的标准和规范,例如现代汉语的字典和词典,在国家发布有关语言文字的最新规范后,就要随之进行修订。工具书历史悠久,数量极多,除个人有限购买外,主要收藏在图书馆的工具书阅览室,仅供读者检索使用而不予外借。

(二)编排体例和检索方法

工具书的编排体例和检索方法是相互联系的。每部工具书以一种编排体例和检索方法为主,同时附录其他检索方法,各种检索方法相互补充,各有特点。根据《辞书编纂基本术语》,工具书的编排和检索方法是指“根据字头、词目、条头的音、形、义等特征,编排和查检字条、词条、条目的方法”①,大体可以分为:形序排检法、音序排检法、义序排检法。

1. 形序排检法

形序排检法是“以字头、词目、条头的形体特征,按设定顺序编排和查检的方法,如依据汉字的部首、笔画顺序的排检法”。② 常用的形序排检法有三种:部首排检法、笔画笔顺排检法、笔形代码排检法。

(1)部首排检法

部首是“根据汉字字形结构归类作为排检依据的同类部件”。根据汉字字形结构,大部分部首就是偏旁。部首排检法就是“按汉字的意符或规定偏旁等部件归类编排和查检的方法”。③部首排检法可以归纳为两类:旧部首法、新部首法。

其一,旧部首法。

东汉许慎编纂的字书《说文解字》首创部首法。他根据当时对文字形音义关系的理解,按照六书的原则,将小篆的形体构造加以分析和归类,从中概括出540个偏旁作为部首,于是“凡字必有所属之首,五百四十字可以统摄天下古今之字”。④ 此外,这540个部首的编排顺序大体上是“据形系联”,即把部首形体相近或相关的排在一起。

《说文解字》的部首法对以后编辑的字典产生了深远的影响。古文字的字典至今仍采用这一分部法,例如容庚的《金文编·凡例》就说明“分部别居,略依《说文解字》”。但《说文解字》的部首分部过多,“因为它是文字学原则的部首,而不是检字法原则的部首”。⑤ 为了检字方便,后人对《说文解字》的部首加以整理。明代梅膺祚编纂的《字汇》按照楷书的形体,把540部归并为214部;这214个部首的编排顺序和各部首所属字的编排顺序都按照笔画多少排列。这种部首被称为检字法部首,一方面保留了《说文解字》很多“文字学原则的部首”及其归字;同时又从检字方便的角度出发,即不依字义,只依字形,归并了许多部首,并调整了字的归部。▲“燕”是个象形字,在《说文解字》中独立一部;《字汇》取消了“燕”部,将“燕”(根据相近的字形部件)归入了“火”部。清代御制的《康熙字典》采用了《字汇》的部首法,后人也称之为《康熙字典》部首法。后出的《中华大字典》《中文大辞典》《辞源》等工具书,都采用这一部首法。

---

① 中华人民共和国国家标准术语工作:辞书编纂基本术语(GB/T15238.1-2000)[M]//作者编辑常用标准及规范(第2版).北京:中国标准出版社,2003:443.

②③ 中华人民共和国国家标准术语工作:辞书编纂基本术语(GB/T15238.1-2000)[M]//作者编辑常用标准及规范(第2版).北京:中国标准出版社,2003:444.

④ 段玉裁.说文解字注[M].上海:上海古籍出版社,1981:764.

⑤ 王力.古代汉语(校订重修本)第一册[M].北京:中华书局,2018:167.

肌 胎 胚 腜 肉
肉：胾肉象形凡肉之屬皆从肉 如六切
腜：婦始孕腜兆也从肉某聲 莫桮切
胚：婦孕一月也从肉不聲 匹桮切
胎：婦孕三月也从肉台聲 土來切
肌：肉也从肉几聲 居夷切

图 1-2 《说文解字》

以《康熙字典》部首法为例，今天的普通读者在检索使用时，主要有两方面的问题。一是部首无定、难于掌握。▲江、酒、鸿三个字，分属于水、酉、鸟三个部首。这是因为形声字在汉字中占大多数。一个形声字有两个部分：表示意义的部分称为形旁，又称意符；表示声音的部分称为声旁，又称声符。在旧部首中，一个字的归部主要依据字体的意符。由于汉字意符所在的位置繁杂，就出现了部首难于确定的问题。二是有些字的部首是变形的，也称偏旁异体。例如：胚、胎、肌、脊等字都要查“肉”部。《说文解字》依据的是小篆的字形，这一偏旁为“[illegible]”，归入“肉”部（图 1-2），即今人所言的“肉月”，楷书作“⺼”。《康熙字典》在“检字”部分特别说明“凡从⺼者属肉部”。“检字”部分还列出了其他“不得其部”的疑难字，如说明“凡从王者属玉部”“凡从灬者属火部”（“燕”字因此归并到火部）等等，作为查检部首的线索。

其二，新部首法。

新部首是汉字简化后设计的部首，主要有《新华字典》189 部、新《辞海》250 部、《汉字统一部首表》201 部。

由于新旧部首有区别，一个字在不同的字典、词典中可能归在不同的部首，造成使用者查检不便。1983 年 6 月，中国文字改革委员会和文化部出版局联合召开“统一汉字排检法座谈会”。参照社会通行的《康熙字典》《辞海》《新华字典》三部辞书的部首，按照据形定部、贯彻以大包小、口径一致的原则，制定了《汉字统一部首表（草案）》，共设部首 201 部。第一版《汉语大字典》和《汉语大词典》的 200 部就是参照此表而确定的，但对少数归部不当的属字做了调整。《新华字典》（第 10 版）采用 201 部，重新编制了《部首检字表》。▲例如“氵”归在“77 水部”，即“水部”包括了“氵”。小学语文教师在指导学生查字典时要特别注意检字部首的变化。

2009 年教育部、国家语言文字工作委员会发布《汉字部首表》和《GB13000.1 字符集汉字部首归部规范》，自 2009 年 5 月 1 日实施。《汉字部首表》包括主部首 201 个，附形部首 99 个。使用规则是，一般应以主部首为主，但在某些情况下，可以根据需要做变通处理。《GB13000.1 字符集汉字部首归部规范》规定了汉字部首的归部原则和规则，给出了 20902 个汉字的部首归部表。这些规范主要适用于工具书编纂、汉字信息处理及其他领域的汉字排序检索，也可供汉字教学参考，并有利于促进汉字部首排序检索的统一。

（2）笔画笔顺排检法

笔画是构成楷书汉字字形的最小连笔单位。笔画数是构成一个汉字或汉字部件的笔画的数目。笔画法就是按照汉字的笔画数排列顺序,笔画数少的先于笔画数多的。笔画法多用来编排部首,明代的《字汇》最早采用笔画法来编排 214 个部首以及每部所属的字。笔画法也被用来编排工具书的正文,如《中国人名大辞典》《中国古今地名大辞典》等。笔画法还被用于编制辅助索引。

笔画法简便易学,但由于汉字的数量众多,相同笔画的字很多;有的字(特别是繁体字)笔画太多,不易数清楚。因此笔画法一般和其他排检法(部首、笔顺、音序等)结合使用。例如《新华词典》按音序编排,同一单字条目下字数相同的条目以第二字的笔画多少为序。笔画少的在前,笔画多的在后。

笔顺法也称起笔笔形法,就是按照汉字起笔的笔形顺序分类的排检法。每个汉字在书写时,都有一个起笔,最基本的笔形有五种,其排列顺序为:丶(点)一(横)丨(竖)丿(撇)乛(折)。单独用笔顺法排检的工具书极少,笔顺法大多配合其他排检法使用。《辞源》(第三版)说明:"单字按 214 部首排列。同部首内按笔画数升次排列。同笔画数的字按起笔笔形丶一丨丿乛为序排列。每个单字下的复词按字数多少为序,先少后多。字数相同的,以第二字的笔画数多少为序。笔画数相同的,以第二字的起笔笔形丶一丨丿乛为序。"▲《辞源》每页的页眉上标出部首及笔画数。"十部　⑩博",说明"博"字的部首是"十",除了部首,笔画数是 10。

(3)笔形代码排检法

笔形代码排检法是"用数码表示字头或词目首字的笔形,并按连成的顺序编排和检索的方法"。

四角号码法:最早是 1926 年由王云五发明的,应用于商务印书馆出版的《王云五小辞典》等。它把汉字四个角的笔形分为十种,分别用数字"0、1、2、3、4、5、6、7、8、9"作为代码。四角号码的记忆口诀是:"横一垂二三点捺,叉四插五方框六。七角八八九是小,点下有横变零头。"一个汉字的四角号码的取角顺序是:左上、右上、左下、右下。按照这一顺序编成一个四位数。例如:"端"字的四角号码:0212

把每个汉字的四角号码按照从小到大的顺序排列起来,就构成了四角号码检索法。四角号码还有许多具体的取角方法和规定。凡是采用四角号码法的工具书,都在书前附录"四角号码查字法"的详细说明,可以参看。四角号码法有新、旧之分。一般用繁体字编排的工具书仍采用旧四角号码查字法。凡是采用新的四角号码的工具书,都在"四角号码查字法"后,附录"新《四角号码查字法》和旧《四角号码查字法》比较,主要修改的项目"的说明,和"新旧四角号码对照表"。

四角号码可以用来编排正文,如《四角号码新词典》(第 10 版);也可以作为辅助索引,许多词典都附录有四角号码检字法索引,如《辞源》(第三版)附录单字四角号码索引。不少新印古籍工具书,如《佩文韵府》《辞通》《四库全书总目》《十通索引》等,都增加了以四角号码编排的索引。先按单字的四角号码排列顺序;同一单字字头下的词目,再按第二个字的上两个角的号码,依次排列,这种字词索引具有简便易查的特点。

中国字庋擷(guǐxié)法:哈佛燕京学社引得编纂处发明并使用的一种号码法。这种方法的详细规则见于其所编各种引得,可以参看。这种方法比较繁琐,不易掌握,其他工具书都不采用。凡是影印重版的原哈佛燕京学社引得编纂处的索引,都附录了新编的音序或四角号码等索引,供读者查检庋擷号。例如《杜诗引得》(上海古籍出版社1985年版)就另外编制了四角号码检字表和汉语拼音检字表,附印书后。此外,上海古籍出版社1993年出版了《引得检字表》(陈秉仁编),以配合重印的各种引得使用,包括四角号码检字和汉语拼音检字两表。

2. **音序排检法**

音序排检法是"以字头、词目、条头的读音为序编排和检索的方法"(《辞书编纂基本术语》)。

(1)韵部法

韵部法是按照古代汉语的韵部次序排检的方法,中国古代韵书就是按韵编排的。古代韵书所分的韵部是不同的,北宋陈彭年、丘雍等所编《广韵》分为206韵;宋代江北平水人刘渊增修《壬子新刊礼部韵略》,将《广韵》以来的206韵合并为107韵;金人王文郁有《新刊平水礼部韵略》,又合并为106韵。后人一般将合并后的韵部简称为"平水韵"或"106韵"。元代以来作近体诗者以106韵为押韵依据,沿用至今。有的字书、辞书也按平水韵的韵部来编次,如《佩文韵府》《经籍籑诂》《辞通》等。这106韵中,每一韵部都规定一个字作为"韵目"。其排检方法是:先按照声调把韵部分为上平声15部、下平声15部、上声29部、去声30部、入声17部,共计五类;然后在同一类下把所收词目按首字或末字的韵部次序排列。今人要检索一个字的"平水韵",可以利用《中华大字典》。▲《佩文韵府》是按照词目的末字的韵部次序排列的。检索"从军"一词,先查出末字"军"在平水韵的"文"部,再检索《佩文韵府》(现在检索《佩文韵府》已经有新编的四角号码索引,还有古籍数据库可以利用)。

(2)汉字注音字母法

注音字母于1913年由读音统一会制定,1918年由北洋政府教育部公布,1930年由国民政府改名为"注音符号",至今仍在台湾地区沿用。注音字母共有40个,在《汉语拼音方案》制定之前是通行的为汉字注音和学习普通话的音标;在《汉语拼音方案》制定后,注音字母基本被汉语拼音字母所取代。采用注音字母编排的工具书有《词诠》等。《新华字典》的字头除用汉语拼音字母标音外,还附注音字母,以便于不认识汉语拼音字母、只认识注音字母的读者使用。其附录有《汉语拼音方案》,可对照查检汉语拼音字母和注音字母名称。

(3)汉语拼音字母法

汉语拼音字母是依据《汉语拼音方案》的规定使用的拉丁字母。《汉语拼音方案》于 1958 年 2 月 11 日由第一届全国人民代表大会第五次会议批准推行。《新华字典》率先采用汉语拼音字母编排汉字的顺序,此后汉语拼音字母音序法被逐渐推广。

3. 义序排检法

义序排检法是指"以词目、条头的意义特征归类和查检的方法"(《辞书编纂基本术语》)。义序法主要有分类法和主题法。

(1)分类法

分类法是依据文献内容确立类目并加以编排的方法。类目的确立主要有两种标准:一种是按照事物的性质分出若干门类和细目,再依据类目编排文献资料,形成一定的顺序。中国古代的一些类书、政书等就是这样编排的。此外,今人编纂的一些词典,也采用近似类书的编排方法,如《中国古代名物大典》就是以义聚类、据类编排的,全书分三级类目,总分天象、地物、人体等 37 大类,每大类再分若干中类,每中类再分若干小类。这种编排方法便于按类汇集同一性质的文献资料,但由于各种类书的分类名目不同,同一文献资料在几种类书中可能分列于不同的类目,特别是今天的读者不熟悉古代类书的分类名目,因此检索比较复杂。

另一种是按照学科或专业的知识体系的内在联系来层层分类,每一类目下编排同类的词目、条头,主要用于书刊目录、专科词典、专题索引等。中国古代的书目多数采用四部分类法(经、史、子、集),每一部又细分为若干小类。《中国社会科学文献题录》将所收的论文全部按学科体系编排。▲综合性的辞书《辞海》的《文学分册》(1981 年版)按照文学学科的知识体系,先把词目分为四个大类:文艺理论、中国古典文学、中国现代文学、外国文学;每一大类下再分为若干小类。这种编排方法比较适合专科工具书,便于熟悉学科知识体系的专业人员使用。

(2)主题法

要了解主题法,首先要说明什么是文献主题。根据中华人民共和国国家标准《文献主题标引规则》(GB/T3860-2009),主题词是"从自然语言中优选出来并经过规范化的、表达各种概念的语词。主题词通常通过主题词表进行管理,在标引与检索文献时,用于表达各种主题概念"。主题法在中文工具书中主要用于编制文献主题索引和主题目录。

用来表达和描述文献主题的名词术语可分为两类:一类是经过规范化的自然语

言。所谓规范化的自然语言,其依据是规范化的、标准化的汉语主题词表。目前使用的主要有:《汉语主题词表》(中国科学技术情报研究所和北京图书馆主编,科学技术文献出版社 1980 年出版。网络有《汉语主题词表》服务系统)、《社会科学检索词表》(社会科学文献出版社 1996 年出版)、《中国分类主题词表》(第 2 版及电子版,北京图书馆出版社 2006 年出版)、《文献主题标引规则》(GB/T3860-2009)》等。

以规范化的自然语言作为主题词来编制工具书,就是根据文献条目的内容,分析其所包含的主题,选定主题词表中能够表达和描述文献主题的确切的规范化名词术语(即主题词)作为该条目的标识,再把一个个条目标识(即主题词)按照字顺排列起来,构成一个检索系统。读者使用这类工具书时根据自己的研究课题,借助《汉语主题词表》等选择正确的主题词,就可以集中检索到分散在各个学科的有关的文献资料。

另一类是未经规范化的自然语言,如关键词。关键词是直接从文献原文(篇目、摘要、正文等)中抽取出来的、用以揭示和表达文献主题内容特征的、未经规范化处理的自然语言词汇。这种类型的中文工具书比较多,如哈佛燕京学社引得编纂处所编的引得正刊 41 种,大部分是关键词索引。许多全文数据库都提供关键词(任意词)检索的途径。使用关键词查检时,要注意选择文献中的重要语词,考虑所选择的关键词有无同义词、近义词,才能避免漏检有关的资料,还要筛去词形相同、意义不同的冗余信息。▲利用中国知网,选择"关键词",输入"类书",检索结果就是论文所列关键词中有"类书"的,但题目(篇名)中不一定包含"类书"。

主题法也用于编制辅助索引,如《中国大百科全书》(第一版)"中国文学"卷附录有"内容索引",是全卷条目和条目内容的主题分析索引。这一索引就是以关键词作为主题词来标引和编排的。包括设有条目的主题(用黑体字)和未设条目的主题(用仿宋字)。通过这一索引,可以标出同一关键词在不同的条目中出现的页数,便于读者参照检索相关的文献资料。

主题法和分类法都是从文献的内容(意义特征)的角度来揭示文献的。但二者又有区别:主题法的主题词是直接用来揭示和标引文献的中心内容的词汇;分类法中的类目则是对词目、条头所属学科或性质的概括,不是直接标引和检索的词汇。在检索过程中,主题法的特点是不必考虑所检条目属于什么学科体系,而是可以通过多个主题词将分散在各个学科的某一主题的文献资料集中起来。分类法的特点是把学科或性质相同的文献资料汇集在一定的类目之下,便于读者了解某一词目或条头的学科归属以及学科地位。

4. 时序法和地序法

时序法是"以事物发生的时间顺序编排和查检的方法"。这种方法主要用于按照历史年代编排的工具书，如年表、年谱、历表、大事记等。有的图录也是按时序法编排的，如《中国抗日战争图志》。

地序法是“以事物所涉地区为类序编排和查检的方法”。这种方法主要用于地图和有关地方资料的工具书，例如《中华人民共和国地图集》《中国名胜词典》《中国地方志联合目录》等。

三、数字化检索工具

数字化检索工具，包括电子版工具书和数据库平台，不仅参考了工具书的检索方法，而且创建了基于网络技术的检索系统。

（一）电子版检索工具，即电子工具书

电子工具书是以磁盘或光盘版本形式发行的、借助于计算机检索的工具书，也被称为机读版工具书。▲《中国大百科全书》（第一版）曾开发光盘版，其中 1.2 版（全套四张 CD，中国大百科全书出版社 2007 年发行）以《中国大百科全书》和中国百科数据库为基础，提供全文检索、逻辑检索；采用全新界面，设置自动安装、自动运行；增加内容打印功能。其与 74 卷的印刷版《中国大百科全书》相比，不仅价格便宜，节省了存储空间，还省去了到图书馆查检的时间。

电子工具书是纸质印刷版本工具书的数字化版本，也是工具书的延伸。工具书为其提供了文献资源、检索方式，但数字技术所开发的综合检索系统又超越了传统工具书。例如《汉语大词典》（第一版）曾开发 1.0 版光盘（汉语大词典出版社、商务印书馆［香港］有限公司 1998 年推出），不仅将印刷本的重要内容浓缩于光盘，还新增了许多相关内容链接，形成了 29920 张字信息表（提供一个字的部首、笔画、读音、编码等）、10368 张关联字表（提供一个字的各种字形）。还有组配检索、模糊检索等方式以及字音朗读功能（可以选择男声或女声发音）。其快捷、多样的检索方式，发掘了《汉语大词典》的诸多潜在功能，使语文词典由平面向立体扩展，对汉语研究、教学、写作等有辅助作用。

（二）工具书数据库平台

除了单本工具书的数字化，还出现了聚合多种工具书的知识仓库，即工具书数据库平台。

✲《商务印书馆 · 精品工具书数据库》（简称“精品工具书数据库”）：商务印书馆有限公司研制出版，2012 年发布的在线工具书全文数据库。以《新华字典》《现代汉语

词典》《新华词典》《古汉语常用字字典》等 29 部精品汉语言类工具书为基础，进行数字化整合，包括字典、词典、成语词典、语典、专科词典等类，共收词目约 35 万条，约 6000 万字；开发了强大的全文检索工具，构建了具有关联性、立体性和动态性的知识系统。其中的新功能包括：约 65000 个基本词目配有播音员真人发音朗读，2500 个常用字配有笔顺动态 flash 演示。商务印书馆修订后的新版词典也同步推出数字版本，增加融媒体功能，如《现代汉语词典》App、《新华字典》App、《辞源》优盘版和网络版，这些数字版也便于在数据库中进行更新。

✲中国知网（http://www.cnki.net/，“中国知识基础建设工程”的简称）平台，开发了一个传统工具书数字化集成整合的仓库。最初采取“工具书集锦在线”的思路，后来更名为《中国工具书网络出版总库》，简称《工具书总库》。目前集成了 200 多家出版社的 3000 多部工具书，类型包括汉语词典、双语词典、专科辞典、百科全书、图录图鉴、医药图谱等。▲用户选择“汉语词典”，输入一个检索词“梅花”，可以看到各种词典的检索结果：新词（梅花奖）、句典（有关梅花的古诗词）、成语（驿寄梅花）、典故（梅花妆），等等，这些结果都标明出处（词典名称、出版社、出版年、页数）。这个总库保留了纸本工具书的科学性、权威性和内容特色，同时通过超文本技术建立了知识之间的链接和相关条目之间的跳转阅读，使读者能够在一个平台获取分散在不同工具书里的、具有关联的知识信息。

✲“中华文史工具书数据库”：中华书局古联公司推出的在线工具书全文数据库，收入“籍合网”。集合了中华书局和其他出版社已经出版的文史工具书和品牌工具书，具有权威、专业和创新的特点。该库包括字典、词典、语文词典和专科辞典，如《中华大字典》《中国文学家大辞典》《中国佛学人名词典》《汉语方言大词典》等；内容上保留了纸书的全部信息；功能上开发了强大的全文检索工具，并且可以根据学科分布、来源分布和文本类型、主体类别对检索结果进行查询，现有条目约 67 万条。▲检索“杜甫”，有 1443 条记录，包括古今各种古籍书目，还有古籍整理本目录所记载的杜甫的集子。

✲“聚典数据库开放平台”：上海辞书出版社研发建设，2020 年上线。包括字词库、百科库、专题库，整合《辞海》《汉语大词典》《大辞海》《英汉大词典》《心理学大辞典》《马克思主义大辞典》《中国历代人名大辞典》等 100 多种工具书，能够呈现同一个词条在各种工具书中的不同释义，用户可以获取更为立体、丰富的知识内容。

✲国家图书馆的“工具书在线”：提供 8 个中文工具书数据库和 7 个西文工具书数据库（“大英百科全书网络版”等）的在线导航与检索。

(三)网络版检索工具,即文献资源数据库

光盘版工具书可以在单机上装载使用,对计算机设备的内存有一定要求。而由数十张光盘组成的大型数据库,一般开发为网络版,通过图书馆、学术研究机构等购买使用权,在局域网安装,向更多用户提供同时检索的条件。特别是文献集成式全文检索的网络数据库平台,已经不同于传统工具书及其数字化产品。根据文献资源的特点,其可以分为古籍数据库、其他专题数据库、综合的数据资源平台。本教材仅以社科文献数据库为例,说明其特点和功能。

1. 文献数据海量

网络检索工具,即数据库,是基于互联网而产生的数据库,它充分体现了文献信息互联互通的特点,所收录的文献一般数以万计,且不断扩充或更新。数据库不仅可以实现"全文"检索,还能链接原文本(文字、视频、音频、图片),以超文本的形式呈现出来。▲"瀚堂典藏"数据库平台,集成管理2万多种古籍,2.5万种民国报纸期刊,超过5200万条记录与海量清晰图片直接对应,汉字总量60亿。该数据库文献内容持续修订、种类定期扩增,并可根据读者要求定制添加。其内容囊括古代典籍、近代报刊、民国图书等文献,贯通古今,信息极为丰富。此外,还有多种综合的数字图书馆联盟或合作平台,▲"大学数字图书馆国际合作计划"平台(简称CADAL)由数百家中外图书馆共建共享,汇集了图书(古籍、民国图书、现代图书、英文图书)、期刊(包括民国期刊)、报纸、学位论文、多媒体、特藏资源等数据库。

2. 检索功能强大

中国知网作为"中国知识资源总库",是聚合多种专题数据库的综合检索平台。其所有数据库都提供高级检索、专业检索、一框式检索,并建构了功能强大的"知网节",以可视化方式呈现文献之间在内容意义上的关联、统计文献关注度和发展趋势等。目前的新版主页检索框设置了中文、外文整合检索,输入中文检索词,也能检索到外文期刊的题名、作者、来源、发表时间、数据库等信息;点击"题名"可以链接到国外的来源数据库。此外,知网采用自主研发的智能挖掘技术,从所收录的各类学术文献中提取图形、图像等内容,加以规范化编辑整理,建构成"图片知识库",可提供相似图像的检索、对比和分析等服务。大型数据库的优势在于智能化,能够集文献检索与全文提供于一体,充分利用文献的"全文",挖掘关联数据,具有更多的知识建构和服务功能,为数字人文的研究方法提供了路径。

3. 内容及时更新

品牌工具书的修订周期多达数年。光盘版、网络版工具书通过升级版本来实现检

索内容的更新。网络数据库则是一个开放的、流动的信息聚合仓库,可以随时更新或添加内容。学术期刊、报纸文献数据库都是日新月异、不断更新、逐步积累的。有的刊物回溯创刊以来的印刷版本,将其数字化,以增加更多的历史信息。▲《人民日报》图文数据库收录自1946年创刊至今的报纸,其中"今日"栏目可以浏览当天的报纸,如同网上阅报栏。目前用户主要利用学术期刊数据库检索信息,而不再依赖阅读纸质期刊,各家出版的学术期刊只有进入平台,不断提供数字化文献资源,否则其传播范围就会受到限制。各种大型数据库平台所收录的内容也在不断增加和扩充。因此,利用数据库进行检索,要说明文献检索的具体途径和截止的时间范围。

4. 信息传播广泛

大型数据库平台一般聚合了多种子库,不仅可以跨库检索,还能提供跨平台检索服务,通过互联网连接国内外其他机构的数据库。▲中国知网为国内用户提供跨平台、一键式外文检索服务,收录了50多家国际著名出版商的期刊文献题录数据,包括168个学科分类、11个专辑、470个专题,文献量共计超过5000万篇,文献最早可追溯至1840年。它还可以检索题录、浏览跳转至第三方平台,部分OA(Open Access)期刊可实现全文免费下载。各高校图书馆都有数据库目录及检索入口,聚集国内外诸多数据库,由学校包库使用,受校园网IP控制。即使是搜索引擎"百度学术"也可以检索部分学术论文的篇目信息,并链接到中国知网、万方、维普网等数据库的网址。一篇在学术期刊发表的论文,其电子版由编辑部门提交到学术数据库,就进入了数字网络的链接之中,其被下载、引用的情况被记录下来,并生成与其他文献关联的数据图表,成为相关学术领域学术趋势的组成部分。这是以往在时间上相对滞后、传播范围有限的纸质期刊目录所无法相比的。

从工具书到数据库,知识内容的组织形式和检索方式虽然发生了变化,但它们都是为获取文献信息资源提供路径的工具。工具书历史悠久,积淀深厚,资料权威,为数据库平台提供了内容资源和基本检索方法。但由于版权等问题,许多品牌工具书并没有进入综合的学术数据库平台,各种类型的工具书依然是知识检索的重要途径。而学术数据库首先要获取数量巨大的、有版权许可的文献资源,然后才能利用互联网和知识挖掘技术,开拓更为强大的检索功能,为数字人文研究提供路径。目前的学术数据库还在开创和完善阶段,不时出现新名目,也有合并或消失,由于市场竞争而难免存在同质开发及内容重复的现象。学术数据库的使用涉及更为复杂的环节,各高校图书馆所能包库使用的数据库都是有限度的,也是有差异的;很多数据库不能实现开放获取和资源共享,而个人用户注册、付费订阅比较麻烦,也难以同时浏览多种数据库。这在某种程度上造成了新的"数字鸿沟"(或者说数字落差)。此外,数据库平台在将古籍文献或期刊文本转换格式、文字识别的过程中，难免出现错误，读者使用时必须核对原文本或原版面。

总之，无论是编辑者、学者，还是大学生及研究生等，作为使用者都需要了解工具书及数据库的各种类型和基本知识，综合利用多种检索工具和检索方法，具备比较与辨析文献资源及其价值的能力，最终达到获取所需的知识信息、解决实际问题、促进知识传播及学术研究的目的。

第二章

汉字信息检索

第一节　字典概述

一、字典的特点

检索汉字信息，其主要工具是字典。根据《辞书编纂基本术语》(GB/T 15238-2000)，字典是"以字条为单元，对字头的形、音、义以及用法或其他属性作出说明的辞书"。字典的内容一般包括解形、注音和释义等方面。但有的字典，其注释内容侧重解决汉字某一方面的问题，从而形成了不同的类型。有的偏于解形，如《说文解字》、字形汇编和字形表；有的偏于注音，如古代的韵书和现代的审音表。现代的中、小型字典(如《新华字典》)都有注音和释义两方面，但简化了解形的内容；大型字典(如《汉语大字典》)则包括解形、注音和释义等方面的详细内容。

从字典编纂的年代来说，字典可以分为古代字典和现代字典两大类。古代的字典与词典没有严格的界限，古人统称为字书。现代的字典则与词典有严格的分工，字典主要收单字(词)，从而与汉语词典主要收复音词(由两个或两个以上音节构成的词)有所区别。

从收字数量和义项解释等情况来说，字典又可以分为：古代汉语字典、现代汉语字典；比较简明的常用字字典、古今字形和义项兼备的大型汉语字典等类型。

二、字典的注释

汉字属表意文字体系，具有与拼音文字不同的方块形体。每个汉字并不是通过形体直接表音的符号，但汉字的形、音、义也有一定的关系，所谓"音生于义，义著于形，圣人之造字,有义以有音,有音以有形。学者之识字,必审形以知音,审音以知义”。[1]从东汉许慎的《说文解字》起,汉语字典就形成了以形索义、因声求义等训释方法。

现代的大型字典,如《汉语大字典》也是将解形、注音和释义紧密结合的。随着时代的发展,字典的具体注释方法也有所变化。下面将古今字典主要的注释方法综合起来,加以介绍。

(一)字典的解形

字典的解形,即解析汉字的形体。解形与释义是相联系的,《说文解字》就通过分析汉字的构造方法来解说字义。解形的内容还包括列形和辨形,即列出字形,说明一个字的不同写法,并辨别正字、异体字、古今字、繁简字等。《康熙字典》凡例说明“集内有或作某、书作某者,有与某字通、与某字同者”,加以分辨。《汉语大字典》在字头下列出几种有代表性的古文字形体,展示字形的源流演变情况,并引证古代字书加以说明。▲《新华字典》在字头后面的括号内列出繁体字(不带※号的)和异体字(带※的)。

(二)字典的注音

注音是对字头用约定的符号或方法标出读音。一个汉字有古代读音,有现代读音。古代和现代采用的注音符号和注音方法是不同的,综合起来主要有下列几种。

1. 读若法

读若法是举一个字音来为被注的汉字拟音,一般用“某,读若某”表述。▲《说文解字》注:“𧊒,读若求。”读若法除注音外,也有因声求义的训诂作用。

2. 直音法

直音法是直接用同音字来注音,一般用“某,音某”表述。▲“幻”字,《康熙字典》注为“音患”。

3. 反切法

反切法是用两个汉字来为一个字注音,一般用“某某反”“某某切”或“某某翻”表述。具体方法是取前一个字的声母和后一个字的韵母,二者快速拼读合成一个音。▲“红”字,《康熙字典》注:“户公切”。

现代工具书对上述方法有的沿用,有的加以改造。直音法一般被用来注生僻字,作为汉语拼音注音的补充,供不认识汉语拼音的读者使用。《四角号码新词典》在为

---

① 段玉裁.说文解字注[M].上海:上海古籍出版社,1981:764.

单字注音时附注同音汉字;没有常用的同音汉字时便采用两个汉字拼读,注明“快读”。▲“崛,居爷快读”,这类似反切的方法。

4. 注音字母法

注音字母是读音统一会在1913年制定的。在《汉语拼音方案》公布之前,不少辞书用注音字母来注音,例如主要用于正音的《国语辞典》。目前港台地区出版的工具书有的仍采用注音字母(即注音符号)来注音。

5. 汉语拼音法

汉语拼音字母是依照《汉语拼音方案》的规定来使用的拉丁字母。《汉语拼音方案》是1958年2月11日由第一届全国人民代表大会第五次会议批准推行的。此后,中文工具书大多采用汉语拼音注音。《汉语拼音方案》也是拼写中文的国际标准。

有的辞书也将汉语拼音和注音字母配合使用来注音,如《新华字典》(第10版)“凡例”说明:“本字典的字音依据普通话的语音系统,用汉语拼音字母及注音字母标音。”新版《辞源》《四角号码新词典》等,也保留了注音字母。

6. 国际音标法

国际音标是记录语音的一种符号体系,由国际语音学协会在1888年制定初稿,后几经修改,现为各国所采用。双语词典采用国际音标注音。中文的工具书一般不采用国际音标注音,有的辞书只用来标记汉语拼音拼不出来的古音或方言中的语音。

(三)字典的释义

字典的释义是对字头的含义做出解释,根据字典的性质而有所不同。汉语字典对字义的解释是语文性的,例如字典所收的专科字(词),同一个字头,汉语字典的解释与专科词典的专业性解释有不同的角度。此外,小型字典,如《新华字典》,释义的文字简明,不引书证;中型或大型字典,不仅释义的文字详细,还要有书证和例证。

1. 字义和义项

字义是字头所含的意义。从语言文字的发展历史来说,一个字有古义,有今义。从字义的演变来说,一个字有本义、引申义、比喻义、假借义和转化义等。因此一个字头往往有不同的意义。把一个字头所含的不同意义分条列出并注释说明,这就形成了义项。

不同类型的字典对义项的概括、排列和注释有不同的要求。查检字义应根据需要,区分和选择古今不同的字典。对今人来说,古代的字典只有古义。今人所编的大型字典则要求义项全备、古今兼顾,每个字不仅要列出古今的所有义项,而且要按照字义源流发展的顺序排列,形成一个完整的义项体系。小型字典则主要收录当今人们社会交际活动的常用字及其常用义项。

2. 字典的释文

字典的释文是对字头的含义所做的全部说明,其说明方式如下。

(1)对释,即以词释词。一般是用同义词或有关的词来对释,有的也用反义词的否定式来注释。▲《新华字典》(第10版)注"愚"为"傻,笨";"脏"为"不干净"。

(2)描写说明。一般对字词所标志的事物的形状、性能等加以描写和说明。▲《新华字典》描述"红"为"像鲜血那样的颜色"。

(3)定义。一般用下定义的方法来解释名物词。▲《新华字典》关于"鲸"的释文是:"生长在海里的哺乳类动物,形状像鱼,胎生,用肺呼吸,最大的种类可长达30米,小的只有1米左右。俗叫'鲸鱼'。"这里要注意的是:不同时代、不同性质的字典对同一字词所下的定义是不同的,▲汉代的《说文解字》对"鲸"字的解释是:"海大鱼也。"

(4)插图。用图形来标识文字不易表述的内容,比较直观。▲《新华字典》有"房屋的构造""人体内脏""人的脑"等插图。

古代字典的释文采用文言,今人使用古代字典时应了解一些常用的释义术语,即对词义起限制作用的一些提示语。例如:

"某,某也""某者,某也":表示某一字词的意思应当解释为某一字词。

"犹",也作"犹言":用意义相近的文言词语解释词目时的用语,表示"如同"的意思。

"某,犹某也":一般用来解释同义或近义的词语,接近现代汉语"等于说"的意思。▲《康熙字典》解释:"比年,犹频年也。又比比,犹言频频。"

"某,某某貌":用于描述和说明被解释词的某种性质或状态等,大体相当于现代汉语的"……的样子"。▲《康熙字典》解释:"屹,山独立壮武貌。"

"谓":引用不易理解的书证后,再解释其大意时的用语。

"某,通作某"或"某,读作某":一般指通假字。

3. 释义的引证

大型字典对每一义项的注释必须有书证和例证。书证是"引自书面资料的例证,一般注明出处"。如《汉语大字典》就征引历代字书及其注疏资料来印证字义。

例证是为说明字头的"含义、用法、源流或其他的用例或根据"。如《汉语大字典》征引历代著作中的用例,从文献语言的实际运用中来体现和印证字义。

大型字典的例证和书证必须标明出处,并尽可能引用出处最早的。有的还附有

“参阅”的书名,以说明其依据,便于读者进一步查考。中、小型字典一般仅有例词、例句,而没有引据原文的书证。

第二节 字形的检索

一、检索各体字形

汉字历经几千年的发展演变,形成了甲骨文、金文(青铜器铭文)、小篆、隶书、草书、行书、楷书等字体;印刷术发明以后,由于刻写工具和载体的变化,出现了不同形体的印刷汉字。1949 年以后进行文字改革,推行简化字,又有了简化字与繁体字的区别。总之,汉字的每次演变,都会产生一批形体歧异的字。王力把这些字归纳为三类:古今字、异体字、繁简字。①

汉字的形体及其演变,对于语言文字学、考古学,以及书法研究、文化传播研究、古籍文献整理等都有意义。通过查检和分析古文字的字形,可以追究字的本义,了解有关的文化现象。汉字文化学就是从汉字入手研究中国文化,从文化学的角度研究汉字。② ▲今天简化字“为”的本义是什么?《说文解字》根据小篆的字形“”解释:“母猴也。其为禽好爪。爪,母猴象也。下腹为母猴形。”罗振玉根据甲骨文、金文、石鼓文的字形分析这个字:“从爪,从象,绝不见母猴之状。卜辞作手牵象形,意古者役象以助劳”。③ 这一解释可以证明古代有大象,而且役象以助人劳作。汉代的许慎没有见过后来出土的甲骨文,根据小篆的字形来解释字义,不免失误。

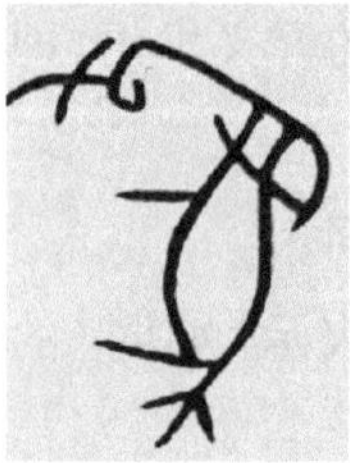

图 2-1 甲骨文“為”字④

检索汉字的各体字形,有多种类型的工具书。

(一)古文字字形汇编

从考古角度编辑的古文字工具书有《甲骨文编》:中国科学院考古研究所编,中华书局 1982 年第 2 次印刷。

《金文编》(第 4 版):容庚编著,张振林、马国权摹补,中华书局 1985 年出版。

① 王力. 古代汉语(校订重修本):第一册[M]. 北京:中华书局,2018:168.

② 何九盈. 中国汉字文化大观[M]. 北京:北京大学出版社,1995:105.

③ 罗振玉. 增订殷虚书契考释[M]//殷虚书契考释三种下. 北京:中华书局,2006:504.

④ 甲骨文编[M]. 北京:中华书局,1965:110. 注释:“卜辞为字象用手牵象,说文训母猴,盖由字形写讹。”

《殷周金文集录》：徐中舒主编，四川大学历史研究所编著，四川辞书出版社 1986 年重印。收集了 1949 年至 1980 年底国内出版的书刊中已著录的殷周有铭铜器及部分未著录的有铭铜器共 973 件，绝大多数为新出土的。此书按铜器出土或收藏的地区分列，书后编有索引。索引按器形分类，依字数多少排列，并标明编号。

从汉语字形角度编辑的有《汉语古文字字形表》：徐中舒主编，汉语古文字字形表编写组编，四川人民出版社 1981 年出版。这个字形表是为编纂《汉语大字典》服务的，不研究全部古文字，而只收音义明确的古文字。其中甲骨文、金文的取材主要参考《甲骨文编》和《金文编》；还采录了《金文编》未录的新出土铜器、周原出土的早周甲骨文，以及战国简书帛书、侯马盟书。共收列甲骨文、金文和战国文字的字头约 3000 个。字形表按文字发展的历史阶段排列，依次为殷代、西周、春秋战国。

从一般检索字形来说，比较实用的是《古文字类编》：高明编，中华书局 1980 年出版。用表格形式编录已认识的甲骨文、金文、石刻、竹简、帛书、载书（盟书）、符节、玺印、陶器以及泉货（钱币）等文字。第一编古文字分为四栏，第一栏为甲骨文，第二栏为铜器铭文，第三栏为简书及其他刻辞，第四栏为秦篆，便于对照，读者可比较直观地了解汉字形体的演变情况。《古文字类编（增订本）》：高明、涂白奎编著，上海古籍出版社 2008 年出版。依原本分为单体、合体和未识徽号文字三部分，其中第一编单体文字内容最多，所取单字按照甲骨、金文、其他文字、说文分为四栏。

✲北京时代瀚堂科技有限公司的“瀚堂典藏”数据库：介绍中标明其“形成以古代字书、类书和出土文献为特色的，独步全球的集成性图文同步呈现之专业古典文献研究环境”。根据其“目录树”，可以检索：经部——小学类——文字——《说文解字》系列的书籍；还有“异体字字典”，收录了《古文字诂林》等书。在“专题文献”类列有“出土文献”专题，汇集多种收入古文字字形的书籍，提供古文字及出土文献的图像，不断补充；还可以进行跨库检索，超越了纸质工具书的文本（见图 2-2）。▲点击“金文”，选择《金文编》（瀚堂电子版），可以检索到“何尊。余其宅兹中国”句，看到金文“国”字的写法“或”。

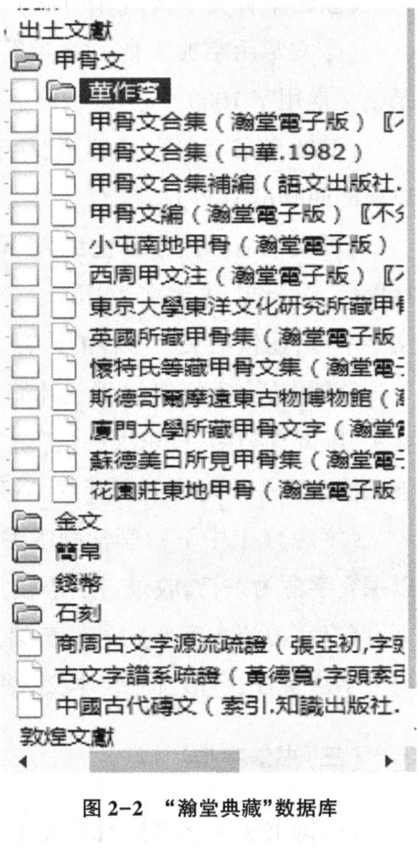

图 2-2　“瀚堂典藏”数据库

✲中华书局的“籍合网”数据库：其“字符查询”功能，包括《说文解字》《康熙字典》等 16 种古籍字书，还支持检索小篆、甲骨文和金文字形。

✲爱如生“中国辞书库”：刘俊文总纂，北京爱如生数字化技术研究中心研制。专门收录历代小学类典籍的全文检索版大型古籍数据库，包括字书、韵书、雅书和字典等共计 1000 种。

（二）古文字字典

这类字典既收录古文字字形，又加以释义。

《甲骨文字典》：徐中舒主编，四川辞书出版社 1988 年出版，2014 年出版第 3 版。每个字列出甲骨文字形，有解字、释义。

《甲骨文简明词典——卜辞分类读本》：赵诚编著，中华书局 1988 年出版。此书按照卜辞所反映的内容以及商代语言的现实，将所收词目分为 26 类，再按照每一类的内部关系依次排列，逐一解释。▲“动物”类有不少象形字。

《甲骨金文字典》：方述鑫等编，巴蜀书社 1993 年出版。此书收录音义明确的甲骨文、金文。每字列出字形，标出所出书名或器名，有解字和释义。

《新编甲骨文字典》（增订版）：刘兴隆著，国际文化出版公司 2005 年出版。

《金文常用字典》：陈初生编纂、曾宪通审校，陕西人民出版社 2004 年第 2 版，收录金文常用字 1000 个。

《简牍帛书字典》：陈建贡、徐敏编，上海辞书出版社 1991 年出版，主要收录秦汉以前的简牍帛书文字。

《古文字诂林》：李圃主编，上海教育出版社自 1999 年起陆续出版，共 12 册。包括甲骨文、金文、古陶文、货币文、简牍文字、帛书文字、玺印文字、石刻文字等八大类古文字字形，还包括文字考释的内容。

《常用古文字字典》：王延林编，学林出版社 2012 年出版。此书共例释 1167 个古文字，以部首类编，按东汉许慎《说文解字》体例分十四卷。凡所收文字，皆以真书、小篆二体为字头。每字先释其意，后列甲骨文、金文、玺文、汉印文、汉金文诸体。

《字源》（上中下）：李学勤主编，天津古籍出版社、辽宁人民出版社 2012 年出版。以探究字源为宗旨，收录古汉语较常见的字头 6000 多个，按《说文解字》顺序排列。

《汉字源流大字典》：谷衍奎编，商务印书馆 2023 年出版。全书收字 1.2 万多个，每个字从字音、字形、构造、本义、演变、组字等方面解说。

（三）书法字典

《中国书法大字典》：林宏元主编，香港中外出版社 1976 年出版，光华出版社 1980

年出版。此书采用我国历代著名书法家中360余人所写的碑碣法帖310多部，收录首字4392个，重文47430多个，用剪帖墨迹影印的方法，按照《康熙字典》部首排列。每字下皆注明朝代、作者，大部分注明出处。全书以楷书、行书、草书为主，兼及章草、隶书、篆文、古文。▲一个"福"字收录25个例证，其中王羲之的书体就有5个。

《新编中国书法大字典》：吴澄渊主编，世界图书出版公司2001年出版。此书汇集了从甲骨文开始至近代书家的各体书法单字5590个，入选书迹7万余种，包括各种流派、各种变体，按《康熙字典》部首检字法编排。

《中国书法大字典》（全5册）：卢公主编，光明日报出版社2007年出版。此书分为隶书卷、楷书卷、行书卷、草书卷、篆书卷。

《五体汉字汇编》（上下）：刘建编，文物出版社2004年出版。此书是中国历代著名书法家篆、隶、楷、行、草五种字体的汇编，按新《辞海》部首检字法编排。

《四体大字典》：陈和祥编，上海扫叶山房石印，北京中国书店1980年重印。此书取楷书为字头，再依次排列真（即正书、楷书）、草、隶、篆四体字。

（四）碑别字、俗字、异体字

碑别字是指古代的碑刻中出现的异体字。专门收录这类异体字的工具书有《碑别字新编》：秦公辑，文物出版社1985年出版。此书收录历代近2000种碑刻中的别字，又援引罗振鋆、罗振玉编《增订碑别字》及罗福葆《碑别字续拾》二书内容编成。所收碑别字上起秦汉，下迄民国，是辨别古籍、书法碑帖别字的参考书。▲此书所列"东"字就有六种别体。启功先生作序称此书"不独为读碑之助，亦足为探究文字演变者之鉴"。秦公、刘大新又有《广碑别字》（国际文化出版公司1995年出版）、《碑别字新编修订本》（文物出版社2016年出版）。

《碑别字字典》：杨作龙等编，国家图书馆出版社2022年出版，收录历代碑刻中所见楷书碑别字图像16058个。

《宋元以来俗字谱》：刘复、李家瑞编，历史语言研究所1930年印本，文字改革出版社1957年重印。此书汇集宋刊《古列女传》《大唐三奘取经诗话》、影元抄《京本通俗小说》、元刊《古今杂剧三十种》《全相三国志平话》《朝野新声太平乐府》、明刊《娇红记》《薛仁贵跨海征东白袍记》《岳飞破虏东窗记》、清刊《目莲记弹词》《金瓶梅奇书前后部》《岭南逸史》等12部书籍中出现的俗字，实际上也是民间流传的简化字。▲"櫃"字在《金瓶梅》中已经写作"柜"了。此书可用来校对古籍中出现的俗字，也是文字改革的参考史料。

《汉语俗字丛刊》：张涌泉著，中华书局2000年出版。以《汉语大字典》《中华字海》为纲，对历代字典辞书中的疑难俗字进行了系统全面的考辨，其中包括字形楷定、注音、考释等方面的问题。

《汉语异体字大字典》：冉友桥主编，四川辞书出版社2019年出版。此书收录字头近4万个，考订每一组异体字的形、音、义，辨析各异体字之间的异体关系。

✲"瀚堂典藏"古籍数据库中的"经部——小学类——异体字字典"类已经收入上述《碑别字新编》《宋元以来俗字谱》。

二、检索规范字形

规范字形一般指由官方制定和推行的标准字形。古代称为正体字，与异体字相对而言。《说文解字》在正体字下，引出异体字形曰"或作某"。《康熙字典》在异体字下标"同某""某俗字"，说明其与正体字的关系。

当代的规范字是指国家和政府职能部门制定和发布的标准所规定的汉字。根据《中华人民共和国国家通用语言文字法》（2000年10月31日第九届全国人民代表大会常务委员会第十八次会议通过，2001年1月1日起施行）："本法所称的国家通用语言文字是普通话和规范汉字"，并规定"汉语文出版物应当符合国家通用语言文字的规范和标准"。

1992年7月新闻出版署和国家语言文字工作委员会发布的《出版物汉字使用管理规定》曾明确指出："规范汉字，主要是指1986年10月根据国务院批示由国家语言文字工作委员会重新发布的《简化字总表》所收录的简化字；1988年3月由国家语言文字工作委员会和新闻出版署发布的《现代汉语通用字表》所收录的汉字。"而"不规范汉字，是指在《简化字总表》中被简化的繁体字；1986年国家宣布废止的《第二次汉字简化方案（草案）》中的简化字；在1955年淘汰的异体字（其中1986年收入《简化字总表》中的11个类推简化字和1988年收入《现代汉语通用字表》中的15个字不作为淘汰的异体字）；1977年淘汰的计量单位旧译名用字；社会上出现的自造简体字及1965年淘汰的旧字形"。

规范汉字的使用，是衡量出版物质量的标准之一。2010年新闻出版总署发布的《关于进一步规范出版物文字使用的通知》规定："报纸、期刊、图书、音像制品等出版物的报头（名）、刊名、封皮（包括封面、封底、书脊等）、包装装饰物、广告宣传品等用字，必须使用规范汉字，禁止使用不规范汉字。出版物的内文（包括正文、内容提要、目录以及版权记录项目等辅文），必须使用规范汉字，禁止使用不规范汉字。"▲新闻出版署期刊司1996年7月制定的《中国社会科学期刊质量标准》中，关于"社科期刊评分原则和方法"规定了"差错率计算参考格式"，说明"汉字的规范"：使用汉字要遵守《出版物汉字使用管理规定》,如使用不规范汉字每处扣 1 个基数。[①]

国家先后发布的有关文字改革和规范汉字的标准有多种。

(一)异体字的标准

从文字学的角度说,异体字是指“两个(或两个以上的)字的意义完全相同,在任何情况下都可以互相代替”[②]。或者说两个(或两个以上)字的意义完全相同,却有不同的形体。从文字规范的角度说,异体字是相对于规范字(正体字)而言的。关于异体字的规范和标准如下。

《第一批异体字整理表》:人民教育出版社 1956 年出版,1956 年 2 月 1 日起在全国出版物实施。每组先列出正体字,然后在括号里列出异体字,这些异体字一律被废除,停止使用。

《第一批异形词整理表说明》(2002 年 3 月 31 日试行):中华人民共和国教育部、国家语言文字工作委员会发布。异形词指普通话书面语中并存并用的同音(本规范中指声、韵、调完全相同)、同义(本规范中指理性意义、色彩意义和语法意义完全相同)而书写形式不同的词语。“本规范是推荐性试行规范”,选取了普通话书面语中经常使用、公众的取舍倾向比较明显的 338 组异形词(包括词和固定短语),作为第一批进行整理,给出了每组异形词的推荐使用词形;适用于普通话书面语,包括语文教学、新闻出版、辞书编纂、信息处理等方面。▲按语—案语 ànyǔ(破折号前为选取的推荐词形)。

《第二批异形词(264 组)整理表(草案)》:中国版协校对研究委员会、中国语文报刊协会、国家语委异形词研究课题组、《咬文嚼字》编委会订成,建议先作为行业规范,从 2004 年 1 月起,在各自系统内试用。

(二)简化字的标准

《简化字总表》:中国文字改革委员会编,文字改革出版社 1964 年出版。此表共有三个,表内所有简化字和简化偏旁后面,都在括号里列入原来的繁体。第一表是《不作简化偏旁用的简化字》,共收简化字 352 个。第二表是《可作简化偏旁用的简化字和简化偏旁》,收简化字 132 个和简化偏旁 14 个。第三表是《应用第二表所列简化字和简化偏旁得出来的简化字》,共收简化字 1753 个。

《第二批汉字简化方案(草案)》:中国文字改革委员会 1977 年 12 月 20 日发表,

---

① 中国社会科学期刊质量标准[J]//中国期刊年鉴,2003/2004:442.

② 王力. 古代汉语(校订重修本):第一册[M]. 北京:中华书局,2018:172.

征求各界的意见。1986年6月24日国务院批转国家语言文字工作委员会《关于废止〈第二次汉字简化方案(草案)〉和纠正社会用字混乱现象的请示》的通知指出:“1977年12月20日发表的《第二次汉字简化方案(草案)》,自本通知下达之日起停止使用。”现在社会上还存在的个别过分简化的字即出自此表,应该停止使用。

国家语言文字工作委员会1986年10月10日经国务院批准重新发表原中国文字改革委员会于1964年编印的《简化字总表》。《关于重新发表〈简化字总表〉的说明》指出:“我们要求社会用字以《简化字总表》为标准:凡是在《简化字总表》中已经被简化了的繁体字,应该用简化字而不用繁体字;凡是不符合《简化字总表》规定的简化字,包括《第二次汉字简化方案(草案)》的简化字和社会上流行的各种简体字,都是不规范的简化字,应当停止使用。”其中说明:“原《简化字总表》中的个别字,作了调整。”这一说明应特别引起注意,▲“像”字不再作“象”字的繁体字处理。这意味着在人们习用的“象雷锋同志那样”这句话中,“象”字是错别字,应该用“像”字。又如“瞭”字,读“liǎo”(了解)时,仍简作“了”;而读“liào”(瞭望)时写作“瞭”,不简作“了”。如果不熟悉这些新的规定,人们有可能误用了不规范字。

(三)汉字字形的通用标准

关于印刷出版物的字形也有标准。《印刷通用汉字字形表》:汉字字形整理组1964年5月编成,中华人民共和国文化部、中国文字改革委员会1965年1月30日发布。在此基础上,1988年发布了《现代汉语通用字表》。

《通用规范汉字表》:2013年国务院关于公布《通用规范汉字表》(国发〔2013〕23号)的通知说明,“《通用规范汉字表》是贯彻《中华人民共和国国家通用语言文字法》,适应新形势下社会各领域汉字应用需要的重要汉字规范。制定和实施《通用规范汉字表》,对提升国家通用语言文字的规范化、标准化、信息化水平,促进国家经济社会和文化教育事业发展具有重要意义。《通用规范汉字表》公布后,社会一般应用领域的汉字使用应以《通用规范汉字表》为准,原有相关字表停止使用”;“该表共收录汉字8105个,分为三级。一级字表为常用字集,收字3500个,主要满足基础教育和文化普及的基本用字需要。二级字表收字3000个,使用度仅次于一级字。一、二级字表合计6500字,主要满足出版印刷、辞书编纂和信息处理等方面的一般用字需要。三级字表收字1605个,是姓氏人名、地名、科学技术术语和中小学语文教材文言文用字中未进入一、二级字表的较通用的字,主要满足信息化时代与大众生活密切相关的专门领域的用字需要”。附件1是《规范字与繁体字、异体字对照表》,附件2是《〈通用规范汉字表〉检字表》。该表将《第一批异体字整理表》中“晳、喆、淼”等45个异体字调整为规范字。

《通用规范汉字表》发布后,《简化字总表》《第一批异体字整理表》《现代汉语通用字表》等原有相关字表停止使用,相关规范也重新调整。2021 年 3 月 1 日,国家语委语言文字规范《通用规范汉字笔顺规范》(GF0023-2020)正式实施,代替了 1997 年国家语委发布的《现代汉语通用字笔顺规范》。此规范依据现行通用规范汉字形体,即《通用规范汉字表》的标准宋体字形,给出每个字的逐笔跟随和笔画序号式笔顺,提供 ISO/IEC10646 国际标准编码(UCS)和《通用规范汉字表》序号。此规范是服务和满足语言生活对语言文字规范标准需求的一项基础性规范,为社会通用层面的汉字教学与研究、信息处理、排序检索、辞书编纂等提供重要依据。

《信息处理用 GB13000.1 字符集汉字部件规范》:国家语言文字工作委员会主持制定,1997 年 12 月 5 日发布,1998 年 5 月 1 日起实施。这一规范是针对汉字键盘输入中汉字部件和汉字拆分上的混乱现象,组织相关学科和技术领域的专家学者联合攻关,并通过计算机对 20902 个汉字进行拆分和归纳后,制定出的汉字基础部件表及其使用规则。部件表使用规则对汉字部件的拆分既有原则要求,又有一定的自由度,为依据汉字字形编码设计留有充分的余地。

(四)语言文字规范检索

检索规范汉字,除上述字表以外,还可以利用语言文字规范手册。这些手册是编辑出版人员校对书稿的必备工具书,也是出版职业资格考试者的重要参考书。

《语言文字规范手册》:魏励编写,商务印书馆国际有限公司 2014 年出版。内容包括《中华人民共和国国家通用语言文字法》,以及最新发布的《通用规范汉字表》、近年修订发布的《出版物上数字用法》《标点符号用法》等。

《语言文字规范标准》:教育部语言文字信息管理司组编,商务印书馆 2017 年出版,主要遴选在语文教学、编辑出版、中文信息处理等领域中常用的规范标准。

对于字典来说,现代汉语的规范不仅指字形的规范化,还包括注音、释义、检索等方面都要规范化。专门以促进语言文字规范化为主要目的,以“规范”标称的字典目前有:

《通用规范汉字字典》:教育部语言文字信息管理司策划并委托编写,王宁主编,商务印书馆 2013 年出版。此书用于解读《通用规范汉字表》,指导规范汉字的使用,配合《字表》的实施,反映了国家语言文字方面的最新标准。

《现代汉语规范字典》:张书岩主编,上海辞书出版社 2015 年出版。此书以《通用规范汉字表》为基础,补入 2000 余字。▲“喆”字,说明《第一批异体字整理表》处理为“哲”的异体字,《通用规范汉字表》确认为规范字,仅用于姓氏人名。

《现代汉语异形词规范词典》(第 2 版):李行健主编,上海辞书出版社 2011 年出版。根据2002年中国教育部、国家语言文字工作委员会发布的《第一批异形词整理表》而编订。共收异形词1448组，给出推荐词形和非推荐词形，并提供词频统计的数据，客观反映了语言实际。

《部首演绎通用规范汉字字典》：王玮编著，四川辞书出版社2016年出版。以部首演绎《通用规范汉字表》中的字。

关于使用规范汉字，《中华人民共和国国家通用语言文字法》已经有明确规定。这对于汉语出版物来说具有多方面的实际意义：

其一，现代工具书的编纂必须遵照国家有关规范字的标准。每当国家发布了新的汉字规范标准，字典、词典都要进行相应修订。

其二，所有印刷出版物必须使用规范汉字。编辑、校对工作者为保证图书、报刊的质量，尤其要及时掌握国家最新发布的有关汉字的标准规范。网络、电视屏幕等也要注意汉字使用的规范化。

其三，“公共服务行业以规范汉字为基本的服务用字”，各种公共场所的各种形式的招牌、广告、告示、标志牌等，必须使用规范汉字，以向世界展示我国良好的语言文字环境。

其四，“信息处理和信息技术产品中使用的国家通用语言文字应当符合国家的规范和标准”，包括电子出版物、电子数据库等。

第三节　字音的检索

一、检索音韵

（一）检索古代音韵

古代为检索音韵而编纂的韵书，附带关于汉字音义的解释，也可以看作按韵编排的字典。例如，《广韵》：〔宋〕陈彭年、丘雍等编，中华书局1960年出版，周祖谟的《广韵校本》是比较完善的版本。《广韵》全名为《大宋重修广韵》，是根据隋代陆法言的《切韵》、唐代孙愐的《唐韵》增广而成的，共计206韵。全书收录26194个字，先按字的声调分成平、上、去、入四类，再在每一声调下分韵部；每一韵部内又按照同音字分类排列。此书可以查检唐宋人写作近体诗用韵的情况，还增加了大量的注释，实际上可作为一部同音字典使用。使用《广韵》查字，首先要知道字的四声和韵部。新版的《辞源》在每一单字下注出了《广韵》的声调和韵部，▲“旁”字下，注明“平，唐韵”。

关于《广韵》的字音与今音的对照，可以利用《古今字音对照手册》（丁声树编录、李荣参订，中华书局 1981 年第 1 版）和《〈广韵〉四声韵字今音表》（周祖谟编，中华书局 1980 年出版）。

《集韵》：〔宋〕丁度等编，有《四部备要》本、《万有文库》本、北京中国书店 1983 年影印本。此书是《广韵》的修订本，收录 53525 个字，是我国目前收字最多的韵书。

《中原音韵》：〔元〕周德清编著，中国书店 2018 年影印《四库全书》本。根据当时北方口语和北方戏曲家的戏曲作品的用韵情况编辑而成，今人可用来检索北曲的韵脚等。

《洪武正韵》：〔明〕乐韶凤、宋濂等编撰，明刊本。此书是明代官修的韵书，明代官修类书《永乐大典》就是采用《洪武正韵》编排的。有《国家图书馆藏明刻洪武正韵》本，中华书局 2016 年出版。

《佩文诗韵》：〔清〕张玉书等编，清刊本，上海古籍出版社 2011 年出版。此书取《佩文韵府》一书的字头编成，是清代官方规定的科举考试韵书，根据 106 韵（平水韵）编排，有简单注释。

《古音汇纂》：宗福邦、陈世铙、于亭主编，商务印书馆 2019 年出版。此书收录字目 1.3 万多个，正文按《康熙字典》214 个部首编排，字目的读音资料按上古音、中古音、近代音三个时段排列；还建成了包含百万余条记录的古代字音资料数据库。

今人研究古音韵的工具书主要有：《汉字古音手册》（郭锡良著，北京大学出版社 1980 年出版）、《上古音手册》（唐作藩编著，江苏人民出版社 1982 年出版）、《古韵通晓》（陈夏华、何九盈编著，中国社会科学出版社 1987 年出版）。

（二）检索古今诗韵

检索古代诗韵，可以参考有关诗律常识的书籍，这类书一般附录有古代诗韵。

《诗韵合璧索引》：汪中新，汪宜庆编著，合肥工业大学出版社 2015 年出版。此书运用部首检字法，以简化字为字头，在字头后注上繁体字和异体字，字后注有平水韵的韵部和该字在《诗韵合璧》中的页码。

《古代诗词常识》：刘福元、杨新我著，河北人民出版社 1980 年出版。此书附录有《诗韵常字》，摘自《佩文诗韵》，对原来的繁体字、异体字，有一部分进行了简化和归并。

检索词韵的工具书有清代戈载编著的《词林正韵》：上海古籍出版社 1981 年影印本。此书按照《集韵》的韵部加以合并，共分 19 部。龙榆生编著《唐宋词格律》附录“词韵简编”，就是根据《词林正韵》一书删去僻字而编的。

《诗韵新编》：本社编，上海古籍出版社 1989 年出版。此书是以现代普通话为标准的新编韵书,共分18韵。以韵带词,先加注音,略加释义,后面列举词语,即以这一韵字作韵脚的词,便于写作新诗时查检词语。附录《佩文诗韵》,可作为古今韵部对照的参考书。

《诗韵字典》:彭先初编,北京出版社2005年出版。此书收录汉语常用单字5262个,每个条目均列有[古](注明该条目单字的古代诗韵,即平水韵)、[今](注明当今读音和新诗韵)、[缀](列出与该条目单字前后相联的联缀词语)、[诗例](录有部分旧体诗诗句)。

《中华诗韵大辞典》:罗辉、赵世举、罗积勇主编,中华书局2019年出版。按古体诗《诗韵新编》的十八韵分韵、立目。各立目字下分别标注汉语拼音、新旧音读变化、古体诗词中常见常用正序词和逆序词、古典诗词曲赋例句、逆序典故等。

《语言文字规范·中华通韵》:中华人民共和国教育部语言文字应用管理司提出,国家语言文字工作委员会语言文字规范标准审定委员会审定,2019年发布实施。它规定了普通话韵的韵部划分和韵字收录原则,给出《韵部表》和《韵字表》,将同韵(即韵母的韵腹和韵尾都相同,或无韵尾而韵腹相同)的字归为一部,共分为15个韵部。韵字收录《通用规范汉字表》中7730字,每部韵字按在以往诗词中的使用频率由高到低排列,适用于学校的韵文教学和诗歌、戏曲等韵文体裁的创作。

✲"搜韵——诗词门户"网站:可以检索"平水韵"、《中原音韵》、《词林正韵》、《中华通韵》等,还有词谱、曲谱、律诗校验、词格校验、曲格校验、对联校验等栏目。

二、检索规范字音

(一)审音标准

1955年10月召开的"全国文字改革会议"和"现代汉语规范问题学术会议"决定将规范的现代汉语定名为"普通话"。1982年我国宪法明确规定:"国家推广全国通用的普通话。"普通话的读音以北京语音为标准音,规范字音也就是指规范的普通话的读音。

国家颁布的普通话审音标准有《普通话异读词审音表》:国家语言文字工作委员会、国家教育委员会、广播电视部1985年12月27日发布。此表在字后的括号中注明"统读"的,表示此字不论用于任何词语中只读一音;在字后不注"统读"的,表示此字有几个读音,本表只审订其中有异读的词语的读音。▲"呆 dāi(统读)",这意味着"呆板"中的"呆",不能再读"呆(ái)"。文教、出版、广播等部门及全国其他部门、行业所涉及的普通话异读词的读音、标音,均以此表为准。

(二)汉字注音、拼写的标准

《汉语拼音方案》:1958 年 2 月 11 日第一届全国人民代表大会第五次会议批准推行。《新华字典》《现代汉语词典》等许多辞书都据此注音,可以查检汉字的普通话读音。

《中文书刊名称汉语拼音拼写法》(GB3259-92):国家标准局批准,1992 年 11 月 1 日实施。此标准规定了用汉语拼音拼写我国出版的中文书刊名称的方法。

《汉语拼音正词法基本规则》(GB/T16159-2012):国家技术监督局 2012 年 6 月 29 日批准、发布,2012 年 10 月 12 日实施。此标准规定了用《汉语拼音方案》拼写现代汉语的规则。内容包括分词连写规则、人名地名拼写规则、大写规则、标调规则、移行规则、标点符号使用规则等。为了适应特殊的需要,同时规定了一些变通规则。此标准适用于文化教育、编辑出版、中文信息处理及其他方面的汉语拼音拼写。

《中华人民共和国国家通用语言文字法》(2001 年施行)第十八条规定:"国家通用语言文字以《汉语拼音方案》作为拼写和注音工具。《汉语拼音方案》是中国人名、地名和中文文献罗马字母拼写法的统一规范,并用于汉字不便或不能使用的领域。"这确立了普通话、规范汉字和《汉语拼音方案》的法律地位和使用范围。

《新华拼写词典》:商务印书馆辞书研究中心编,商务印书馆 2002 年第 1 版。这是一部普通话规范拼写法的详解词典,包括常用地名、人名、出版物名、组织单位名等专有词语和普通词语的拼写。

《通用规范汉字正音字典》:王建堂编著,上海辞书出版社 2016 年出版。以对《通用规范汉字表》和常用字典中读音已经发生变化和容易误读的字进行正音为主。▲"恪"字,[说明]在原《国音字典》中一个读音为 què。[正音]"恪"在《审音表》统读为 kè。这可以解释陈寅恪名字中"恪"字读为 què 的缘由。

第四节　检索汉字综合信息

一、检索常用汉字

汉字的总数有 6 万多个,但人们常用的汉字并不需要如此繁多。2013 年发布的《通用规范汉字表》说明:"一级字表为常用字集,收字 3500 个,主要满足基础教育和文化普及的基本用字需要。"检索常用字,主要使用小型语文工具书。

《新华字典》:最初由新华辞书社编纂,人民教育出版社 1953 年出版。此后不断

图 2-3 新华字典

修订重排,目前最新版本是第12版,中国社会科学院语言研究所编,商务印书馆2020年出版。其主要变化及特点有:根据国家语文规范和标准修订,收单字13000多个。以字统词,收带注解的词语3300多个。释义准确,例证精当,内容丰富,简明实用。正文按音序排列,备有部首检字表;内有插图和附录。正文每页上方新增二维码(图2-3),可听标准发音,看笔顺动画,查知识讲解等。新版App同步发行。有普通本、双色本、大字本,还有汉英双语版(2021年出版)。检索时要注意,繁体字、异体字附在字头后面,外加圆括号。不带※号的为繁体字,带※号的为异体字。对《第一批异形词整理表》中的非推荐词形,在左上角加※号,外加圆括号,附列于推荐词形之后。▲"彷徨(＊旁皇)""仿佛(＊彷佛,＊髣髴)"。

《新华大字典》(第3版):商务印书馆国际有限公司2015年出版,是《通用规范汉字表》发布后的修订之作。收列单字14587个,包括《通用规范汉字表》中的8105字。共设7大板块,14个功能项。包括(1)汉字属性:列出字形、字级、结构、笔画数、部首、五笔。(2)注音释义:列出汉字现代的音和义,释义准确,例证恰切。(3)文字源流:列出造字法,分析字形、字义和用法的源流演变。(4)四体书法:列出行、草、隶、篆四种字体,提供书法知识。(5)字的故事:提供与字头相关的历史典故,介绍相关的文化知识。(6)辨析:对意义相近或相关的字词进行辨析。(7)插图:配置精美插图1500余幅,图解字义、词义。

二、检索文言用字

古代字典主要收录单字,由于许多单字也就是单音节的词,所以古人所说的字也是词的通称。今人所编的古代汉语字典,同样包括了大量单音节的词。因而这里以文言用字概称这类字典所收录的内容。

(一)检索文言常用字

《古汉语常用字字典》(第5版):王力等原编,蒋绍愚等修订,商务印书馆2016

年出版。字头及正文的繁简字根据《通用规范汉字表》做了全面调整;释义权威,审音准确,例句精当,难懂例句附有注解和串讲;专设“注意”“辨析”内容,对疑难字词加以提示和辨析;附录《中国历代纪元表》《古代汉语语法简介》《怎样学习古代汉语》等。

《古代汉语常用词类释》:沈锡荣编,学林出版社 1992 年出版。此书收录古汉语常用动词、形容词 781 个,按词义相同、相近原则分为 200 个类目。

《古汉语字典》:本书编委会编纂,商务印书馆国际有限公司 2005 年出版。此书收录古籍中的通用汉字 17000 余个,包括了古汉语所有常用字和部分难字及异体字。随文选配了 2000 余幅图片。

《古汉语大字典》:张双棣编著,商务印书馆 2023 年出版。此书收入单字约 16000个,加上异体字及简化字对应之繁体字,近 2 万个。

(二)检索生僻字

《说文解字》(简称《说文》):东汉许慎著,中华书局 1979 年新印本。此书是我国第一部字典,收字 9353 个,重文 1163 个。字头用小篆,把不同于小篆的古文、籀文等异体字列为重文。此书首创部首编排法,按照文字形体及偏旁构造,分为 540 部。部首的编排顺序是“据形系联”,即把部首形体相近或相关的排列在一起。注释是先说字义,再分析字的形体构造,然后有一部分字用读若法注音。此书今天可用来查考文字的本义,认识篆书,并作为辨别金文、甲骨文的参考。现在流行的是经过宋代徐铉等校订的本子。中华书局的新印本附录有新编的三种检字:一、部首;二、正文;三、别体字。全部用楷书的笔画排列,便于今人检索部首和正文。

新版本有《说文解字》(标点整理本):王平、李建廷编著,上海书店出版社 2016 年出版。书后附有分类检索,将散见各部的信息聚合成类,再按《说文》部首排列,便于检索。

古代研究《说文解字》的著述很多,形成了系列书籍。丁福保把研究《说文》的专著和其他著作中论及《说文》的材料汇为一编,名为《说文解字诂林》,1928 年由上海医学书局影印,1932 年又搜集近代有关研究著述编为《补遗》,两书成为《说文》注释的总汇。新印本《说文解字诂林(附索引)》,中华书局 2014 年出版。

其他从《说文解字》系列发展而来的古代字书有多种,例如,《玉篇》:〔南朝梁〕顾野王编著,今有《四部丛刊》本、北京中国书店 1983 年影印本。

《类篇》:〔宋〕司马光等编,中华书局 1984 年影印本。

《字汇》:〔明〕梅膺祚编,今有《字汇·字汇补》本,上海辞书出版社 1991 年出版。《字汇》收字 33179 个。其主要贡献是:把《说文解字》的部首简化为 214 部;部首的排列和各部中文字的排列都按照笔画多少为序；编有检字，难以确定部首的字按笔画多少排列。这些首创的编排方法，是中国字典编纂史上的进步，并为后来的字典，如《正字通》《康熙字典》以及近代许多辞书所采用。

《正字通》：〔明〕张自烈、〔清〕廖文英编，董琨整理，中国工人出版社 1996 年影印本。

《康熙字典》：〔清〕张玉书、陈廷敬等奉敕编纂。中华书局 1958 年影印本，并多次重印。收字总数是 47035 个[1]，超过以往的所有字典。此书实际上是《字汇》和《正字通》的增订本。按《字汇》214 个部首编排（见第一章），以子、丑、寅、卯等十二地支分为十二集，每集再分上、中、下三卷。书首附有检字、辨似，检字是查检部首难以辨别的字，辨似是辨别笔画近似而意义相异的字。其注释体例是：先注音，再释义。每一字头下，先注出字音，字音引用《唐韵》《广韵》《集韵》《韵会》《正韵》等书的反切。这些反切资料对研究字音的演变有参考价值。释义时几乎将每字的不同义项都列举出来，义项之间以空格并标出“又”相区别；每一义项多引用初见于某古籍的例句。如有考辨，附于注释之后，并加“按”字标明。全书不加句读。书末附有《补遗》，收有音有义的冷僻字，或正集中某些字的异体字。《备考》收有音无义或音义全无的字。▲所谓“回”字有四种写法，其中三种写法收录在正文，一种写法见于“备考”中（鲁迅小说《孔乙己》中，孔乙己的学问就在于知道还有一种写法收入了“备考”，见图 2-4）。

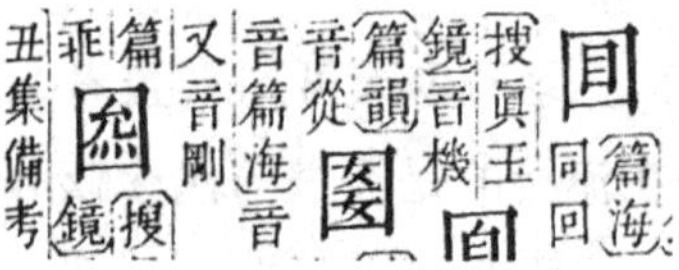

图 2-4 《康熙字典 · 丑集备考》

《康熙字典》的注释以及引用的书证都存在许多错误，道光年间王引之作《字典考证》（单行本），举出其引书错误多达 2588 条。上海古籍出版社 1996 年出版了王引之校改本《康熙字典》，附录了王引之等撰《字典考证》和（日）渡部温撰《康熙字典考异正误》。

《新修康熙字典》：高树藩重修，台北启业书局 1979 年印行，上海书局 1988 年影印出版。此书主要的修订项目有：一是正内容。把补遗、备考依部归入正文；同一部首同一笔画数的字，按常用、备用、罕用、同字、残字五项分头排列，且各作特殊标志等。二是订讹误。据王引之《字典考证》及日本人渡部温《康熙字典考异正误》的正误部分等加以改正（但本书仍存在没有改对的地方）。三是实音读。主要增加了注音字母、罗马字拼音、四声及韵目。四是增句读。对全书做了标点。五是齐版面。主要是字头一律齐头并列等。六是删增附表。经过修订，这本字典基本达到了易检、易认、易读、易解的目的。

---

① 康熙字典：《康熙字典》出版说明［M］. 北京：中华书局，1981.

《康熙字典》(标点整理本):汉语大词典编纂处整理,汉语大词典出版社2002年出版。这本字典对全书逐句加标点,并将原书正文后补遗、备考均移至相应部首正文后。

✲"瀚堂典藏"数据库:其检索路径是"经部集成——小学类——文字——康熙字典",收录康熙五十五年武英殿本、文渊阁《四库全书》本、王引之校改本、同文书局本等。利用数据库可以对其中引证的文献进行统计,▲选定武英殿本《康熙字典》,统计《康熙字典》引用其他字书等文献的情况:输入"说文",进行"全文"检索,其相关记录数多达10412个;分别输入"杜甫""苏轼",进行"全文"检索,相关记录数是杜甫235个、苏轼105个。这种全文检索及统计结果为校勘其引证文献来源提供了线索。

此外,还有《康熙字典(增订版)》:王宏源依据"瀚堂典藏"数据库收录的资料增订,社会科学文献出版社2015年出版。

《中华大字典》:陆费逵、欧阳溥存主编,中华书局1915年初版,1978年影印本。此书以《康熙字典》为基础,对《康熙字典》做了增补删改,并校正了《康熙字典》的错误2000多条。收字48000多个,释义分条列举,眉目清楚,引证简明,比《康熙字典》更加详备。利用此书还可以检索一个字在"平水韵"(106部)中的韵部。但此书也有不少错误,杜道生在《〈中华大字典〉校阅琐记》中就核校出190条错误。① 刘叶秋认为:"今天我们使用《康熙字典》和《中华大字典》,最好两书对观,取长补短,并参考《辞源》《辞海》的单字解说,以定去取。"②▲利用"瀚堂典藏"数据库,分别选择《康熙字典》(武英殿本)和《中华大字典》(经部集成·小学类·文字·近代辞书),在检索框中选择"标题",输入一个字,例如"人",就可以分别看到两本字典的页面,对其具体内容、排列格式等进行比对,一目了然。其中《中华大字典》中义项九属于新增加的西学术语:"法律家谓主体曰人,有自然人、法人之分。自然人,谓权利义务之重要主体,通常但称为人。法人,则依法律而有人格之团体也。"

✲"籍合网·小学文献数据库":是专业的古籍汉字查询与研究数据库。在内容上分为文字、音韵、训诂三大类;功能上除常规的全文检索、高级检索等外,还将书中部首、韵部、字头、注疏等成分一一标出,可实现按字头检索、按成分(正文/注释)检索等功能,并可实现模糊匹配。小篆与楷体字形、繁体与简体均可实现关联检索,更加贴合文字学相关研究需要。

(三)检索通假汉字

在古代汉语书面语言中,一些音同或音近而意义没有关联的字,往往被通用或借

① 四川词典编辑室.词典研究丛刊:1[M].成都:四川人民出版社,1980:129.

② 刘叶秋.中国字典说略[M].北京:中华书局,2003:260.

用,这种现象被称为通假。▲《孟子·梁惠王上》:“民有饥色,野有饿莩。”这里的“莩”字应写作“殍”,由于两字的古音相近,便借“莩”为“殍”。人们在阅读古籍中经常需要查检汉字的通假义项,因此通假义项的确立成为汉语字典特有的现象。

检索通假字可以利用《汉语大字典》:此书收录了一些字的通假义项,主要是古书中比较习见的通假现象。古籍以先秦两汉著作为主,竹简、帛书、秦汉碑刻限于已经整理正式出版的材料中文句明确又较为通用的通假现象。此书对新旧字典中所收录的通假义项,有的做了补充,有的认为不是通假则不再收录。其标注通假字的术语是“通”,释义方式是“某通某”。①

专收通假字的字典有《通假字例释》:曹先擢著,河南人民出版社 1985 年出版。正文包括“通假字例释”和“通假字简述”两部分。

《通假字小字典》:夏剑钦、夏炳臣著,湖南人民出版社 1986 年出版。此书收文言常见通假字 403 个,对所引的书证例句均翻译成现代白话文,对其中较生僻的词语,还酌情夹注读音或释义,便于古汉语初学者使用。

《古字通假会典》:高亨纂著,董治安整理,齐鲁书社 1989 年出版。此书是我国古代文字通用例证的汇编,主要取材于先秦两汉时期的古籍和旧注,少量征引自魏晋以后的著作和注释,按照古韵十九部的顺序编排。

《通假字汇释》:冯其庸、邓安生纂著,北京大学出版社 2006 年出版。此书汇录古代文献中 3586 个通假字以及古今学者的重要训释。通假字及其书证来源,主要为先秦两汉三国六朝文献,以及业已整理出版的金石简帛资料。其“叙二——论通假”,介绍了古代通假的基本知识,可以参考。

《古文字通假字典》:王辉编著,中华书局 2008 年出版。此书汇集殷周至汉初的甲骨文、金文、货币、玺印、陶文、石刻、盟书、帛书、竹木简牍等古文字通假例证,所收资料发表时间截至 2004 年。

三、检索汉字的古今演变

《汉语大字典》(第一版):徐中舒主编,汉语大字典编辑委员会、四川辞书出版社编纂,四川辞书出版社、湖北辞书出版社 1986 年至 1990 年出版。收列单字约 56000 多个,超过以往任何一部大型字典,是汉字楷书单字的汇编。《汉语大字典》(第二版),汉语大字典编辑委员会编纂,四川出版集团、湖北长江出版集团等 2010 年出版,

---

① 伍宗文.《汉语大字典》通假义项说略[M].四川词典编辑室.词典研究丛刊:8.成都:四川辞书出版社,1997:42-60.

精装共 9 册。现收楷书单字 60370 个。在字形方面，于楷书单字条目下收列了能够反映形体演变关系的、有代表性的甲骨文、金文、小篆和隶书形体，并简要说明其结构的演变（▲图 2-5“鸟”字是象形字）。在字音方面，对所收列的楷书单字尽可能地注出现代读音，并收列中古的反切，标注上古的韵部。在字义方面，不仅注重收列常用字的常用义，而且注意考释常用字的生僻义和生僻字的义项，还适当地收录了复音词中的词素义。本次修订对首版中注音、释义、文例等方面存在的讹误进行了更正，还对缺漏意义、例句等进行了必要的增补。增加了《难检字表》和《音序检字表》，并重新编制了《笔画检字表》。又有《汉语大字典》（第二版缩印本）上、下两卷，四川辞书出版社、崇文书局 2018 年出版。

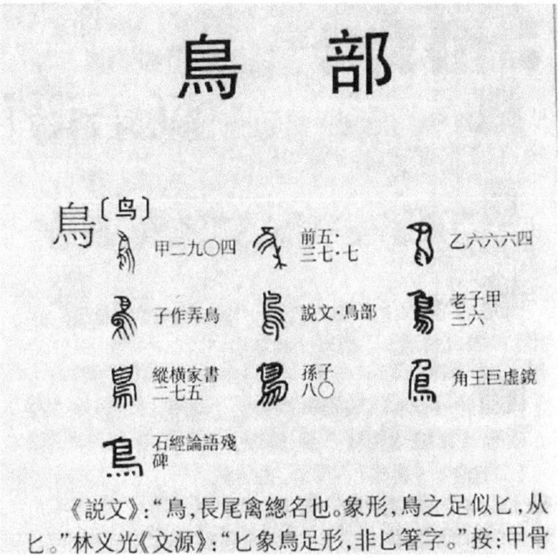
鳥部

鳥〔鸟〕
甲二九〇四　前五·三七·七　乙六六六四
子作弄鳥　說文·鳥部　老子甲二六
縱横家書二七五　孫子八〇　角王巨虛鏡
石經論語殘碑
《説文》："鳥，長尾禽緫名也。象形，鳥之足似匕，从匕。"林义光《文源》："匕象鳥足形，非匕箸字。"按：甲骨

图 2-5　《汉语大字典》

《汉语大字典》（袖珍本第二版）：宛志文主编，崇文书局 2021 年出版。保留了原本所有字头及义项，只保留现代读音，简化释义及例证等，还开发了检索小程序，配备汉字音频及部分视频讲解，可通过手机拍照功能识别多种字体。

《中华字海》：冷玉龙、韦一心主编，中华书局、中国友谊出版公司 1994 年出版。收录楷书汉字 85586 个，是目前以收录汉字字形为主而且收录汉字字形最多的字典。此书除了收录历代辞书中的汉字外，还收录了历代辞书未收而见于文献典籍的汉字；甲骨文、金文和竹简、帛书中学术界比较公认的隶定字；历代碑刻中的异体字；地方文献和方言词典中的方言字；近现代出现的科技新字；当今出版物中出现的超出《简化字总表》的类推简化字；流行于我国港、澳、台地区的汉字，以及日本、韩国、新加坡等国使用的部分汉字；1977 年中国文字改革委员会公布的《第二次汉字简化方案（草案）》（今已废止）的汉字；酌量收录了历代文献中的新旧笔形字和讹字。

《古今汉语常用字字典》：宛志文主编，湖北人民出版社 2002 年出版。此书收录古今常用汉字 14000 多个，并酌收少量复音词和词组。在字头下精选少数代表性的古文字形体，并简释其历史变化。例证包括例词和例句，今义只举例词，古义一般列举例句，力求列举较早文籍中出现的用例。

第三章

汉语语词检索

第一节 语文词典概述

一、语文词典的特点

根据《辞书编纂基本术语》(GB/T15238-2000),词典是“以词条为单元,对词目作出说明或提供信息的辞书”。语文词典是“收列普通词语,给出语词性释义的词典。有的也兼收部分已进入常用词汇的专门词语”。

语文词典是与字典相对而言的。语文词典与字典有区别,这是由汉字和汉语的特点决定的。在古代汉语中,单音节词占多数,字典和词典的界限不是很严格。在现代汉语中,复音词占绝大多数,一个汉字并不就是一个词,有时只是一个语素,有时只表示一个音节。因此字典与词典有了分工,例如,《新华字典》和《现代汉语词典》、《汉语大字典》和《汉语大词典》有明显的区别。

在内容的编排方面,字典和词典都设置单字字条,但字典主要收字,有的附带收有关的简单词语;词典主要收词,先列单字字头,然后分列以这个单字为词头的语词。词典的编排,既要考虑单字字条,又要考虑单字字条之下的多字词条。单字字条之下的多字词条不止一条的,有的按第二字的汉语拼音字母次序排列,如《现代汉语词典》;有的按第二字的笔画多少为次序排列,如《辞源》。而按四角号码的顺序编排词条,比较便于查检,如《辞源》(第二版)就附有四角号码的词条索引。

在注释方面,字典收录单字的义项比较全备,词典则收录复音词的义项比较全备。字典除了注音和释义以外,还兼有辨析字形的内容;词典一般不注重解形,而有辨析词性和语法功能等内容。

语文词典与百科辞书和专科词典也有分工和区别。中国古代最早的辞书《尔雅》

是按语义分类的，所收内容有关于语言文字的，如《释诂》《释言》《释训》三篇；也有关于各种名物知识的，如涉及人事、天地、山水、鸟兽、草木的篇目，接近百科词典的性质。现代以来编纂的大型词典，如《辞源》(旧版)、《辞海》(旧版)，兼收普通语词和百科知识术语和专名。但是语文词典所收百科知识的词语，其数量是有限的，其解释也与专科辞书、百科辞书有不同角度。例如，1949 年后修订的《辞源》和《辞海》有了明确的分工，而《现代汉语词典》与《新华词典》也有不同侧重。

二、语文词典的类型

语文词典的类型，可以从不同角度来划分。按词典的规模来分，有大型、中型和小型等类词典。按收录语词的范围分，有古今兼收的汉语词典，也有专门收录某类语词的词典，如反义词、同义词、同音词等辨析词性的词典。又有成语、惯用语、俗语、文言虚词、方言、民间隐语、委婉语、外来语等类词典。还有专收某一著作语词的词典等。

按所收语词的时代分，有古代汉语、近代汉语、现代汉语、新语词等类词典，还有收录魏晋南北朝词语、宋元词语等专门语词的词典。

按语词的编排顺序分，有正顺序(音序、义序、形序)、逆顺序等类词典。正序词典是将词语的起首部分按一定的顺序编排的词典，又称顺序词典；逆序词典是将词语的结尾部分按一定的顺序编排的词典，又称倒序词典、反序词典。查检逆序词典要从词语的结尾部分入手。

三、语文词典的注释

语文词典以词条(包括词目和释文)为单元，对每一词目的注释是语词性的，包括标注词性和语法功能等内容。即使是百科词目，语文词典也要用语文词语来表达，尽量避免专业术语。这不同于专科词典收列某个(或多个)学科或知识领域的术语和专名，因此注释是专业性的。

大型语文词典的注释要有书证、有例证。书证是为说明词义和用法、证明词义的存在、表明词义的源流而引的书面文献的文字。书证有两种，一种是揭示词语含义的书证，一种是提供词语用例的书证，是例证的一种。

例证，也称“用例”“词例”，是语文词典为说明词义和用法、证明词义的存在、表明词义的源流而列举的例子，通常分为引例和自撰例两种。大型语文词典的例证以引例为主，要注明出处，追溯源头，如《汉语大词典》。中小型的语文词典有时也根据需要用现代汉语注出某一义项的理据,并标明出处,但一般不引原文;例证多用自撰例,如《现代汉语词典》。

第二节 一般语词检索

一、检索现代语词

(一)检索现代汉语常用词

《现代汉语词典》:1978 年正式出版,后多次修订,目前最新版本是第 7 版,中国社会科学院语言研究所词典编辑室编,商务印书馆 2016 年出版。此词典是“以记录普通话语汇为主的中型词典,供中等以上文化程度的读者使用”,对推广普通话、促进汉语规范化以及汉语教学有重要作用(其特点是所有词条的每个字词都用汉语拼音注音)。第 7 版全面落实 2013 年 6 月由国务院公布的《通用规范汉字表》;增收近几年涌现的新词语 400 多条,增补新义近 100 项,删除少量陈旧和见词明义的词语;对 700 多条词语的释义、举例等做了修订。全书收单字约 12000 个,收词语约 57000 个。附西文字母开头的词语(有的是借词,有的是外语缩略语,有的是汉语拼音缩略语),▲AI、ATM 机、AB 股。

《现代汉语词典》App:在全貌呈现《现代汉语词典》(第 7 版)内容的基础上,开发了同义词、反义词、同义词辨析、汉字动态标准笔顺、字级等增值服务;由中央电视台原新闻主播李瑞英发音,制作了全词典 69000 个字词的标准普通话音频;不仅呈现拼音、部首等纸书检索方式,还新增手写输入查询、语音输入查询、摄像头组词查询等数字化检索方式。2019 年 8 月正式上线,在手机上注册付费使用。

《新华词典》(第 4 版):商务印书馆辞书研究中心修订,商务印书馆 2013 年出版,有大字本。此书与《现代汉语词典》有所区别,在内容篇幅上,语文条目约占 40%,百科条目约占 60%。不仅收录文史哲等方面的词语,还收录不少信息、环保、法律、财经、军事、医学、计算机、建筑、生命科学等领域的新词语,反映了科学新成果。共收条目 52000 余条。还附有西方字母开头的词语,▲“IT 业”一类经常见诸媒体的词,一般人并不确切知道其英文词和中文意思。

《60000 词现代汉语词典》:汉语大字典编纂处编,四川辞书出版社 2021 年出版。此书收录字、词、成语及其他熟语约 60000 条,含新词新语及西文字母开头的词语约 5000 条,设置注音、释义、例词等栏目。

《现代汉语大词典》(全6卷)：本书编委会编，上海辞书出版社2010年出版。此书共收单字条目15000余条，多字条目10万余条，包括20世纪以来白话文著作中的语汇和活的口语。

《现代汉语应用规范词典》：李行健主编，语文出版社2019年出版。主要收录《通用规范字表》中的8105个汉字。其中有“辨析”内容，▲繁华——繁荣；繁忙——忙碌。

《两岸现代汉语常用词典》：北京语言大学、(台北)中华语文研习社合编，北京语言大学出版社2003年出版，收录海峡两岸共同的和特有的字和词(包括词组、成语)45000条。

《现代汉语词典(汉英双语版)》，外语教学与研究出版社2002年出版，根据《现代汉语词典》2002年增补本翻译而成。

逆序(倒序)词典是“按词目的尾字母、尾音节或后缀的次序编排的词典”。这类现代汉语词典有多种，例如，《现代汉语逆序词目》：杨升初著，四川人民出版社1984年出版。共收词目54000多条，《现代汉语词典》中收录的词目基本上都按相同的末尾音节归类列入。

《双语双序辞海》(全4册)：张振德等编，四川人民出版社2002年第2版。所收条目分为单字条目和双音节词正序条目、双音节词逆序条目。

《汉语大词典》(全新修订版，2卷)：本书编委会编，商务印书馆国际有限公司2003年出版。此书收入汉字1万多个，词12万余条，比现行的现代汉语词典增加了逆序词典、成语词典、汉英词典、电脑五笔字型词典等功能。

(二)检索汉语新词新义

《新词新语词典》(增订本)：李行健等主编，语文出版社1993年出版，收录1949年中华人民共和国成立以后现代汉语中出现的新单词和新词语5300余条。

《新语词大词典》：韩明安主编，黑龙江人民出版社1991年出版。此书收录1945年(抗日战争胜利)至1990年间产生的新语新词，按时期编排。正文后附录有分期分类索引，便于查检并了解各个时期各类新语词的特点。

《当代中国流行语辞典》：熊忠武主编，吉林文史出版社1992年出版。此书收录词目的具体标准是：(1)曾经作为新词被广泛使用一段时间后又突然不再使用的词，如“红卫兵”“黑五类”等。(2)曾经作为新词被广泛使用，而且现在仍在使用，但无法断定会稳定使用下去的词，如“走穴”“官倒”等。(3)曾一度停止使用后又突然恢复使用的词，如“小姐”“先生”等。(4)曾经产生过流行语义的普通词，如“点火”“坐飞机”等。全部词目按年代编排(指该词最早在报刊书籍中出现的年代)，从1949年至

1988年。

《当代汉语新词词典》(第3版):曲伟、韩明安主编,中国大百科全书出版社2004年出版,收录1949年至2003年间产生的新语新词。

《现代汉语新词语词典》:林志伟、何爱英主编,商务印书馆国际有限公司2005年出版。此书共收词1万余条,多为20世纪70年代以来,特别是最近一、二十年来在各类媒体上使用频率较高的新语词。附录有数字词(例如,211工程)、字母词(例如,ATM)等。

《新词新语词典》:沈孟璎编著,四川辞书出版社2005年出版。上编为汉字开头的新词新语,下编包括字母开头的新词新语、阿拉伯数字开头的新词新语,还有网络流行语(汉字开头的、字母开头的、阿拉伯数字开头的)、域名等。

《新世纪新词语大词典(2000—2015)》:亢世勇、刘海润主编,上海辞书出版社2015年出版。▲"沙发"一词的解释:"〈名〉喻指在网络上第一个回复的帖子,也指这个位置",并引人民网的文字为证。

《100年汉语新词新语大辞典(1912年—2011年)》:宋子然主编,上海辞书出版社2014年出版。收录新词新语以普通词语为主,兼收影响较大的百科词语。全书分三卷:上卷(1912年—1949年)收录民国时期包括国内革命战争时期和解放战争时期的新词新语约3300条;中卷(1949年—1978年)收录中华人民共和国成立初期以及"大跃进"时期和"文化大革命"时期的新词新语约2900条;下卷(1978年—2011年)收录改革开放以来的新词新语约4700条。此书记录了100年来汉语的新词新语及其音义和首次出现的时间。附录字母数字开头词,例如,985、AA制、ABC等。

《汉语新词语词典(2000—2020)》:侯敏编著,商务印书馆2023年出版。此书收录2000年至2020年间产生的汉字开头的新词语4200余条。尤其关注人工智能、信息处理、生物医药等新兴科技领域的词语。

✲上海辞书出版社网络版《百年新词新语数据库》:整理1912年以来的汉语新词新语,包括《100年汉语新词新语大辞典》和6卷《汉语新词新语年编》。▲"德先生"一词,释义是"民主",书证出处是《新青年》1919年第6卷第1号,书证是:"要拥护那德先生,便不得不反对孔教、礼法、贞节、旧伦理、旧政治。要拥护那赛先生,便不得不反对旧艺术,旧宗教。"还有"历史上的新词"栏目,以表格形式介绍1919年至2008年的新词。

(三)检索教学专用词典

"为配合语言传授和学习需要而编纂的词典",称为教学词典。

《当代汉语学习词典》:张志毅主编,商务印书馆2020年出版。收录当代汉语基础词语 6683 个,提供尽可能多的语用信息。

《现代汉语搭配词典》:梅家驹主编,汉语大词典出版社 1999 年第 1 版。词条包括三个部分:由词目字构成的单词、由词目字搭配而成的自由词组、由词目字构成的成语。

《新华同义词词典》(中型本):张志毅、张庆云编著,商务印书馆 2005 年出版。此书选收现代汉语常用、易混的词 3600 多条,编成 1300 多组同义词。例证选自国内 20 世纪 40 年代至今的名家作品和有广泛影响力的报刊。

《同义词大词典·辞海版》:程荣主编,上海辞书出版社 2010 年出版。此书选收现代汉语同义词组近 15000 组,涉及同义词语 21500 余个,包括同义单音词、同义复音词、同义成语、同义虚词等。

《反义词大词典·辞海版》(第 3 版):张庆云、张志毅编,上海辞书出版社 2016 年出版,共收反义词 3000 余组、17000 余条。

《现代汉语反义词词典》(音序本):贺国伟主编,上海辞书出版社 2005 年出版。此书收入反义词目 3600 余条,条目包括单音词、多音词和四字短语。

(四)汉字信息处理词典

《现代汉语频率词典》:北京语言学院语言教学研究所编,北京语言学院出版社 1986 年出版。此书采用人工和计算机结合的方法,对近 200 万字的汉语资料进行了词频统计,编出了多种词表,包括:(1)按字符音序排列的频率词表;(2)使用度最高的前 8000 词和频率最高的前 8000 词词表;(3)使用度较低的词语单位表;(4)各类语体(报刊政论、科普书刊、生活口语、文学作品)中频率最高的 4000 词词表;(5)分布最广的词语频率表;(6)前 300 个高频词分布情况分析;(7)汉字频率表;(8)汉字构词能力表。此书为编纂工具书时选用字词提供了客观依据,也为汉字信息处理提供了参考。

《现代汉语词表》:刘源主编,中国标准出版社 1984 年出版。此书共收集一般技术术语和普通词汇约 10 万条,其中包括同音同调词 12000 多条,单音节词 2000 多条。

《现代汉语常用词表》(第 2 版):李行健、苏新春主编,商务印书馆 2021 年出版,收录社会生活中比较稳定的、使用频率较高的汉语普通话词语 56790 个。

二、检索古代及近代语词

(一)古代训诂辞书

《尔雅》:大约秦汉时编纂成书。比较著名的《尔雅》注本是清代郝懿行的《尔雅义疏》,上海古籍出版社 1983 年据同治四年(1865)郝氏家刻本影印。《尔雅》今存十九篇。前三篇为释诂、释言、释训,解释普通字义、词义。后十六篇为释亲、释宫、释器、释乐、释天、释地、释丘、释山、释水、释虫、释鱼、释鸟、释兽、释畜、释草、释木,解释各种名物词语,是训诂学的代表作。后人研究《尔雅》的书籍很多,形成了以"雅"命名的注疏系列(已收入"瀚堂典藏"数据库)。例如,宋代罗愿的《尔雅翼》专释草、木、鸟、兽、虫、鱼六类,考证精博,如同博物词典。《尔雅》也被看作古代第一部辞书,古人所编的字书、今人所编的大型词典(《汉语大字典》等),都以《尔雅》对词义的解释作为较早的书证。

《经籍籑诂》(全 2 册):〔清〕阮元等撰,中华书局 1982 年出版影印本,附录笔画索引。此书辑录唐代以前古书中的训诂资料,搜罗宏富。每字只解释字义,不注音;多引证资料,注明出处。全书按《佩文韵府》的 106 韵编排。

《故训汇纂》:宗福邦等主编,商务印书馆 2003 年出版。此书囊括了《经籍籑诂》的全部内容,并予以校订、大量扩充,收录先秦至晚清经史子集中 250 多种重要典籍的训诂资料。采用横排版、有句读,按部首编排;每个字注汉语拼音,义项以数字标出,力求完备。▲一个"皇"字(包括"皇帝"等词语),所列义项就有 220 个。

(二)古代近代语词

《辞源》:初版于 1915 年完成,后有续编,均称旧《辞源》。其特点是收录了当时从国外输入的新语词。1958 年开始修订,称新《辞源》。商务印书馆 1983 年出版四卷本,1988 年出版合订本。修订后的《辞源》,根据与《辞海》和《现代汉语词典》分工的原则,成为"阅读古籍用的工具书和古典文史研究工作者的参考书"。它可以"解决阅读古籍时关于语词典故和有关古代文物典章制度等知识性疑难问题"。新《辞源》的特点是:所收词目一般止于鸦片战争(公元 1840 年);注释结合书证,力求溯源,在有关词目后略举参阅书目。书末附有四角号码索引,便于查检每一词目在本书中的页数和栏数。检索古代诗文的词语,应该利用《辞源》。▲岑参《逢入京使》诗"故国东望路漫漫,双袖龙钟泪不干"一句中"龙钟"二字,查《辞源》有四个义项,其中一个是"言沾濡湿润"。而《现代汉语词典》(第 7 版)只列了一个义项:"身体衰老、行动不灵便的样子:老态龙钟。"

目前《辞源》的最新版本是第三版(全二册),何九盈、王宁、董琨主编,商务印书馆 2015 年出版,2018 年出版四册本,2019 年出版合订本。全书由 214 个部首统摄 14210 个字头,字头统摄 92646 个词条,有插图 1000 余幅,约 1200 万字。选定新增词目 6500 余条,涉及人名、地名、职官、文献、宗教、器物、动物、植物等内容,补充文化与名物相应的插图 618 幅。借助大型语料库,探求字、词的形源、音源、义源、典源和证源;择定字形,完善注音,修订释义,补充书证,力求音义契合、义例契合。以传世古典文献(下限至鸦片战争)所用字为阐释对象,上不引用甲骨文、金文,下不用现代的新造字和简化字。主编之一董琨列举有关典故、专门词语、动植物名称、人名地名等方面的具体例子说明"《辞源》是中国古代文化的知识库,是通往中国古代文化彼岸的津梁"。[①] 此书有网络版、优盘版同步出版,网络版增加了新的检索功能。2023 年出版了《辞源》(第三版·音序本)。

《中文大辞典》:林尹、高明主编,台湾中国文化学院和中国文化研究所 1968 年出版发行,1982 年北京翻印本。分正文 38 册,部首索引 1 册,笔画索引 1 册,共计 40 册。收单字 49905 个,收词目 37 万多条。词目来源以经史子集历代文献为主,并参考著名类书、辞书;所收字形、字音、义项、书证等都比较详备。此书主要根据日本人诸桥辙次主编的《大汉和辞典》,在收词目、释义、引证等方面都有不少错误。

《古汉语大词典》:徐复等编,上海辞书出版社 2000 年出版。此书在《辞海·语词分册》基础上改编而成。所收词目包括单字(包括繁体字和异体字)、一般语词(复词、词组、成语)和古籍中常见的专科词语(如天文、地理、方术、动植物、古建筑物、风俗习惯等方面的词语)约 6200 条。

《古代汉语词典》(第 2 版):商务印书馆辞书研究中心修订,商务印书馆 2014 年出版。此书收录单字约 14200 个(包括繁体字和异体字),复音词约 28000 条。

《古代汉语词典》(全新版):汉语大字典编纂处编著,四川辞书出版社 2017 年出版,收录古汉语常用字约 7000 个、古籍中常见复词 10000 多条。

《国语辞典》:中国大辞典编纂处编,1937 年至 1945 年商务印书馆分 8 册出版,1947 年重印,合订 4 册。商务印书馆国际有限公司 2011 年出版"纪念国语运动 100 周年"影印本。此书开始采用音序排列法,"重在正音,每辞均用注音字母,依标准音注明,力求详确,以为研习汉语、矫正读音之用"(凡例),从中可以了解当时汉语演变的情况。

《近代汉语大词典》(全 2 册):许少峰编,中华书局 2008 年出版。此书共收词 50306 余条,主要选自唐代至清代戏剧、小说、僧侣及宋儒语录等中常用而一般辞书极少收录的语词和部分短语。此书的增订版(全 3 册),商务印书馆 2023 年出版。

《近代汉语词典》(全 4 册):白维国主编,上海教育出版社 2015 年出版。此书收词 51000 余条,以作为汉语词汇主干的常用词为主体,力求展现汉语词汇在近代时段发展演变的历史体系。

(三)特殊双音节词语

《辞通》(上下):朱起凤编,开明书店 1934 年出版,上海古籍出版社 1982 年重印。

---

① 董琨.《辞源》:通往中国古代文化彼岸的津梁[N].中华读书报,2017-09-20(15).

编者因为不知道“首鼠两端”和“首施两端”是同一个成语而闹了笑话,遂用札记方法,收集这类双音通假的词语,编成此书,专门解释古汉语中双音字通假现象。运用“因声求义”的方法,把同一意义的词,或音同、音近而假借的,或义同通用的,或形近致讹的汇为一组;把常见的放在最前面,注明音义,再列意义相同而形体有异的词。每词详列书证,最后加按语说明相通的原因。▲“般鉴”一词在古书中有多种写法,但意思是相同的。

《辞通续编》:吴文祺主编,上海古籍出版社 1991 年出版。此书是对《辞通》的续补,主要内容有增补新条,增加书证,增加或修正著者的按语,可以和《辞通》一书参照使用。

《联绵字典》:符定一编著,商务印书馆 1943 年出版,中华书局 1954 年再版,是以联绵词为主的古汉语词典。所谓联绵词是指两个音节合成一个意义而不能分割的词。▲玲珑、仿佛(双声联绵词);徘徊、逍遥(叠韵联绵词);匆匆、津津(叠字联绵词),等等。此书主要收录联绵词,也收了大量双音合成的非联绵词。注重搜罗同声通假的双音词,其凡例说明:“例如‘委蛇’八十三形,音同而义相迩。‘崔嵬’十有五体,音近而义无殊。凡此同音异文,古字不堪枚举。本书详释其义于常见之字”。本书释义,每一义项都罗列古书的旧注,资料繁博。所引资料上起三代,下至六朝,因此也可作为查检六朝以前文句出处的工具书。

《古汉语常用同义词疏证》:洪成玉著,商务印书馆 2018 年出版。此书以古代汉语中常用的同义词为对象,对其异同进行阐述和辨析。

三、检索语词的古今演变

“按动态原则描写古今语词源流演变的词典”,称为历时性词典。

《汉语大词典》(第 1 版)是一部古今兼收、源流并重的大型汉语词典。罗竹风主编,汉语大词典编辑委员会、汉语大词典编纂处编纂,上海辞书出版社 1988 年出版第 1 卷,汉语大词典出版社 1988 年至 1994 年出版第 2 卷至第 12 卷,另有检索表和附录 1 卷。

《汉语大词典订补》:上海辞书出版社 2010 年出版。

《汉语大词典》(全 23 册):上海辞书出版社 2011 年出版。此书将《汉语大词典》第 1 版前 13 卷和《汉语大词典订补》14 卷整体出版。共收 40.5 万余条目,约 5330 万字,插图 2250 余幅。按部首排列,书后列有单字笔画索引和汉语拼音索引。

《汉语大词典》网络版 2.0:上海数字世纪网络有限公司 2005 年开发出版。内容完全依据纸质版(第 1 版),没有增删;版面保留了纸质版繁体字与简体字并用、正体字与异体字并用、某些专名加专名线等特殊格式。

图 3-1　知网版

※《汉语大词典》知网版(见图 3-1):同方知网公司和上海辞书出版社合作开发。它将《汉语大词典》《汉语大词典订补》和《康熙字典:标点整理本》整合在一起,具有知识关联功能。目前置于中国知网工具书库的平台运作。

《汉语大词典》(第 2 版)正在编纂,其中第一册已于 2018 年出版。此书包括“一”“丨”两个部首,79 个单字、11517 个词条,共计 230 万字。全书计划分 25 册,预计收录条目约 40 万个,总字数约 6000 万字,将于 2023 年完成各分卷本出版工作。

《新编古今汉语词典》:袁晖主编,山西人民出版社 1994 年出版。此书共收录词语 5644 条,每条词目分“古今同义”(指古今通用的义)、“古义”(指“五四”运动以前书面语使用的、现代基本不用的义项)、“今义”(指只用于现代,而很少发现古代使用的义项)三项进行词义对比。

《古今汉语词典》:商务印书馆辞书研究中心编,商务印书馆 2002 年出版。此书兼有现代汉语词典和古代汉语词典的双重功能,共收条目约 45000 个,包括古今意义兼具的语词、纯古义和纯现代义的常见语词,以及一定数量的贴近日常生活的百科词语。

《辞海·语词分册》(音序本):上海辞书出版社 2003 年第 1 版。此书将 1999 年版《辞海》的语词部分辑集出版,并在增收词目、订正错讹、补充缺漏、更新内容、精练文字、充实基本知识等方面做了努力。

第三节　专类语词检索

一、检索汉语虚词

(一)检索文言虚词

虚词,又称虚字、助字,是相对实词来说的。在古文阅读中,虚词的意思比较难解释,阮元《经传释词序》有“实字易训,虚词难释”的说法。专门解释文言虚词的辞书大体上有两类:一类是用传统的训诂学方法来注释的,例如,《助字辨略》:〔清〕刘淇著,章锡琛校注,中华书局 2004 年出版。收录先秦至元代各种古籍中的虚词 476 个,按平水韵编排。▲卷一所列“中”字,注释:“《广韵》云:‘堪也。’《史记·外戚世家》:‘武帝择宫人不中用者,斥出归之。’○又王仲初《镜听辞》:‘可中三日得相见。’可中,正适之辞,犹俗云恰好也。”

中华书局还陆续出版了《经传释词》(清代王引之著)、《经传衍词》(清代吴昌莹著)、《古书虚字集释》(裴学海著)等。

另一类是用现代语法来注释的,例如,《词诠》:杨树达著,商务印书馆1928年初版,中华书局1954年重印,1979年第2版。此书按照杨树达所著的《高等国文法》的语法系统分析了虚词的词类。可参考《词诠校注》(王述加、范进军校注,岳麓书社1996年出版),此书依据商务印书馆本《词诠》,校注文字分列于各条之后,对杨树达所引的例句,一一核检原书,注明出处,并略加注释,便于读者查阅原书,正确理解例句。

《广释词》:徐仁甫编著,冉友桥校订,四川人民出版社1981年出版。此书可以补《助字辨略》《经传释词》《经传释词补》《经词衍释》《词诠》《古书虚字集释》《诗词曲语词汇释》等七书的不足;所谓“广”的内容包括四类:广词、广义、广例、广时。

《古汉语虚词》:杨伯峻著,中华书局1981年出版。此书选择了100多个虚词,虚词中的多音词附于主要虚词之下,对常见的、比较难解的、容易误会的虚词的用法做了详细的介绍。

《古代汉语虚词通释》:何乐士等著,北京出版社1985年出版。此书参照了上述多种虚词著作,从中比较,斟酌取舍,共收词目549个。

《古代汉语虚词词典》:中国社会科学院语言研究所古代汉语研究室编,商务印书馆1999年出版。此书主要收古代汉语虚词,也酌收部分近代汉语虚词,共计1855条。

《古汉语虚词词典》:白玉林、迟铎主编,中华书局2004年出版。此书以文言文中的虚词为主,兼收唐以前部分韵文中的虚词,共667个,列举其用法2352条。

《古汉语虚词大词典》:尹君编著,上海辞书出版社2018年出版。此书共收文言虚词6000余个,释义重在词性及用法。

《近代汉语虚词词典》:钟兆华编著,商务印书馆2015年出版。此书以包括唐宋至清末所使用的汉语虚词,共收单音节词、多音节词及相关格式4000余条。

(二)检索现代汉语虚词

《现代汉语八百词》(增订本):吕叔湘主编,商务印书馆1999年出版。此书收录语词约1000条,以虚词为主,也收部分实词。每个词都用汉语拼音注音,标明词类,并按意义和用法分项详加说明。

《现代汉语虚词词典》:王自强编著,上海辞书出版社1998年出版,收现代汉语虚词840个。

《现代汉语虚词》:张斌主编,商务印书馆2001年出版,所收绝大部分是现代汉语口语和书面语中常用的虚词。有关条目设立了【比较】栏,编制了"比较条目索引",▲"况且与何况"。附录"量词与名词搭配表"等。

二、检索汉语成语

(一)成语的特点

成语是人们习用的固定词组或短语。汉语成语多数凝聚为四个字的词组,具有言简意赅、形象生动的特点。在使用成语时要注意两点:一是追溯出处。一些成语是有来历出处的典故,需要了解其来历出处,才能确切把握词义,这就要利用注重溯源的成语词典。

二是约定俗成。成语多数是四个字的固定词组,有的存在变化形式,主要是变化个别字面而形成的,如"蔚然成风",又写作"蔚成风气"。但成语的意思是约定俗成的,不能随意改动。

大众媒体的广告等文本经常使用成语,但普遍存在随意改字或不知成语出处而望文生义等问题。▲"七月流火"出自《诗经·豳风》,其原意是:农历七月,天上那颗名为"大火"的星星就会向西流去,天气开始转凉了。然而几乎每年夏天都有文章引用这一成语来形容天气炎热如火。▲"美轮美奂"是广告中使用频率较高的一个成语,却很少有符合原意的。这一成语出自《礼记·檀弓下》,原意是"形容高大美观。多用于赞美新屋"(《辞源》)。而在媒体广告中,几乎任何物品都可以使用这一成语,以为这一成语与"无与伦比"同义。

要准确使用成语,必须查检词典。一般常用的成语,在语文词典中都有收录,如《现代汉语词典》《辞源》《汉语大词典》等。此外还有专门的成语词典,收录的成语词目较多,解释比较详细,近年来这类词典出版数量很多,难免重复。下面仅列举比较有特色的词典。

(二)成语词典

收录常用成语的小型词典有多种。

《汉语成语小词典》(第6版):商务印书馆辞书研究中心修订,商务印书馆2011年出版。此书收录最常用成语4600条,释义明确标注比喻义、形容义及褒贬色彩等。

《新华成语词典》(第2版):商务印书馆辞书研究中心编,商务印书馆2015年出版。此书收词10481条,以常用常见成语为主。注释先本义、后引申义,明确标注形容义、比喻义及褒贬色彩等。

注重考据成语出处的词典有《汉语成语溯源》:杨天戈编著,外语教学与研究出版社 1982 年出版。此书针对 1949 年前后出版的各种语文工具书中成语语源考证失当的地方做了纠误补遗,共考证成语 500 余条。▲“狗血喷头”一词,几部大型成语辞典都没有注明最早的出处,查检此书就可以找到出处和例证(《水浒传》第 53 回李逵故事),并了解这一词的确切意思。

《汉语成语考释词典》:刘洁修编著,商务印书馆 1989 年出版。此书收录成语 7600 余条,另收异体约 1 万条,还附录一部分成语的略语,总共约 2 万条。以考源求实为重点,材料来源一般止于清末(1911 年前后),书证尽量采用时代靠前的,可以查检成语的最早出处。▲“美轮美奂”一词,不仅注明最早的出处,还举例说明“又作‘轮奂之美’,也作‘轮奂美’……也省作‘轮奂’”。刘洁修在此书的基础上补充,编著了《成语源流大辞典》,江苏教育出版社 2003 年出版;《汉语成语源流大辞典》,开明出版社 2009 年出版;《汉语成语源流大辞典》(修订版,上下册),商务印书馆 2023 年出版。

收录成语在万条以上的成语词典曾经出版了多部,但都包括部分熟语或谚语等在内。这类词典有的后来又改编出版精编本,例如,《汉大成语大词典 · 精编本》:罗竹风主编,汉语大词典出版社 1997 年出版。此书在 1996 年出版的《汉大成语大词典》(收录《汉语大词典》中的古今成语共 24808 条)的基础上,精选了 15082 多条经典的常用的成语。

《汉语成语大词典》:朱祖延主编,湖北大学古籍研究所编,中华书局 2002 年出版。此书收录成语 17000 余条,包括各类成语及其变体、古今常用熟语和谚语;追溯每一成语的最早来源,并列出相关的变体;附列意义相同、相近、相反的成语。

《新华成语大词典》:商务印书馆辞书研究中心编,商务印书馆 2013 年出版。此书收录成语 26000 余条,其中包括少量熟语。注重梳理成语的源流演变及发展,利用古代文献资料来追溯成语的源头,利用近现代文献来探索成语的流变。

《汉语成语词典》(第 7 版):宋永培、端木黎明主编,四川辞书出版社 2017 年出版。此书收录成语 15000 条,在主条下列出相应的近义条目和反义条目。

还有一些成语词典注意体例出新,力求在众多的成语词典中具有特色。例如,《写作措辞参考词典》:林联合主编,中央编译出版社 2002 年出版。这实际是一本成语主题分类词典,其编写目的是为方便读者从“主题话题”入手,迅速找到其所期望的一批成语,从而减轻写作时思考词语的困难,增加文章的文采。此书共分 1700 个常见的主题或话题,收录 1 万多条成语(含少量俗语、格言)。

《汉语成语辨析词典》:倪宝元、姚鹏慈编,商务印书馆国际有限公司 1997 年出版。此书对 2275 组 3974 条常用成语从意义、结构、功能、用法、色彩等方面进行辨析,目的是促进成语使用的规范化。

《成语范例大辞典》:倪宝元主编,杭州大学出版社 1997 年出版。此书收录常用成语 4883 条,所有条目都有注音、释义、范例等项。例证丰富,每条成语都举出现代的规范用例 5-7 个;另有参见项,举清代以前的古代书证若干个,每条成语平均有古今例证近 10 个,范例大多采自现代当代名家名作。因此这本书也具有成语引用辞典的性质。

目前利用网络搜索引擎“百度”,也可以检索成语。▲检索条件选择“一字开头的成语”,可以看到上百个结果,点击其中一个,如“一往无前”,就进入了“百度汉语”,有释义和出处,还有成语接龙。

三、检索文学作品特殊语词

(一)检索诗词曲语词

《唐诗语言研究》:蒋绍愚著,中州古籍出版社 1990 年出版。此书附录有“唐诗词语小札”,可作为查检唐诗语词的参考书。

《唐代诗词语词典故词典》:顾国瑞、陆尊梧主编,社会科学文献出版社 1994 年出版,收录唐及五代诗词中的语词和典故 18000 余条。

《诗词曲语辞汇释》:张相著,中华书局 1977 年重印。此书汇集了唐宋金元明间流行于诗词剧曲中的特殊语词,详引例证,解释词义与用法,兼谈其流变与演化。▲李清照《声声慢》:“这次第,怎一个愁字了得。”此书卷四注解“次第”一词:“犹言这情形或这光景也。”

《诗词曲语辞例释》:王锳著,中华书局 1980 年出版。此书在《诗词曲语辞汇释》的基础上拾遗补阙。1986 年有增订本,收词目 412 条。

《诗词曲语词集释》:王锳、曾明德编,语文出版社 1991 年出版。此书收录散见于报刊(包括“论丛”“集刊”)的考释诗词曲语辞的单篇论文,时限从 1949 年 10 月至 1985 年 12 月。以词条为单位,将所收全部论文拆散,按词条第一字的汉语拼音顺序重新编辑,每条下详注出处。词语断代自唐迄明。附录张相《诗词曲语辞汇释》等十种著作笔画索引,可对同一词目,参照查检十种书的页数。

《诗词曲语辞辞典》:中华书局编辑部编,中华书局 2014 年出版。此书收录唐宋金元明间诗、词、曲、剧中的常用特殊词语近 2000 条,汇集了《诗词曲语辞汇释》《诗词曲语辞例释》的全部条目以及《诗词曲语辞集释》的部分精选条目,详引例证,解释词义与用法,兼谈其流变与演化。

《唐宋词常用词词典》:温广义编著,内蒙古人民出版社 1988 年出版。此书专门解释唐宋词中的常用词和词组(包括少量短语),共收词及词组约1000条。所收为实词,这与张相的《诗词曲语辞汇释》有所区别。

《中古汉语语词例释》:王云路、方一新编著,吉林教育出版社1992年出版。此书收录汉魏两晋南北朝隋的语词500余条,着重解释这一时期产生、流行的新词新义,尤其是口语词和口语词义,也解释了上古罕用而中古流行的义项。

(二)检索小说、笔记语词

《小说词语汇释》:陆澹安编著,上海古籍出版社1979年出版新一版。此书从64种清末以前的语体通俗小说中,摘录8000余条词语加以解释,包括方言、俗语、成语、黑话、术语等。又有上海锦绣文章出版社2009年《陆澹安文存》本。

《文言小说词语通释》:段观宋编,广西人民出版社1994年出版。此书取历代文言小说,尤其是魏晋至宋元文言小说中某些现已不易理解,而诸辞书皆不载的难词,加以考释。

《魏晋南北朝小说词语汇释》:江蓝生著,语文出版社1988年出版。附录《引书目录》,其中"魏晋南北朝小说"部分,即此书所考释的语词的出处和依据。

《唐宋笔记语辞汇释》(第2次修订本):王锳著,中华书局2014年出版,选取了唐宋两代百余种笔记中出现的新词新义。

《中国古代小说俗语大辞典》(修订本):翟建波编著,上海辞书出版社2013年出版,共收录从宋至清650余种中国古代通俗小说中的俗语约2万条(包括谚语、歇后语、惯用语、套语以及所谓"习而通俗者"之语)。

(三)检索戏曲语词

《金元戏曲方言考》:徐嘉瑞著,中国戏剧出版社2015年出版,收录金元戏曲中的词目700多条。

《元剧俗语方言例释》:朱居易著,上海商务印书馆1956年出版。此书主要收元剧的俗语方言1000多条,元人散曲及明初人剧作仅作旁证,凡是不见于元杂剧的不收。

《戏曲词语汇释》:陆澹安编著,上海古籍出版社1981年出版。此书所收戏曲词语以见于院本杂剧的为主,诸宫调也入收。所收词语大致有方言、术语、黑话、成语等。此书又收入《陆澹安文存》,上海锦绣文章出版社2009年出版。

《元曲释词》(共4册):顾学颉、王学奇著,中国社会科学出版社1983年至1990年分册陆续出版。此书所收词语以元代杂剧为主,元散套、小令为辅,而以南戏、诸宫调、明清戏剧、话本、小说作为佐证。旁及经史子集、笔记杂著有关资料,共收词目约

3000余条,连附目共约5000余条,包括字、词和短语。

《宋元语言词典》:龙潜庵编著,上海辞书出版社1985年出版。此书收录宋元时代的词语(包括当时流行的旧词新义的词语),上起五代、宋初,下迄元末明初。收录范围以戏曲小说为主,旁及诗词、笔记、语录及杂著。还收录俗语、方言、市语、习语、外来词等,共计1万余条。

《元语言词典》:李崇兴等编著,上海教育出版社1998年出版。

《宋金元明清曲辞通释》:王学奇、王静竹著,语文出版社2002年出版。

(四)检索其他文献词语

《楚辞语言词典》:赵逵夫主编,上海辞书出版社2013年出版。此书收录王逸《楚辞章句》全部作品中的实词、虚词和专有名词,每个词条皆标引出处和书证。

《禅宗著作词语汇释》:袁宾著,江苏古籍出版社1990年出版。

《敦煌文献语言词典》:蒋礼鸿编,杭州大学出版社1994年出版。

《敦煌文献语言大词典》:张涌泉、张小艳、郜同麟主编,四川辞书出版社2023年出版。

《敦煌变文字义通释》(增补定本):蒋礼鸿著,上海古籍出版社1997年出版。

《唐五代语言词典》:江蓝生、曹广顺编著,上海教育出版社1997年出版。

《历史文书用语辞典》:刘文杰著,四川人民出版社1988年出版。历史文书用语是指撰写历史文书时形成的常用术语、习惯套语和特殊词语。此书共收集词目1028条,以中国各类档案馆收藏的明清至民国时期的历史文书中所见的比较典型的用语为主。

四、检索汉语方言

汉语方言词汇的研究有悠久的历史,汉代扬雄的《方言》是中国第一部方言词典。普通话推广后,学者对各种方言进行调查整理,编辑出版了多种方言词典。

《普通话基础方言基本词汇集》:陈章太、李行健主编,语文出版社1996年出版。此书分为词汇卷上、中、下,语音卷上、下,共计5册。

《现代汉语方言大词典》(分卷本):李荣主编,江苏教育出版社1999年出齐。分卷本由41部分地方言词典构成。后出"综合版"(有修订,全6卷),江苏教育出版社2002年出版。

《汉语方言大词典》:中国复旦大学、日本京都外国语大学合作编纂,中华书局1999年第1版。共5卷,收录古今文献著作和现代口语中的各类方言词语。此书修订本全10册(精),许宝华、〔日〕宫田一郎主编,中华书局2020年出版。收列词目21万余条,引用口语例和文献书证数十万个,涉及古今语言文字类文献资料1000余种,其他各类文献资料近3000种。

《当代港台用语辞典》:朱广祁编著,上海辞书出版社1994年出版。附录港台词语外来语源表、台湾与大陆专名译名对照表。

《两岸通用词典》(上下):李行健主编,高等教育出版社2015年出版。此书反映了海峡两岸当代汉语基本词语面貌和字词意义及其用法异同。

《汉语方言语法类编》:黄伯荣主编,青岛出版社1996年出版。汇集29个省、市、自治区和香港地区250多个方言点的语法材料500多篇,分成2500多个条目。

北京话是一种有特殊地位的方言,有关北京话的研究也受到重视,已有多部词典出版。例如,《北京话词语》(增订本):高艾军、傅民编,北京大学出版社2001年出版,共收录北京话词语9057条。

《北京土语词典》:徐世荣编,北京出版社1990年出版。

《北京话儿化词典》:贾采珠编,语文出版社1990年出版。

《北京俏皮话词典》:周一民编,北京燕山出版社1992年出版。

《北京土话中的满语》:常瀛生著,北京燕山出版社1993年出版。

《现代北京口语词典》:陈刚、宋孝才、张秀珍编,语文出版社1997年出版,共收集北京话口语词语11000多条。

《新编北京方言词典》:董树人著,商务印书馆2010年出版,收录了不少北京话特有的口语词。

五、检索俗语、谚语、歇后语

"以成语、俗语、惯用语等为收录对象的语文词典",称为语典。

《恒言录》:〔清〕钱大昕编,中华书局2019出版点校本。此书收集常言俗语800余条,对所有采辑的语词加以考释、说明出处,引据书证。▲其中卷六成语类的一条:"俗语云:只许州官放火,不许百姓点灯。偶阅《老学庵笔记》称:田登作郡,自讳其名,举州皆谓灯为火。上元放灯,吏人书榜揭于市曰:本州岛依例放火三日,乃知俗语有自来也。"原来这个俗语出自避讳,将"灯"字去掉半边,并非真的放火。

《明清俗语辞书集成》(全3册):〔日〕长泽规矩也编,上海古籍出版社1989年出版。此书汇编影印了20种书籍,大部分是明清以来的俗语、方言民谚、成语典故、名物制度以及官场、亲族的称谓、京都官话等。

《辞海版·中国俗语大辞典》(新1版):温端政主编,上海辞书出版社2011年出版,收录包括谚语、惯用语、歇后语在内的汉语俗语 15000 余条。

《汉语俗语词典》:孙洪德主编,商务印书馆国际有限公司 2005 年出版。此书选收俗语 6400 余条,多为日常生活或文学作品中的常用、常见俗语。

《俗语佛源》:中国佛教文化研究所编,上海人民出版社 1993 年出版。

《新惯用语词典》:王德春主编,上海辞书出版社 1996 年出版。此书说明“惯用语是广泛流传于日常谈话中既有固定格式,又有比较灵活结构的习用词组,它通过比喻方法而获得修辞转义,具有生动的形象性和特有的表现力”。▲“半瓶醋:喻指对某项知识、技能半通不通。”

《二十五史谣谚通检》:尚恒元、彭善俊编,山西人民出版社 1986 年出版。此书汇集了二十五史中全部民间歌谣口语资料,并加注释。

《中国谚语大辞典》:温端政主编,上海辞书出版社 2011 年出版,正文收录古今谚语 17800 条。

《谚语大典・中外谚语分类选编》:张一鹏编著,汉语大词典出版社 2004 年出版。此书精选世界各国、各民族谚语 4 万余条,分为 46 门,308 栏,并逐一注明国别和民族。

《谚语辞海》:马建东、温端政主编,上海辞书出版社 2017 年出版,收古今谚语近 6 万条。

《辞海版・中国歇后语大辞典》(第 3 版);温端政、上海辞书出版社语文辞书编纂中心编,上海辞书出版社 2015 年出版。正文收汉语古今歇后语约 8000 条(含副条);副条用“也作”表示,基本上按引例时代先后排列在主条下面。

《语海・秘密语分册》:上海文艺出版社 1994 年出版。此书以秘密语概称一种隐秘性的民间口头语,即所谓隐语行话、黑话、切口等。全书收录词语 2 万多条,包括(1)江湖帮会、秘密团体、流氓犯罪团伙的黑话;(2)各行业(包括江湖杂业)中流传的带有隐秘性的行话;(3)市井阶层中具有独特作用(如禁忌、避讳等)、带有特殊含义的市井语、方言等。其中包括当前股票交易中最新流行的行话。

《中国隐语行话大辞典》:曲彦斌主编,辽宁教育出版社 1995 年出版。正编为隐语行话大辞典,选收唐宋迄今的隐语行话约 2 万余条。续编的内容包括:隐语行话研究事典、中国隐语行话编年纪事简表、中国隐语行话简明地图等内容。

《语海》(上下):本书编委会编,上海文艺出版社 2000 年出版。此书收录民间词汇,分为谚语、俗语、歇后语、惯用语、俗成语、暗语等六大类。

《语海》(全六册):温端政主编,上海辞书出版社 2022 年出版,收集整理成语、谚语、惯用语、歇后语等近 9 万条。

六、检索外来语

外来语，又叫外来词、借词，指从国外其他民族语言中吸收进来的词语。汉语词汇中很早就出现了外来词。汉代以来由于佛教的传入和佛经的翻译，大量梵语外来词涌入中土。▲北魏杨衒之的《洛阳伽蓝记》中“伽蓝”一词就是梵语“佛寺”的意思。晚清以来，西学东渐，外国的新名词、新术语更是铺天盖地而来，▲几何、沙发、摩登之类诸多翻译而来的新名词沿用至今。改革开放以来，中国与世界各国的文化交流日益广泛，外来词已经普遍融入人们日常生活的词汇之中。最新版的《现代汉语词典》附有《西文字母开头的词语》，收录常见的西文字母开头的词语（如：AA 制、B 超）。

专门为检索外来语而编纂的词典，例如，《汉语外来词词典》：刘正琰、高名凯等编，上海辞书出版社 1984 年出版。此书收录古今汉语外来词 1 万多条，有助于读者了解汉语外来词的音义和词源。

《汉语外来词词典》：岑麒祥编，商务印书馆 1990 年出版。此书收录汉语外来语 4300 余条，涵盖了现实生活的多个领域。每个条目除了释义和示例等内容外，还提供了丰富的语源信息，涉及近百种语言。

《新华外来词词典》：史有为主编，商务印书馆 2019 年出版，收录西语源、梵语源、古今民族语源和日语源外来词共 2 万余条。

《现代汉语词汇的形成——十九世纪汉语外来词研究》：〔意〕马西尼著，黄河清译，汉语大词典出版社 1997 年出版。此书附录了“十九世纪文献中的新词词表”。▲可以检索“新闻”“传播”等词的现代含义及来源。

近年来，近代新语词探源研究成为一个学术热点，相关的工具书有《近现代汉语新词词源词典》：香港中国语文学会统筹，黄河清编写，汉语大词典出版社 2001 年出版。此书收录 19 世纪初至 20 世纪中期所出现的新词，主要是外来词，包括音译词和意译词，共 5275 条。书后有“例证引用文献”。

《近现代汉语辞源》（上下）：黄河清编著，上海辞书出版 2019 年出版。此书以香港中国语文学会近现代汉语辞源数据库为基础，爬梳中国近现代时期具有代表性的 780 多种文献（包括鸦片战争后至民国时期的学术著作、科技刊物、专科词典等）汇编而成。主要收录 1840 年至 1949 年间汉语受西方文化影响而产生的词语和少量本族新词，包括语词类、历史文化类、科学技术类词汇，总约 43000 余条。书后附录有“来华外国人名汉西对照表”“西学东渐大事记”“主要引用文献目录”等。▲“爱国心”一词，解释为“爱国的思想”，出自日语，引 1899 年梁启超《爱国论》“其贸迁于海外者，则爱国心尤盛”等为例证。

七、检索专书语词

古代的专书词典，主要是解释经书的，例如《经典释文》(唐代陆德明著，今有《经典释文汇校》本，中华书局1980年刊行)。近年来出版了多种关于古代名著专书的辞典。这类辞典有的是语词性的；有的是综合性的，既解释语词，也介绍有关本书的各门类知识和资料。下面介绍几种偏重语词的专书辞典。

《诗经词典》：向熹编，四川人民出版社1986年出版。此书收录《诗经》里出现的单字2826个，复音词近1000个，原文305篇，有关《诗经》研究的术语300余条。此书的词目几乎包括了《诗经》内容的各个方面，因而也是一部专书词典。

《诗经词典》：董治安主编，山东教育出版社1989年出版。此书收录《诗经》中的全部单字、单音词，兼收意义不可分割的复音词和结构稳定、使用频率较高的词组，共计3896条。所有条目依据其在《诗经》中所具有的含义分列义项，给予简明解释。还在每个条目的每一义项之下，收列该义项在《诗经》中的全部用例。每个义项下的例句，依其在《诗经》正文中出现的先后次序排列；各例句之后，均注明所在篇目及重复次数。因而此书兼有“引得”的功能。

《春秋左传词典》：杨伯峻、徐提主编，中华书局1985年出版。此书依据杜预《春秋左传注》，主要收录词语，略加注释，也收录一些人名、官名、地名等条目。

《左传详解词典》：陈克炯编，中州古籍出版社2004年出版，收录了《左传》中的全部单词和复音词。

《十三经辞典》：本书编委会编，陕西人民出版社2002年出版。此书按十三部经书分部编写，一部经书为一卷，收释各部经书的字、词、短语以及含有经义或特殊意义的句子。附录有《十三经词语索引》、唐开成石经拓片(缩影件)。

《先秦要籍词典》(列子・商君书・春秋公羊传)：王世舜主编，学苑出版社1997年出版。此书分为《列子词典》《商君书词典》和《春秋公羊传词典》三部分，收录三书的全部单字、单音词，兼收意义不可分割的复音词、结构稳定或难以理解的词组，共计8207条。此书还兼有索引功能，每一条目的每一义项下，收列该义项在典籍中的全部用例，每个例句依其在典籍中出现的先后次序排列，并注明所在篇目，每一词条都附有统计数字，表示该词(字)在典籍中使用的次数。

《楚辞词典》：袁梅编著，山东教育出版社2000年出版。此书以释词为主，收列《楚辞》中的全部单字、单音词，兼收音义不可分割的复音词及结构稳定、使用频率较高的词组。

《文心雕龙语词通释》：冯春田著，明天出版社1990年出版，对《文心雕龙》中所有语汇(包括词和词组)进行语义分析。

《世说新语词典》:张万起编撰,商务印书馆 1993 年出版。

《全唐诗词语通释》(全 6 册):此书编纂组编,安徽大学出版社 2017 年出版。

《金瓶梅词典》:王利器主编,吉林文史出版社 1988 年出版。此书收录《金瓶梅词话》中读者不易弄懂原意的词语,如方言、市语、习语等,酌情选录风俗、宗教、职官、典章制度、器物、服饰、人名、地名等词语,共计 4588 条。附录有《金瓶梅词话难解词语待问篇》《金瓶梅词话谚语、歇后语汇编》。

《水浒语词词典》:李法白、刘镜芙编,上海辞书出版社 1989 年出版。此书收录词目 3194 条,均采自人民出版社百回本《水浒传》,以书中所使用的晚唐五代至元末明初的词语为主。

《红楼梦辞典》:周汝昌主编,广东人民出版社 1987 年出版。此书主要对《红楼梦》的词语进行注释和研究,共收录《红楼梦》中的词语 9000 多条。此书修订本为《新编红楼梦辞典》:周汝昌、晁继周主编,商务印书馆 2019 年出版,修订后共收词语 11000 余条。

《红楼梦语言词典》:周定一主编,商务印书馆 1995 年出版。此书共收词 24500 多条,以《红楼梦》所用的词汇为主,大部分为语文性质的词条,也收入不少人名、典章、制度、服饰、名物以及灯谜、酒令、诗词、对联等方面的语词。

《聊斋志异辞典》:朱一玄等编著,天津古籍出版社 1991 年出版,主要解释此书中的典故、词语、方言、俗语等。

《圣经语汇词典》:白云晓编,中央编译出版社 2004 年出版。此书以《圣经》中常见或常用的 417 个词语为纲目,根据《圣经》及有关资料注释意义。

还有著名作家的语言词典,包括作家所有代表作中出现的语词,例如《关汉卿戏曲词典》:蓝立蓂编,四川人民出版社 1993 年出版。此书共收录关汉卿戏曲中与今义不同的词语 6130 条,涉及风俗习惯、典章制度、方言土语、蒙古语借词、戏曲用语等,对读者阅读、研究关汉卿戏曲以及元曲有一定帮助。

《巴金语言词典》:林立编,四川辞书出版社 1990 年出版。词目全部出自《巴金全集》和《巴金六十年文选——随想录、杂感、散文、序跋、演讲、书信》。正文前有按音序排列的《词目表》,正文后附有《分类词目表》。

《茅盾语言词典》:潘晓东主编,四川辞书出版社 1992 年出版。其为《中国现代作家语言词典丛书》之一,从《茅盾文集》《茅盾短篇小说集》和《茅盾论创作》中选录词语 1400 条。

八、检索汉语特殊用语

《汉语代语词典》:张拱贵主编,江苏教育出版社 1993 年出版。此书收入汉语古今代语约 6500 条,按照形成代语的成因分类(包括旁代、对代、引典代、婉称代),每条词目有成因探源、简明义释、古今用例。▲“朱门”的代语义是“豪门大族”。

《汉语委婉语词典》:张拱贵主编,北京语言文化大学出版社 1996 年出版。此书收汉语委婉语近 3000 条,古今兼收,凡经长期语言运用实践而凝固成委婉语者,均作为词目广泛收入。正文前有“委婉义分类查验索引”“委婉义分类目录”,便于查检。每类前有“简说”,▲“死亡与殡葬”类的“简说”:“语言禁忌是产生委婉语的最根本的原因。从古到今,‘死’是人们最忌讳的字眼……婉指死亡的方式,也是丰富多样的。”

《实用委婉语词典》:王雅军编著,上海辞书出版社 2005 年出版。此书共收录各类委婉语约 5100 条,按不同的内容和使用需要分为 12 大类,类下又含大小主题 120 余个。

《谦词敬词婉词词典》:洪成玉编著,商务印书馆 2002 年出版。此书的“自序”举例介绍了有关谦词、敬词、婉词的常识。

《常用褒贬义词语详解词典》:郭先珍等编,商务印书馆 1996 年出版。此书选收现代汉语中常用的褒义词语和贬义词语 1103 条,其中包括双音词、成语和惯用语以及少量敬辞(包括谦辞和客套话)。

《实用缩略语词典》:王吉辉主编,上海辞书出版社 2003 年出版。此书主要收录现代汉语缩略语,兼收一部分带有缩略语性质的数括语,共计 2300 余条。

《现代汉语缩略语词典》:袁晖、阮显忠主编,语文出版社 2002 年出版。此书选收汉语缩略语 8000 多条,所收词目以现代汉语缩略语为主,酌收少量古代流传下来的和外来语中的缩略语。▲[奥运]:奥林匹克运动会。亦称“奥运会”。

《汉语数词辞典》:尹小林编著,中华书局 1993 年出版。此书所说的数词指由数词统领的简缩(省称)词,专收词目中汉语数目字且具有特点含义的数目词,▲“初唐四杰”“八方”之类。收录的范围从上古至清末,内容涉及古代文学、艺术、历史、地理、典章、哲学、医学等方面,共计 2760 个词目。

《中国古代名物大典》(上、下):华夫主编,济南出版社 1993 年出版。此书收录中国古代名物词,包括名物的基本名称、别称、省称、单称、代称、雅称、谑称、译称、俗称等。全书据类编排,分为天象、地物、人体等 37 个大类,每大类再分若干个中类,中类内再含若干个小类。其编排体例与古代类书相同,但收录资料的方式不同。

第四章

百科、专科知识检索

检索百科知识，要利用百科全书；检索专科知识，要使用专科词典。改革开放以来，中国与世界各国的文化交流日益频繁，各个学科领域的知识信息迅猛增加，这都促进了百科全书和专科词典的编纂与出版的繁荣发展。因此有必要列专章来介绍这两类辞书。

第一节 百科全书、专科词典概述

一、百科全书概述

（一）百科全书的性质

根据《辞书编纂基本术语》（GB/T15238-2000），百科全书是“以条目为单元，汇集阐述人类各种门类或某一门类知识的较完备的辞书”。百科全书的特点就是完备性，这里仅以印刷版本的百科全书为例，其完备性具体表现在下列方面。

1. 汇集知识的完备

百科全书汇集人类各种门类或某一门类的知识，其总体编制要参照各种不同的知识分类，把古今中外的知识归纳为若干学科和知识领域，加以总结和概述。《中国大百科全书》包括哲学、社会科学、文学艺术、文化教育、自然科学、工程技术以及军事科学等各个学科和领域古往今来的基本知识。

2. 组织条目的完备

百科全书以条目为基本的检索单元。各个学科的条目框架是根据学科的性质和知识分类概括出来的。各个条目分开来是一个个可以单独查检的知识主题（或独立概念),组合起来又构成学科知识的整体。《中国大百科全书》(第一版)各学科(知识门类)卷均列有本学科全部条目的分类目录,分类目录还反映出条目的层次关系。而且各学科(知识门类)卷在条目分类目录之前一般都有一篇介绍本学科(知识门类)内容的概述性文章。通过这样编排,读者既可以了解某一学科的整体知识体系,也可以了解某一条目在整体知识体系中的层次位置。

3. 阐述知识的完备

条目内容的阐述必须完备。条目提供的资料必须是精确的,例如,《中国大百科全书》所用科学技术名词、地名等都以各有关部门审定的为准。条目的内容必须概括本学科众多专家的学说,反映最新的学术研究成果,一般由最熟悉这个主题的专家撰写,因而具有相当的权威性。"它的每个条目还不是各种学科的专门著述,但比一般基本知识的介绍为高深和全面,是各种学科的入门,便于读者进一步向精、深、专钻研"。[①] 一些长篇的概述性条目达到论文的水平;一些重要的条目在释文后附有参考书目,可供读者查考。由于科学文化的飞速发展和交叉融合,人类知识在不断增加和更新,百科全书还有不断修订的体制,以保证其阐述知识的完备性。

4. 编辑体制的完备

百科全书的主体是条目。此外还编有多种附属成分,其作用是增加寻检的方便和扩大百科全书的功用。例如《中国大百科全书》(第一版)在条目释文中配有必要的插图,其《中国文学》卷附有《中国文学大事年表》。百科全书的检索体系也是比较完备的,一般有条目分类目录、条目汉字笔画索引、插图目录、内容索引等。其中"内容索引"是全卷条目和条目内容的主题分析索引,是百科全书最主要的一种索引。"即编者对条目释文进行分析,把其中一切有名可查、有事可考和有数可据的知识信息选作主题,加以标引,按某种检索次序(一般是字母顺序)编排起来,注明卷次、页码,有的百科全书还注明版面区域。"[②]"内容索引"比"条目分类目录"提供的检索点更多。因此可以说,百科全书包容了多种工具书的成分,兼有检索性工具书和参考性工具书的功用。

(二)百科全书的种类

现代百科全书已形成完整的系列,以适应不同文化层次和不同专业的读者需要。按所收条目涉及学科的情况,可以分为三个主要系列:(1)综合性百科全书。概述现

① 姜椿芳.从类书到百科全书[M].北京:中国书籍出版社,1990:2.

② 姜椿芳.从类书到百科全书[M].北京:中国书籍出版社,1990:102.

代一切门类知识,供读者查检各种基本知识和资料,如《中国大百科全书》等。(2)专业性百科全书。选收某一学科或某一门类的全面知识,如《中国医学百科全书》《中国农业百科全书》等。(3)地域性百科全书。内容仅限于一个地区、一个国家或一个城市的知识和资料,如《亚洲百科全书》《北京百科全书》等。

按读者年龄和文化程度,可以分为成人百科全书、中学百科全书、少年儿童百科全书等档次。各档百科全书不仅在介绍知识的详简和深浅程度上有所不同,而且在性质上也稍有差异。

(三)百科全书的历史

"'百科全书'一词起源于希腊文,意思是'普通知识范围',16 世纪在西欧取得新的含义,有'各种知识汇编'和'知识的分类'之意。18 世纪后,才逐渐取得现在的含义:汇集一切知识门类和实践活动的最基本的出版物。"①百科全书的编辑和出版代表了人类社会的进步,标志着一个国家科学文化发展的水平。"'百科全书'在 16 世纪和 17 世纪主要指学科之间的关系,直到 18 世纪以前都不曾与某种工具书发生联系。在 18 世纪,伊弗雷姆·钱伯斯的《百科全书》(1728),以及受其启发而编写的法国的《百科全书》才促使这一书名和这种新的艺术和科学体裁流行起来。"②"西方现代百科全书的奠基人是法国哲学家 D·狄德罗,以他为首的法国百科全书派在 1751 至 1772 年编纂出版了闻名世界的《百科全书,或科学、艺术与手工艺大词典》28 卷。现代百科全书具有两个新的特征:一是强调百科全书的启蒙作用,以现代真正的科学知识启偏见与愚昧之蒙;二是突出全书的检索功能,即工具书的作用,接受了词典的字母顺序编排法。"③从 18 世纪到 19 世纪以来,世界很多国家都相继出版了自己的百科全书,积累了编纂和出版百科全书的丰富经验。

相比之下,中国现代意义的百科全书的编辑和出版走过了艰难的历程。中国古代有编纂类书的传统,类书被称为"东方的百科全书",在世界上产生了一定影响。但中国的类书"还不是真正的百科全书。类书是分门别类汇集前人的著作;百科全书则是用条目的形式,编成一篇一篇的文章,把各种知识、事物、人物原原本本地加以叙述,特别是把最新知识作系统的、全面的介绍"。④

西方的"百科全书"在近代被介绍到中国。中国学者开始编纂具有"百科"名目和

---

① 姜椿芳.从类书到百科全书[M].北京:中国书籍出版社,1990:3-4.

② 布莱尔.工具书的诞生:近代以前的学术信息管理[M].徐波,译.北京:商务印书馆,2014:32.

③ 中国大百科全书(第 2 版):1 卷[M].北京:中国大百科全书出版社,2009:569.

④ 姜椿芳.从类书到百科全书[M].北京:中国书籍出版社,1990:30.

内容的辞书,如《普通百科新大词典》(黄摩西主编,上海国学扶轮社 1911 年刊行)。[①]王云五曾在“民国十三四年开始计划编纂之中国百科全书,其体例模仿世界上著名之Encyclopedia”,但未能完成。[②] 1949 年以后,编辑和出版中国的大型百科全书已经成为可能,专家学者曾多次提出建议和呼吁,但都未能实现。

1978 年国务院决定编纂出版《中国大百科全书》,并成立中国大百科全书出版社,负责此项工作,中国第一部大百科全书的编辑出版工作得以开展。1993 年《中国大百科全书》所有学科分卷出齐,结束了中国没有百科全书的历史。此后中国的百科全书形成了出版热潮,各种类型的百科全书不断问世;引进版外国百科全书也有相当数量;中国的电子版百科全书已经研制并出版了多种。

二、专科词典概述

(一)专科词典的性质

专科词典是“收列某个(或多个)学科或知识领域的术语和专名,给出专业性释义的词典”。专科词典与语文词典有区别。语文词典收列普通词语,释义也是语词性的;有的也兼收部分已进入常用词汇的专门词语。综合性词典,兼备专科词典和语文词典的特点,即“收列普通词语和众多学科或知识领域的术语和专名,给出语词性释义或专业性释义的词典”。[③]《辞海》就属于这类综合性词典。

值得指出的是,专科词典和综合性词典,其性质都不同于百科全书。词典以词条为单元,百科全书以条目为单元。专科词典的词条是某个学科或知识领域的术语和专名;综合词典只将众多学科或知识领域中人们习见的术语和专名列为词目;百科全书的条目设立则必须具有学科门类以及学科知识的完备性。词典的词目,其释文一般是说明性的、简要的。即使是百科词典“收录众多学科或知识领域的术语和专名,给出专业性释义”,也是以词条为单元的。百科全书的条目则由条头、释文、插图、参考书目和撰稿人姓名等组成;释文则要求阐述知识的完备性和概括性。百科全书还有介绍学科总体情况的前言以及有关学科重要论题的综合概述性的长篇条目。

因此综合词典便于一般读者查检习见的各种学科的术语和专名;专科词典便于专业工作者查检某一学科的专业术语和专名;百科全书(包括综合性的和专科性的)则

---

① 钟少华. 中国近代第一部百科全书型的工具书:《普通百科新大辞典》[J]. 百科知识,1983(3):46-48.

② 王建辉. 文化的商务:王云五专题研究[M]. 北京:商务印书馆,2000:162.

③ 中华人民共和国国家标准:术语工作:辞书编纂基本术语(GB/T15238. 1-2000)[M]//作者编辑常用标准及规范(第 2 版). 北京:中国标准出版社,2003:440.

是知识体系比较全备的工具书,特别便于从专业的学术研究的角度查检知识和进行参考性阅读。▲综合词典《辞海·文学分册》(1981 年版)仅有 1 册,所选词目主要是比较习见的名词术语、作家和著作,过于专门、冷僻的不收。《中国大百科全书》(第一版)则编有《中国文学》2 卷和《外国文学》2 卷,卷帙浩繁,条目众多。将《辞海·文学分册》的"分类词目表",和《中国大百科全书》的《中国文学》卷的"条目分类目录"加以对比,二书的区别是显而易见的。再将《辞海·文学分册》和文学的专科词典,如《文学理论词典》《中国古代文学词典》《中国文论大词典》等相比较,也可看出综合词典和专科词典有不同的编辑宗旨和读者对象。

(二)专科词典的种类

词典的专门化是词典发展的必然趋势。专门化的词典对词目的设立和注释,以及所提供的知识范围更为集中,适应了各种专业、各种兴趣的读者不同层次的实际需要。随着各个门类的科学文化知识的发展以及研究的深入、人们物质和文化生活水平的提高,专科词典的数量越来越多。

专科词典主要有两大类:一类是综合性的学科词典,如《宗教词典》《哲学大词典》《经济大词典》《法学词典》等。一类是专名词典,如人名词典、地名词典(这部分词典将在检索人名和检索地名的章节详细介绍)。有的综合性的学科辞典,也根据学科体系的知识内容分为若干卷,形成系列,如《哲学大词典》(共 6 卷)。

此外还有专书、专人的词典,如《全唐诗大词典》《莎士比亚辞典》等,是针对某一具体的研究对象而编纂的。

第二节 百科知识、专科知识检索

一、检索习见名词术语

检索习见的名词术语,可以使用收录百科词语的《辞海》及收录综合知识的百科辞典。

(一)《辞海》的多种版本

《辞海》:最初版本是舒新城等主编、中华书局 1936 年出版上册,1937 年出版下册(第一版,一般称旧《辞海》或老《辞海》),多次重印。这本辞书收录了当时出现的大量新语词、新学科的术语。"瀚堂典藏"数据库"近代辞书"类目收录了旧《辞海》。此外,《老辞海(1936)》(原大影印典藏版,全5册):新星出版社根据中华书局1936年版甲种本影印,2015年出版,编号发行,具有史料价值和收藏价值。

1949年以来,《辞海》几经修订。上海辞书出版社1979年出版了三卷本(第三版),1980年出版《辞海》缩印合订本、各学科分册本,1986年出版了修订后的新分册。1989年出版修订后的三卷本和缩印本(第四版)。1999年出版第五版,2009年出版第六版。上海辞书出版社官网有"《辞海》历版数据库",包括第一版到第六版,可以选择任一版本,也可以选择"全部",进行检索,了解同一词条在不同时期版本中有什么变化,具有历时性语料库的作用。▲输入词头"出版"一词,就可以看到所有版本的解释,其中1936年第一版的解释是:"著作人以其著作物交付发行人担任印刷及发行曰出版。"

目前最新版本的《辞海》是第七版彩图本,共8卷:《辞海》编辑委员会编,上海辞书出版社2020年出版。此书在2009年第六版基础上修订而成。总字数约2350万字,总条目13万余条,新增条目1万余条,75%以上的原有词目都有程度不同的修订或更新。新增政治、经济、科技、文艺等方面词目,更新了法律法规、国际单位、社会生活相关词条释文。图片1.8万余幅,比上一版增加2000余幅。首次收录北斗卫星导航系统、大数据、量子通信、人工智能、移动互联网、4G、5G、物联网、第三方支付、支付宝、跨境电子商务、微博、微信、自媒体等条目。2022年1月出版了缩印本,2024年1月出版彩图2卷本。

《辞海》第七版同步推出网络版,包括电脑版、手机客户端版、微信版等词条,还增加了新的功能。纸质版版权页印有二维码,一书一码。扫描书后二维码,注册登录网络版,可以随时随地线上查询。"《辞海》官方网站——权威、可信的知识检索平台",在检索框中标示"对不对,查辞海"。主页还有"知识导图"(汇聚知识 链接万物),根据其说明"单击节点可展开知识导图,右键可进入词条"。▲选择"本周热搜"的一个词"诗经"(图4-1),可以看到以"诗经"为关键词的链接,再点击其中一个词,可以继续链接,层层深入。而选定一个词,点击右键,就进入了该词条的解释。网络版还增加了大量图片、音频、视频内容,制作了数量较多的3D动

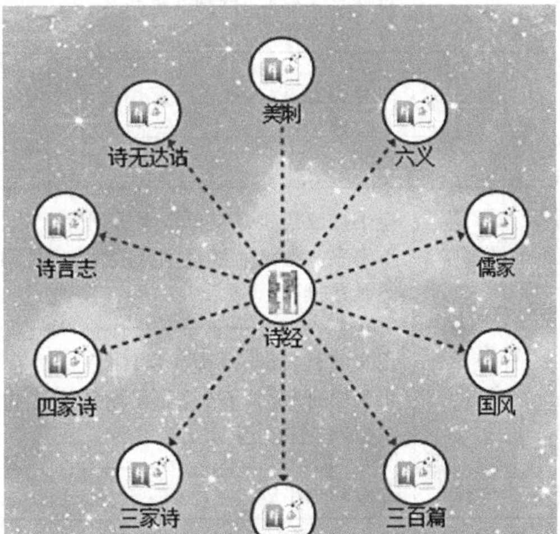

图4-1 《辞海》第七版网络版

态模型,直观展示远古生物、历史建筑和部分天体等形态,呈现出更加多维立体的百科内容。2022 年 9 月发布《辞海》网络版 2.0 和“辞海智能词典笔”。

《辞源》与《辞海》在民国时期就是比较的对象,二者收词有所不同。新《辞海》与新《辞源》有分工,区别明显,即使同一词条,▲查检“真理”这一词条,《辞源》的解释是“佛教指宗教教义,即所谓最纯真的道理”,书证出自“南朝梁释慧皎《高僧传》”。而《辞海》的解释是:“与‘错误’相对。认识主体对客观对象及其规律的正确反映。……实践是检验真理的唯一客观标准。”为便于读者了解这两部词典的特点及区别,列表如下。

表 4-1 《辞海》与《辞源》对比表

项目	《辞海》(2020 年第七版)	《辞源》(2015 年第三版)
编写目的	以字带词,集字典、语文词典和百科词典主要功能于一体的大型综合性辞书。	阅读古籍的工具书和古典文史研究工作者的参考书。
收字	收单字字头 18100 余个,附繁体字和异体字 4400 余个。包括简化及现代新字。	收字头 14210 个。上不引用甲骨、金文,下不用近现代的新造字和简化字。
字体	以《通用规范汉字表》中的规范字作为字头。用简化字排印。	字头与行文的字形经过整理,一律采用古籍印刷通用字规范字形。全书使用繁体字排印。
注音	单字用汉语拼音字母注音,少数流行较广的异读酌予保留。	单字条用现代汉语拼音、注音字母注音和《广韵》的中古反切。 有的加注“旧读某”“今读如某”。
收词	字头下收列多字词目,包括普通词语和百科词语,全书共 128900 条。	以字头统摄 92646 个复词(词条)。
收义	每次修订都增加新出现的词语。 古今意义兼收,特别注意新义。	以传世古典文献(下限至鸦片战争)所用字作为阐释对象。 只收古义,现代意义一般不收。
书证	注意引源,但书证不一定用最早的。	力求溯源(包括形源、音源、义源、典源、证源)。可以查词条出处或较早的用例。
插图	18000 余幅	1000 余幅
编排顺序	全书按汉语拼音字母次序排列。 单字字头按汉语拼音字母次序排列,同音字按笔画数排列。	单字按 214 部首排列。 同部首内按笔画数升次排列。
索引	正文前有《汉语拼音音节索引》。 正文后有《部首索引》《笔画索引》《四角号码索引》《词目外文索引》。	《单字汉语拼音索引》 《单字四角号码索引》
出版社	上海辞书出版社	商务印书馆
数字版本	网络版、手机客户端版、微信版	网络版、优盘版

《辞海》系列的其他版本有《大辞海》(全42册):本书编委会编纂,上海辞书出版社2015年出版。此书以《辞海》为基础,增收《辞海》尚未涉及的新领域和各学科的新词新义为重点,收词28万余条,5000余万字,按学科分类编纂。已有《大辞海》数据库可以检索词条及其出处。

(二)百科辞典

《百科知识辞典》:中国大百科全书出版社上海分社辞书编辑部编,中国大百科全书出版社1989年出版。此书收录词目14000余条,涉及各个学科的习见、常见词语,还特别注意收录近年来出现并常被使用的新词语和新的知识内容。

《中国百科大辞典》(第2版):本书编撰会编,中国大百科全书出版社2005年出版。此书共10卷(内附光盘),是以百科语词为主体的新型综合性百科工具书。收条目近5.5万条,插图约1000幅。包括哲学、社会科学、自然科学、工程技术、文学艺术等60余门传统学科和部分新兴学科与边缘学科,侧重于人文学科各领域研究的新成果。所有条目强调基本意义和普遍参考价值,为一般读者提供基本理论、基本概念、基本事实和数据,以及主题渊源和发展趋势。

收录社会科学领域诸多学科名词术语的词典,例如,《社会科学百科全书》:〔英〕亚当·库珀、杰西卡·库珀编,上海译文出版社1989年出版。此书概述国际社会科学各个主要领域的各种思潮、观点、研究成果和最新发现,介绍了各学科中有重大影响的著名人物。

《社会科学新学科辞典》:邱兆祥等编著,北京工业大学出版社1991年出版。此书收录20世纪30年代以来衍生和发展起来的社会科学新学科词汇,兼收社会科学和自然科学相交叉的综合性边缘学科词汇,共计674条。

《简明社会科学词典》(第2版):本书编委会编,上海辞书出版社1984年出版。此书包括哲学、经济学、社会主义学说、政治学、法学、社会学、军事学、国际关系、历史学、教育学、心理学、民族学、宗教学、语言学、文艺学等学科中常见的名词术语。

《社会科学大辞典》:彭克宏主编,中国国际广播出版社1989年出版。此书收录哲学、社会科学领域20多个学科常用和有理论价值的名词术语8000余条。

《社会科学学科大全》:高放等主编,北京理工大学出版社1996年出版。此书共收录社会科学词目约2220条,以国内外现有成熟的学科为主,兼收国外流行较广和国内外正在建立的新兴学科,并适当选收与社会科学相交叉的其他学科。

二、检索专科知识

(一)各学科专题知识

《美学百科全书》:李泽厚等主编,社会科学文献出版社1989年出版。此书分为美学总论、中国美学、外国美学、文艺美学、技术美学、建筑美学等六部分。

《美学大辞典》(修订本):朱立元主编,上海辞书出版社2014年出版,选收美学方面词目近4000条。全书按学科分类编排,分为美学原理、中国美学、外国美学、艺术美学四大类,每大类下均细分相应小类,如美学原理下分有美学、经典美学、美、审美、美感等小类。书末附有中外美学大事年表、外文索引等。

《文化研究新词典》:李鹏程主编,吉林人民出版社2003年出版。此书以西方文化人类学,西方现代、后现代文化思潮和"西方马克思主义"文化理论三个方面内容为主要框架。

《哲学大辞典》:冯契主编,上海辞书出版社1985年起陆续出版。此书是一部大型的哲学专科辞典,分为马克思主义哲学、中国哲学史、外国哲学史、逻辑学、美学、伦理学等6卷,选收古今中外哲学上的术语、学说、学派、人物、著作、组织、事件、会议等方面的语词约13000条。合订本于1992年出版。

《伦理学大辞典》:朱贻庭主编,上海辞书出版社2002年出版。此书收录伦理学等方面的术语、学说、学派、人物、著作、刊物、组织、事件、会议等词目4548条,附录"中外伦理思想史大事记""建国以来伦理学著作书目概览"。

《宗教大辞典》:任继愈主编,上海辞书出版社1998年出版。此书收词11850余条,涉及宗教学(包括宗教学理论、史前和原始宗教、埃及和古罗马等古代宗教),佛教(包括南传佛教、北传佛教和藏传佛教),基督教(包括天主教、东正教和新教),伊斯兰教,道教,儒教,中国少数民族宗教,中国民间宗教,犹太教,印度教,锡克教,神道教等方面的教派组织、历史人物、名词术语、教义神学、经籍著作、教制教职、教规礼仪、器物节日、寺观教堂以及神名等。有《主要宗教大事年表》《天主教罗马教皇名号一览表》等5种附录。

《佛学大辞典》(全2册):丁福保编,1919年刊本,文物出版社1984年新一版,上海辞书出版社2015年新印本。

《实用佛学辞典》:高观庐、何子培编纂,上海佛学书局1934年出版,浙江古籍出版社1986年影印出版。▲中华书局的编审谢方曾经举例说明:在点校《湛然居士文集·寄冰室散人》中"佳人元不是摩登"一句时,通过检索这一辞典"摩登伽女"条,解决了问题。①

《佛教大辞典》:吴汝钧编著,商务印书馆国际有限公司 1994 年出版。

《佛教文化百科》(修订版):陈聿东主编,天津人民出版社 2005 年第 1 版,收录各类佛教文化条目 5379 条。

《道教大辞典》:本书编委会编,华夏出版社 1994 年出版。此书以道教经书为依据,摘选道教常用名词、术语、短句等作为词目,共计约 2 万条。

《心理学词典》:杨治良、郝兴昌主编,上海辞书出版社 2016 年出版。

《经济大辞典》:本书编委会编,于光远主编,上海辞书出版社 1992 年出版。

《法律大辞书》:郑兢毅编著,商务印书馆 2012 年出版。

《逻辑学大辞典》:本书编委会编,上海辞书出版社 2004 年出版。

《世界外交大辞典》(上下):钱其琛主编,世界知识出版社 2005 年出版。所收词条时间起自上古,迄于 20 世纪末,共收外交理论、政策、事件、文献、人物、机构、业务技巧、法规惯例等方面 13000 余词条。

《世界近代史词典》:光仁洪主编,上海辞书出版社 1998 年出版。此书收录除中国以外的世界近代史上重要或比较重要的事件、人物、王朝世系、典章制度、社团组织、名词术语、文献著作、思想流派和国际关系等方面的条目,自 1640 年英国资产阶级革命爆发至 1917 年俄国十月革命止。

《中国人权百科全书》:王家福、刘海年主编,中国大百科全书出版社 1998 年出版。此书共收 1048 个条目,全面介绍了有关人权的基本概念、理论和学说,还介绍了包括中国在内的世界上 184 个国家的人权立法概况、联合国有关人权方面的重要文献、中外人权领域里的典型案例以及国际上有影响的人权组织与机构的情况。

《中国教育大百科全书》(全 4 卷):顾明远主编,上海教育出版社 2012 年出版。全书以教育学分支学科为框架,以学科中的主要和重要概念以及重要问题列条目。

《图书馆学百科全书》:周文骏主编,中国大百科全书出版社 1993 年出版。

《文献学大辞典》:赵国璋、潘树广主编,广陵书社 2005 年出版。书后有《中国文献学大事记(公元前 21 世纪—公元 2003 年)》。

《图书馆 · 情报与文献学名词(2019)》:图书馆、情报与文献学名词审定委员会编,科学出版社 2019 年出版。内容包括图书馆学情报学基础、图书馆情报工作管理、信息资源建设、信息组织、信息检索、情报分析与研究、信息服务与用户研究、文献学 8 个部分,共 3426 条。

---

① 谢方. 我的治学之路[J]. 文史知识,1995(12):3-9.

(二)文学艺术专题知识

《中国文学大辞典》:钱仲联等主编,上海辞书出版社 1997 年出版。正文分类编排,共分作家、理论家,风格、流派、社团、别集、总集、名篇、戏剧作品、小说笔记、掌故、文学人物、期刊、名词术语、研究著作、资料汇编、工具书等类。附录《中国文学大事记》等。此书有分类修订本(上下册),上海辞书出版社 2007 年出版。收录了中国文学学科词目 18000 余条,分为八大类,并将全书词目按历史发展顺序分成十二个单元,便于查阅。

《中国词学大辞典》:马兴荣、吴熊和、曹济平主编,浙江教育出版社 1996 年出版。此书选收唐五代至当代的词学条目 7200 余条,包括概念术语、词人、风格流派、词集、论著、词乐、词韵、词谱、词调、名词本事、语词等方面内容。附录一为"二十世纪词学研究书目"。

《中国画论大辞典》:周积寅主编,东南大学出版社 2011 年出版。全书分为中国画名词术语篇、中国画论词句篇、中国画论作者及有关作者篇、中国画论著述及有关著述篇。

《中国艺术百科辞典》:冯其庸主编,商务印书馆 2004 年第 1 版。全书分绘画、书法、雕塑、音乐、舞蹈、工艺美术、服饰、建筑园林、家居、杂技、戏曲、曲艺、摄影、话剧、电影、电视等 16 卷,收录词目 25000 余条,配图 1400 余幅。

《中国艺术百科全书》:徐寒主编,人民出版社 2006 年出版。全书共分绘画、书法、建筑、雕塑、音乐、舞蹈、文学、戏剧、影视、工艺美术、民间艺术、艺术品收藏等 12 卷。

《中国美术大词典》:邵洛羊主编,上海辞书出版社 2002 年出版。此书按学科分类编排,分通用名词术语、绘画、版画、书法、篆刻、少数民族艺术、工艺美术、建筑艺术、陶瓷艺术、青铜艺术、雕塑 11 大门类。收词目 7130 余条,配图约 2150 幅。

《中华书学大辞典》:李光德编译,团结出版社 2000 年出版。此书包括中国书法、篆刻、金石、文房具等专业知识,并涉及史学、艺术史、古文书学、书志学、小学、文学、舆地、宗教等知识。

《中国民族文化百科》(上下):职慧勇主编,中国民族摄影艺术出版社 1998 年出版。

《中国风俗辞典》:叶大兵、乌丙安主编,上海辞书出版社 1990 年出版。全书分为 19 类,全面介绍中国各民族的风俗历史面貌和当代风俗活动。

《中国非物质文化遗产大辞典》:王文章主编,崇文书局 2022 年出版。

《京剧文化词典》:黄钧、徐希博主编,汉语大词典出版社 2001 年出版。

《中国象征辞典》:刘锡诚、王文宝主编,天津教育出版社 1991 年出版。此书收录从上古至当今中华民族象征文化方面的词目 2900 余条,包括语言、文学、艺术、民俗、信仰、建筑等。

《中国文化象征词典》:〔美〕W·爱伯哈德著,陈建宪译,湖南文艺出版社 1990 年出版。此书收录词条 400 多个,涉及动物、植物、数字、颜色、方位、日常用语、习俗信仰和神话传说形象等。释义主要揭示汉语言文字的文化象征意义(▲"鱼"与"余"同音,所以象征富贵)。

《世界文化象征辞典》:〔德〕汉斯·比德曼著,刘玉红等译,漓江出版社 2000 年出版。

《西方艺术事典》:〔英〕詹姆斯·霍尔著,迟轾译,江苏教育出版社 2005 年出版。原名《艺术中的题材及象征形象词典》,对艺术中常涉及的故事、人物、风习、象征图形等尽力追寻其最初的出处。

《西方美术和美术家辞典》:汪涤、吕阳编著,上海人民出版社 2004 年出版。此书收录西方美术史上自公元前五世纪至今比较重要的艺术家、艺术收藏家、艺术史家、艺术风格、艺术流派等,共收入 2112 条,有 758 幅全彩插图。

三、检索百科知识

(一)中国的大百科全书

《中国大百科全书》(第一版):中国大百科全书编辑委员会、中国大百科全书出版社编辑部编,中国大百科全书出版社 1980—1993 年出版。这是中国第一部大型百科全书,分成哲学、社会科学、文学艺术、文化教育、自然科学、工程技术等 66 个学科和知识门类,共 74 卷(包括总索引 1 卷),共收 7.8 万个条目,计 1.26 亿字,共附有近 5 万幅图片,册页浩繁,内容宏富。

《中国大百科全书》(第一版)曾开发多种版本,纸质版本有《中国大百科全书(简明版)》:中国大百科全书出版社 1996 出版,共 12 卷。此书的知识体系以第一版为基础,删除了第一版各卷中重复、交叉、过专、过僻的条目,归并了散见在各卷中,从不同角度阐述、属于同一主题的条目,增补了第一版欠缺的知识总论、国家、能源、材料、信息、旅游、民俗以及服饰、烹饪、家政等方面的条目,补入了第一版问世后出现的新知识,更新了第一版的资料和数据。设有 3.1 万个条目,随文附有 1.1 万幅插图和表格,重要的资料和数据一般收录到 1996 年。此书的对象是中等以上文化程度的一般读者,比《中国大百科全书》的读者层更为广泛。

✲《中国大百科全书》网络版：以《中国大百科全书》第一版和中国百科术语数据库为基础，同时包含了部分修订更新的条目，共收条目约 8 万条，图表 5 万余幅。内容涵盖了哲学、社会科学、文学艺术、文化教育、自然科学、工程技术等 66 个学科领域。提供按条目顺序浏览、分卷检索、全文检索、组合检索等多种定制的检索方式。此外，此书还提供几十种逻辑检索的语句检索方式，在条目正文中提供了打印、下载、复制的功能。目前向局域网用户提供在局域网范围内检索使用。

《中国大百科全书》（第二版）：中国大百科全书出版社 2009 年出版。按照国际惯例，百科全书通常每间隔若干年出版一个新版本，第二版是第一版的修订重编版，是面向 21 世纪反映国家科学文化水平的新一代百科全书。全书 32 卷，共收条目约 6 万个，插图约 3 万幅，地图约 1000 幅。与第一版分学科卷出版不同的是，第二版按条目标题的汉语拼音字母顺序排列，使读者便于寻检查阅。2011 年出版了《中国大百科全书》第二版简明版（共 10 卷）。

《中国大百科全书》第二版精粹本（上下卷，2013 年出版）：在《中国大百科全书（第二版）》和《中国大百科全书（第二版简明版）》的基础上经过精选、压缩、改编而成的一部实用的综合性百科全书。

《中国大百科全书》第三版已经启动，定位于数字化时代的新型百科全书，是基于信息化技术和互联网，进行知识生产、分发和传播的国家大型数字化公共知识服务平台。网络版先于纸质版出版，分卷征求意见本于 2020 年底陆续出版。2022 年底集中发布了共 50 万个网络版条目、10 卷纸质版图书。

其他百科全书有《中华百科全书》（原名《简明中华百科全书》）：中国大百科全书出版社 1999 年第 3 版，资料截止到 1998 年底。内容包括历史、地理、哲学 · 宗教、人类 · 社会、政治 · 法律、军事、经济、文学 · 艺术、文化 · 教育、自然科学、工程技术共 11 个知识大类，涉及 60 多个学科，偏重社会科学，详今略古。此书专设一篇题为“中国”的概述文章，从各方面系统地介绍中国尤其是现代中国的基本状况，还有中国大事记等附录。✲《中华百科全书》（光盘版），以《简明中华百科全书》为文本开发制作。含有音序、笔画、全文检索等三种主要检索方式，条目与条目之间以热字方式联系，互为补充。

《中国小百科全书》：本书编纂委员会编，团结出版社 1994 年出版。此书按照学科大类分为八卷，每卷包含若干学科。第一卷为物质、宇宙、地球；第二卷为地球上的生命；第三卷为人类历史；第四卷为人类社会；第五卷为技术科学；第六卷为文学与艺术；第七卷为思想与学术；第八卷为附录、索引。

(二)引进翻译的外国著名百科全书

《简明不列颠百科全书》(1—10卷):中国大百科全书出版社、美国不列颠百科全书公司合作编译,中国大百科全书出版社1985—1986年出版。此书条目除中国部分外,主要是根据第15版英文版的《不列颠百科全书》(旧译《大英百科全书》)的《百科简编》编译而成,共收条目71000余条,附有图片约5000幅,内容包括社会科学、自然科学、工程技术、文学艺术等各学科的概述和专名、术语、世界各国人物、团体、机构等,侧重西方的文化、科技成就和当代知识。此书的第11卷(增补卷),由中国大百科全书出版社本书编辑部和美国不列颠百科全书公司亚洲出版物发展部合作编译,中国大百科全书出版社1991年出版。此卷是对前10卷内容的增加、补充和更新。

《不列颠百科全书》国际中文版(20卷):中国大百科全书出版社1999年出版,共收条目81600余条,附有15000余幅图表。内容包括人文、历史、哲学、宗教、音乐、绘画、雕塑、自然科学、社会科学等门类。2007年出版修订本,共收条目84300余条,附有图片15300余幅,地图250余幅,内容涉及科技成就、政治变化、新的人物和事件等。

《不列颠简明百科全书》中文版(上下):中国大百科全书出版社编译,2005年出版。此书根据最新英文版《不列颠简明百科全书》翻译而成,共收条目近28000余条,附有图表2000余幅,地图170幅。内容涵盖古今中外各个知识领域,更侧重对西方文化、科技成就的介绍。其中也增加了由中方撰写的中国条目。本书重要资料和数据一般收录到2005年6月。2011年又出版修订本(全套4卷),最新资料截至2011年初,反映了世界各种新知识、新动向、新事物。

✲《不列颠百科全书》2012年宣布停止印刷纸质版。其网络版"大英百科全书"(Encyclopedia Britannica Online,简称EB Online。http://www.eb.com/)包含《不列颠百科全书》完整版、韦氏大词典及英语同义词字典;World Atlas——交互式世界地图,收录国家超过215个,同时链接地图、国旗及各国统计资料;收录文章126000篇、23000篇传记;可连接700余种在线杂志与期刊,还有精选网站、名人格言和经典文献等,已成为世界上使用最广泛的电子参考工具之一。

《大英视觉艺术百科全书》:台湾大英百科股份有限公司、广西出版总社、广西美术出版社1994年出版。此书是大英百科丛书的系列之一,初版于1983年。全书包含艺术史、艺术家传记辞典和艺术词汇三个部分,共10卷。

《大美百科全书》(国际中文简体字版):本书编辑部编译,北京外文出版社、台湾光复书局1995年出版。全套30册,以《美国百科全书》1989年版为初译本并改编,内容包括文学、历史、人类学、考古学、哲学、宗教、教育、大众传播、体育、艺术、环境、生物、动物、植物、地理、海洋资源、物理、化学、数学、自然环境、农业、医学、应用技术、政治、经济、法律、军事、家政等三十余类，还增编了有关中国的大批条目。

《拉鲁斯百科全书》：华夏出版社2005年出版。此书是法国2002年版本《拉鲁斯简明百科全书》的中文译本，共10卷，近2万个条目，8000多幅彩图，400余幅地图，文字400余万字。全部中文条目按条目标题的汉语拼音音序排列，方便中国读者检索。增补了一些涉及中国的内容的条目，最新资料截止到2003年6月。

《康普顿百科全书》：[美]戴尔·古德主编，赵景纯等编译，中国商务印书馆、美国康普顿知识出版社2005年出版。以美国《康普顿百科全书》1994年版为底本翻译，重新按各大学科组合并分类编排，分为自然科学、生命科学、社会与社会科学、技术与经济、文化与体育等5卷，各卷独立成册。

《麦克米伦百科全书》：[英]艾伦·艾萨克斯主编，郭建中等译，浙江人民出版社2002年第1版。此书根据较新版本《麦克米伦百科全书》翻译、编辑而成。其知识涵盖人类活动的各个方面：艺术、科学、思想信仰、历史、人物、天文、地理、团体、机构以及运动、娱乐等。

(三)查检百科全书要注意的问题

《中国大百科全书》第一版是分卷出版的，每一分卷相当于专科的百科全书。查检一些概括性名词术语，要注意使用全书总索引，▲检索“信息”这一条目，不知收录在何卷，利用总索引可得知其分别收录在《电子学与计算机》《自动控制与系统工程》《新闻出版》《图书情报档案》和《哲学》卷。正如《新闻出版》卷所言：“信息概念广泛应用于各门学科、各个领域，人们从不同的角度提出信息的定义。”第二版是按照汉语拼音排序的，其中没有单独的“信息”条目。根据其索引，有关“信息”的解释分散在不同卷，分别见于其他条目。▲“情报”这个条目中提到“信息这一原本只在通信和计算机领域使用的专门术语开始在中国经济领域使用，一批经济信息机构和信息系统应运而生，对科技情报系统产生了一定的冲击……信息这个术语为越来越多的人所理解和使用”①；还在“科学技术史”这个条目，提到“信息作为与物质和能量并行的第三类资源，已经成为信息产业的核心和基础”②。

检索某一词语，有时要综合利用不同的辞书。▲黄永玉曾有文提到：他画了题为“凤凰涅槃”的画，需要查找文字根据。查了《辞源》《辞海》《佛学大辞典》等书都没有，最后打电话请教钱锺书先生，得到指点，终于在《简明不列颠百科全书》(中文版)中找到了答案。③ 而此书关于“凤凰”有两个条目，一个是中国神话传说中的神鸟；一

① 中国大百科全书(第2版)：18卷[M]．北京：中国大百科全书出版社，2009：183.
② 中国大百科全书(第2版)：13卷[M]．北京：中国大百科全书出版社，2009：11.
③ 黄永玉．比我更老的老头[M]．北京：作家出版社，2003：5-6.

个是古埃及和古希腊罗马传说中的一种鸟,同太阳崇拜有关。①

还要考虑词语的历史年代。▲2003 年《新京报》的发刊词提到历史上“有过一代名报《京报》”。检索“京报”一词,《辞源》的解释指的是清代的邸抄,《辞海》只在“邸报”条提到清代的《京报》。只有《中国大百科全书·新闻出版》卷的解释是指邵飘萍1918 年创办的《京报》。

四、检索专书综合知识

近年来我国编辑出版了多种古典文史名著的专书辞典。这类辞典有两类:一类偏重语词(见第三章中“检索专书语词”部分);一类综合专书所涉及的各个门类的知识和资料,内容比较全面,举例如下。

《史记辞典》:仓修良主编,山东教育出版社 1991 年出版。此书以中华书局标点本《史记》正文为主,收录《史记》中出现的人名、地名、民族、职官、著作、名物制度、重大历史事件,以及天文、历算、音乐等专门术语,难懂的字和词、成语、典故、动植物、矿产等。

《三国志辞典》:张舜徽主编,山东教育出版社 1992 年出版。选词以中华书局标点本 1985 年版《三国志》为据,正文和裴松之注一概收录。凡书中出现的难懂语词、成语典故、人名、地名、民族、职官、典籍、历史事件以及天文历算等,均予收录,共收录词目 18000 多条,可作为阅读和研究《三国志》以及三国时期历史的工具书。

《文心雕龙辞典》:周振甫主编,中华书局 1996 年出版。此书包括难字及词句释、术语及近术语释、作家释、作品释、专论与专著介绍、各家争论说介绍、至元正本《文心雕龙》汇校等内容。

《资治通鉴大辞典》(上编、下编):施丁、沈志华主编,吉林人民出版社 1994 年出版。上编分各卷要录、司马光评论、历代贤哲评论、语词典故、民族、职官、地理等部分;下编分典籍、人物、通鉴学资料、《资治通鉴》年代简表、地图等部分。

《全唐诗大辞典》:张涤华主编,山西人民出版社 1992 年出版。此书收词以《全唐诗》(中华书局 1960 年版)和《全唐诗外编》(中华书局 1982 年版)所录唐诗为限。词目以语词为主(包括结构较固定的词组),同时广泛收录成语典故词目、人名(包括唐诗作者名、诗中出现的人物正名、字号、姓连职官名,以及并称、连称、省称等)、地名(包括道州府县、山水原谷,和作为名胜古迹之宫殿苑囿、亭台楼阁、寺庙祠观、里闾巷陌等)、职官名(包括职官别名)及其它有关古代文物典章制度词目。一些经常被引用

① 简明不列颠百科全书:3 卷[M].北京:中国大百科全书出版社,1985:138.

的唐诗名句也作为惯用语立目。

《全唐诗大辞典》:张忠纲主编,语文出版社 2000 年出版,收录《全唐诗》《全唐诗补编》所收唐诗作者、作品及有关著作方面的词目。

《唐代文学百科辞典》:卞孝萱主编,汉语大词典出版社 2003 年出版。此书包括总论、专论、群体流派、作家、著作、名篇、敦煌文学、民间歌谣谚语、曲名词牌、体裁作法、名词术语、研究著作、参考书十三大类。

《红楼梦辞典》:杨为珍、郭荣光主编,山东文艺出版社 1986 年出版,包括词语之部、诗词之部、人物之部、红学之部、附录等部分。

《红楼梦大辞典》(增订本):冯其庸、李希凡编,文化艺术出版社 2010 年出版。此书是百科性质的专书辞典,上编包括 21 类:词语典故、服饰、器用、建筑、园林、饮食、医药、称谓、职官、典制、礼俗、岁时、哲理宗教、诗词韵文、戏曲、音乐、美术、游艺、红楼梦人物、文史人物、地理。下编包括八类:作者家世交游、红楼梦版本、红楼梦译本、红楼梦续书、脂砚斋评、红学词语、红学书目、红学人物。附录五种为:曹雪芹与《红楼梦》研究史事系年,红学机构、刊物及会议便览,《红楼梦》人物表,曹氏世系简表,大观园图。

《中华儒学通典》:吴枫、宋一夫主编,南海出版公司 1992 年出版。此书分为三部分:儒学经典释读、儒学人物学说(人物、著作、学派、书院)、儒学观点承传(自然观、社会观、道德观、教育观)。所收录的儒学著作以《十三经注疏》本为底本。

《中华道学通典》:吴枫、宋一夫主编,南海出版公司 1994 年出版。此书分为三部分:道学经典释读、道家人物学说(人物、著作、教派、名山宫观)、道学观点承传(自然观、社会观、道德观、教育观、养生观)。附录有道学大事年表。

《圣经文学文化词典》:石坚等主编,四川大学出版社 2003 年出版,共收词条约 2000 条。

第五章

典故、引言检索

第一节　典故的检索

一、典故概述

典故是指诗文中引用的有来历出处的故事和词语。典故可分为两类：引用的古代故事（神话传说、历史故事、寓言故事、宗教故事等），称为事典；引用的有来历出处的词语，称为语典。从典故的使用来说，前者称为用事，后者称为用词。

中国古代文人在诗文中引用典故，其起源很早，但形成风气是在南北朝时期。黄侃《文心雕龙札记》评价："爰至齐梁，而后声律对偶之文大兴，用事采言，尤关能事。其甚者，捃拾细事，争疏僻典，以一事不知为耻，以字有来历为高。"[①]可见当时的诗文创作已经刻意追求用典，而且有"用事"和"采言"两类。隋唐以来的科举考试内容包括诗赋，文人的格律诗和骈体文赋都讲究用典，宋代文人作诗更是讲究"无一字无来处"。与之相应，古代的诗文总集、别集也要引用大量典故，加以注释。

文人在诗文写作中，无论是用词还是用事，往往根据对偶、句式、平仄、押韵的要求，来压缩或变化字面，隐含寓意，从而形成了有一定表达形式的词语、有特定文化意义的符号。这种表达形式有常用的基本形式，也有变化形式。就是说，同一来源的典故会有不同的字面。▲唐代诗人张九龄在《感遇》诗中用了两个语典："岂伊地气暖，自有岁寒心"。其中"地气暖"出自《周礼·冬官·考工记》："桔逾淮而北为枳……此地气然也。""自有岁寒心"出自《论语·子罕》："岁寒，然后知松柏之后凋也。"诗人根据诗歌文体的要求而变化、缩略了原文的词句。▲"和氏之璧"一词凝聚了一个故事，

---

① 刘勰．文心雕龙注：下［M］．范文澜，注．北京：人民文学出版社，2000：618．

成为一个事典，其有多种表达形式（详后）。读者首先要判断典故的字面表达形式（是否使用了典故），再据此查到典故的出处，才能了解作者的用典方法，体会诗文的深层含义。

隐括是语典的另一种形式，即对援引的原有文字内容进行剪裁修改，使其成为另一种体裁的文字。▲王安石《桂枝香·金陵怀古》词："至今商女，时时犹唱，后庭遗曲。"这句词隐括了杜牧《泊秦淮》的诗句："商女不知亡国恨，隔江犹唱后庭花。"▲苏轼有《水调歌头》词"特取退之词，稍加隐括，使就声律"，全词根据韩愈《听颖师弹琴》诗改写。

今人在诗文写作中，虽然不必刻意追求，但援古证今，引经据典，仍然是时常使用的手法。▲毛泽东的《蝶恋花·从汀州向长沙》一词有"万丈长缨要把鲲鹏缚"句，就用了"鲲鹏"和"长缨"两个事典。

全面介绍典故知识及其查检方法的书，有祝鼎民著《典故知识查检》（知识出版社1992年出版），可以参考。

二、检索途径

（一）利用语文词典、综合词典

检索典故，可以利用语文词典和综合词典，但要注意根据典故的性质来选择不同的词典。《现代汉语词典》只收常见的典故，用现代汉语简单叙述故事，并注明出处，而不引用原文。▲"东床"一词，《现代汉语词典》（第7版）注释："东晋太尉郗鉴派一位门客到王导家去选女婿。门客回来说：'王家的年轻人都很好，但是听到有人去选女婿，都拘谨起来。只有一位在东边床上敞开衣襟吃饭的，好像没听到似的。'郗鉴说：'这正是一位好女婿。'这个人就是王羲之。于是把女儿嫁给他（见于《晋书·王羲之传》）。因此，后来也称女婿为东床。"

《辞海》是综合性词典，检索典故可以利用其中的《语词分册》上、下（上海人民出版社1977年出版）和《语词增补本》（上海辞书出版社1982年出版）。特别是《语词增补本》主要选录古汉语中的复词、成语、典故。又有1999年版《辞海语词分册》（音序本），上海辞书出版社2003年出版。

《辞源》是阅读古籍的工具书，所收词语"结合书证，重在溯源"，可用来检索古籍中出现的典故原文及其出处。但《辞源》只收典故的常用形式，▲前面提到的"鲲鹏"一词，《辞源》只收录了"鹏鲲"，注明"见《庄子·逍遥游》"。有的从词目中查不到，可以考虑查单字。▲"长缨"一词，《辞源》没有列为词目，但查"缨"字，在第二个义项

“套马的革带,驾车用”所引书证中,可以查到注释:“《汉书》六四下《终军传》:军自请:‘愿受长缨,必羁南越王而致之阙下’。”这就是典故“长缨”的出处。

读者如果熟悉典故的常用形式,还可以通过常用形式来核对其变化形式。▲曹植《玄畅赋》有“怨和璞之始镌”句,出自典故“和氏之璧”。查《辞源》没有“和璞”的词目,而只有“和璧”,并注明“参见‘卞和’”,可以通过“和璧”来检索这一典故的出处。这一典故还有“和氏”“抱璧”“和玉”“泣玉”等多种表达形式。《汉语大词典》收录的典故变化形式比《辞源》多,例如收录了“和氏”“和氏璧”“和玉”“抱璧”“楚玉”“荆和”等。但由于语文词典是以单字带出词目的,所以典故的变化形式往往被分列在不同的单字字头下,如“和璧”和“抱璧”。这是利用语文词典查典故不如专门的典故词典方便的地方。

(二)利用专门词典

1. 成语词典

许多成语本身就是典故,成语和典故经常被相提并论。成语词典也可以用来检索成语形式的典故,或者说作为典故的成语。但应尽量使用注重考释出处的词典,例如第二章介绍的《汉语成语考释词典》(刘洁修编著,商务印书馆 1989 年出版),不仅收录典故成语,而且收录其变化形式。

《成语典故辞典》:高承言编著,中州古籍出版社 1997 年出版。此书收录小学、中学、大学现行语文课本中的成语、典故及少数近似成语的词组和常用熟语共 2269 条,每一条目的释文包括拼音、述源、解释、同义、反义、辨误、例句七个方面。

2. 人名词典

古代典故往往和人物有关,有的典故在使用的语境中凝缩为人名符号。因此,检索典故也可以借助人名词典。

古代诗词用典,有许多事典出自史书。▲辛弃疾的《永遇乐・京口北固亭怀古》有“凭谁问,廉颇老矣,尚能饭否”句。可以通过查检《史记・廉颇列传》,了解这一故事。要知道“廉颇”这一人名收录在《史记》的何卷何页,可以先查《史记人名索引》,或者利用电子版“二十五史检索系统”。▲有的人名典故也有变化形式,如苏轼《戏子由》有“任从饱死笑方朔”句。要知道这一典故,首先要利用《古今人物别名索引》,本书收录了辞章家割裂姓字而变化的别名,可查出“方朔”就是“东方朔”。再查《二十四史纪传人名索引》,得知其事迹见《汉书・东方朔传》以及具体的卷数页数。现在可以利用数据库检索典故。(关于检索人名的知识见本教材第八章)

(三)利用典故词典

典故词典不仅收录的典故词目多,而且释文的内容详细,一般包括典源、释义、用例等项目,有的还注意列出典故的各种变化形式。

1.检索中国典故

《常用典故词典》:于石、王光汉、徐成志编著,上海辞书出版社1985年出版,又有2013年版。收录古代诗文中常用的事典600多个,设立词目5400多条。每一典故分典故名称、典源、释义、词目、书证五部分内容来注释。此书的特点是编写体例得当、检索十分方便。书前有笔画索引,每一典故首先列出常用的表达形式,作为词目,然后在这一词目下列出这一典故的各种变化形式。例如"和氏之璧"的典源是《韩非子·和氏》,在释义后,列出和氏璧、和璧、和氏玉、和宝、和璞、卞玉等共41种变化形式,说明这41种变化形式都出自一个典源。在正文中列出这41种变化形式的用例(注意"用例"不是"典源")。书后附有汉语拼音索引,可以根据某一典故的任何表达形式,查到这一典故释文的页数。▲王勃《秋日登洪府滕王阁饯别序》中的句子:"无路请缨,等终军之弱冠;有怀投笔,爱宗悫之长风。"其中用了三个典故(终军请缨、班超投笔从戎、长风破浪),通过本书的汉语拼音索引,可以很快查到出处(均出自史书),还能找到书证(李白《行路难》诗之一"长风破浪会有时,直挂云帆济沧海"句就用了"长风破浪"的典故)。

《中国典故大辞典》:赵应铎主编,上海辞书出版社2012年出版。以《汉语大词典》为基础,并有所增补。全书收录包括事典、语典在内的典故及其各种变式,共计32000多条。

《古书典故辞典》:杭州大学中文系编写组编,江西人民出版社1984年初版,江西教育出版社1988年修订版。此书收录典故上自周秦,下至明清,主要是古代诗文和小说戏曲等经常引用的古代故事或有来历出处的词语,共计5400多条。每一典故包括释义和来历出处两个部分。

《中国典故小词典》:虞万里等编,上海辞书出版社2004年出版。此书主要收录事典、也酌收少量语典,共收立目典故近800条。每一条目下释文内容包括典故名称、注音、生僻难解字词注释、典故故事源流、典故出处、典故意义、其他典形等。

《通用典故词典》:张林川编,语文出版社2003年出版。此书选收常用典故2600余条,注释包括条目名称、释义、故事概述及出处四部分。

《新华典故词典》:陆尊梧编,商务印书馆2012年出版。此书收入古代诗文中较为常见的典故1800多个,典故的变化形式15000多条。

《二十六史典故辞典》：陈振江主编，天津人民出版社 2012 年出版。此书收录二十六史和先秦典籍诸书中的历史典故 2023 条。每条有释义、出典、例句三部分。

《中国文坛掌故事典》：刘衍文编，上海辞书出版社 1993 年出版，收录中国先秦至清末民初的文坛掌故，共计 1400 余条。这里的掌故指关于历史人物、典章制度等的故实或传说。全书借鉴《世说新语》的分类方法，分为学、行止、创作、评论、敏对、奖掖、谐讽、遭际、情感、佚事 10 大类。

专门检索中国古代文学作品用典的词典，例如，《唐诗典故辞典》：李文学编，陕西人民出版社 1989 年出版。此书以中华书局版《全唐诗》及《全唐诗补编》为底本，按照典故出处，选择历史或神话故事有关篇段（时间截止到隋代，唐代以下不收），一律使用原文，以便与词目、例句互相比照；对原文作简略注释，独立标题成篇，组成词目，并汇集各家诗歌作为例句和例证。

《全宋词典故考释辞典》：金启华主编，吉林文史出版社 1991 年出版。此书专门收录宋词引用古书中的故事、典实，以及有出处而较为生疏的词语。所释典故分典源、释义、用例三项。一些不太常用的，但在宋词中出现的典故，可以很方便地在本书中查检到。▲辛弃疾《摸鱼儿》一词的句子："长门事，准拟佳期又误。蛾眉曾有人妒。千金纵买相如赋，脉脉此情谁诉？"本词典列有"长门""相如赋"等词条。

湖北辞书出版社的《典诠丛书》，包括《全唐诗典故辞典》（上、下）：范之麟、吴庚舜主编，2001 年出版增订本，专门诠释《全唐诗》中出现的典故。《全宋词典故辞典》（上、下）：范之麟主编，1996 年出版。《全元曲典故辞典》：吕薇芬编著，2001 年出版。

2. 检索外国典故

查检外国典故的词典有《西方文学典故词典》：谢金良主编，中国展望出版社 1981 年出版。此书收录了来自《圣经》、古代希腊、罗马时期的神话、莎士比亚名剧以及各国各时期的寓言和民间传说的典故 1000 余条，分别按事典和语典编排。词目为英汉对照，并有汉语释义。

《中外词语溯源故事大辞典》：王占义编著，上海辞书出版社 2015 年出版。此书收录中外词语约 2100 余条。有典故或出处的简要说明，并追溯词语的来源。

《世界成语典故辞典》：王国荣等主编，文汇出版社 1989 年出版。此书从英、俄、德、日、法、西班牙、意大利、葡萄牙、拉丁文等 21 个语种中，精选具有哲理性、经典性、知识性的常用典故近 4000 条。

《圣经典故辞典》：谢金良、卢关泉编著，复旦大学出版社 1998 年出版。此书选词目 1000 多条，中英对照，注释出处。

《〈马克思恩格斯选集〉中的希腊罗马神话典故》：戈宝权编写，生活·新知·读书三联书店 1978 年出版。

（四）利用类书

类书是我国古代特有的一种参考工具书。类书辑录各门类或某一门类的资料，按照一定的方法（主要是分类，也有韵部）编排，以便于查考事物。

利用类书也可以查检古代的诗文典故。使用类书首先要了解类书的基本知识，例如类书的编纂年代、收集资料的范围，以及类书的编排体例和分部情况等。有关类书的基本知识详见本教材第十一章，下面仅举例说明如何利用类书查检典故。

类书大多是按类编排的，所以在确定了要查检的某一部类书之后，就要了解这一部类书的分类名目，分析所查的某一典故可能归入什么类目，然后再查检。▲查检"青丘之国，有狐九尾"这一典故的出处，如果查《辞源》可以查"九尾狐"。利用《艺文类聚》要查其中的"兽"部，再找到子目"狐"，就可以查出这一典故的出处是《山海经》。如果根据"青丘"二字去查"山"部，就找不到了。

类书分门别类汇聚各种资料，有的类书还收录诗文，查检某一类典故，或某一类诗文，也可以利用类书。▲要查检有关梅花的典故和诗文名句，可以查《古今图书集成》，找到"博物汇编·草木典·梅部"，就可以在"汇考""艺文""选句""纪事""杂录""外编"等名目下，查检到有关梅的资料约 8 万字。其中"艺文"选录与"梅"有关的诗文，"选句"是从诗文中摘出的丽词、偶句。还有"梅部纪事"，收录"梅花妆"等典故。

✲目前《艺文类聚》《古今图书集成》《佩文韵府》等类书已经收入了"瀚堂典藏"等古籍数据库，可以快速检索典故和词语的出处。但典故的字面有变化，核查典故的出处（典源），还有必要参考专门的典故词典。数据库的作用是，可以检索一个典故的用例，▲选择"瀚堂典藏"数据库的"类书集成"部分，输入"梅花妆"，检索到"梅花妆"相关记录 44 个，可以了解其在哪些古籍中被引用过，这也可以作为编纂典故词典的参考资料。

✲"搜韵——诗词门户网站"有"典故词汇"栏目，收录约 1 万条典故，有三种检索方式：常用典故、按出处分类、按人物分类。▲选择人物"孔子"，可以看到"仲尼穷、伤凤麟、偃草、舞雩、楚狂、逝川"等相关典故。点击其中的"偃草"，出处是《论语·颜渊》的句子："君子之德风，小人之德草。草上之风，必偃。"还有后代诗人引用此典的诗歌例句。

第二节　引言的检索

一、引言概述

引言不同于语典。引言是指直接引用书籍或文章中的原句，一般应标明出处。古代学者注释经典就有引据前人著作、标明出处的学术传统。顾炎武曾指出，“凡述古人之言，必当引其立言之人。古人又述古人之言，则两引之，不可袭以为己说也”；“凡引前人之言，必用原文”。[①] 但在古代著作文章中，也有的引言是当时人熟读成诵、众所周知而没有标明出处的，▲古人经常用“子曰”或“诗云”，刘禹锡《陋室铭》中就引用了“孔子云：何陋之有？”诗歌中也有直接引用他人成句的情况，▲欧阳修《朝中措》词“平山栏槛倚晴空，山色有无中”句，就引用了王维《汉江临泛》诗的第四句“山色有无中”。▲辛弃疾《踏莎行·赋稼轩集经句》中“进退存亡，行藏用舍。小人请学樊须稼。衡门之下可栖迟，日之夕矣牛羊下”等句，每一句都出自儒家经典。古代文人的诗话、词话、笔记中有大量摘句品诗的内容，也属于引言。[②]

今人在注释或引用古籍时，需要查检引言的出处；在写作时引用了某一原文，或引用了警语名句，也需要核对出处，遵守学术规范。编辑在审稿工作中，对于典故、引言等更负有严格把关、核查出处的责任，任少东《浅谈古籍书稿中语词、典故注释的加工处理》一文列举了多个例子。[③] 汪家熔对此也做了具体说明：“查对引文是保证学术著作质量的手段，是编辑的重要职责。除了核查引文或出处有无抄错外，对引用他人文字的，还要注意以下三种情况：一是核查有没有以转引冒充直接引用，二是核查不加引号、不注明具体来源的文字是否有抄袭的情况，三是核查是否有伪造的情况。”[④]

检索引言，要利用索引。索引，是英文 index 一词的意译，根据读音又译作“引得”，我国旧称“通检”“备检”等。索引是一种常用的检索性工具书。语言学家王力指出：“在国外，索引被认为是一种‘方便指南’，不仅是‘学海中的航帆’，社会交往也离不开它。”[⑤]索引将文献资料中的各种名称（字、词、文句、人名、地名、书名、篇名、主题

① 黄汝成. 日知录集释：卷二十[M]. 石家庄：花山文艺出版社，1990：906.
② 于翠玲. 古代摘句现象综论[J]. 河南社会科学，2003(3)：8-11.
③ 任少东. 浅谈古籍书稿中语词、典故注释的加工处理[J]. 编辑之友，2006(1)：73-74.
④ 汪家熔. 关注书籍“构件”[J]. 中国编辑，2006(4)：44.
⑤ 王力. 论衡索引序[M]//王力文集：第20卷. 济南：山东教育出版社，1991：430.

等)分别摘录,逐一注明出处页数,并按某种排检法编排起来,以供检索。

利用索引可以提高文献资料的利用程度和检索效率。早在 1917 年,林语堂在引进“索引”这个外来词时就指出,“近世学术演进,索引之用愈多。西人治事,几于无时无处不用索引以省时而便事”,“索引宗旨原在便检索”。[①] 1932 年洪业在《引得说》中指出,读书“无目录,则难以知其种类;无引得,则难以探其内容也。然则引得者,助人多读书,助人善读其书之工具也”。[②]

根据不同的使用目的和编制方式,索引可分为不同种类。按照其检索的文献类型,可分为书籍索引和报刊索引;按照检索的内容和途径,可分为字句索引、篇名索引、专门索引、主题索引等;按照出版类型,可分为书本形式的索引、期刊形式的索引和附录形式的索引。

随着文献信息的日益增加,古籍整理工作的不断深入,以及数字技术的普遍应用,我国编纂的各种类型的索引大量出版。特别是学术数据库具备全文检索功能,使查检引言以及各种资料更加快捷方便,有的已经可以取代原有的印刷版本的索引。

二、索引利用

检索引言,主要利用字句索引。字句索引是从书中摘录字、词语、句子而编的索引,因此又可相应分为逐字索引、词语索引和句子索引。专为某一书籍而编的字句索引也称为专书索引,或书语索引。

民国时期的学者开始编纂古籍索引。例如,哈佛燕京学社引得编纂处从 1931 年至 1950 年,共编制引得正刊 41 种,引得特刊 23 种(附原文者为特刊)。吴小如、吴同宾编著的《中国文史工具资料书举要》一书附录了上述书目。除了《引得说》(洪业著,介绍编制古籍索引的方法),各种引得合计 63 种,上海古籍出版社 1983 年起先后影印出版。其中有许多是专书索引,有逐字索引(如《毛诗引得》等),有字词索引(如《杜诗引得》《论语引得》等),也有关键词索引(如引得正刊中的《说苑引得》等)。▲利用《论语引得》,检索“子曰:巧言令色,鲜矣仁”这句话的出处,选择其中任何一个字都可以查到,结果有两个,分别见于《论语·阳货》和《论语·学而》。还有综合索引,如《艺文志二十种综合引得》,前面的序文详考古代各家目录的优劣,具有目录学简史的价值。

中法汉学研究所(原称巴黎大学北平汉学研究所)于 1943 年至 1950 年编制了《论衡通检》等 13 种通检。这套书全部是专书索引,有上海古籍出版社 1986 年影印

---

① 林玉堂(即林语堂).创设汉字索引制议[J].科学,1917,3(10):1128-1134.

② 洪业.引得说[J].中国索引(上海),2006(1):58-63.按:此为重新刊发。

本。(吴小如、吴同宾编著的《中国文史工具资料书举要》一书附录了《巴黎大学北平汉学研究所通检丛刊》书目。)

(一)利用专书索引

1. 经史等书索引

《十三经索引》:叶绍钧(圣陶)编,开明书店 1934 年出版,中华书局 1983 年出版重订本,以 1980 年出版的《十三经注疏》(清代阮元校刻)为底本编制。儒家经典"十三经"包括:《周易》《尚书》《诗经》;"三礼"(《周礼》《仪礼》《礼记》);"三传"(《春秋左传》《春秋公羊传》《春秋谷梁传》);《论语》《孝经》《尔雅》《孟子》。此书将"十三经"的原文全部按句子分解,依据每一句子的首字的笔画排列,编成索引。这里所谓句子是指诵读时停顿的地方,而不是指一个句号为一条。每一句下注明书名的简称、篇名的简称和在正文中的段数。此书前有"篇目简称表",可以查对全称。每一句下还标出见于底本的页数和栏次。因此,利用此书可以检索见于"十三经"的任何句子的具体出处;还可以核对原文以及注疏的资料。

《十三经新索引》(修订版):李波等主编,中国广播电视出版社 2003 年出版。此书除单字索引外,还有人名、地名、职官、引书、其他专有名词等五种专项索引。修订版增加了校勘记索引。

《十三经索引》(全 4 册):栾贵明、田奕主编,中国社会科学出版社 2004 年出版。此书采用逐字索引方式,索引文句(即索引目标)基本以"句"为单位,间或照顾语义而取以"读"代句的方式。

其他印刷版本的专书索引还有多种,例如,《尚书通检》:顾颉刚主编,燕京大学出版社 1936 年出版,书目文献出版社 1982 年重印。

《诗经索引》:陈宏天、吕岚合编,书目文献出版社 1984 年出版。

《韩非子索引》:周钟灵等编,中华书局 1982 年出版。

《论衡索引》:程湘清等编,中华书局 1994 年出版。此书以《论衡》中出现过的全部字、词(包括单音词、复音词)和固定词组为条目,每条下列出使用该条目的所有句子。

《先秦两汉古籍逐字索引丛刊》:刘殿爵、陈方正主编,香港中文大学中国文化研究所利用计算机整理,台湾商务印书馆 1992 年出版。第一辑共 12 本,包括《战国策》《礼记》《商君书》《新序》《大戴礼记》《孔子家语》《文子》《韩诗外传》《说苑》《逸周书》《淮南子》《兵书四种》(孙子、尉缭子、吴子、司马法)等逐字索引。以后又陆续出版了《老子》《荀子》等子部书、《春秋繁露》等经部书、《晏子春秋》等史部书多种。还有《魏晋南北朝古籍逐字索引丛刊》，香港中文大学出版社 2001 年起陆续出版，包括《曹操集》等十多种文集的逐字检索。

《史记索引》(修订版)：李晓光、李波主编，中国广播电视出版社 2001 年出版。全书分单字、人名、地名、援引著作、专有名词、补遗、衍文等索引，以中华书局 1985 年标点本为底本。

2. 诗文集索引

《文心雕龙索引》：朱迎平编，上海古籍出版社 1987 年出版。此书采用范文澜《文心雕龙注》(人民文学出版社 1985 年版)中的《文心雕龙》原文作为索引底本，编纂了四种索引：文句索引、人名索引、书名篇名索引、文论语词索引。

《万首唐人绝句索引》：武秀珍等编，书目文献出版社 1984 年出版。此书为《万首唐人绝句》的索引，根据书目文献出版社 1983 年出版的(明)赵宧光、黄习远编定，刘卓英校点本编制。

《李贺诗索引》：唐文等编，齐鲁书社 1984 年出版。此书是李贺诗单字索引，根据中华书局 1960 年版《三家评注李长吉歌诗》编制。查检单字索引，可以进行文学意象的统计。▲查检“天”字，可以找到李贺所有带“天”字的诗句(女娲炼石补天处、石破天惊逗秋雨、天若有情天亦老、雄鸡一声天下白、天荒地老无人识，等等)，并根据所列页数，找到所出诗篇名。毛泽东的诗词中有“天若有情天亦老”“一唱雄鸡天下白”两句，就是引自或化用了李贺的诗句。

《全唐诗索引》丛书：栾贵明等主编，中华书局、现代出版社 1991 年至 1995 年出版。此书以中华书局 1960 年版《全唐诗》及 1982 年版《全唐诗外编》为底本，利用电子版《全唐诗》数据库编纂。每个(或几个)诗人一卷，分册出版。此套索引为逐字索引，每卷还附有基本数据表(包括诗文字数、标题字数、序言字数、自注字数、正文总数、自注异文、诗句总数、首数总计等项目)和诗歌“字频统计表”。这些内容为唐诗的研究提供了更为详细的数据。▲查检《李贺卷》的李贺诗字频统计表，根据计算机处理技术的统计，可以知道李贺诗中出现“天”字的次数是 129 次。在此基础上，可以对“天”的词语及意象、典故等进行具体分析。

《全唐文篇目分类索引》：冯秉文编，中华书局 2001 年出版。依据中华书局 1984 年版《全唐文》影印本编制，共收录、揭示《全唐文》《唐文拾遗》和《唐文续拾》三书文献 23034 篇，按文献内容分类编排，便于检索。此索引编为人物传记、史事典制和艺文杂撰三大部分。

《全宋文篇目分类索引》(全 6 册)：吴洪泽著，四川大学出版社 2014 年出版。此书以《全宋文》为底本，按内容分类编辑索引，分为人物传记、史事典制、宗教、艺术杂撰四大部分,每部分目,各设小类。

《清代文集篇目分类索引》:王重民等编,北京图书馆出版社 2003 年出版。

此外,日本汉学研究者编纂的我国古籍索引,目前在我国已出版的有《文选索引》:斯波六郎编,京都大学人文科学研究所 1959 年出版,京都中文出版社 1971 年再版,上海古籍出版社 1997 年出版李庆译本。

《李白歌诗索引》:花房英树编,京都大学人文科学研究所 1957 年出版,上海古籍出版社 1991 年出版中译本。

《汉诗大观索引》(全 8 册):佐久节编,岳麓书社 1991 年影印出版,正文六册,七、八册为索引。此书收集了我国古代有代表性的选集和别集,详目如下:《古诗源》(清代沈德潜编选)、《古诗赏析》(清代张玉谷编)、《陶渊明集》、《玉台新咏》(南朝陈徐陵编选)、《唐诗选》(明代李攀龙编选)、《三体诗》(宋代周弼编选)、《李太白诗集》《杜少陵诗集》《王右丞诗集》《韩昌黎诗集》《白乐天诗集》《苏东坡诗集》《黄山谷诗集》、《陆放翁诗钞》(清代周雪苍、柴锦川编选)、《宋诗别裁集》(清代张景星等编选)。此书将上列诗集中的诗句全部摘出,按照诗句的首字的笔画数排列,每一句注明其在《汉诗大观》正文中的页数和行数。利用本书可以查检先秦至宋代的诗句出处。▲查检"桃李春风一杯酒,江湖夜雨十年灯"两句诗的出处,利用《汉诗大观索引》检索其中第二句诗第一个字"江"(在六画),就可以查到这句诗;根据所标出的页数和行数,可找到这句诗出自黄庭坚的《寄黄几复诗》。

(二)利用古籍数据库

目前《十三经索引》已经开发了电子版。✲北京国学时代文化传播有限公司开发的《国学宝典》中包括了"十三经"专类。

✲"瀚堂典藏"数据库包括"十三经",选择清代阮元《十三经注疏》本,可以进行全文检索。▲输入"仁"字,相关记录数是 1187 个(即字频)。单独选择《论语注疏》(武英殿本),相关记录数是 114 个,这相当于自动生成的字词索引。

✲"中国哲学书电子化计划"(http://ctext.org/zhs)具有交叉索引功能。▲在"先秦两汉——儒家——《论语》"部分,有"全文检索",选择"在《论语》中检索",输入"仁"字,结果是"包含字词'仁'符合次数 110",所有"仁"字标红。选择"提到《论语》的书籍",就列出了许多书名。点击其中的《说文解字》,结果是"共 35 段落"引用了"《论语》曰",如"草"部有:"《论语》曰:"以杖荷莜。"点击《康熙字典》,结果是"提到《论语》符合次数:416"。

✲利用古籍数据库,可以辑录名人的言语句子,汇编成书。▲栾贵明辑录的《子曰》(全 4 册,福建人民出版社 2013 年出版),根据其公司开发的古籍数据库,不仅搜集明确引用孔子言论的资料，还从古籍中摘录语义相近或相关的涉及孔子言论的论述。

✲关于史书的索引有印刷本，也有电子检索系统，二者有不同的特点。《二十五史全文阅读检索系统（网络版）》：南开大学组合数学研究中心、天津永川软件技术有限公司开发。此系统包括“二十四史”和《清史稿》的全文，可以通过“全选”对多部书同时查询，或选择“单种书详细查询”。▲输入“编辑”一词，检索全部二十五史，结果“共命中 29 篇文章”，其中第一篇“手自编辑”一语出自《南史》卷三九（01008 页），所标页数可以与中华书局出版的“二十四史”点校本进行核对（页数要去掉前面的“0”）。这就是书籍“编辑”一词的较早出处。但是，关于书籍的编辑活动，还有不同的表述词语，如编纂、纂修等，这也是要考虑的。

古籍数据库具有全文检索功能，查找诗文句子的出处更加快捷。✲利用“瀚堂典藏”数据库，▲选择“集部集成”类，输入“江湖夜雨十年灯”句，不仅能检索到其出处，还能看到其他书籍收录、引用或评价这两句诗的例子。▲输入“不忘初心”一词，找到古籍中的最早出处是白居易《画弥勒上生帧记》。

✲北京大学数据分析研究中心的《全唐诗分析系统》包含 57000 多首唐诗；《全宋诗分析系统》包含 254240 多首宋诗。二者均可进行全文检索、重出诗检索、诗人小传检索和高级检索；具有重出诗提取、格律诗标注、字及词组的频率分布统计、用户自作诗的格律分析等智能化功能。

（三）利用引书索引

在古籍的注释本中，有的以引征丰富著称，有较高的文献价值。通过引书索引便可以查检引文的出处。哈佛燕京学社编纂的引得中有几种引书索引，例如：《〈世说新语〉引得》《〈文选注〉引书引得》《〈春秋经传注疏〉引书引得》《〈礼记注疏〉引书引得》《〈毛诗注疏〉引书引得》《〈尔雅注疏〉引书引得》等。

《史记三家注引书索引》：段书安编，中华书局 1982 年出版。

《水经注等八种古籍引用书目》：马念祖编，中华书局 1959 年出版。此书将八种古籍中所曾引用的书名全部摘出，按照书名首字笔画多少为序，依次排列，后面注明出自八种古籍中的某书。这八种古籍是：《水经注》郦道元注、《三国志》裴松之注、《世说新语》刘孝标注、《文选李善注》、《艺文类聚》、《一切经音义》、《太平御览》、《太平广记》。这八种古籍所引用的书目共计 7840 种，删去重复，共计 6001 种。

关于索引的参考书有潘树广编著的《古籍索引概论》附录“古籍索引要目”（书目文献出版社 1985 年出版），收录了我国（包括港台地区）和日本、美国、英国、法国、西德、澳大利亚等国编印的中国古籍索引 550 余种。

《中国索引》集刊:中国索引学会主办,复旦大学出版社 2016 年出版改刊后第一辑。分为八个板块,以文献、信息和知识的检索为核心,全方位刊登索引与数据库研究领域的相关论文和资料,包括传统索引与检索工具、文献数据库与计算机检索系统、网络信息检索工具(搜索引擎)等领域。

第三节 名句的检索

一、检索古代辞藻

为了适应古代科举考试的需要,专门汇集排比诗文辞藻对句的工具书应运而生,其中比较常用的有《佩文韵府》:清代张玉书等奉康熙命编修。此书收字约 1 万个,按照平水韵编排。每个单字下,先简单注释音义,然后按词语的尾字编录有关的“韵藻”“对语”“摘句”。今天查检诗文典故的出处,主要利用“韵藻”这一部分。上海古籍书店 1983 年影印本附有新编的四角号码索引,便于查检。▲查检有关“龙”字组成的词,通过(繁体字“龍”)四角号码(0121),查到“龙”字。字头下首先列出“龙”字所在的页数,由此得知“龙”字在卷二“冬”韵。在“韵藻”部分可以查检到以“龙”字为尾字的词,如潜龙、见龙、飞龙、六龙等约 200 个,每一词都标明了出处。在“好龙”下,可以查到“叶公好龙”的典故出处;在“卧龙”下可以查到“诸葛孔明卧龙也”的典故出处。利用四角号码索引,还可以查检到以“龙”字居首组成的分散在各个韵部的词,如龙亭、龙庭、龙衣等约 1200 多个。四角号码索引成为《佩文韵府》按词语尾字韵部归类的必要补充。

目前利用“瀚堂典藏”数据库,其“类书集成”中的《佩文韵府》(万有文库本),可以进行全文检索。▲选择“出处”,输入“龙”字,出现尾字为“龙”的词语有相关记录数 451 个;再选择“标题”,首字为“龙”的词语有相关记录数 1913 个。选择“标题”,直接输入“卧龙”,可以找到这个典故的出处和用例:“《三国志》徐庶谓:先主曰诸葛孔明卧龙也,将军宜枉驾顾之。又《晋书·嵇康传》钟会言于文帝曰:嵇康卧龙也。又庾信诗:晴户疑藏虎,盘根似卧龙。”后面还有其他用例。选择“标题”,直接输入“好龙”,可以找到“叶公好龙”这个典故的出处。对于不熟悉韵部,也不会使用四角号码的读者,使用数据库就非常方便。

《骈字类编》:清代张玉书等编纂,中国书店 1984 年影印本。此书只收两字相连的词语(骈字)。所谓“类编”,指全书分为十三门(天地门、时令门、山水门、居处门、珍宝门、数目门、方隅门、采色门、器物门、草木门、鸟兽门、虫鱼门、人事门),每一门又分为若干细目。每一词目以首字的字义分类,分别编入十三门中。▲检索“亭宇”一词,就要根据首字“亭”字,查“居处门”中“亭”类,由此可检索到韦应物《西亭诗》中有“亭宇丽朝景”的诗句。中国书店1988年出版了《骈字类编索引》,按四角号码排列;武汉出版社1996年出版了《骈字类编音序索引》。《骈字类编》已被《四库全书》收录,目前可以使用《四库全书》电子版或数据库,通过关键词来检索辞藻了。《四库全书》被收入“瀚堂典藏”数据库。▲在《四库全书》子部的“类书类”中找到《骈字类编》,选择“出处”,检索“龙”字,就进入了“虫鱼门·龙”,共有707个相关记录数(首字为“龙”的词语)。

《古典复音词汇辑林》:杨家骆主编,台北鼎文书局1978年出版。此书将《骈字类编》所收的全部词目改为按首字笔画重新编排,比较便于检索。

《佩文韵府》和《骈字类编》各有特点,可以相互补充。《佩文韵府》按词目的尾字归韵,查检时要按韵部查词尾;《骈字类编》按词目的首字归类,查检时要按类别查字头。《佩文韵府》兼收三字、四字构成的词语,《骈字类编》只收两字合成的骈字。利用“瀚堂典藏”数据库,可以检索其中引用诗人作品的情况,并对其进行统计,还可以检索某一个辞藻出现的频次。▲选择《佩文韵府》(万有文库本),输入“梅花”,进行“全文”检索,立刻显示相关记录数有1001个。这个“全文”(全书,不同于首字或尾字)的检索及统计,是纸质版难以完成的,应该充分利用。

目前利用古籍数据库,可以跨库进行全文检索,具有索引的功能。▲启功先生有文提到《敕勒歌》中“天似穹庐,笼盖四野”的句式,从诗歌韵律角度,认为“读之似欠匀称”,怀疑“有一衍文”。[①] 现在通过“瀚堂典藏”数据库进行全文(收录的所有文献)检索,果然有不同版本:“笼盖四野”“盖四野”“笼罩四野”“覆盖四野”等,其中有一个版本就是“天似穹庐盖四野”。

二、检索古今名句

先举一个实例,▲清代著名的考据学者阎若璩不知道“使功不如使过”这句话的最早出处,在二十年的读书过程中不断注意查找,最后读《后汉书·独行传》才找到了答案,不禁感慨:“甚矣学问之无穷,而尤不可以无年也!”[②]这个查检实例说明古代文人治学严谨,“一事不知,以为深耻”,但在当时检索图书中句子的出处非常不易。如今根据史书的线索,利用电子版《二十五史检索系统》,在“组合查询”中输入“使功”

---

① 启功. 池塘春草 敕勒牛羊[M]//启功丛稿·题跋卷. 北京:中华书局,1999:122-124. 参见:张廷银.《敕勒歌》异文小识[J]. 文学遗产,2004(3):128-131.

② 江藩. 国朝汉学师承记:卷一阎若璩传[M]. 北京:中华书局,1983:10.

与“使过”，选择条件为“同句”，可以立刻检索到这一成语的出处：《后汉书》卷八一独行列传第七十一，可以核对中华书局出版的《后汉书》“第02674页”，还可以检索到这一成语在《旧唐书》《新唐书》《宋史》《元史》《清史稿》中的用例。

检索古今名句，可以查关于名句的词典。

《现代汉语句典》（上中下）：白维国主编，中国大百科全书出版社2001年出版。此书收录现当代作品中使用的古代诗文名句、格言、谚语和现代口语中常用的谚语、俗句、歇后语等共14225条。▲其中就有解释：“使功不如使过：使用居功自傲的人不如使用想以功补过的人。语出《后汉书·索卢放传》。”这本工具书已经收入中国知网的《工具书总库》。

《古代诗词曲名句选》：刘利等编写，广西人民出版社1982年出版。此书收录先秦至清代的诗词曲名句约2000条，每一名句后都标明时代、作者、篇名及出处，并加注释。

《二十五史警语妙句辞典》：仓修良主编，华东师范大学出版社2003年出版。所收条目辑录自“二十四史”及《清史稿》，分为11类。

《常用名言警句辞典》：刘振远编，商务印书馆2011年出版。此书选收古今中外流传广、影响大的名言警句1万多条，按内容分为“人生、爱情、婚姻、健康、志向、事业、命运、奋斗、友情、幸福、贫富、学习、真理、时间、历史、科学”等85类。

《古诗常用句类编》：王英华编，吉林人民出版社1984年出版。此书将所收名句全部编号，按顺序排列。书前有分类索引，可查检出诗句的编号，具有类书的功用。▲检索“植物”类，可以分别找到描写桃花、月季、牡丹等花卉的诗句的编号，根据编号可以查到各诗句的出处。

《中国古代名句辞典》（修订本）：陈光磊等编，上海辞书出版社2002年出版。此书共收名句1万余条，所涉书籍自先秦至清末，重点在先秦诸子、儒家经典、前四史及历代著名作家的诗文集。

《百科用语分类大辞典》：梁适编，上海古籍出版社1989年出版。此书收录上起上古、下迄清末的文、赋、诗、词、散曲、戏剧、小说等作品中的嘉言和隽句近2万条。词目按类编排，分为天象、地貌、建筑、时序、植物、动物、人、言行处世、生活、情感、政治、经济、军事、教育、文学艺术、哲理等16大类，每大类又分若干小类，引言注明出处，如同古代收集辞藻的类书。▲“一、天象，（一）日月”，第一条是“日月丽乎天。（《易经·离卦》）丽：附，着。”

《引用语辞典》：朱祖延编，四川辞书出版社1994年出版。此书收列上古至1993年为止的常用的引用语，共计3256条。引用语的标准主要看是否被人引用，每一词条下都有该引用语被使用的例证。引用语因此与名句词典、词藻汇编一类工具书有明显区别。作者在此书基础上增补扩充,考释修订,编成了《引用语大辞典》(增订本),武汉出版社 2010 年出版。收录 6000 余条引用语,可以用来查检文章中所引用诗文的出处,例证包括古今。▲"会心处不必在远",语出《世说新语·言语》,列举了《红楼梦》等书中引用的例证。

《中华语汇通检》:刘占锋主编,河南大学出版社 2002 年出版。此书包括《中国成语通检》《中国名言通检》《中国名诗句通检》《中国辞赋词曲名句通检》,收录我国上古至今的成语 35000 个、诗文词曲辞赋名句近 43000 条,可以选择任意字进行检索。

《古人格言双查辞典》:余友三编著,上海辞书出版社 2004 年出版。此书收录古人格言 2000 余条,出处所涉及的书籍和人物,时间下限为清末。按句意分为 46 类编排,每条有出处、注释、语义。

《中国格言大辞典(辞海版)》:温端政、范瑞婷主编,上海辞书出版社 2008 年出版。

囊括中外的名言辞典也有多种。例如,《名言大辞典》:唐弢编,(上海)文化生活出版社 1939 年出版(收入"抗日战争与近代中日关系文献数据平台")。此书分为个人、社会、家庭、国家、杂类等部分,下面再分小类,汇集了中外古今的名言。其中外国名言均注明所出人名,有的还附有外文。▲"国家"下第一类"爱国",收录名言 57 条。其中一条是"为国而死,荣幸莫大焉! ——荷马"。

《中外名人名言大辞典》:祁志孝、苏杭等编译,北岳文艺出版社 1990 年出版,收录世界近 50 个国家和地区 1700 余人的名言 8400 余条。

《世界名言辞典》:徐永泰等编译,齐鲁书社 1988 年出版,收录 1000 余位名家的名言和世界各国的谚语共 6000 余条。

有关名句词典,可以参考《辞书研究》1991 年第 5 期刊载的杨起予《名句辞典泛论》一文所附录的"名句辞典知见书目"(收录 26 种)。

第六章

图书信息检索

第一节　图书目录概述

检索古今图书，要利用各种图书目录。书目是对图书文献的信息进行著录，并按一定体例和系统编排，便于检索的工具。目前的图书检索工具，不仅有传统的目录书，还有图书馆的机读目录、网络的数据库系统。图书目录是重要的文献，也是目录学的基础，目录学是对图书目录文献进行整理和研究的学问。

一、古代书目

中国最早的书目是汉代刘向、刘歆编纂的《别录》和《七略》，它们把经过整理的图书分为六类（六艺、诸子、诗赋、兵书、术数、方技，另有《辑略》为全书总要），即所谓六分法。班固的《汉书·艺文志》是现存最早的书目，此书是在《七略》的基础上编纂而成的。晋人荀勖所撰《中经新簿》将群书分为四部，形成了四分法。唐代李延寿等所编纂的《隋书·经籍志》正式用“经、史、子、集”的名目来标称四部。

中国古代的书目根据编纂情况可以分为三种类型：官修书目、史志书目、私修书目。其中史志书目是指史书的《艺文志》或《经籍志》，《汉书·艺文志》是我国第一部史志书目。

书目的形式主要有两种：一种是简单书目，只记载书名、著作者、卷数、版本等项目；另一种是附有解题或提要的书目，除了记载上述项目外，还介绍作者情况、评述书的内容和价值、考证版本流传等。我国古代的书目从《别录》《七略》开始，就形成了在书目中通过总叙、各类的小叙、各书的提要等形式来考辨学术源流的传统。

清代的官修书目《四库全书总目提要》是历代目录书的集大成之作。目录学家评价:“汉、唐目录书尽亡,《提要》之作,前所未有,足为读书之门径。学者舍此,莫由问津。”①下面以《四库全书总目提要》为例,说明古代图书经、史、子、集四部分类以及收录图书的特点。

(一)经部

收录儒家经典以及注释、阐述经典的书籍。经部又分为:易类、书类(《尚书》)、诗类(《诗经》)、礼类(又分为周礼、仪礼、礼记、三礼总义、通礼、杂礼书六小类)、春秋类、孝经类、五经总义类、四书类、乐类、小学类(又分训诂、字书、韵书三小类)。

(二)史部

收录各种体裁的史书、地理书及目录书,又分为以下小类。

正史类:清乾隆时诏定的二十四史及注释诸史的书。

编年类:按年月日编写的史书,如《资治通鉴》。

纪事本末类:以历史事件为纲的史书,如《通鉴纪事本末》。

别史类:介于“正史”和“杂史”之间的史书,杂记历代或一代史实,如《通志》《贞观政要》等。

杂史类:杂记史事的书,体例不一,如《国语》《战国策》等。

诏令奏议类:收录君主的诏令和臣下的奏章,分为诏令、奏议二小类,如《唐大诏令集》《范文正奏议》等。

传记类:收录人物传记资料,又分为圣贤、名人、总录、杂录、别录五小类,如《孔子编年》《朱子年谱》《古列女传》等。

史钞类:摘抄一史或合抄众史的书籍,如分类编抄《通鉴》的《通鉴总类》。

载记类:记述所谓非正统王朝史事的书籍,如《十六国春秋》等。

时令类:记述岁时节令及其相关事物的书籍,如《岁时广记》等。

地理类:有关地理的书籍。又分为宫殿疏、总志、都会郡县、河渠、边防、山川、古迹、杂记、游记、外纪等小类,如《元和郡县志》《水经注》等。

职官类:有关职官及其执掌等书,又分为官制、官箴二小类,如《唐六典》《官箴》等。

政书类:有关典章制度的书,又分为通制、典礼、邦计、军政、法令、考工六小类,如《通典》《唐会要》等。

目录类:收书籍与金石目录,又分为经籍和金石二小类,如《崇文总目》《金石

---

① 余嘉锡. 四库提要辨正 · 序录[M]北京:中华书局,1980:51.

录》等。

史评类:评论史书或史事的书,如《史通》《两汉笔记》等。

(三)子部

收录先秦以来诸子百家和释道宗教的著作,又分为以下小类。

儒家类:收儒家学派的著作,如《荀子》《春秋繁露》《孔子家语》等。

兵家类:收军事著作,如《孙子兵法》《吴子》等。

法家类:收法家学派的著作,如《管子》《韩非子》等。

农家类:收农业技术书籍,如《齐民要术》《农书》等。

医家类:收医学书籍,如《黄帝素问》《医学源流论》等。

天文算法类:收天文与数学书。又分推步、算书二小类,如《周髀算经》《古今律历考》《九章算术》等。

术数类:收占卜星相的书籍。又分为数学、占候、相宅相墓、占卜、命书相书、阴阳五行等小类,如《太玄经》《宅经》等。

艺术类:收有关书画、音乐、印章等书。又分为书画、琴谱、篆刻、杂技四小类,如《古画品录》《法书要录》等。

谱录类:收有关图谱的书籍。又分为器物、食谱、草木鸟兽虫鱼三小类,如《古今刀剑录》《广群芳谱》《茶经》等。

杂家类:收杂家书籍,分为杂学、杂考、杂说、杂品、杂纂、杂编六小类,如《墨子》《慎子》《吕氏春秋》等。

类书类:收类书,如《艺文类聚》《太平御览》等。

小说家类:收小说,分杂事、异闻、琐语三小类,如《西京杂记》《世说新语》等。

释家类:收佛教图书,如《弘明集》《开元释教录》等。

道家类:收道家图书,如《道德经》《庄子》等。

(四)集部

收录历代诗文集、文学评论及词曲等方面的著作,又分为以下小类。

楚辞类:收楚辞及其注释的图书,如《楚辞》《楚辞补注》等。

别集类:收历代个人诗文集,如《李太白集》《杜诗详注》等。

总集类:收汇集多人诗文成一书的图书,如《文选》《全唐诗》等。

诗文评类:收诗文评论,如《文心雕龙》《诗品》等。

词曲类:收词曲类作品。又分为词集、词选、词话、词谱词韵、南北曲五小类,如《东坡词》《词综》等。

四部分类法反映了中国古代图书发展和留存的基本情况,也展示了古代图书的知识体系及编排秩序。从中可以看出:经部为四部之首,诗(《诗经》)被列入经部,小学类书籍作为经学的附庸,这反映了汉代以来经学独尊的地位。在全部分类中,有关自然科学技术的图书列在子部,只占极少的部分。每一类书有小序、每一部书有提要,具有学术史价值。▲“小说家类”序说明:“小说兴于武帝时矣……唐宋而后,作者弥繁。中间诬谩失真,妖妄荧听者,固为不少,然寓劝戒、广见闻、资考证者,亦错出其中。班固称:‘小说家流,盖出于稗官’……然则博采旁搜,是亦古制,固不必以冗杂废矣。今甄录其近雅驯者,以广见闻。惟猥鄙荒诞,徒乱耳目者,则黜不载焉。”由此可以了解古代小说这种文体的起源、发展及地位。

其他同样采用四部分类法的书目,每部之下的小类以及具体书籍的归部归类并不完全相同,这又与各个时期学术发展和图书收存的具体状况有关。但经史子集四部分类法,至今仍被沿用来编纂有关古籍的书目。

二、现代书目

近代以来,西学图书传入中国。中国图书的内容和形式都发生了巨大变化,有关图书的目录自然随之变化,从而冲破了传统四部分类法的格局。张之洞的《书目答问》根据丛书发展的实际,以及丛书的内容繁杂、“经、史、子、集皆有,势难隶于四部”的情况,在四部之外增加了“丛书”一类,实际成为五分法。《中国古籍善本书目》(上海古籍出版社 1986 年出版)就采用了这种五分法。

“五四”运动前后,欧美各国的图书分类法传入中国,其中影响最大的是美国“杜威十进分类法”。1949 年前各家图书馆根据这一分类法,对中国古代的四分法加以改造,编制了多种图书分类法,并应用于图书馆。

1949 年后,我国图书情报机构先后使用的图书分类法有很多种,其中影响较大的主要有三种:中国图书馆图书分类法、中国科学院图书馆图书分类法、中国人民大学图书馆图书分类法。这三种图书分类法都是以学科分类为基础所建立的目录体系。目前在图书馆系统使用比较普遍,并被推荐为我国标准图书分类法的是中国图书馆图书分类法。

中国图书馆图书分类法(简称《中图法》),1971 年由北京图书馆等单位倡议,全国 36 个单位组成的编辑组编纂,1975 年正式出版,以后多次修订,2010 年出版第五版。《中图法》分为五个基本部类,22 大类,按照学科之间的内在联系,从总到分,逐级展开,形成一个纲目分明的体系。其基本类目如表 6-1:

表 6-1　中图法(第五版)分类

1. 马克思主义、列宁主义	A 马克思主义、列宁主义、毛泽东思想、邓小平理论
2. 哲学、宗教	B 哲学、宗教
3. 社会科学	C 社会科学总论　D 政治、法律　E 军事　F 经济　G 文化、科学、教育、体育　H 语言、文字　I 文学　J 艺术　K 历史、地理
4. 自然科学	N 自然科学总论　O 数理科学和化学　P 天文学、地球科学　Q 生物科学　R 医药、卫生　S 农业科学　T 工业技术　U 交通运输　V 航空、航天　X 环境科学、安全科学
5. 综合性图书	Z 综合性图书

《中图法》可以用于组织图书馆的藏书排架、编写大型的图书目录,为读者提供检索路径,目前已普遍应用于全国各类型的图书馆。国内的大型书目、检索刊物及机读数据库等都著录《中图法》分类号。例如,中国知网的《中国图书全文数据库》(心可书馆)的"学科导航"、超星电子图书的"图书分类",都根据《中图法》(第五版)的分类。

三、书目应用

(一)书目的价值

1. 古代书目与目录学传统

中国古代的图书历史悠久、卷帙浩繁;古代书目也数量众多,形式多样,并形成了"即类求书,因书究学""辨章学术,考镜源流"的传统。因此,利用古代书目,可以了解中国古代学术文化发展的源流,考证古代书籍的存亡流变的情况,"什么时候国家兴盛,典籍就丰富;什么时候国家丧乱,典籍就散亡;哪些书由于学术的昌盛而保存,哪些书由于政治的影响而亡佚,都可以从著录存佚知其大概。"[①]研究古籍目录的学问称为目录学,余嘉锡《目录学发微》一书强调"目录者学术之史也",通过古代书目的体例,可以进行多方面的考证。例如,通过篇目,"所以考一书之源流";通过叙录,"所以考一人之源流";通过小序,"所以考一家之源流"。在当今的数字时代,数字化古籍文献资源大量出现,古典目录学也开始拓展到数字目录学范围,但传统的目录学依然是不可忽视的基础知识。

古代书目是检索古代文献信息、整理和研究古籍的工具。鲁迅十分重视目录学,多次建议初学者靠《四库全书简明目录》或《书目答问》去"摸门径",鲁迅本人藏书和手稿中有不少属于目录类。鲁迅的《中国小说史略》就是以"史家对于小说之著录及

① 程千帆,徐有富.校雠广义·目录编[M].济南:齐鲁书社,1998:97.

论述”为开宗明义第一篇,其余各篇也有依据《汉书·艺文志》和《隋书·经籍志》立论的,而关于唐传奇的分类与宋人说话家数的辨析,随处可见鲁迅的目录学修养。[①] 著名历史学家陈垣1961年与毕业生谈读书经验,谈到《书目答问》《四库全书总目提要》对他读书治学的影响,说目录学“使我们大概知道有什么书,也就是使我们知道究竟都有什么文化遗产,看看祖遗的历史著述仓库里有什么存货,要调查研究一下”。[②]

2. 新式书目与学术研究

近现代以来,在西学东渐的背景下,西学图书被大量翻译出版,西方社会科学和自然科学知识不断被引入中国。这也改变了中国传统的图书目录格局,新式书目建构了新的知识体系。当时学者普遍具有新旧兼学、中西比较的知识视野,改变了传统的治学方式。近年来晚清民国的图书已经成为数据库的资源,便于今人检索和重新挖掘,具有历史价值。考察图书目录的分类体系及其所收录图书的变化,可以了解中学与西学的论争与融合的过程。通过梁启超、胡适各自选编的“一个最低限度的国学书目”,可以了解所谓国学的内涵及研究方法,作为当今国学复兴及国学出版物的参考。

在数字时代,图书目录的内容、形式和载体,以及图书目录的检索系统和应用情况发生了巨大变化。各种书目数据库已经成为数字图书馆的检索工具,取代了读者到图书馆通过卡片目录进行检索的方式。例如,中国国家图书馆联合编目中心,利用其文献存储资源,开发了多种书目数据库。教育部建设的“中国高等教育文献保障系统(CALIS)”,包括“中国高等教育数字图书馆”,目前注册成员馆逾1800家。通过“CALIS联合目录公共检索系统”,可以查找高校成员馆馆藏图书,提供近600万种的书目信息。目前CALIS成员馆可提供图书的部分章节复印服务,还提供电子全文下载、文献传递、馆际借书、电子书租借等多种全文获取服务,这为网罗分藏在各地的各种图书资料提供了快捷的途径。

eduChina
CALIS 高等教育数字图书馆

今天的读者必须掌握更为丰富的图书目录学知识,学会应用多种载体形式的文献检索工具,包括数字图书馆的综合检索系统,以便有效获取所需要的学术研究资料。编辑出版工作者,通过检索古今图书目录,可以获取重要的出版选题资源,了解图书出版的动态信息。

---

① 王瑶. 中国文学研究现代化进程[M]. 北京:北京大学出版社,1996:100.

② 陈垣. 与毕业同学谈谈我的一些读书经验[J]中国青年(上海),1961(16):2.

（二）书目的类型

检索书目，首先要了解书目的各种类型。我国的书目种类繁多，名称不一。从收录的内容范围来说，有综合性书目，如《四库全书总目提要》《全国总书目》等；有专门书目，如专科书目、专题书目、地方文献书目、个人著述目录、专书目录，等等。

从书目收录的时期来说，有古籍书目、现代书目，还有在版书目、预告书目等书业书目。

从图书的收藏来说，有公藏书目、私藏书目和联合书目。

从书目的编纂来说，有公修书目和私修书目。历史上的公修书目也就是官修书目。私修书目多指私人藏书家的藏书目录。现代的公藏书目一般指馆藏书目，反映各大图书馆的藏书情况。联合书目是馆际联合编著的统一目录。

从书目著录的重点和体例来说，有登记性书目、提要书目、版本书目、题跋鉴赏书目等。

从读者对象来说，有导读书目、科研书目等。许多学术研究专著附有参考书目，也是一种便于追踪检索的科研书目。

各种类型的书目有不同的侧重点。要比较全面地了解我国书目的情况，可以参考目录学的书籍，或通过书目的目录来寻找有关的线索。例如，《北京图书馆普通古籍总目》中“目录门”一册，专门收录我国 1911 年之前的以古典装帧形式出现的目录书，其目次包括：目录学、学科书目、收藏书目、图书馆书目等。

《中国历代书目丛刊》（第 1 辑，上下）：许逸民、常振国编，现代出版社 1987 年出版。此丛刊共 5 辑，所收书目上起北宋《崇文总目》，下迄近代傅增湘《藏园群书题记续编》，分册陆续出版。第 1 辑收录了两宋官私书目九种，书前有“前言”，简略介绍了这九种书目的有关情况。

《近三百年古籍目录举要》：严佐之著，华东师范大学出版社 1994 年出版。

检索书目，还要根据自己的研究课题或问题，确定应该检索的相关书目。要了解某一学科或某一专题的书目，可以选择专业的指南性目录学书籍作为参考。例如，《中国文学目录学》：谢灼华编著，书目文献出版社 1986 年出版。此书分章介绍文学总目和文学论文索引、诗文集目录、小说目录、戏曲目录、民间文学目录等，著录了古典文学的书目索引 861 种，有选择地评价了 227 种，可供古典文学研究、古代文献整理者、文学爱好者参考。

《中国历史文献目录学》：王锦贵主编，北京大学出版社 1994 年出版。此书的“检索编”部分，介绍了历史文献书目的类型及部分历史文献的书目。

《八十年来史学书目》（1900－1980）：中国社会科学院历史研究所编，中国社会科学出版社 1984 年出版。

《中国法律图书总目》:中国政法大学图书馆编,中国政法大学出版社 1991 年出版。

只有了解古今各种书目的种类,并针对自己的研究课题和检索目的,选择和确定相关的书目,才能按图索骥,找到读书的线索。由于各种专题书目数量众多,不胜枚举,不少专门书目属于科研书目,在此不一一介绍。

第二节　古代图书检索

古代图书,简称古籍,一般指辛亥革命(1911 年)以前的图书,包括刻本、写本、稿本、拓本等。今人所说的古籍也包括以现代方式对古代图书进行整理后出版的图书,如影印本、校点本、汇编本、注释本等。

一、检索历代著录

(一)检索史志书目

二十四史中原有的六种"艺文志"或"经籍志",以及清代以来学者补作的各史"艺文志"和"经籍志"类书目,自汉代班固所撰《汉书·艺文志》之后,历代不绝。这类书目被称为史志书目,通过查检史志书目,可以了解古籍在历代的著录以及流变、散佚等情况。

《十史艺文经籍志》:商务印书馆 1955 年至 1959 年编辑出版。此书合辑了《汉书艺文志·拾补》《隋书经籍志·补》《唐书经籍艺文合志·附录》《宋史艺文志·补·附编》《辽金元艺文志》《明史艺文志·补编》。《清史稿艺文志及补编》由中华书局于 1982 年出版。每本单独印行,并都附有用四角号码编排的书名索引和著者人名索引,检索方便。▲《清史稿艺文志及补编》子部·类书类,首先收录的是康熙年间"奉敕"编纂的《渊鉴类函》《骈字类编》《分类字锦》《子史精华》《古今图书集成》《佩文韵府》。

《二十五史补编》:二十五史刊行委员会辑,上海开明书店 1936—1937 年印行,中华书局 1992 年重印。其中把清代以来学者补撰的艺文志 32 种汇为一编。

《艺文志二十种综合引得》(引得十号):哈佛燕京学社引得编纂处 1933 年编辑出版,上海古籍出版社 1982 年出版影印本,并新编了四角号码和汉语拼音索引。此书收录了 15 种艺文志和 5 种书目著录的从先秦到清末的图书约 4 万多种,按照书名和作者编成综合索引。通过此书可以从著者查检到书名,了解某人写过哪些著作,在哪些书目中有著录;也可以从书名查检到著者,并了解某一著作在历代何种书目中有著录,从而说明其在历代的流存情况。

✻《二十五史全文阅读检索系统》网络版:南开大学组合数学研究中心、天津永川软件技术有限公司联合开发。其中的"艺文志"及"经籍志"可以检索历代官方收藏的书籍目录。

《地方经籍志汇编书名索引》(上下):宋志英、骈宇骞编著,国家图书馆出版社2010年出版。

(二)检索提要、版本目录

我国古代书目有的不仅将图书分类记录,而且每类编写小序,介绍各家学术流派的传授渊源;每一本书编写提要,介绍作者的传略、著作的内容以及书籍的版本流存等内容。有的书目还编有总序,总体说明历代图书的分类著录以及收藏流存等情况。这种书目具有重要的学术价值,保存了大量古代目录学的资料,因此有助于读者"即类求书,因书究学""辨章学术,考镜源流"。①

1. 宋元书目提要

宋代两种书目由于年代较早,为后代书目所重视,多被引用。

《郡斋读书志》:〔南宋〕晁公武撰。今有《郡斋读书志校证》,孙猛校证,上海古籍出版社1990年出版。这是我国现存最早的附有提要的私人书目,其中著录的许多书籍已经失传。

《直斋书录解题》:〔南宋〕陈振孙撰。今有徐小蛮、顾美华点校本,上海古籍出版社1987年出版。

其他比较著名的提要目录有《文献通考·经籍考》:〔元〕马端临著,华东师范大学古籍所标校,华东师范大学出版社1985年出版。分经史子集四部排列,辑录了先秦至宋代的多种官私书目的大小序、提要,以及各书的序跋、各史的列传等有关资料,具有重要史料价值。此书的总序长达2万字,叙述历代图书收藏和编辑目录的情况,各类的小序也多有见解。

2.《四库全书》系列书目

《四库全书总目》:〔清〕永瑢等撰,中华书局1965年第1版,1981年第2次印刷。根据中华书局"出版说明"统计,此书收录正式入库书3461种,存目书6793种,共计

---

① 王重民.校雠通义通解[M].上海:上海古籍出版社,1987:15,61.

10254种。全书的分类已见本章第一节。此书每部有总叙,每类有小序,每书有提要。提要包括作者、著作内容、版本沿革考证及简要评论等,可以说是古代解题目录的集大成之作,也是古代知识体系的完整记录,反映了当时的政治、文化等多方面的影响因素。▲关于经部诗类的小序,介绍了《诗经》的传授源流。此书还收录了部分当时已经传入中国的西学图书译本,并作了评述,由此可以了解西学书籍在中国的传播情况。▲"子部·农家类"著录了熊三拔《泰西水法》六卷,并评述:"西洋之学,以测量步算为第一,而奇器次之。奇器之中,水法尤切民用,视他器之徒矜工巧为耳目之玩者又殊,固讲水利者所必资也。"(卷102)需要注意的是,《四库全书》及《四库全书总目》都是"钦定"的,其对书籍的收录和评论体现了"寓禁于征"的文化政策,许多"违碍"之书不被著录或有删改,有的提要在评述中带有偏见。中华书局本附有四角号码编排的书名和著者索引,使用方便。中华书局1997年又出版了《钦定四库全书总目》(整理本)。

与《四库全书总目》相关的书目和考证著作还有多种,为"四库学"的研究提供了基础资料。例如,《四库全书简明目录》:〔清〕永瑢等编,中华书局1964年重印。此书是《四库全书总目》的删节本,删去了"存目书"(没有编入《四库全书》但写有提要的书),简化了提要内容。

《增订四库全书简明目录标注》:〔清〕邵懿辰著,中华书局1959年出版,上海古籍出版社1979年新一版。此书以《四库全书简明目录》为基础,把有关的版本分注于各书之下,是一部比较详细的版本书录。

《四库未收书目提要》:〔清〕阮元撰,傅以礼重编,商务印书馆1955年出版。此书收《四库全书》未收的古籍174种,编有提要。

《续修四库全书提要》:王云五主持编著,台湾商务印书馆1972年出版。此书共收提要10070部,其中包括《四库全书总目提要》未收的书(包括小说、戏曲)、禁毁的书和《四库全书》以后出现的书等。

《四库提要辨正》:余嘉锡著,中华书局1980年重印本,对《四库全书总目提要》中收录的490种古籍作了翔实考证。

《四库全书目录索引》:上海古籍出版社2003年新1版。此书与其社影印的《文渊阁四库全书》(共计1500册)配套发行,附"四库全书书名及著者姓名索引"。

《四库全书总目提要补正》(全2册):胡玉缙撰,王欣夫辑,上海书店出版社1998年出版。

《四库大辞典》(上下):李学勤、吕文郁主编,吉林大学出版社1996年出版。这是一部解题书目,主要收录《四库全书总目提要》和《续修四库全书总目提要》所收的图书,也兼收以上两书失收的重要图书,凡现有的20世纪30年代以前的中国重要文化典籍都在收录范围之内。

《续修四库全书总目提要·经部》(全2册):中国科学院图书馆整理,中华书局1993年出版。此书根据我国学者1931—1945年间为续修《四库全书总目》而撰写的提要整理而成。

《续修四库全书总目提要》:本书编纂委员会编,上海古籍出版社2015—2016年出版,分为经部、史部、子部、集部等册。

《文津阁四库全书提要汇编》:此书为文津阁《四库全书》书前原本提要的汇编,商务印书馆2005年出版。

《文溯阁四库全书提要》(全6册):金毓黻等编,中华书局2014年出版。

《武英殿本四库全书总目》:〔清〕纪昀等纂,国家图书馆出版社2019年出版。

《景印文渊阁四库全书》:台湾商务印书馆1986年出版,有索引卷,可以检索全书。

《四库全书卷前提要四种》(全22册):李国庆辑,大象出版社2015年影印出版。此书收录现存的文渊阁、文津阁、文溯阁《四库全书》中每一种书前面的提要(即"卷前提要"),以及天津图书馆珍藏内府写本《四库全书》的"卷前提要"。

《四库全书荟要总目提要》:江庆柏等整理,人民文学出版社2009年出版。此书是《四库全书荟要》所收各书书前的提要,共464篇。《荟要》提要编纂时间较早,反映了未经删改的原始面貌,和后来定稿的《四库全书总目》在内容文字上有不小差异。此书有《四库全书荟要》与《四库全书》的对照表。

✲文渊阁《四库全书》原文电子版:武汉大学出版社1998年出版,济南开发区汇文科技开发中心制作。共153张光盘,其中包括《四库全书总目提要》和《四库全书简明目录》。此外,上海人民出版社和香港迪志文化出版有限公司联合出版了文渊阁《四库全书》电子版,可以进行全文检索、分类检索、书名检索、著者检索。

✲"瀚堂典藏"数据库:收录文渊阁本《四库全书》,每一部书前面都有提要,检索提要与原书版本合一。可以通过关键词(任意词)对全书内容进行检索和统计。这是印刷本目录和索引所不具备的优势,但引用时要核对印刷本(如《景印文渊阁四库全书》),注明版本和具体页数。在"专题文献——书目"部分收录《四库全书总目》《四库全书简明目录》。

✲"全四库"数据库,又称爱如生四库系列数据库:分为4编,第1编四库著录书,汇辑清修《四库全书》时采录之书3460种。第2编四库存目书,汇辑清修《四库全书》时列为存目之书(丛书除外)4752种。第3编四库奏毁书,汇辑清修《四库全书》时军机处奏明毁弃之书621种。第4编四库未收书,汇辑清修《四库全书》时未见未收之书167种。合计共收录先秦至乾隆初历代典籍9000种。皆选用善本,其中宋本33

个、元本34个、明本2712个、清本2699个、民国本52个、外国本(和刻本、高丽本)12个,四库本(文渊阁本或文渊阁补配文津阁本)3458个。

3. 其他古籍目录题跋

《书目答问补正》:范希曾编,上海古籍出版社1990年出版。《书目答问》是张之洞为学生指导治学门径的举要书目,初刻于光绪二年(1876),收书约2200种,每种书名下注明作者、版本,间有简明按语。其中补录了《四库全书总目》之后出版的书籍,在当时流传很广。范希曾作了补正工作,补收的书籍止于1930年。此书介绍版本"多传本者举善本,未见精本者举通行本,未见近刻者举见存明本",目的是便于初学者访书读书。又有《书目答问汇补》(上下册):来新夏、李国庆、韦力汇补,中华书局2011年出版。此书选用清光绪五年贵阳校刻本作为底本,以每一种书作为一个条目,先录贵阳本正文,次列诸家校语。书后附录《书目答问》版本图释、《书目答问》刊印序跋、《书目答问》题识、《书目答问》通检表三种,编制了综合索引,可对《书目答问汇补》正文及附录中之书名、作者进行检索。

《贩书偶记》:孙殿起编,上海古籍出版社1982年新一版。《贩书偶记续编》:孙殿起编,上海古籍出版社1980年出版。这两本书主要著录《四库全书》编成以后的清代古籍,也有少数明人著作及辛亥革命以后至抗战以前的有关古代文化的著作。"其作用相当于《四库全书总目》的续编"(出版说明)。

《道藏书目提要》:潘雨廷编著,上海古籍出版社2003年出版。此书择取《道藏》287种文献写作而成,每篇提要介绍该文献的史实和内容,并阐明其意义。

《中国著名藏书家书目汇刊》(全70册):林夕主编,商务印书馆2005年出版。此书收集自宋至20世纪前期有代表性的藏书目158种,有80多种为名家抄本、校本和稿本,皆按原书尺寸拍摄影印。

《故宫藏书目录汇编》(全3册):煮雨山房辑,线装书局2004年影印出版。此书收录故宫(1929.6—1948.1)的藏书目录,包括《故宫所藏殿板书目》等13种。

《明代书目题跋丛刊》(上下):冯惠民、李万健等选编,书目文献出版社1994年出版。此书共收30种明代的目录题跋,书前有"明代的目录学——代前言",论述了明代目录学兴盛的特征,概述了所收书目中较为重要的11种,如《文渊阁书目》《内阁藏书目录》《国史经籍志》《百川书志》等。

《清人书目题跋丛刊》(10种):中华书局1990—1995年影印出版,收录国家图书馆藏题跋类古籍67种。

《宋元明清书目题跋丛刊》(全19册):中华书局编辑部编,中华书局2006年出版,收入自宋至清末的著名书目题跋近百种。

二、检索现存古籍

我国许多古籍虽见于各种书目，但在后世已经失传。我国现存的古籍有各种目录，还有正在整理的书目。2007 年国务院办公厅发布《关于进一步加强古籍保护工作的意见》，提出在“十一五”期间大力实施“中华古籍保护计划”，对全国公共图书馆、博物馆和教育、宗教、民族、文物等系统的古籍收藏和保护状况进行全面普查，建立中华古籍联合目录和古籍数字资源库，建立《国家珍贵古籍名录》。截至 2021 年底，全国汉文古籍普查工作基本完成，总量为 270 余万部；《国家珍贵古籍名录》已经发布六批，入选 13026 部。[①] “中国古籍保护网”收录“国家珍贵古籍名录数据库”。

✲“全国古籍普查登记基本数据库”：中国国家图书馆（国家古籍保护中心）版权所有，是全国古籍普查工作的重要成果之一。数据库发布的内容主要包括普查编号、索书号、题名、著者、版本、册数、馆藏单位等信息。检索结果可按照普查编号和题名进行排序，同时可按照单位进行导航。国家古籍保护中心根据普查工作进展，陆续发布古籍普查数据。截至 2020 年 11 月 30 日，累计发布 264 家单位古籍普查数据 825362 条、7973050 册。▲从题名检索“四库全书”，有 970 条记录。

此外，《海外中文古籍总目》是《2011—2020 年国家古籍整理出版十年规划》的重点项目。从 2013 年开始，中华书局联合海外 30 多家存藏单位普查馆藏中文古籍并编纂书目。2020 年初，美国俄亥俄州立大学图书馆、美国加州大学尔湾分校图书馆、美国耶鲁大学图书馆等 12 家海外机构的中文古籍全部著录成书。[②]《海外中华古籍书目数据库》累计收录美国等十余个国家和地区的 80 余万条书目数据，海外藏《永乐大典》、哈佛大学哈佛燕京图书馆藏古籍善本、日本东京大学东洋文化研究所藏汉籍、法国国家图书馆藏敦煌写本等一批流散海外的珍贵古籍通过数字化形式得以回归，日本永青文库 36 种 4000 余册汉籍实现实体回归。[③]

1. 古籍善本书目

查检现存古籍，要利用新编的古籍藏书目录。在现存古籍中，善本书尤其受到重视，一般单独编有书目。

《中国善本书提要》：王重民撰，上海古籍出版社 1983 年出版。作者对北京图书馆、北京大学图书馆和美国国会图书馆等处所藏的我国善本古籍 4400 多种一一作了著录，详细记述各书的版本特征。全书按四部分类法排列，书末附有“书名索引”“撰

---

①③ 陈雪．全国汉文古籍普查工作基本完成［N］．光明日报，2021-12-10(9)．

② 张贺．编制书目 影印出版 数字化回归：海外中文古籍加速回流［N］．人民日报，2020-06-26(5)．

校刊刻人名索引”“刻工人名索引”及“刻书铺号索引”。

《中国善本书提要补编》:王重民撰,书目文献出版社 1991 年出版。此书为原书的续编,有史部 770 余篇,子部近 10 篇。

《美国国会图书馆藏中国善本书录》:王重民辑录,袁同礼重校,台湾文海出版有限公司 1972 年印行。另有广西师范大学出版社 2014 年出版本。

《美国国会图书馆藏中文善本书续录》:范邦瑾著,上海古籍出版社 2011 年出版,此书是对王重民《美国国会图书馆藏中国善本书录》的补充。

《北京图书馆古籍善本书目》:书目文献出版社 1987 年出版。全书分为经、史、子、集四册,另附有索引一本。

《第一批国家珍贵古籍名录图录》(全 8 册):中国国家图书馆、中国国家古籍保护中心编,北京图书馆出版社 2008 年出版,共收录古籍 2392 种。

✲国家图书馆联合编目中心开发的数据库有《国家图书馆善本书目数据库》:收录宋、元、明、清抄刻、稿本书目数据 4.7 万余条。内容主要包括书名、卷数(含存卷配补情况)、著者、版本(含抄刻时间及刻书者名称)、批校题跋者、册数、分类等。

国家图书馆出版社 2013 年出版《中华再造善本总目提要》,分为唐宋编、金元编,收录珍稀善本图书 758 种;2017 年出版《中华再造善本续编总目提要》,分为明代编、清代编、少数民族文字古籍编及两种唐宋编补遗,收录善本图书 583 种。

《中国古籍善本书目》:中国古籍善本书目编辑委员会编,上海古籍出版社出版。此书“前言”说明:善本是“具有历史文物性、学术资料性、艺术代表性而又流传较少的古籍”。全套书目分经、史、子、集、丛五部分批分期出版。有两种版本,线装本 1986—1996 年出版,精装本自 1989 年起陆续出版。

《中国古籍善本总目》:翁连溪编校,线装书局 2005 年出版。此书共 7 册,分为经部、史部、子部、集部(上中下)、丛部及索引。共收录善本书目 6024 种,均标明了藏书单位。

《稿本中国古籍善本书目书名索引》(上中下):天津图书馆编,齐鲁书社 2003 年出版。

还有著名高校图书馆的馆藏古籍善本书目。例如,《北京大学图书馆藏善本书目》:张玉范等编,北京大学出版社 1998 年出版。

《中国人民大学图书馆古籍善本书目》:中国人民大学图书馆古籍整理研究室编,中国人民大学出版社 1991 年出版。

《北京师范大学图书馆古籍善本书目》:北京师范大学图书馆古籍部编,北京图书馆出版社 2002 年出版。此书根据七条馆藏善本标准,共收入馆藏善本书 3281 种。

2. 海外图书馆所藏中文古籍书目

《美国哈佛大学哈佛燕京图书馆藏中文善本书志》：沈津著，广西师范大学出版社2011年出版。此书收录该图书馆藏宋至清代古籍善本共3100种的书志提要，每种均配有珍贵书影。

《柏克莱加州大学东亚图书馆中文古籍善本书志》：柏克莱加州大学东亚图书馆编，上海古籍出版社2005年出版。以馆藏清代乾隆六十年（1795）以前的印本、写本为主，并酌情著录嘉庆以后较稀见的印本及稿、抄、校本。

《美国哈佛大学哈佛燕京图书馆中文古籍目录》：哈佛燕京图书馆、中华书局编，中华书局2020年出版。

《美国埃默里大学神学院图书馆藏中文古籍目录》：该图书馆编，国家图书馆出版社2016年出版。

《普林斯顿大学图书馆藏中文善本书目》（全2册）：普林斯顿大学东亚图书馆编，国家图书馆出版社2017年出版。

《英国国家图书馆藏中文古籍目录（上下册）》：廖可斌等编著，国家图书馆出版社2020年出版。

《日藏汉籍善本书录（全3册）》：严绍璗编著，中华书局2007年出版。此书著录日藏汉籍1万余条目，资料详备，对中、日文化研究各个领域都有价值。

《日本藏汉籍善本书志书目集成》（全10册）：贾贵荣辑，北京图书馆出版社2003年影印出版。

《欧洲藏汉籍目录丛编》（全6册）：张西平等编，广东人民出版社2020年影印出版。此书辑录17世纪后期至20世纪初，主要由西方学者编纂的、著录欧洲各国公私机构收藏汉籍的目录30种。

《西班牙藏中国古籍书录》：杜文彬编，国家图书馆出版社2015年出版。

此外，海外的大学图书馆在纸质书目的基础上，开发了多种中文古籍数据库。

3. 普通古籍书目

《中国古籍总目》：本书编纂委员会联合编写，中华书局、上海古籍出版社2009—2013年出版。此书分为经、史、子、集、丛书5部，共26册，另有索引4册，汇聚各家馆藏记录。

《新中国古籍整理图书总目录》：杨牧之主编，岳麓书社2007年出版。此书上起1949年10月，下迄2003年12月，分为文学类、语言文字类、文化艺术类、历史类、地理类、哲学类、宗教类、科学技术类、综合参考类、普及读物类。

《北京图书馆普通古籍总目》：北京图书馆普通古籍组编，书目文献出版社自1990

年起陆续出版,共15卷。此书主要收录北京图书馆所藏1911年之前以古典装帧形式出现的写本和印本图书,同时也包括1911年以后以古典装帧形式出现的、内容与中国古代文化有关的图书。所谓"普通"是与"善本"相对而言的。此书共分为:目录门、经籍门、史乘门、地志门、传记门、古器物门、社会科学门、哲学门、宗教门、文字学门、文学门、艺术门、自然科学门、应用科学门、总记门。

《中国历史博物馆藏普通古籍目录》:中国历史博物馆资料研究中心编,北京图书馆出版社2002年出版。

《古籍目录》:国家出版局版本图书馆编,中华书局1980年出版。此书收录1949年10月至1976年12月出版的古籍书目。收录范围包括"五四"以前的著作,"五四"后对古籍整理加工的著作,以及从古籍中摘录或选编的资料书,古籍的今译、新注和选本。

《古籍整理图书目录》(1949—1991):国务院古籍整理出版规划小组办公室编,中华书局1992年出版。此书所收的古籍大致包括:辛亥革命以前的著作、辛亥革命以后对古籍整理加工的著作(包括点校注译)、有关古籍的工具书。所收图书出版的起迄时间为1949年10月至1991年12月。

《国家图书馆藏稀见书目书志丛刊》(全28册):陈红彦主编,国家图书馆出版社2017年出版。

《南京图书馆藏稀见书目书志丛刊》(全68册):南京图书馆编,国家图书馆出版社2017年出版。此书属于"著名图书馆藏稀见书目书志丛刊"系列。

《香港所藏古籍书目》:贾晋华主编,上海古籍出版社2003年出版。

《现存宋人别集版本目录》(全宋文研究资料丛刊之一):四川大学古籍所编,巴蜀书社1990年出版。

《清人诗文集总目提要》(上中下):柯愈春著,北京古籍出版社2002年出版。

《历代妇女著作考》(增订本):胡文楷著,张宏生等增订,上海古籍出版社1985年出版。此书是我国历代妇女著作的专门书目,对每种书注明出处和版本情况,并附录作者小传。书前有总目,按朝代编录著者姓名。书后附录一为"合刻书目"、附录二为"总集"、附录三为"报刊",还有"引用书目""书名四角号码索引"。

《中华古文献大辞典》:吴枫总编,吉林文史出版社1987年起分卷陆续出版。此书以古籍书名为词目,书名均见于现存原书或古籍官私书名著录者。共收词目35000余条,包括上起先秦、下迄辛亥革命(1911),以书籍形式刊刻流存下来的主要著述。根据所收古籍的内容,相对划分为十个学科门类:文学、历史、哲学(包括宗教)、政法(包括军事)、文教(包括艺术、体育)、地理(包括交通)、民族(除汉族外的少数民族)、科技(包括农书)、医药、综合(包括丛书、类书、字典、词典、书目),分卷编辑成书。

三、检索特殊书目

(一)检索伪书

我国古籍中,有些书籍的作者或时代是伪托的,这类书籍被称为伪书。因此我国古代书目的小注或提要中往往有辨伪的文字。专门辨别伪书的著作有:明代宋濂《诸子辨》、胡应麟《四部正讹》,清代姚际恒《古今伪书考》、顾实《重考古今伪书考》等。

《古今伪书考补正》:黄云眉辑撰,金陵大学中国文化研究所 1932 年印行,齐鲁书社 1980 年新一版。此书是对上述清代两种辨伪著作的补证。

《伪书通考》:张心澄编著,上海商务印书馆 1939 年初版,商务印书馆 1957 年三版修订本,上海书店 1998 年出版。此书将上述《诸子辨》《四部正讹》和《古今伪书考》合并,以书名为纲,再征引其他各书有关辨伪的材料汇编而成。最后以按语的形式说明个人的见解。

《续伪书通考》:郑良树撰,台湾学生书局 1984 年版。此书收录散见于学报及学术期刊的辨伪论文、新刊古籍和各专著中涉及辨伪的章节、序跋等资料。

(二)检索禁书

清代乾隆时编修《四库全书》,查禁、销毁了许多图书。

《清代禁毁书目(补遗)、清代禁书知见录》:商务印书馆 1957 年出版。其中《清代禁毁书目(补遗)》为清代姚觐元编,邓实补遗。收录清代禁毁书目四种,即《全毁书目》《抽毁书目》《禁书总目》和《违碍书目》,邓实又作了补遗。《清代禁书知见录》为孙殿起辑,主要辑录其在贩书过程中所见的禁书。

王钟翰主编《四库禁毁书丛刊》(全 311 册),北京出版社 2000 年出版;《四库禁毁书丛刊补编》(全 90 册),北京出版社 2005 年出版。可以利用其索引卷检索。

《元明清三代禁毁小说戏曲史料》:王利器辑录,作家出版社 1958 年出版,上海古籍出版社 1981 年出版增订本。

《清代各省禁书汇考》:雷梦辰编,书目文献出版社 1989 年出版。

《清代禁书总述》:王彬主编,中国书店 1995 年出版。

《中国禁书大观》:安平秋等编,上海文化出版社 1990 年出版。此书分三个部分:中国禁书简史、中国禁书解题(介绍 220 种禁书)、中国历代禁书目录(收录秦至清代 3000 余种禁书)。

查检民国时期禁书目录,可以参考《中国现代出版史料》:张静庐辑注,中华书局

1954年至1959年分甲、乙、丙、丁四编先后出版，又有上海书店出版社2004年版本。其中辑有《国民党反动派查禁普罗文艺密令》《国民党反动派查禁228种文艺书的经过》《国民党反动派查禁676种社会科学书刊目录》《国民党反动派查禁文艺书目外遗》《国民党反动派查禁961种书刊目录》等资料。

综合性的禁书目录有《古今中外名书禁书大观》：李寿编，群众出版社1994年出版。此书收录古今中外名书3000种，其中包括中国历代禁书、纳粹德国时期禁毁的书、东欧及苏联的禁书等。

（三）分辨书名

分辨书名，主要指同书异名和同名异书。这类工具书有《同书异名通检》（增订本）：杜信孚编，江苏人民出版社1982年出版。此书所收为同一内容而有异名的书，每一条目下列有书名、著者、版本、异名四项。

《同名异书通检》：杜信孚、赵敏元、毛俊仪编，江苏人民出版社1982年出版。此书收同名异书共3500余条，每一条目下列有书名、著者、版本。

《古书同名异称举要》：张雪庵著，山东人民出版社1980年出版。分为三部分：一是"同名部分"，指书名完全相同而实为异书的。二是"异称部分"，指同书异名。三是"附录部分"，对书名与语词、书名与人名作简要分辨。

《中国古今书名释义辞典》：赵传仁、鲍廷毅、葛增福主编，山东友谊书社1992年出版。此书是专门释古今难解书名的工具书，所收词目上自先秦，下至1966年之前，包括文、史、哲、宗教、理、工、医、农书籍3200余种。释文的重点是说明书名的含义，以作者表字命名者，说明表字与本名的关系及出处；以作者的室名、别号、谥号命名者，说明室名、别号、谥号所取之意义；以作者的笔名命名者，说明笔名的来历；以作者的郡望、乡贯、官地、寓居地命名者，指出在今之某处；以作者的职官、封爵命名者，说明其职官的职责范围和爵位的品级；以典故命名者，说明典故的出处；节取古诗文名句命名者，在释义中引出原文加以解说。书前有来新夏的序和作者的前言，论述了中国书名所表达的复杂含义以及研究书名学的意义，可以参读。

（四）检索古籍专书目录

古籍专书目录是专门介绍研究某一古籍名著的书目。这类书目多为研究者提供检索资料的线索。例如，《楚辞书目五种》：姜亮夫编著，上海古籍出版社1993年出版。

《楚辞书目五种续编》：崔高章编著，上海古籍出版社1993年出版。

《楚辞要籍解题》：洪湛侯主编，湖北人民出版社1984年出版。

《史记书录》:贺次君编,商务印书馆 1958 年出版。

《水浒书录》:马蹄疾编著,上海古籍出版社 1986 年出版。

《红楼梦书录》:一粟编,上海古籍出版社 1981 年新 1 版增订本。

《中国古代小说总目》:石昌渝主编,山西教育出版社 2004 年出版。此书收入 1912 年以前写、抄、刻、印成的文言小说作品,共 2904 种。

其他关于古代小说、戏曲、杂剧、文集、作家的书目各有多种,可以参见谢灼华编《中国文学目录学》。

四、利用古籍数据库

目前已经开发的多种古籍数据库都具有全文检索功能。用户要先了解古籍的分类体系和知识框架,才能有效利用数据库的检索系统,而不是只检索某一本书的作者、书名信息。

✲"中华古籍资源库"是国家图书馆建设的综合性古籍特藏数字资源发布共享平台、"中华古籍保护计划"的重要成果。包括"数字古籍":国家图书馆收藏古籍 15 万部,其中善本古籍直接继承了南宋缉熙殿、元翰林国史院、明文渊阁、清内阁大库等皇家珍藏,以及明清以来许多私人藏书家的毕生所聚。通过全彩影像数字化和缩微胶卷转化影像方式建设,从 2016 年起陆续在线发布。截至 2021 年底已累计发布古籍及特藏数字资源 10 万部(件),实现免登录在线阅览。[①]

国家图书馆还有多种古籍数据库,收入"中华古籍资源库"平台。✲"宋人文集"数据库:国家图书馆精选所藏宋人的善本 275 部,首选宋元刊本,次及明清精抄精刻,或经名家校勘题跋之本;通过缩微胶卷还原数字影像,并辅以详细书目,建成全文影像数据库。

✲"中华古籍善本国际联合书目系统":著录 30 余家海内外图书馆所藏古籍善本,数据达 2 万多条,并配有 14000 余幅书影。

✲"东京大学东洋文化研究所汉籍全文影像数据库":东洋文化研究所将所藏中文古籍 4000 余种,以数字化方式无偿提供给中国国家图书馆。

✲美国哈佛大学哈佛燕京图书馆藏《中文善本古籍特藏》:以数字化方式提供给中国国家图书馆,可按照书名、著者、出版信息、分类等多维度进行检索和分类浏览,书目信息为中英文对照。

✲"法藏敦煌":法国国家图书馆藏全部敦煌遗书高清数字资源。

---

① 陈雪. 全国汉文古籍普查工作基本完成[N]. 光明日报,2021-12-10(9).

❋“中国基本古籍库”:北京爱如生数字化技术研究中心研制。分为4个子库、20个大类、100个细目,精选先秦至民国历代重要典籍,包括历代流传的名著、各学科基本文献和拾遗补缺的特殊著作。各据通行善本,采用爱如生独有的数字化技术制成数码全文,另附1—2个珍贵版本的原版影像。总计收书1万种、17万卷;版本12500个、20万卷,全文17亿字、影像1200万页。其内容总量相当于3部《四库全书》。

❋“国学宝典”数据库:北京国学时代文化传播股份有限公司研制。收录上起先秦、下至民国两千多年用汉字作为载体的历代典籍,并收录了清代至当代学者对相关古籍研究的重要成果,共6000多种作品。分为经部、史部、子部、集部、丛书、通俗小说六大专题。此数据库在中国知网平台运行。

❋“瀚堂典藏”数据库:其主页左边的“目录树”参照《四库全书总目》分为四部:经部集成、史部集成、子部集成、集部集成。其中1万多个节点可以自由勾选组合,灵活跨库。点击节点内容,可以查看单一书目简介。点击书名,可以图文对照全文浏览。每一部下再分小类,例如,子部集成下有“类书集成”分库。其“专题文献”列有“书目”类,旨在“为用户搜集重要的目录学数据,以期有助于学术的研究”。目前收录了30多种古籍书目,不仅有《四库全书总目提要》《续修四库全书总目录》《四库全书简明目录》《中国古代小说总目提要》《书目答问》等,还有多种私人藏书目录。▲选择“标题”,输入《论语》,整个“书目”类中的相关记录数是212,可以检索到有关《论语》注疏或解读的版本。▲选择《四库全书总目提要》,通过“标题”检索,输入“朱彝尊”,有相关记录数33,全部是“浙江朱彝尊家曝书亭藏本”,由此可知《四库全书》收录朱彝尊家藏书的情况。

古籍数据库不仅可以全文检索,还提供原版面的书影,甚至提供同一种书的不同版本,有的稀见版本在各大图书馆都难以见到或无法借阅。但引用古籍数据库的资料,要打开影像版的页面,阅读核对原文本,斟酌句读,标明版本,并注明所利用的古籍数据库,而不能直接粘贴重新编排的电子版文字,以免出现文字、断句、版本等方面的错误。在进行字频统计时,要选择版本。▲“瀚堂典藏”数据库收录了多种《康熙字典》版本,要加以比较;进行字频统计时,要选择一个版本,不要重复。利用古籍全文数据库,还可以进行版本校勘。▲朱彝尊的《曝书亭集》,收入《四部丛刊》的是原刊本影印本,而收入《文渊阁四库全书》的版本有删改。利用“瀚堂典藏”数据库,将两个版本进行比对,可以发现《文渊阁四库全书》未收《跋绥寇纪略》篇①,删去了《鹊华山人诗集序》中“有小史”等句,因为这些属于“违碍”内容。

❋《中华再造善本》数据库:将“中华再造善本工程”中影印出版的珍贵古籍善本

---

① 按:吴伟业《绥寇纪略》是记载明末历史的书。

进行图像数字化,高清展示,最大限度保留版本细节信息。每一种古籍都配有版本专家撰写的提要,提要可全文检索能够对不同版本的同一种书进行快速筛选,并可将不同版本并排显示,便于进行版本对比,展示古籍版本源流;具备印章识别等拓展功能。此库一期收录古籍善本758种;二期收录“明代编”“清代编”“少数民族文字古籍编”的古籍善本554种。收录年限为唐代至清代。

✲“中国哲学书电子化计划”(http://ctext.org/zhs):是一个线上开放电子图书馆,为中外学者提供中国历代传世文献。收藏的文本已超过3万部著作,其中收录燕京图书馆500多万页历代中文文献的影印资料,包括中文善本特藏项目中的高质量影印本。此数据库有书目索引功能,▲选择《论语》,检索“提到《论语》的书籍”,可以看到古代有关《论语》各种注疏版本的目录。点击一个书名,进入“数字图书馆”,可以打开该版本线装书的扫描文本,逐页阅读。

✲“山东图书馆佛经数据库”:馆藏历代佛经2万余册,包括元代《碛砂藏》(1册)、明代永乐南藏(5部)、永乐北藏(3部)、清龙藏(1部)及明清诸单刻佛经等。

✲“中文古籍联合目录及循证平台”:上海图书馆数字人文平台的一个试验型项目,目前收录有1400余家机构的古籍馆藏目录。其中上海图书馆的古籍馆藏、加州柏克莱大学东亚图书馆的中文善本馆藏、哈佛燕京图书馆的中文善本馆藏、澳门大学图书馆的中文古籍馆藏可在线访问部分扫描影像全文。该项目旨在藉由分布式云平台技术和关联语义技术,实现各馆现存古籍珍藏的联合查询、规范控制,并提供学者循证版本、考镜流藏的功用。▲输入“李白”,可以检索到多家馆藏的李白集。其中一个明代版本《分类补注李太白诗》来自哈佛大学燕京图书馆,可以点击“全文地址”,阅读扫描版页。

✲“籍合网”:国内首个古籍整理与数字化综合服务平台,中华书局下属古联(北京)数字传媒科技有限公司负责建设和运营。“籍合网”下集中整合了多种古籍数字化产品,其中《中华经典古籍库》有镜像版、网络版、微信版三个版本,以中华书局整理本古籍图书为核心,同时涵盖多家专业出版社的古籍整理成果。2014年第一期发布,收录近300种中华书局出版的整理本古籍图书,涵盖经史子集各部,包含了“二十五史”、通鉴系列、新编诸子集成、清人十三经注疏、史料笔记丛刊、学术笔记丛刊、古典文学基本丛书、佛教典籍选刊等经典系列。后期不断递增文献数据,截至2021年12月第九期资源正式发布上线,其全部入库图书5000余种,总量约20亿字。

“籍合网”整合的数字产品还包括“中华文史学术论著库”“中华古籍书目数据库”“中华善本古籍数据库”“中华文史工具书数据库”等。例如“中华古籍书目数据库”,其资源类型包括古典目录、馆藏编目、古籍整理本书目、出版社书目以及其他高质量的与古籍相关的书目整理成果。该产品支持一键快搜或高级检索，用户可以方便地查询著录、馆藏和版本信息，还可以阅读提要，了解相关书目的整理、研究情况。收录条目 399857 条，资源还会持续增加。

⁂“学苑汲古——高校古文献资源库”是一个汇集高校古文献资源的数字图书馆。最初由北京大学图书馆牵头，联合南京大学、北京师范大学和四川大学 3 所大学图书馆的古籍部共同建设，现已扩大到 24 家海内外高校的图书馆。该库包括古文献的元数据、书影、全文图像及电子图书四种类型。对书目记录的著录系以每个藏本为单位，资源库中所有的书影图像也是分别挂接在每一条这样的书目记录之上，反映的是某馆某个具体藏本的面貌。▲搜索《新学大丛书》，结果显示版本是“清光绪二十九年[1903]上海积山乔记书局石印本”，共有四家高校图书馆收藏，其中有两家可以显示此书的中精度图片。

⁂“雕龙——中国日本古籍全文检索数据库”是一个包括宗教、历史、地理、文学、哲学等的文科类综合性数据库，包括多个分库：正统道藏、道藏辑要、永乐大典、四部备要、中国地方志、六府文藏、日本古典书籍库、清代史料、古今图书集成。其特点是收录大量日藏汉籍。

⁂“汉典重光”古籍数字化平台（https://wenyuan.aliyun.com/home）：中国海外古籍“数字化回归”项目 2021 年 5 月 18 日正式发布。版本来自美国加州大学伯克利分校的中文古籍善本，目前首批数字化的古籍包含 40 余种珍贵宋元刻本、写本，明清至民国时期著名学者钱谦益、翁方纲、王韬的抄本、稿本；著名藏书楼嘉业堂、密韵楼的抄本，还有清文澜阁《四库全书》零本等。▲选择宋代秦观的《淮海集》，版本是“宋乾道九年（1173）高邮军学刻宋元明递修本”。从中检索“子瞻”，就进入了古籍的页面，显示多处含有“子瞻”（苏轼字）的句子，如《同子瞻赋游惠山》《别子瞻学士》等已经用蓝框标出，这是秦观与苏轼交游的记录。①

图 6-1　日本翻刻本

“世界数字图书馆”：联合国教科文组织协办，包括“中国书籍、手稿、地图和印刷品”部分。其中收录了中国的古籍，▲输入《康熙字典》，可检索到日本翻刻的《康熙字典》，来源是日本国会图书馆。可以在线阅读和下载（图 6-1）。▲输入《古今图书集成》，会出

① 按：此处检索时要输入苏轼的字或号，不直接称名。

现《进呈鹰论》的版页(乾隆年间刊本的残页),说明这是意大利耶稣会传教士、数学家和神学家利类思(1606—1682)撰写的,曾收入《古今图书集成》博物汇编禽虫典的第12卷《鹰部》。“《狮子说》和《进呈鹰论》并非他本人的著作,而是16世纪意大利博物学家乌利塞·阿特洛旺地(Ulisse Aldrovandi,1522—1605年)作品的译本”。这是国外的博物文献译本被中国清代类书收入的一个例证。

✲书格(Shuge. org):一个自由开放的在线古籍图书馆,致力于开放式分享、介绍、推荐有价值的古籍善本。分享内容限定为公共版权领域的书籍,主要采用高清彩色影像版本PDF格式,书籍刊行年代有宋元珍本、明清善本及近代刊本,侧重艺术、影像、珍稀以及部分刊印水平较高的书籍。其“世界各开放图书馆/博物馆导航”服务,为读者提供世界著名图书馆、博物馆的链接。

✲奎章阁“中国古典文献资源导航系统”:包括古籍检索、古籍影像、古籍目录、数字人文、期刊论著、文史诗词、释道专题、敦煌专题等栏目,提供大量数据库及网站的链接,有的可以“直接访问”,▲点击“牛津大学汉籍”,可以看到“《永乐大典》卷之八百七”的页面,可以逐页放大阅读(图6-2),可以下载。此外,还有“全球汉籍分布GIS系统”,属于数字人文基础设施。其主要功能有:全球汉籍馆藏分布GIS可视化呈现;馆藏地点的GPS定位(精确至建筑物,地图可缩放);馆藏单位官方网站、古籍检索、数据库等资源的链接。

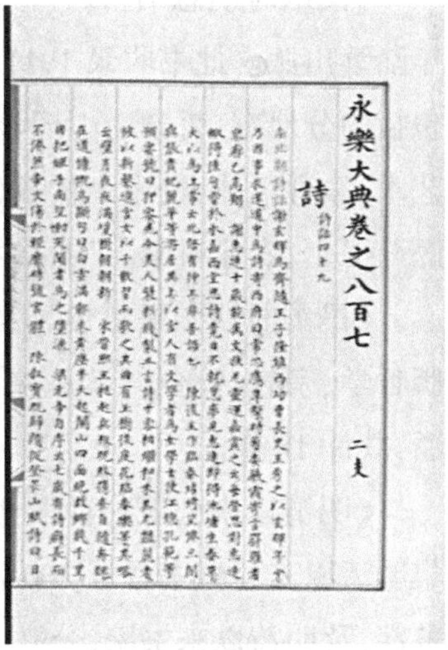
永樂大典卷之八百七
詩
二支

图6-2

✲“国学大师网站”:其声明为“非营利性个人站点,资料由网友收集整理而来。仅供科研学习交流使用,版权归原作者所有”。其中有国学书库、影印古籍、诗词宝典、古籍书目等栏目,收录了《四库全书》《古今图书集成》《二十四史》《四部丛刊》等大型古籍,还可以链接到《日本内阁文库》的古籍。有部分古籍资料提供免费下载,使用者很多。但受到版权限制,其收录的资源会有变化。

第三节　现代图书检索

一、检索中国现代书目

改革开放以来,随着图书出版事业的迅猛发展,有关图书出版的信息具有越来越重要的作用。因此,各种图书出版目录不断编纂出版,其中有回溯性的,也有提供最新出版信息的;既有大型的综合性书目,也有分类或分出版社的书目。这些书目有助于我们对图书出版进行宏观调控,避免选题重复,提高图书出版质量;也有利于读者查检选择现代和当代图书。下面仅介绍几种综合书目。

(一)民国时期的书目

1. 图书总目

《民国以来出版新书总目提要》:杨家骆著,中国辞典馆 1936 年出版。此书收录 1911 年 1 月至 1933 年 5 月间出版的图书共 8553 种,不收教科书及通俗读物。

《民国时期总书目》(全 20 册):北京图书馆编,书目文献出版社 1986 年至 1997 年陆续出版。此书收录 1911 年至 1949 年 9 月间中国出版的中文图书 124000 余种。包括的分册有:哲学·心理学、宗教、社会科学总类、政治、法律、军事、经济、文化科学、艺术、教育·体育、中小学教材、语言文字、中国文学、世界文学、历史地理、自然科学、医药卫生、农业科学、工业技术·交通运输、综合性图书。

《民国时期图书总目》:国家图书馆编,国家图书馆出版社 2018—2023 年已经出版哲学、宗教、社会科学总论、语言文字、经济、农业科学、自然科学(基础科学)等分卷,共计 18 卷。

《明清以来公藏书目汇刊》(全 66 册):北京图书馆出版社 2008 年出版。此书汇集明清以来公藏书目近 200 种,包括明清两代内府等机构,民国时期教育、外交、内政各部,及明清以来书院、公立图书馆等机构所藏书目,尤以近代图书馆所藏书目为多,涉及古籍近 10 万种,近代出版的各类图书数十万种。其中不少是清代、民国时期的抄本、油印、石印、朱印本。

《民国时期出版书目汇编》:刘洪权编,国家图书馆出版社 2010 年出版,收录民国时期各出版机构编印的出版目录 148 种。

《民国时期公藏书目汇编》(全 36 册):吴永贵编,国家图书馆出版社 2015 年出版。

《民国时期出版物总目录·民国线装图书总目)(全 308 册):中国国家图书馆、中华书局编,中华书局 2020 年出版。目录条目及书影图版 306 册,索引 2 册,系统搜集整理了约 8 万种(不包含丛书子目)民国时期产生、出版的线装图书文献。

《解放区根据地图书目录》:中国人民大学图书馆编,中国人民大学出版社 1989 年出版。此书汇集部分中华人民共和国成立前解放区根据地出版的各类书籍和国统区出版的进步书籍,主要是 1937—1949 年的出版物,少量是 1937 年以前的出版物。

《生活全国总书目》：平心编，上海生活书店 1935 年出版，收入全国 1911 年以后的出版物约 2 万种。

《中华书局图书总目》（1912—1949）：中华书局编辑部编，中华书局 1987 年出版。

《中国抗战大后方历史文献联合目录》（套装共 3 册）：周勇著，重庆出版社 2011 年出版，是《中国抗战大后方历史文化丛书》之一。

《国家图书馆藏民国时期抗战图书书目提要》：国家图书馆典藏阅览部编，国家图书馆出版社 2010 年出版。

《中国近代中小学教科书总目》：王有朋主编，上海辞书出版社 2010 年出版。

《中国学术名著提要》第六卷《民国编》：该书编委会编，复旦大学出版社 2019 年出版。

2. 书目数据库

相关的数据库目前已有多种，例如，✲“瀚文民国书库”：收集 1900 年至 1949 年之间出版的图书，共约 8 万余种 12 万余册。该库所收录的图书均参考中国图书分类法，并结合民国图书的时代特点，建立了专业的三级分类体系，包括哲学宗教、社会科学、政治、法律、军事、经济、文化艺术、教育、语言文字、文学、历史地理、科学与技术、综合性图书 13 个一级类目，81 个二级类目，498 个三级类目。所有图书均实现了全文数字化（数量超过 2000 万页），可检索文字数量超过 60 亿字。所收录的书籍可以进行“书目检索”和“全文检索”。▲其中收录了民国时期编辑的书目《中法大学图书馆中文书目：旧籍分类之部》（1933 年）、《受古书店旧书目录》（1934 年）等。

✲“国家图书馆民国时期中文图书书目数据库”：国家图书馆联合编目中心开发。该库收录 1911—1949 年 9 月出版的中文图书书目数据 14 万余条，主要收录了国家图书馆、上海图书馆、重庆市图书馆收藏的中文图书书目，并补充了其他一些图书馆藏书书目，以光盘形式发行。现已开发“中国历史文献总库 · 民国图书数据库”，截至 2023 年已完成 8 期约 22 万种图书建设。

✲“国家图书馆新善本书目数据库”：收录辛亥革命至中华人民共和国建立前（1911—1949）的革命历史文献、近现代各界名家手稿的书目数据。该库包括辛亥革命及五四运动期间的进步书刊、早期出版的马列主义经典著作中文译本；毛泽东等党的领袖的著作、稿本、书札及签名本等；党和国家领导人的著作原稿和初本；建党初期至中华人民共和国成立前各时期解放区出版的印刷品和非正式出版物，有布告、文书、传单、进步刊物等，以及中华人民共和国成立以来在印刷和装潢上有特别价值的出版物、仿真本、有限本、精装精印和豪华本。除此之外，还有大量的名人手稿和外文善本。数据约 9500 条。

✲爱如生“民国图书库”：从现存1911年至1949年间10万种图书类出版物中，精选出1万种重要的人文社会科学类著作，分别辑为政治编、社会编、学术编、文艺编、教育编，各据原刊或影印本收录。2016年启动，自2021年起陆续出版。

✲“籍合网”的数据库包括“晚清民国文献平台”，收录图书、报刊、档案等文献。▲输入“梁启超”，进行“全文”检索，目前可以找到1966个结果。

✲“抗日战争与近代中日关系文献数据平台”（简称“抗战文献数据平台”）：中国社会科学院近代史研究所承办。截至2021年11月，收录1949年以前的各类文献3500余万页，囊括档案、图书、期刊、报纸、图片、音频、视频等多种形式，内容丰富。文献还在不断增加，均可免费检索与阅览。▲其中收录了《新文化辞书》（唐敬杲编，商务印书馆1923年出版）、《日用百科全书》（商务印书馆1925年出版）、《社会科学大词典》（高希圣等编，世界书局1935年出版）、《国语词典》（中国大词典编纂处编，商务印书馆1937年出版）等辞书。

✲“瀚堂典藏”数据库的“专题文献——大家书房”，收录清末民初著名人物的书籍，▲梁启超的《饮冰室全集》，还有《陈寅恪先生全集》，等等。

高校图书馆也建有特色书目数据库，例如，✲北京师范大学图书馆“馆藏解放前师范学校及中小学教科书全文库”，现已开发为“晚清民国教材全文库”。

✲《美国哈佛大学哈佛燕京图书馆藏民国时期图书总目录》（共四册）：龙向洋编，辑录美国哈佛大学哈佛燕京图书馆2009年9月24日之前收藏并编目的民国时期（1912—1949）图书，包括纸本图书和微缩资料40236种。现有《哈佛燕京图书馆藏民国时期文献》数据库。

（二）1949年以来的书目

《全国总书目》：新闻出版总署信息中心中国版本图书馆编，中华书局出版。这是一本图书年鉴性质的综合性、系列性图书目录，依据全国各正式出版单位每年度向中国版本图书馆缴送的样本书编纂而成。从1949年以来，逐年出版，比较全面、系统地反映了每年我国图书的出版情况。此书由三部分组成：分类目录（收汉文图书）、专门目录（包括少数民族文字图书目录和外国文字图书目录）和附录（包括全国出版名录和书名索引）。所收图书按《中国图书馆分类法》分类；文献著录依据中华人民共和国国家标准《普通图书著录规则》（GB3792. 2-85）著录。此书目为图书馆查询、学术研究和出版发行部门的工作提供了权威的数据库检索支持。2001年至2003年的卷次随印刷本配送光盘版，2004年卷起不再出版印刷版。

《全国内部发行图书总目》（1949—1986）：中国版本图书馆编，中华书局1988年出版。此书目根据中国版本图书馆征集的全国（包括台湾地区）各出版单位出版的内部发行图书样本编纂而成，可作为《全国总书目》的补充。

《中国国家书目》(1985)：北京图书馆本书编委会主编，书目文献出版社1987年出版。此书是我国第一部《中国国家书目》，其特点一是收录的范围广泛，除收录中文普通图书以外，还包括少数民族语文图书、连续出版物、地图资料、博士论文以及我国出版的各种外文文献。二是著录标准化、规范化。全书二册，一册正文，一册索引。索引有题名索引、丛书索引和著者索引。目前有《中国国家书目光盘》：1995年6月出版，收录1988年以来的国家书目数据约23.5万条，提供题名、著者、主题、关键词、分类号、出版社等多个检索点。更新周期为半年一次(6月底，12月底)。

中国国家图书馆、上海图书馆等共同研制的数据库有：✲《中国国家书目回溯数据库(1949—1987)》，收录1949—1987年中国出版的40万余种中文图书的书目记录。《建国五十年中文图书书目光盘(1949.10—1999.9)》，共收录图书100万种。

《商务印书馆图书目录》：商务印书馆1981年编印。商务印书馆成立于1897年，是我国出版史上第一家具有现代意义的出版企业。此书目分为二册，第一册收录1897年至1949年出版的图书。第二册收录1949年至1980年出版的图书，包括新书和重印解放前旧书约5000种。

《中华书局图书目录》(1949—1991)：中华书局1993年出版。✲“籍合网”平台有《中华书局百十周年书目汇览查询(1912—2011)》系统，著录书目近40000种。

《三联书店图书总目》(1932—1994)：曹鹤龙、李雪映编，三联书店1995年出版。此书收录生活书店、读书出版社、新知书店以及三联书店1932年7月至1994年12月出版的图书4441种，连续出版物163种，丛书259种。

《全国少年儿童图书综录》(1949—1979)：国家出版事业管理局版本图书馆编，中国少年儿童出版社1980年出版。

《中国连环画目录汇编》：王玉兴汇编，上海画报出版社2003年出版，收录1949年至1994年的连环画36000余种。

二、检索图书出版信息

对于编辑出版发行人员来说，通过各种书业书目，检索最新的图书出版发行的信息，是至关重要的渠道。

(一)检索新书目录

《全国新书目》(半月刊)：国家新闻出版总署主管，中国版本图书馆主办，1951年创刊。目前上半月的称《新书导读》，全彩印刷，主要面向社会读者，追求可读性；下半月的称《数据大全》,全面介绍当月的新书出版信息,每期发布图书在版编目数据 5000 条以上。中国知网、中国期刊网全文收录。

可供书目,又叫在版书目、现货书目。✲“中国可供书目数据库”:中国出版集团公司 2006 年开始建设。目前已经入库标准书目数据 200 多万条,覆盖了 90%的出版社的 80%以上的品种。通过数据加工平台,数据被统一汇整为 ISO2709 格式,以适应书目数据的多方面应用。网上样本厅系统是“中国可供书目数据库”书目数据的延伸展示,已加工电子样书近 30 万种,与新书出版品种基本同步,初步实现了品种覆盖目标。此数据库通过数字样本形式,实现全国书目信息动态采集、更新、发布和服务,具备浏览与检索的全部功能,在第一时间向市场传播图书产品信息,动态更新产品可供应的状态,并实现了跨出版界、发行界、图书馆界的网上联合编目。

✲“中国可供书目网”(http://www.cnbip.cn/Index.aspx):北京人天书店有限公司版权所有。此网站包括新闻中心、今年新书、可供书目、馆配专供、出版社专架、期货信息、珍本室等栏目。图书馆可以通过中国可供书目网,在线查询最新的可供书目信息以及各家出版社的书目列表,实时了解重点图书、畅销书以及馆配专供图书的动态变化;可以对喜欢的出版社书目进行下载、报订、点评、推荐。各大出版集团、出版社、图书出版公司可以通过中国可供书目网,发布社里的可供书目、内容介绍,让用户了解本社的重点图书、特色图书、畅销书以及期货信息。

《新华书目报》:国家新闻出版总署主管、新华书店总店主办,创办于 1963 年。此报包括《社科新书目》(旬报)、《科技新书目》(旬报)、《读者新书目》,主要报道中央一级和北京以及全国其他地区出版社的各类图书、多媒体制品等最新出版信息。收录图书品种丰富,介绍详细,以新书为主。每月预告初重版图书信息逾 5000 种,年近 6 万种。

《古籍新书报》:上海世纪出版股份有限公司主管,上海古籍出版社主办,27 家古籍专业出版社参办。此报主要发布学术界最新研究成果信息和全国 20 余家古籍出版社最新出版动态。中华古籍网的“资料下载栏”收录了《古籍新书报》的过刊。

(二)利用网络平台

中国图书出版网(www.bkpcn.com):这是一个面向所有图书出版单位和从业人员的管理和服务性网站,内容涉及图书出版业的方方面面,发布有关图书出版业的各种权威信息和海内外动态。设有“图书资讯”“书摘书评”等栏目,还有“传统出版专题数据库”“数字出版专题数据库”。

中国新闻出版信息网:新闻出版总署信息中心(中国版本图书馆)主办。此网站负责征集、保管全国各级各类出版物样本,收集整理和开发利用图书、报刊、音像制品、电子出版物以及版权、发行等信息资源，建立新闻出版行业信息基地和网络。图书在版编目中心(CIP)按国家标准完成出版单位在版编目数据的生成与管理，定期完成在版编目数据的网上发布与数据维护，设有“CIP 核字号验证”“中国版本图书馆藏馆数据检索”等栏目。

中国新闻出版广电网(原中国新闻出版网)：新闻出版行业覆盖面最广的专业新闻资讯门户网站，设有“出版”“读书”“中国出版(期刊)”栏目，由此可以了解最新出版动态信息。

中华书局网站：其“书讯”栏目，有“中华书局每周新书”“热门图书推荐”。商务印书馆、上海古籍出版社等出版社的官网都有新书推荐、重点展示等栏目。

此外，数字图书馆、图书数据库等，也提供了大量可供阅读的图书全文信息。✲中国知网平台的《中国图书全文数据库》(心可书馆)：目前已收录精品专业图书 14595 本，覆盖人文社科、自然科学、工程技术等各领域，并实时更新。该库集图书检索、专业化推荐、在线研学、在线订阅功能于一体。通过参考文献、引证文献等关联关系，实现了图书内容与其他各类文献的深度关联融合。其中有“热点图书推荐”“新书推荐”“高被引图书排行榜”“出版社导航”等栏目。

✲“方正电子图书”：北京方正阿帕比技术有限公司制作了电子图书 40 万余种、80 万余册，年鉴 1000 余种，企鹅原版外语书 6000 余种。电子图书来自 400 多家出版社的正版电子图书，覆盖了中图法所有二级分类。

✲综合性文献数据库“读秀学术搜索”：超星数字图书馆研发，是由海量全文数据及资料基本信息组成的超大型数据库。其中包含了 300 多万种中文图书资源、10 亿页资料。点击“图书”，可以提供深入到图书内容的全文检索。

✲“全国图书馆参考咨询联盟”：成立于 2012 年，是在全国文化信息资源共享工程国家中心指导下，由我国公共、教育、科技系统图书馆合作建立的公益性服务机构。其宗旨是以数字图书馆馆藏资源为基础，以互联网的丰富信息资源和各种信息搜寻技术为依托，为社会提供免费的网上参考咨询和文献远程传递服务。平台系统拥有 230 万种以上的电子图书，4000 万篇以上中文期刊论文，2600 万篇以上外文期刊论文以及大量的学位论文、会议论文等数字化资源。

还可以利用报纸的读书栏目及其网络版，图书行业报纸有：《中国出版传媒商报》、《中国新闻出版广电报》(数字版见中国新闻出版广电网)、《中华读书报》(数字版见光明网)。

还有许多报纸设有读书专刊、专栏，如《光明日报》的“书评”“出版头条”栏目；《新京报》“书评周刊”(书评周刊 App 可免费下载)、《文汇报·读书周报》(有“文汇书单：本周人文社科类图书精选”等栏目)。

三、检索学术著作提要

《二十世纪中国学术要籍大辞典》:方鸣等主编,中共中央党校出版社 1983 年出版。此书分为中国哲学、外国哲学、伦理学、宗教学、逻辑学、心理学、政治学、法学、经济学、教育学、历史学、考古学、民族学、社会学、文化学、文学理论、艺术理论、美学、语言学、医药学、科学技术史等 21 个学科类目,选介大约 1900 种学术著作。每类前有"主持人寄语",简要说明本学科的特色及学术成果。

《20 世纪中国哲学著作大辞典》:李超杰、边立新编写,警官教育出版社 1994 年出版。此书收录了 1900—1993 年间 3530 种哲学著作。

《二十世纪中国哲学》:方克立、王其水主编,华夏出版社 1996 年出版。此书共有四卷(大事记、人物志、论著述评、研究与论争概述),其中论著述评卷收录包括中国大陆、台湾地区和外籍华裔哲学家撰著的书籍 285 种。

《中国二十世纪文学研究论著提要》:乔默主编,北京大学出版社 1994 年出版。此书收录 1900—1992 年中国大陆学者研究中国文学、外国文学、文艺理论、民间文学和少数民族文学的论著近 1200 种,并有简明提要。

《中华名著要籍精论》:陈远等主编,中国广播电视出版社 1994 年出版。此书收录阐释我国 1911 年以前名著要籍的论文 1300 余篇,分为自然、社会、艺术、宗教、综合五卷,实际上是比较详细的名著要籍的书目提要,每一词条附有参考文献。

《中国学术名著提要(合订本)》(共 6 册):本书编委会编写,复旦大学出版社 2019 年出版。此书分为先秦两汉编、魏晋南北朝编、隋唐五代编、宋辽金元编、明代编、清代编、民国时期编七编,包括哲学、政治、历史、语言、文学、艺术、经济、科技、宗教等诸多学科的学术名著。

《中国学术著作总目提要》(1978—1987):王继祥主编,吉林教育出版社 1996 年出版,分为综合卷、文学艺术卷、哲学社会科学卷、自然科学卷。

《中国图书大辞典》(1949—1992):宋木文、刘杲主编,湖北人民出版社 1999 年出版,共 19 册。1949 年至 1992 年间我国共出版各类图书 84 万余种,此书从中选出 10 万种优秀和有代表性的图书立目,以词条形式介绍主要内容和特点。

《中国读书大辞典》:王余光、徐雁主编,南京大学出版社 1993 年出版。此书是一部以读书为主题的百科型工具书。全书收词条 3700 余条。其"条目分类详表"分为名人读书录、读书知识录、读书环境录、读书博闻录、读书门径录、读书品评录、读书解题录、中国古典名著导读、中国近现代名著导读、汉译世界名著导读等大类,每类又分若干细目。

四、检索中外交流及国外书目

《近代译书目》：王韬、顾燮光等编，北京图书馆出版社 2003 年出版，共收录《泰西著述考》《增版东西学书录》《译书经眼录》《广学会译著新书总目》《上海制造局译印图书目录》《冯承钧翻译著述目录》六种书目。

《晚清新学书目提要》：熊月之主编，上海书店出版社 2022 年出版。此书收录《增版东西学书录》《译书经眼录》《新学书目提要》《西学书目答问》，点校整理。

《明清间耶稣会士译著提要》：徐宗泽编，中华书局 1989 年（据 1949 年版）出版。

《中国文献西译书目》：王尔敏著，台湾商务印书馆 1975 年出版。

《新编中国文献西译书目（1900—2017）》：陈剑光、毛一国编著，浙江大学出版社 2019 年出版。此书整理近百年来欧美国家翻译出版的涉及中国人文社科领域的文献，对翻译学、比较文学、出版学等学科有参考价值。

《近三十年国外"中国学"工具书简介》：冯蒸编著，中华书局 1981 年出版，收录 1949—1978 年国外或外国人编纂的中国学工具书近千种。

《汉译日文图书总书目 1719—2011》（共 4 册）：田雁主编，社会科学文献出版社 2015 年出版，收录中国出版的译自日文的图书共 2.5 万多条书目信息。

《1949—1979 年翻译出版外国古典文学著作目录》：国家出版事业管理局版本图书馆编，中华书局 1980 年出版，介绍了世界各国 276 位作家的 1250 多部作品。

《1980—1986 翻译出版外国文学著作目录和提要》：中国版本图书馆编，重庆出版社 1989 年出版，介绍了 80 多个国家 1600 多位作者的 3300 部作品和论著。

《世界百科著作辞典》：汝信主编，中国工人出版社 1993 年出版。此书收录各学科的世界名著，共收条目 2035 个，涉及各类著作 3900 余种，按 20 个大学科分类编排，侧重选收 19 世纪末以来的著作，每本书均有提要。

《中国学术译著总目提要》（1978—1987）社会科学卷：陈久仁主编，吉林教育出版社 1994 年出版。此书收录 1978 至 1987 年间国内出版的公开发行和只限国内发行的具有学术价值的译著，包括翻译、编译、选译、摘译、译丛、译文集等各种译著，共 5000 余种。

《外国文学作品提要》：郑克鲁等编，上海文艺出版社 1980 年起分册出版。此书分四册，共收约 70 个国家和地区的近 600 名作家的作品 1000 余种。

《外国文学名著题解》（上下）：中国青年出版社编，中国青年出版社 1983 年出版，介绍了世界各国 368 位作家的 719 部作品。

✲中国国家图书馆有"国际组织和外国政府出版物数据库"：收录 1947 年以来国

家图书馆获得的联合国系统及其专门机构，以及1987年以来的国际组织和外国政府的出版物。截至2014年12月，总量已达81.5万册（件），包括外文图书、中文图书、外文期刊，光盘、缩微平片、文件。收藏于国际组织与外国政府出版物阅览室，建有“国际组织与外国政府出版物网络资源整合服务平台”。

第四节　丛书检索

丛书，又名丛刊、丛刻、汇刻、全书等。《四库全书总目提要》指出：丛书是“以数人之书合为一编，而别题以总名者”。《中国丛书综录》前言认为：“丛书是汇集许多种重要著作，依一定的原则、体例编辑的书。”简单说，丛书是把原来各自单独印行的书籍，汇编成一部书，冠以一个总的书名。

我国的丛书在南宋时已经出现，到明清时期十分兴盛。张之洞《书目答问》中已经将“丛书”别为一类，并指出：“丛书最便学者，为其一部之中可赅群籍，搜残存佚，为功尤巨。欲多读古书，非买丛书不可。”一些古籍丛书由于收录的文献资料比较集中、比较丰富，今天也被当作“广义的工具书”使用（如《四库全书》，目前已有电子版可以检索）。

检索古籍丛书，不仅有多种目录，目前还新出版了多种馆藏古籍的丛刊，有的还开发了数据库。因此，通过检索目录、查阅丛刊、搜索数据库等，多种途径结合，可以更多地了解古籍的信息。

一、检索古籍丛书

古籍丛书的目录有综合性的，也有专书性的。

（一）大型的综合性丛书目录

《中国丛书综录》：上海图书馆编，中华书局1959年至1962年出版，上海古籍出版社1986年二版。此目录汇集了全国41家主要图书馆所藏的属于古典文献的丛书2797种，共收古籍38891部。此目录共有三个分册：第一册是“总目分类目录”，按照丛书的类别编排，把丛书分成“汇编”和“类编”两部分。每种丛书详细列出书名、辑者或撰者姓名、刻印年月及处所，然后详细列出所收子目。每一子目也注明卷数、作者时代及姓名。此册附有《全国主要图书馆收藏情况表》，记录了北京图书馆等41个大图书馆的收录情况。第二册为子目，是根据第一册所收的丛书的子目编成的“子目分类目录”，以子目书名为单位，采用经史子集四部分类法排列。每种子目注明书名、卷数、著者和收在何种丛书之中。第三册为索引，包括“子目书名索引”和“子目著者索引”两部分，是专为检索第二册“子目分类目录”而编的。通过这一目录，可以解决这样的问题：某一作者有哪些著作被收录在何种丛书之中、某一丛书收录了哪些作者的哪些著作，某一丛书的编纂者和版本以及收藏在全国哪些图书馆。▲黄永年《所谓孤本》一文提到：“《文汇报》上曾经刊登过新华社的一条消息说：‘河南省唐河县近日在整理县图书馆的过程中，发现《谢惠连集》全一卷明代万历年间刻本，经有关专家考证为海内外孤本。’《中国丛书综录》著录收藏此汪刻《汉魏诸名家集》的，就有北京图书馆等好几家……为什么不利用一下《中国丛书综录》呢？……如果查对一下，我想在宣传上就不致如此轻率，对学术领域的新闻发布是否也该严肃些？”①

《中国丛书目录及子目索引汇编》：施廷镛主编，严仲仪、倪友春分编，南京大学1982年印行。此书重在增补《中国丛书综录》漏收或未收的丛书，共计977种，分丛书目录与子目索引两部分。

《中国丛书综录补正》：阳海清编撰，蒋孝达校订，江苏广陵古籍刻印社1984年出版。此书着重考订与补正《中国丛书综录》的错漏之处，还增录了1958年以后重印、复印、影印及校点排印的新版丛书。

《中国丛书广录》：阳海清编纂，湖北人民出版社1999年第1版。此书收录《中国丛书综录》所未收的丛书，对近四十年来中国大陆、香港、澳门和台湾地区影印或重新整理出版的古籍丛书，无论线装、平装、精装，尽量访求收录。

《中国丛书综录续编》：施廷镛编，北京图书馆出版社2003年出版，弥补了《中国丛书综录》《中国丛书广录》的不足之处。

《丛书总目续编》：庄荣芳编，台北德浩书局1974年出版。此书收录我国台湾地区出版的丛书683种，可用来查检台湾地区1974年以前的丛书编纂、出版和收藏情况。

✲“瀚堂典藏”数据库的“专题文献——书目”收录《中国丛书综录》。

（二）大型丛书专书目录

1. 大型丛书专书

《四库全书存目丛书·目录索引》：本书编委会编，齐鲁书社1997年出版。《四库全书存目丛书》收录了4508种四库存目书籍，原版影印，具有重要的学术价值。此索引包括总目录、书名索引和著者姓名索引。▲研究古代植物“苔”，检索此书，发现子

① 黄永年.学苑零拾[M].上海：华东师范大学出版社，2001：12-13.按：汪刻《汉魏诸名家集》指“明·汪士贤辑.明万历天启间新安汪氏刊本”。

部有清代汪宪的《苔谱》,其内容包括有关这种植物的知识、诗赋及其比兴寓意等。

《四库全书存目丛书补编·目录索引》:本书编纂委员会编,齐鲁书社 2001 年出版。全书共 100 册,收录了历代典籍共 219 种。

《续修四库全书总目提要:丛书部》:吴格、眭骏整理,国家图书馆出版社 2010 年出版。此书收录清乾隆修撰《四库全书》以后至 20 世纪 20 年代所出丛书的书目提要,对每种书的编者、内容、子目、版本详加记述,间有考订和评价,对于古籍研究、版本目录学研究有重要价值。

《四部丛刊书录》:孙毓修编,商务印书馆 1922 年出版。《四部丛刊》是张元济辑录的一部丛书,分初编、续编、三编,共收书 504 部,3134 册,影印了宋元旧刻和明清精刻、抄本、校本、手稿本。此书录是初编的目录,主要介绍所收书籍的版本。✲"瀚文民国书库"数据库收录了《四部丛刊》原版图书,可以阅读检索。

《四部丛刊》(四编,全 170 册):李致忠、陈红彦编,中国书店 2016 年出版。此书附录《书录》,另编有《目录索引》。

《四部备要书目提要》:中华书局 1936 年编印。《四部备要》是中华书局辑印的一部著名丛书,共收书 336 种,大部分是古籍中的重要著作。此书目是用来查检《四部备要》子目的。每书有提要,记载著者小传、著作内容、卷数等。

《四部丛刊书录·四部备要书目提要》(共 5 册):北京图书馆出版社 2010 年出版,包括《四部丛刊书录》《四部备要书目提要》(四册)的内容。

《丛书集成初编目录》:商务印书馆编,中华书局 1983 年重印。《丛书集成初编》是商务印书馆 1935—1937 年编辑出版的一部丛书,中华书局 1985 年起重印、补出。所收之书包括总类、哲学类、宗教类、社会科学类、语文学类、自然科学类、应用科学类、艺术类、文学类、史地类等 10 类。此目录用来查检《丛书集成初编》所收丛书及其子目。书前有"丛书百部提要目录",介绍了宋代至清代普通丛书 80 部,专科丛书 12 部,地方丛书 8 部;又有"丛书集成初编目录",分类编排。✲中华古籍网的"基本古籍书目"栏有《丛书集成初编》目录。

《丛书集成初编总目索引(繁体版)》:中华书局 2012 年出版,增补了原"未出书"而实际已经出书的书目。

台北新文丰出版股份有限公司编辑有:《丛书集成续编·提要 总目 书名索引 作者索引》,1991 年出版;《丛书集成三编·提要 总目 书名索引 作者索引》,1999 年出版。

《四库全书文集篇目分类索引》:分为学术之部(上、中、下)、杂文之部、传记文之部。中华文化复兴运动推行委员会、四库全书索引编纂小组主编,依据 1986 年台湾商务印书馆影印的文渊阁四库全书编纂,台湾商务印书馆 1991 年出版。

《清代家集丛刊续编提要·索引》:徐雁平主编,国家图书馆出版社 2018 年出版。

2. **新编古籍丛刊**

王云五主编的《万有文库》是商务印书馆于 1929 年开始陆续出版的一套大型的综合性丛书。此丛书分两集出版,共收书 1710 种,4000 册。汇集各种门类的中西书籍、学术著作、普及知识读本等,反映了当时的“百科”型知识体系,具有史料价值。商务印书馆 2020 年出版《万有文库珍本初集》,收录从战国到唐代古典诗文较为少见的选集注本 8 种 10 册,原样复刻,函套装,限量印制 300 套。

目前陆续有多种古籍丛刊出版,汇集了以往没有出版的馆藏古籍。例如:

《北京图书馆古籍珍本丛刊》(全 120 册):北京图书馆古籍出版编辑组编,书目文献出版社 1988—1998 影印出版。

《美国哈佛大学燕京图书馆藏中文善本汇刊》(全 37 册):该图书馆编,广西师范大学出版社 2003 年出版。包括 67 种稀见中国古籍。

《华东师范大学图书馆藏稀见藏书丛刊》(全 40 册):黄秀文、吴平主编,北京图书馆出版社 2006 年出版。此书收录华东师大图书馆所藏稀见丛书近 10 种,所收丛书与已出版的数种丛书集成不重复,包含许多稀见的文献资料。

《上海图书馆未刊古籍稿本》(全 60 册):该书编委会编,复旦大学出版社 2008 年出版。

《北京师范大学图书馆藏明孤本秘笈丛刊》(全 23 册):北京师范大学图书馆编,广西师范大学出版社 2010 年出版。

《北京师范大学图书馆藏稿抄本丛刊》(全 46 册):李永明主编,国家图书馆出版社 2011 出版。

《中国人民大学图书馆藏古籍珍本丛刊》(全 175 册):中国人民大学图书馆编,北京燕山出版社 2012 年影印出版。

《南京大学图书馆藏古籍珍本丛刊·稿抄本卷》(全 40 册):南京大学图书馆编,南京大学出版社 2017 年出版。

(三)丛书数据库

✲“中国古籍影印丛书查询数据库”:国家图书馆出版社开发。选择 1949 年以后出版的新编影印古籍丛书,共 457 种,涉及古籍 7 万余种。主要提供每种丛书的基本书目信息,以及所收古籍的信息,包括题名、作者、版本等。此系统提供了古籍查询的基本检索功能,▲输入“李白”,可以检索到《李太白文集》,收录在《景印文渊阁四库全书》《宋蜀刻本唐人集丛刊》《中华再造善本》等丛书中。

✲《四部丛刊 2009 增补版》数据库:北京书同文数字化技术有限公司开发。在原有《四部丛刊》(包含504种典籍)内容基础上,新增补《四部备要》(包含365种典籍),共收录869种典籍。首次开放《四部丛刊》张元济的全部校勘内容,可实现原文珍本图像与可检全文的快速链接切换,并加入朝代——纪元转换、古代名人、官职、古代地名等辅助功能,从时间——空间——人物三维空间帮助读者检索。

✲"中国丛书库";刘俊文总纂,北京爱如生数字化技术研究中心研制,专门收录历代丛书的全文检索版大型古籍数据库。该库分为全书型和集成型,全书型收录全部现存3000余种丛书及其所载7万余部典籍;集成型仿照20世纪30年代出版之《丛书集成初编》,将现存3000余种丛书所载7万余部典籍删去重复,收录其中罕见和实用的典籍1万余部。

✲"抗日战争与近代中日关系文献数据平台"收录《丛书大辞典》:杨家骆著,辞典馆1936年初版。此书以四角号码排列书名。其书前序例分章介绍丛书史、丛书目录史、本书编刊经过、条目、排检、范围等内容。

二、检索近现代丛书

1. 丛书目录

《中国近代现代丛书目录》:上海图书馆1979年编印。此书与《中国丛书综录》衔接,收录1902年至1949年间各门类丛书5549种,子目(单种书)30940条,采用钢笔正楷手抄成稿,照相影印出版。全书按丛书书名的首字笔画排列,丛书书名下注明编者、出版年月、出版处,然后详列子目。

《中国近代现代丛书目录索引》(上下):上海图书馆1982年编印。其中上册为"子目书名索引",专为查检第一册"总目"中所列全部子目书名用。下册为"子目著者索引",专为查检第一册"总目"中所列全部丛书子目各书所署著、译、编、编著、编辑和选注者用。

《商务印书馆图书目录1897—1949》:商务印书馆1981年出版。其中有《商务印书馆出版丛书总目录》。

《中华书局图书目录》从民国到当代都有分年编辑。例如,1937年的目录有"丛书、丛画"类。

2. 大型丛书

一些旧版图书以丛书的形式汇集,重新出版。例如《重庆图书馆藏民国时期未刊书丛编》(全120册):重庆图书馆编,中华书局2016年出版。从重庆图书馆藏民国时期未刊图书中精选579种,时限自1929年至1949年。基本为油印本,铅印本只占极少数。内容分为八大类：哲学宗教、政治法律、经济、军事、语言文学、历史地理、科技、文化教育。

《温州市图书馆藏日记稿抄本丛刊》(全60册)：中华书局2017年出版，涉及温州近代政治、教育、文化、经济、社会诸方面，绝大多数为稿本(少数为抄本)。

《民国学术经典文库》(31种)：薛德震主编，东方出版社1996年出版，包括思想史类丛、历史类丛、文学史类丛。

《民国丛书》(全5编500册)：周谷城主编，本书编辑委员会编，上海书店出版社2018年出版，共收书1126种。

《晚清西学丛书》：周伟驰、姚达兑主编，南方日报出版社2018年出版。此书收录晚清西学译著的代表作，并加以校注。

有的旧版丛书出版了新印本，例如，蒋伯潜、蒋祖怡父子合著的原世界书局1942年出版的“国文自学辅导丛书”，1997年由上海书店出版社以“古典文史基本知识丛书”的名义重新出版(8册)。商务印书馆30年代出版的“中国文化史丛书”(41种)，1984年由上海书店复印出版，内容极为丰富。

第七章

报刊及论文信息检索

中国近代的报纸和期刊是随着西方报刊以及机械化印刷技术的传入而产生的。最初是西方传教士在我国境内出版报刊,后来出现了中国人自己创办的报刊。

近代以来,在我国的各个历史时期,各种报刊的出版不胜枚举。特别是 20 世纪 80 年代以来,我国的报刊业发展迅速,数量剧增,种类繁多。据《中国出版年鉴》(2020)统计:2019 年全国共出版期刊 10171 种、出版报纸 1851 种。由于数字技术的发展,许多有重要影响的报刊已经是印刷版与网络版同步发行,并建立了报刊社网站,发布数字版内容。

报纸和期刊是重要的文献信息源,具有内容新颖广泛、形式多样、时效性强、连续出版等特点。专业的期刊和高校学报更是知识信息密集,具有学术参考价值。这些报刊不仅为研究新闻出版和传播现象提供了重要史料,也为研究各个时期的政治、经济、文化以及社会生活提供了参考文献。▲“《人民日报》图文数据库”收录了《人民日报》创刊(1946 年)至今(不断更新)的全部图文报道信息,读者还可以通过“浏览本版”,阅读报纸的原版面。这一数据库的资料无疑具有中国当代编年史的意义。但原文本的报纸文献在这样巨大的数字仓库中已经失去了原有的历史语境,成为可以根据关键词进行检索和聚合的碎片。

检索报刊本身的信息,一般包括报刊名称、主办单位、报刊社地址、出版周期、创始年月以及出版变化情况、报刊栏目特色等,要利用报刊目录、报刊社名录。检索报刊所载的内容信息,要利用报刊篇目索引、专题论文资料索引、文摘等。

报刊目录或索引有多种形式:有收录某一时期报刊的综合性目录,也有专门的报刊目录,如专收某一报或刊的目录、专收某一类主题信息资料的报刊目录。有回溯性的报刊目录以及影印报刊索引,也有反映最新报刊信息的目录。特别是数字版(光盘版、网络版)报刊资料全文数据库,具有存储海量、更新迅速、检索快捷等特点。目前已经开发了多种晚清民国时期的报刊数据库,还有 1949 年以来的报刊数据库。今天的读者可以穿越历史的时空,发现文本之间前所未有的“关联”,引发新的思考,并将这些资料连缀起来，进行重新建构，完成有关“历史”的研究题目。[①]

此外，学位论文（硕士、博士）逐年增加，数量很大，是重要的学术资源和参考文献。中国知网等平台开发的学位论文数据库，已经成为硕士、博士论文“网络出版”的一种方式。

第一节　报刊目录检索

一、检索晚清民国报刊目录

专题目录有明确的界定范围，其本身具有新闻史价值，其内容为近代史研究提供了丰富的资料。

（一）各时期的报刊目录

《清季重要报刊目录》（编者佚名）、《辛亥革命杂志录》（张于英编），均见张静庐辑注《中国近代出版史料》（初编）；《辛亥革命前海内外革命书报一览》（冯自由编）、《民国初期的重要报刊》（戈公振撰），见张静庐辑注《中国近代出版史料》（二编）。《中国近代出版史料》，中华书局1957年出版，上海书店出版社2003年出版。

《辛亥革命时期期刊总目》：上海图书馆1961年编印，收录当时中国留学生在日本东京编辑出版的20种期刊的目录。著录内容包括刊名、原署的编辑者、发行者、卷期，以及出版起迄年月，然后是篇目内容。

《辛亥革命时期期刊介绍》：丁守和主编，共5集，人民出版社1982—1987年陆续出版。

《五四时期期刊介绍》（1—3集）：中共中央马恩列斯著作编译局研究室编，生活·读书·新知三联书店1979年重印。此书介绍了“五四”运动和中国共产党成立时期的期刊160余种。

《民国时期出版物总目录·民国报纸总目》（全120册）：中华书局2021年出版。此书收录1912—1949年间我国出版发行的中文报纸共计3950种，其中各类创刊号、试刊号、专刊、特刊等1128种，按出版地行政区划编排，每种报纸均著录报刊名、版本、责任者、出版发行、出版频率、尺寸、附注等项，并编制了报刊名索引。为展示文献原

---

① 于翠玲．报纸媒介的历史文献价值及解读思路：兼论大学生的媒介文化素养［J］．浙江传媒学院学报，2016（2）：49-53．

貌,每种报纸皆配有创刊号或现存最早一期的全部版面。

《抗战时期期刊介绍》:丁守和编,社会科学文献出版社 2009 年出版。

《中国近代报刊名录(1815—1911)》:史和、姚福申、叶翠娣编,福建人民出版社 1991 年出版。

《河北省近现代期刊综录》:戴国林编,河北人民出版社 1990 年出版。

《中国近现代妇女报刊通览》:田景昆、郑晓燕编,海洋出版社 1990 年出版。此书收录 1898—1989 年间的 146 种中国妇女报刊介绍,附有 1898—1989 年间的 620 种中国妇女报刊年录。▲1898 年创刊的《女学报》是中国第一份妇女报。

(二)馆藏的报刊目录

《全国中文期刊联合目录(增订本 1833—1949)》:全国图书联合目录编辑组编,书目文献出版社 1981 年出版。此书收录全国 50 家图书馆 1833 年至 1949 年 9 月入藏的国内外出版的中文期刊约 2 万种。

《1833—1949 全国中文期刊联合目录补编本》:北京图书馆、上海图书馆编著,书目文献出版社 1994 年出版。此书补充编收了清末至民国时期期刊 16400 余种。

*《国家图书馆民国期刊书目数据库》:国家图书馆联合编目中心编制,收录国家图书馆所收藏民国时期(1911—1949)期刊书目数据,以社科类为主要特色,包括解放区、敌占区、日伪时期的刊物及中国共产党在白区出版的刊物等书目信息,数据有 15000 余条。

*《北京师范大学图书馆藏中文珍稀期刊题录》:北京图书馆出版社 2002 年出版,并自建了数据库。共收录 1876—1949 年间的 283 种刊物,包括:各时期影响较大的刊物、文学刊物、解放区出版的刊物、中国共产党各级组织及其领导下的刊物等。

《上海图书馆馆藏近现代中文期刊总目》:上海图书馆编,上海科学技术文献出版社 2004 年出版。此书共收录中文期刊 18485 种,时间为 1868 年至 1949 年 9 月。

(三)文学艺术报刊的目录

《晚清文艺报刊述略》:阿英著,(上海)古典文学出版社 1958 年出版。此书包括三个部分:晚清文学期刊述略、晚清小报录、辛亥革命书征。

《晚清以来文学期刊目录简编》(初稿):鲁深编,见张静庐辑注《中国现代出版史料》丁编下卷,中华书局 1959 年出版,收录了 1872 年至 1949 年 7 月间的文学期刊 988 种。

《中国现代文学期刊目录》:现代文学期刊联合调查组编,上海文艺出版社 1961 年出版,收录了 1902—1949 年间出版的文学期刊及有关期刊 1594 种。

《中国现代文学期刊目录汇编》(1915. 9—1948. 12)：唐沅等主编，天津人民出版社 1988 年出版，选录了我国现代文学史上有影响有代表性的期刊 276 种。

《中国现代文学期刊目录新编》(上中下)：吴俊、李今、刘晓丽、王彬彬主编，上海人民出版社 2010 年出版，收入中国现代文学(相关)期刊 657 种。

《1872—1949 文学期刊信息总汇》(全四卷)：刘增人、刘泉、王今晖编著，青岛出版社 2015 年出版。

《二十世纪〈俗文学〉周刊总目》：关家铮编著，齐鲁书社 2007 年出版。

《抗战文艺报刊篇目汇编》(正编、续一)：王大明等编，四川省社会科学院出版社 1984 年、1986 年出版，收录了 1931 年至 1945 年间的文艺期刊和报纸副刊上发表的文章篇目。

《上海"孤岛"文学报刊编目》：上海社会科学院文学研究所等编，上海社会科学院出版社 1986 年出版，收录了上海"孤岛"时期(1937. 11. 12—1941. 12. 8)出版的报纸文学副刊、文学期刊和丛刊。

《中国现代戏剧电影期刊目录(初稿)》：刘华庭等编，上海文艺出版社 1962 年出版，著录了 1919—1949 年间的戏剧、电影刊物。

《中国现代电影期刊全目书志》：上海图书馆编，上海科学技术文献出版社 2009 年出版。此书收录了 1921—1949 年出版的电影杂志 376 种，每种期刊均有详细的提要、内容列举、特色分析、出版经过的考证，且每种都附相关书影。有张伟的代序《纸质媒体里的民国电影》。

《小说月报索引》(1921—1931)：书目文献出版社编，书目文献出版社 1984 年出版。此书包括"篇名分类索引"和"篇名音序索引"，可以用来查检书目文献出版社 1981 年重印的《小说月报》上发表的全部篇名、插图和肖像等。

(四)有关报刊的工具书

关于报刊出版的其他工具书也可以查检期刊目录。例如，《中国报刊词典》(1815—1949)：王桧林、朱汉国主编，书海出版社 1991 年出版。

《中文期刊大词典》(上下)：伍杰主编，北京大学出版社 2000 年出版，收录了 1815 年至 1949 年间出版的中文期刊 33036 种。

《中国百年期刊发刊词 600 篇》(上下)：刘宏权、刘洪泽主编，解放军出版社 1996 年出版。此书也可查检期刊名录、期刊发刊情况等。▲第一篇是文言文《〈益文录〉弁言》(1878 年)，有注释和译文。

《中华百年报刊大系 1815—2003》：中国报刊协会、中国期刊协会主编，华夏出版社 2004 年出版。此书共收录中国报刊 11021 种，分为历史报刊卷、当代报刊卷、特别收录卷,有期刊总目录检索表。每一报刊均有图有文,特别是收集了大量历史报刊图像。▲《东西洋考每月统记传》说明:“图为《东西洋考每月统记传》的封面和内文的序,原刊物大小相当于现时通行的三十二开书籍。创刊时间:1833 年 8 月 1 日,出版地:广州。创办人:郭士立。”

《中国新闻实用大辞典》:冯健总主编,新华出版社 1996 年出版。此书的“中国新闻事业”部分,以词条形式介绍了中国近代报刊、当代中国报刊。

二、检索 1949 年后报刊名录

检索 1949 年后出版的报刊,要利用报刊名录等工具书。由于报刊发展迅速,每年都有变化,这类工具书会不断增补、推陈出新,所谓“最新”“大全”都是相对而言的。因此,报刊名录所反映的只是一定时间段内中国报刊发展的情况,检索使用时要注意其出版时间和收录资料的年限、收录的范围等。

(一)报刊名录

《中国当代期刊总览》(上下):本书编辑组编,黑龙江人民出版社 1987 年出版。此书收录了在我国政府出版管理机关正式注册的 1986 年出版的期刊 5000 余种。每种期刊著录其名称、出版地点、演变、主办者、出版者、创刊日期、代号、定价等 20 个项目。

《最新中国期刊全览》:辛期等编,现代出版社 1989 年版。此书收录了 1988 年 10 月底之前经国家新闻出版署批准的具有国内统一刊号的期刊约 3000 种。

《中国高等院校校报名录》:胡兆明等编,上海交通大学出版社 1988 年出版。

《中国期刊文献检索工具大全》(1949—1989):吴嘉敏主编,复旦大学出版社 1991 年出版。

《中国期刊名录》(上下):新闻出版总署报纸期刊管理司、中国出版杂志社 2003 年编辑出版。此书收集了全国 8495 种经新闻出版总署审核批准的公开的期刊的基本信息,采取先中央、直辖市,后地方的体例,各地按全国行政区划的编排方式,各省(区、市)的期刊又按其刊号从小到大的顺序排列。收录的信息涵盖了办刊宗旨、主要负责人、主管主办单位、刊期、办刊时间、定价、通联方式等基本要素;对于中文以外的不同文版、汉文以外的少数民族文版,均作了标注。此后有《中国期刊名录》(2006 年版,上、下册):新闻出版总署报纸期刊出版管理司、中国出版杂志社、高等教育出版社编,中国 ISBN 中心 2006 年出版。

《当代中国报纸大全》:陈崇山主编,宁夏人民出版社 1988 年出版,收入 1987 年 1

月底以前创刊的定期出版的并公开或内部发行的铅印(或胶印)报纸共2578家。

《中国报纸名录》:新闻出版总署报纸期刊管理司、中国出版杂志社2003年编辑出版。此书共收集了全国2709种(其中校报561种)经新闻出版总署审核批准的公开的报纸的基本信息,采取先中央、后地方的体例,各地按全国行政区划的编排方式,各省(区、市)的报纸又按其刊号从小到大的顺序排列,高校校报单列其后。刊载信息涵盖了办刊宗旨、主要负责人、主管主办单位、刊期、办刊时间、定价、通联方式等基本要素。此后有《中国报纸名录・2006年版》,中国ISBN中心2006年出版。

✲中国图书出版网(www. bkpcn. com):有"中国报刊名录数据库",可以查询。

《外国报刊目录》(1999年第9版):中国图书进出口总公司编,万国学术出版社1999年出版。此书共收录34100种外国报刊条目,有光盘版,有关数据库已经上网,可以了解最新的报刊目录消息。

《全国西文连续出版物联合目录1978—1984》:北京图书馆报刊联合目录编辑组编,书目文献出版社1989年出版。

(二)核心期刊名录

核心期刊是指刊载与某一学科(或专业)有关的信息较多,且水平较高,能够反映该学科最新成果和前沿动态,受到该专业读者特别关注的期刊。

《中文核心期刊要目总览》:北京大学图书馆及北京十几所高校图书馆众多期刊工作者及相关单位专家参加的研究项目,从我国正在出版的中文期刊中评选出核心期刊。1992年发布第一版,2011年开始每3年一评。目前最新版是第九版(2020—2023年适用),每一版都有调整,是图书情报、新闻出版、科研成果管理等部门和期刊读者的参考工具书。

《中文社会科学引文索引(CSSCI)来源期刊》:南京大学中国社会科学研究评价中心组织评定,每两年评定发布一次目录,每次都有调整。遵循文献计量学规律,采取定量与定性相结合的方法,从全国2700多种中文人文社会科学学术性期刊中精选出学术性强、编辑规范的期刊作为来源期刊。目前最新版是2021—2022年度版,包括来源期刊目录(共615种),还有扩展版来源期刊目录(共229种)。✲现已开发CSSCI(1998年—2020年)年度数据库:收录来源文献150余万篇,引文文献1000余万篇。其中《中文社会科学引文索引》包括"来源文献检索""被引文献检索"。▲选择"来源期刊检索",在检索框确定"篇名",输入"出版史",结果是1998—2020年有153篇论文。借助这个结果可以对出版史研究的状况进行综述。而"被引文献检索"包括:被引篇名(词)、被引作者(可以"排除自引")、被引期刊名称、被引文献细节。可以查看"来源作者"发表于"来源期刊"的论文被引用的具体情况,并链接到原文本,这也是高校评定作者学术影响力的参考指标。

《国外人文社会科学核心期刊总览》:1996 年、2000 年已出版两版。北京大学图书馆编辑,戴龙基、蔡蓉华任主编,北京大学出版社 2004 年出版第三版。从正在出版的数万种文科外文期刊中评选出 1400 种核心期刊,分属 13 个学科。包括:学科核心期刊表、核心期刊简介,是系统介绍国外文科核心期刊的重要参考工具书,可供我国图书情报部门外刊采访及读者阅读外文期刊和投稿时参考。

第二节　报刊资料和论文检索

检索报刊资料和论文,要利用报刊资料索引和报刊论文索引。目前已经有多种综合性及专题性的报刊全文数据库,检索报刊文献信息更加便捷。

一、检索报刊资料

(一)检索 1949 前报刊篇目

1. 利用报刊索引

《中国近代期刊篇目汇录(1857—1918)》:上海图书馆编,上海人民出版社 1980 年第 2 次印刷。此书收录了全国 51 家图书馆所藏的 1857—1918 年间的中国近代中文期刊 495 种(11000 余期),着重汇集哲学、社会科学方面的一些主要刊物,汇录其全部篇目。全书分为 3 卷 6 册。

《遐迩贯珍》(附解题 · 索引):松浦章、内田庆市、沈国威编著,上海辞书出版社 2005 年出版。《遐迩贯珍》是麦都思 1853 年到 1856 年在香港发行的中文月刊。此书根据伦敦大学亚非研究所资料室所藏《遐迩贯珍》原本编制,由汉字索引、人名地名索引、词汇索引三部分组成。附录影印原文及研究论文。

《东西洋考每月统记传》:爱汉者(郭实腊自称)等编,黄时鉴整理,中华书局 1997 年出版影印本。此刊 1833 年 8 月 1 日创刊于中国广州,其创办人和主编是德国传教士郭实腊。黄时鉴作有导言,并编辑了总目和索引。▲"导言"说明:"统记",原本也有写作"统纪"的,"统记传"是 Magazine(今通译作"杂志")的对应词。

《东方杂志总目(1904. 3—1948. 12)》《国闻周报总目》《新中华总目》:三联书店编辑部编,生活 · 读书 · 新知三联书店 1957 年出版。

《十九种影印革命期刊索引》:人民日报图书馆编,人民日报出版社 1959 年出版。人民出版社曾影印出版了《新青年》《每周评论》《共产党》《先驱》《向导》《前锋》《中国工人》《政治周报》《农民运动》《布尔什维克》《无产青年》《实话》《群众》《八路军军政杂志》《中国青年》等 19 种革命期刊。此索引可查检这 19 种革命期刊所载全部篇目。

《二十六种影印革命期刊索引》:中国革命博物馆资料室编,人民出版社 1988 年出版。人民出版社等单位影印出版了《星期评论》《少年中国》《劳动界》等 26 种革命期刊,此索引可查检其全部篇目,共计 9000 余条。

《新民主主义革命时期影印革命期刊索引》(抗日战争时期):中共中央党校图书馆编,中共中央党校出版社 1987 年出版。此索引收录了已经影印出版的 50 多种新民主主义革命时期革命期刊中的文章。

《申报索引》(1872. 4—1949. 5):上海书店 1988 年起分册陆续出版。包括新闻资料分类索引、人名索引、《自由谈》篇目及其作者索引等。上海书店 1983 年起影印了全部《申报》,共计 400 册。此索引为检索《申报》而编,以年度为单位,逐年编制。

《民国四大报纸社论篇名索引》:李玉、于川主编,国家图书馆出版社 2011 年出版。此书包括中国近代四种重要的报纸《申报》(1872—1949)、《大公报》(1902—1949)、《民国日报》(上海)(1916—1947)、《中央日报》(1928—1949)所刊社论的篇名汇总。

《新华日报索引》:新华日报索引编辑组编,北京图书馆 1963—1964 年分册出版。此索引与北京图书馆 1963 年影印本《新华日报》相配套。

《解放日报索引》(1941. 5—1947. 3):人民日报图书资料组编,人民出版社 1956 年出版。此索引与人民出版社 1954 年影印本《解放日报》相配套。

《(晋冀鲁豫)人民日报索引》:人民日报图书馆编,人民日报出版社 1961 年出版。此索引与北京图书馆 1960 年影印本《(晋冀鲁豫)人民日报》相配套。

2. 利用报刊资料汇编

关于报刊原文的资料,近年来多有复制出版。例如,《清末官报汇编》(78 册):姜亚沙编,全国图书馆文献缩微复制中心 2006 年出版。此书搜集清朝官报近三十种整理出版,包括《北洋官报》《湖北官报》等地方政府官报、以教育官报为主的专门性地方官报、《商务官报》等政府职能部门的机关官报和清朝中央政府的机关报《政治官报》。

《民国文献资料丛编:京报副刊》(7 册):孙伏园主编,国家图书馆出版社 2016 年出版。此书将《京报副刊》全部 477 期按原样影印出版,精装为 6 册,编制“总目、索引”一册(即第 7 册)。

《五四时期重要期刊汇编》(全 20 册):李强编,国家图书馆出版社 2012 年出版。

《抗日战争期刊汇编》(全 40 册):姜亚沙等主编,全国图书馆文献缩微复制中心

2006年影印出版。

《中华抗战期刊丛编》(全67册):江苏省档案馆、南京师范大学抗战研究中心选编,国家图书馆出版社、南京师范大学出版社2015年影印出版。此书集中收录了抗战时期敌后抗日根据地和重庆上海出版的抗战期刊65种553册,大多为1939—1945年间最艰苦时期出版。

《中国近现代女性期刊汇编》(全148册):线装书局2006年限量发行。此书选取《女子月刊》《妇女杂志》《妇女共鸣》《妇女时报》《女子世界》《公教妇女季刊》《妇女月刊两种》《浙江妇女》《妇女》《妇女旬刊汇编》《中国女青年》《中国妇女》《妇声》《战时妇女》《妇女鉴》《女学界》等近20种具有代表性的女性期刊,均为原书原样影印。

《民国珍稀短刊断刊》:全国图书馆文献缩微复制中心编。此书选择民国刊物中有影响的短刊断刊约1800余种,按刊物出版地编辑分卷,2006年起由多家出版社陆续出版。

《民国珍稀专刊特刊增刊纪念号汇编:特刊卷》(全88册):本书编委会编,全国图书馆文献微缩复制中心2010年出版。

《国学季刊》(全12册):北京大学国学季刊编委会编,上海书店出版社2021年出版。

《民国时期国学期刊汇编》:武秀成主编,巴蜀书社出版。此书搜集、影印民国时期全国以"国学"为主要研究内容的期刊,2019年出版首辑(60册),2021年出版续辑(47册)、三辑(36册)。

《民国佛教期刊文献集成》:黄夏年编,中国书店出版社2006年出版,2008年出版《补编》,2013年出版《三编》。

《抗战三日刊》(1937—1938):邹韬奋编辑,全2册,上海书店出版社2015年出版。此刊每逢三、六、九日出版,共出86期。

《民国时期报纸文艺副刊汇编》(第1编,80册):李杨主编,金陵书社2020年出版。

《中央日报》(1928—1949):江苏古籍出版社1997年影印,全60册。《中央日报》是南京国民政府时期国民党的中央机关报。

《申报馆剪报资料》:原为上海申报馆剪报资料室收集整理,上海书店出版社重新编辑,2017年出版《上海卷:历史掌故专辑》(全4册)、《上海卷:淞沪抗战专辑》(全12册),2021年出版《上海卷:高等院校专辑》(全8册),2022年出版《上海卷:新闻出版专辑》(全12册)。

3. 利用报刊全文数据库

✲"瀚堂近代报刊"数据库:汇集数百种清末至民初的报纸和刊物,包括香港的

《遐迩贯珍》、北京的《顺天时报》、天津的《大公报》《益世报》《北洋画报》,上海的《上海新报》和《申报》等400多种报刊。图文对照整理,可全文检索,并标记有详细时间,可以逐月逐日检索浏览。该库可以独立使用,也可以与"瀚堂典藏"古籍库中上万种历代典籍整合使用。全库内容持续修订增补,种类动态添加。▲选择"全文",输入"新闻纸"一词,可以看到相关记录8710个,按年列出,呈现这个词语出现的时间以及变化情况。其中最早的是1834年的《东西洋考每月统纪传》中《新闻纸略论》一文。《申报》所刊登的大量书业广告是研究晚清民国时期图书出版发行的重要史料。▲输入"康熙字典"一词,就可以看到多家出版社在此报刊发的广告内容。①

✲"爱如生晚清民国大报库":北京爱如生数字化技术研究中心研制。收录自清同治十一年(1872年)至中华民国三十八年(1949年)共七十余年间,存续时间长、影响范围广、史料价值高的大型报纸20种,包括上海《申报》《大公报》等,总约20万个期号,有多种检索方式。

✲上海图书馆《全国报刊索引》镜像数据库:2014年增加了《晚清期刊全文数据库》(1816—1911),收录晚清时期600余种期刊,约60万篇全文。还有《民国时期期刊全文数据库》(1911—1949),计划收录民国时期出版的25000余种期刊,近1000万篇文献。还有《中国近代报纸库》,汇聚了1850年至1952年百余年的4000份中英文报纸。此数据库内容集中反映这一时期的政治、军事、外交、经济、教育、思想文化、宗教等各方面的情况,具有重要的学术价值和史料价值。采用便捷的检索服务平台,可对文献进行检索、浏览并下载全文;还可以使用"文献导航"功能,直接浏览和下载期刊原文(扫描版的期刊封面及全部内容,整本浏览)。▲输入一个关键词(国学、国故、国粹,任选其一),可以通过当时发表于不同期刊的多篇文章,了解当时有关"国学"概念的由来、论争及不同看法,作为我们今天认识"国学"现象的参考。

✲大成公司开发的"大成老旧期刊全文数据库":收录清末到1949年近百年间中国出版的8000多种期刊,共18万多期,很多期刊属于国内不多见的珍本,内容丰富,检索方便;资料涉及文史教育、哲学经济、政治军事、工农交通、天文医药等各大门类,在中国近代的历史、文学、教育、哲学、政治、科技史等方面,具有史料研究价值。② 此外,该公司还开发了"中共党史期刊数据库",搜集了1949年前共产党创办和参与创办的刊物300多种,1万多期。

✲"红色报刊档案数据库":谷浪远景(北京)科技发展有限公司开发。此数据库包含从1921年7月1日中国共产党诞生至1949年10月1日新中国成立这个时期

---

① 于翠玲.《康熙字典》在近代的出版流变[J].吉林师范大学学报,2020(3):50-55.

② 笔者借助这个数据库,搜索抗战时期的儿童期刊,发现了《抗战儿童》。参见于翠玲,房宝群."抗战儿童"系列刊物叙考[J].出版史料,2015(6).还从中搜集有关"出版自由"的概念及其资料,指导学生写作硕士论文。

内,由中国共产党直接领导或间接创办的党报党刊。目前收录《解放日报》《新华日报》《八路军军政杂志》《群众周刊》等报刊档案,可检索文献条目约 20 余万条、图片 3 万余幅,内容持续更新。

✲"中国历史文献总库・近代报纸数据库":国家图书馆出版社开发。此数据库以国家图书馆的馆藏为主,其他图书馆所藏的报纸为辅,优先选取具有全国影响或在某一地域影响较大的报纸进行数据加工,提供全文检索、篇目定位、热区显示、特色导航等功能,方便使用者进行查阅。目前已上线的第 1—8 辑包含报纸 622 余种,240 万版,收录年限为 1840—1949。

✲"瀚堂典藏"数据库平台的"民国文献大全"数据库:包含图书逾 18 万册;期刊逾 2 万种;报纸条目 1100 万余笔,涵盖上海《申报》《民国日报》、天津《大公报》《益世报》、北京《顺天时报》、长沙《大公报》、重庆《新华日报》等,并不断扩充资源,动态更新添加内容。

✲"抗日战争与近代中日关系文献数据平台":也收录民国时期的报纸、期刊,免费阅读。▲目前收录商务印书馆出版的期刊有 35 种、中华书局出版的期刊有 18 种。

✲商务印书馆的"东方杂志全文数据库"(又名"民国期刊总辑全文数据库"):拥有国内最完整、最准确的《东方杂志》期刊文献资源。此数据库包括 3 万多篇文章、1.2 万多幅图画、1.4 万多则广告,提供全文、标题、作者、图片、广告等检索,还有期刊浏览。▲选择"标题"检索,输入"国学",有 89 条结果,大部分是图书广告(《国学概论》《国学基本丛书》等)。

✲中国集刊网的"集刊全文数据库":专门以学术集刊资源为基础的专业数据库。此数据库依托中国集刊年会、中国集刊网,整合社会科学文献出版社已出版的所有集刊内容资源。

✲"中国近现代思想史全文检索数据库(1830—1930)":当代中国文化研究中心为观念史、概念史研究而建立的数据库。此数据库包含 1830—1930 年间有关中国近现代报纸、杂志、传教士和西方著作中译本以及各种文献 1 亿多字,具有关键词、作者、文献名称、篇目名称等检索功能。由此可以研究分析中国现代思想、重要观念的起源,并探讨观念变迁和重大历史事件的互动。▲金观涛、刘青峰《观念史研究:中国现代重要政治术语的形成》一书就利用了这个数据库,对"科学""民主""平等"等概念(关键词)进行了统计和研究。①

海外也有多种关于中国近代报刊的数据库。例如,德国海德堡大学"晚清和民国

---

① 邱伟云,金观涛,刘青峰,刘昭麟. 中国近代平等观念形成之数字人文研究:以报刊为中心[J]. 清华大学学报(哲学社会科学版),2018(6):1-33.

时期中国女性杂志数据库”:收录《女子世界》(1904—1907)、《妇女时报》(1911—1917)、《妇女杂志》(1915—1922)、《玲珑》(1931—1937),是学者季家珍等为专题研究所建立的数据库。

重拾历史记忆具有温故知新的现实意义。老旧报刊资料具有重要史料价值,与新闻史、出版史、传播史研究有密切关系;“历史上的今天”等媒体栏目也可从中获取大量资料。

(二)检索1949年后单种报刊篇目

全国各种重要报纸都有按年度编排的索引,有的最初为印刷版本,后来开发了电子版本。

1.利用报纸索引

《新华文摘总目录》(1979—1985):新华文摘社编,人民出版社1986年出版。此索引包括1979年1月创刊号至1985年第12号的目录。此后还出版了《新华文摘总目录》(1986—1990),2004年出版光盘版《新华文摘300期总目录》(1979—2003)。

《光明日报索引》:光明日报社编印,1954创刊,月刊。每月出版一期《光明日报缩印本》,附当月索引。

《文汇报索引》:文汇报社编印,1958年创刊,月刊。

《人民日报索引》:人民日报社编印,1951年创刊,月刊。

《解放军报索引》:解放军报社编印,1967年创刊,月刊。目前已有解放军报年度检索光盘(1956—1997)。

2.利用报纸数据库

目前各家报纸都有网站及数字版,可以及时浏览当日的消息。有的报纸还开发了全文检索的数据库,可以回溯检索过往的报纸信息。

✲人民数据综合版:其“报刊”栏目包括人民日报、党报头版要闻、人民日报海外版、求是、学习时报、环球时报、国际金融报、中国能源报、健康时报、生命时报、讽刺与幽默、人民论坛、中国经济周刊、新闻战线等,各子库均可进行检索。其中“《人民日报》图文数据库(1946—至今)”收录《人民日报》创刊(1946年)至当前最近一周(不断更新)的所有图文信息及报纸图像版,可以对全部数据库进行检索。▲在“高级检索”中,限定“时间段”为1963—2020,在“文章标题”中输入“雷锋”一词,可以检索到1840条记录。其中第一篇是1963年1月25日的《国防部批准授予沈阳部队工程兵某部四班光荣称号“雷锋班”》,最后一篇是2020年12月19日的《学雷锋文艺志愿服务系列活动——唱响新时代雷锋之歌》。读者可以点击“浏览本版”,有文字版和“原版样式”。如果选择某日,如2020年3月5日,标题"雷锋",可以检索到《像雷锋那样践行初心使命(思想纵横)》一文。目前有关雷锋的报道已经历时50多年,我们可以通过检索《人民日报》的数据,对媒体中的雷锋形象及其变迁和影响进行专题研究。

✲光明日报报业集团数字报:包括《光明日报》《中华读书报》《文摘报》的内容信息。进入途径是:光明网——悦读——光明报系,再选择某报的数据库,可以检索从过往年份至今的信息。▲笔者曾指导硕士生利用《光明日报》数据库,研究其"国学"版(2006—2016)的编辑特色。目前已有"《光明日报》(1949—2018)全文检索数据库":收录自1949年6月16日至2018年的所有内容。此数据库支持文章全文检索、图片检索、广告检索、综合检索,可原版原貌浏览报纸。可对所检索的内容能进行分类统计,包括文章篇数、字数、字频、图片数量、广告面积等。

✲《参考消息》数据库:收录从1957年3月1日创刊以来到2007年1月25日的全部报纸原版、文字、图片、表格、广告信息的全文信息。目前可以在新华网阅览《参考消息》电子版。

✲《经济日报》数据库:收录从1983年1月1日创刊以来到2006年9月30日的全部报纸原版、文字、图片、表格、广告信息的全文信息。《经济日报多媒体数字报刊》有"往期报纸查询",目前可以查询2021年1月前的报纸。

✲《科技日报》全文数据库(1991—1997):收录1991—1997年期间《科技日报》全文内容,文章总数达11万篇,可对某一课题、时间、机构、人物在该期间的活动及其社会历史地位进行回溯,具有全文检索功能。其数字报也有查询栏目,目前可以检索2016年以来的报纸。

二、检索报刊论文

目前检索报刊论文(索引及全文)资料,不仅有传统的印刷版本的检索工具,还有新开发的多种网络版数据库,检索各学科的学术论文信息已经变得轻而易举了。

(一)利用综合索引

《全国报刊索引》:上海图书馆编辑出版。原名《全国主要报刊资料索引》,1955年创刊。1980年起分"哲社版"和"科技版"按月出版印刷版本。此索引是目前我国收录报刊种类最多、资料涉及范围最广的检索工具。

✲《全国报刊索引数据库》:上海图书馆在印刷版《全国报刊索引》基础上开发,上海科学技术文献出版社2000年出版光盘版,根据内容分为"哲社版"和"科技版"两个单列库发行,2003年出版网络版,有"现刊索引数据库"(1980年起)。此数据库现发展成为集印刷版与网络服务平台为一体的综合性知识服务体系，可提供 5 万余种报刊、5000 余万篇文献的一站式知识服务。

《中国社会科学文献题录》：中国社会科学院文献情报中心主编，社会科学出版社出版，1984 年创刊。此书原按专业分为 8 个分册，出版周期分月刊、双月刊和季刊。1986 年起不分册，全部按照学科编排，双月刊。所收录的题录内容有：马克思主义、哲学、社会科学总论、政治、法律、经济、文化、科学、教育、图书馆学、情报学、语言、文学、历史、考古等学科，收集全国社会科学报刊，包括省（自治区）市、地区级公开发表的刊物上具有学术性、理论性、信息性的文章，以及对社会科学研究有参考价值的资料。自 1994 年起实现了编制与建立数据库一体化，数据库可供检索的途径有：分类号、主题、篇名、作者等。

《复印报刊资料索引》：中国人民大学书报资料中心编印。此索引是为该中心编印的《复印报刊资料》而编辑的索引，从 1980 年开始分年度出版，1983 年起改名为《报刊资料索引》，内容来自其他报刊，经过学界专家精选后，根据学科、专题分册出版。✲2018 年“复印报刊资料库”（简称人大复印库）改版上线，包括：全文数据库、数字期刊库、专题研究数据库、中文报刊资料摘要数据库、中文报刊资料索引数据库、目录索引数据库。全文数据库：囊括了人文社会科学领域的各个学科，内容源于“复印报刊资料”系列纸质期刊。专题研究数据库：设有 29 种专题，包括中国立法、司法、政治、民族、社会等方面的问题研究，共收录 35 余万篇文章，每个专题里面又下设若干子库，内容涵盖人文社会科学领域中的理论前沿和社会热点问题。目录索引数据库：汇集了 1978 年至今“复印报刊资料”系列期刊的全部目录，按专题和学科体系分类编排而成。2012 年起发布“复印报刊资料重要转载来源期刊”的研制报告，包括各学科“转载排名列表”。

《全国高等院校社会科学学报（年度）总目录》：吉林大学社会科学学报编辑部编辑，吉林大学出版社出版。1950 年至 1966 年共一本（1986 年出版），1977 年至 1979 年共一本（1984 年出版），1980 年起每年编辑一本。此目录按照学科分类编排。

《国外社会科学论文索引》：社会科学院情报研究所编，中国社会科学出版社出版，1979 年创刊，双月刊。目前已开发“国外社会科学论文索引数据库”。

（二）利用数据库资源平台

1. 中国知网（https：//www. cnki. net/）

✲中国知网新版主页检索框的左边包括三大类目：文献检索、知识元检索、引文检索；每一类目下面以《中国知识资源总库》系列产品的简称作为子目录，可以自主选择，可以跨库检索。

“文献检索”下列：学术期刊、学位论文、会议、报纸、年鉴、专利、标准、成果、图书、学术辑刊、法律法规、政府文件、企业标准、科技报告、政府采购。

“知识元检索”下列：工具书、手册、百科、图片、统计数据、指数。

“引文检索”即《中国引文数据库》。

“学术期刊”即《学术期刊库》：实现中、外文期刊整合检索。中文学术期刊8450余种，含北大核心期刊1970余种，网络首发期刊2870余种，最早回溯至1915年，共计6250余万篇全文文献；外文学术期刊包括来自80多个国家及地区900余家出版社的期刊7.5万余种，覆盖JCR期刊的96%，Scopus期刊的80%，最早回溯至19世纪，共计8760余万篇外文题录，可链接全文，数据不断更新。

“学位论文”即《学位论文库》（详后）。

“报纸”即《中国重要报纸全文数据库》：以学术性、资料性报纸文献为出版内容的连续动态更新的报纸全文数据库，年均收录并持续更新2000年以来各级重要党报、行业报及综合类报纸500余种。

主页检索框的右边有：出版物检索。▲在检索框输入“中国编辑”，就会出现“中国编辑”“中国编辑研究”等出版物的封面。选择“中国编辑”，可以看到三个检索项目：刊期浏览、栏目浏览、统计与评价。其中[期刊浏览]，目前包括2002—2021年各期的目录。[栏目浏览]，可以分栏目浏览论文，如选择“编辑史话”，近十年的统计有91条结果。这样可以保留期刊原版本的面貌，帮助读者了解其特色栏目。[统计与评价]包括：期刊年度出版概况（年度总文献量、年度基金资助文献量、期刊近十年文献所属栏目的分布）、学术热点动态（期刊近十年文献的学科分布、期刊近十年文献的关键词分布）。分别以图表呈现“计量可视化分析”的结果。图7-1是其中“期刊近十年文献的关键词分布”（2011—2021），由此可以了解《中国编辑》趋向“大编辑”的办刊理念。

中国知网检索系统独具特色的知网节，可对整个检索平台上的文献资源进行深度挖掘和加工，形成交互关联的文献网络和知识网络，以图表等形式呈现。例如，在主页的检索框中，选择“作者”，输入人名，可以检索某一作者发表的全部论文。点击“可视化分析”，可以看到“总体趋势分析”的多个统计图。

如果检索一篇论文，在目录条就可以看到“被引”“下载”的数量统计；点击论文，可以看到文章目录、摘要、关键词。在“文献知网节”下有“引文网络”（节点文献图示），主要包括下列名目（见表7-1）。

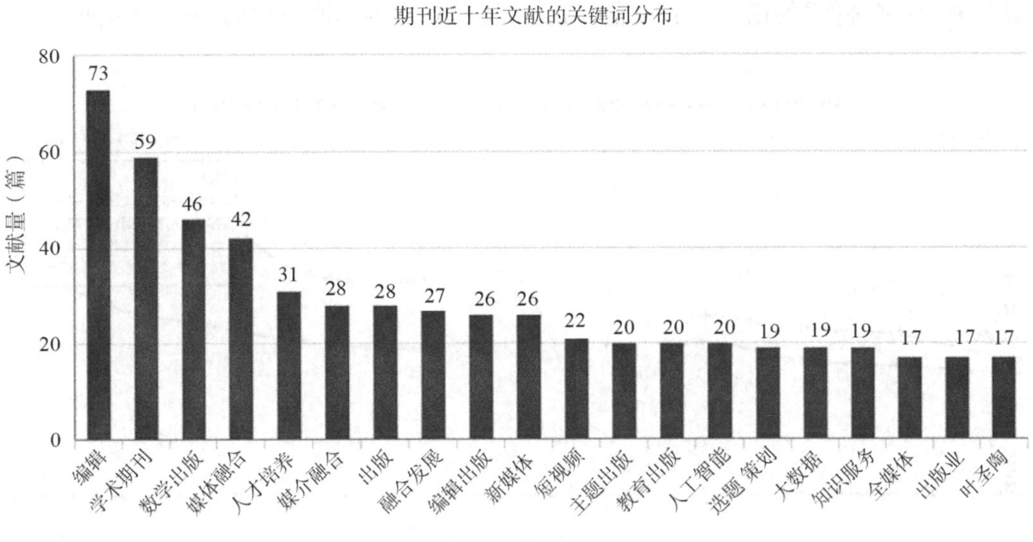

图 7-1 中国知网关于《中国编辑》的数据

表 7-1 关于引用文献的说明

【参考文献】反映本文研究工作的背景和依据。
【引证文献】引用本文的文献。本文研究工作的继续、引用、发展或评价。
【共引文献】(也称同引文献)与本文有相同参考文献的文献,与本文有共同研究背景或依据。
【同被引文献】与本文同时被作为参考文献引用的文献,与本文共同作为进一步研究的基础。
【相似文献】与本文主题相近或内容相似的文献,较全面反映本文研究方向的动态信息。

这些文献形成新的链接目录,将作者的单篇论文置于一个相关主题的学术网络。分析各种类型文献之间的相互引证关系,可以揭示不同文献之间的内在联系。这对于写作学术论文时了解学术动态、综述文献信息,对于期刊学报编辑审稿、选题以及避免抄袭和一稿两投现象,对于评价学术论文的水平和影响等,都提供了量化的参考数据。

利用知网节,在"知识元检索"选择"指数",输入一个关键词,可以显示其关注度,包括:学术关注度(篇名包含此关键词的文献发文量趋势统计)、媒体关注度(篇名包含此关键词的报纸文献发文量趋势统计)、学术传播度(篇名包含此关键词的文献被引量趋势统计)、用户关注度(篇名包含此关键词的文献下载量趋势统计)。▲选择"学术关注度",输入"数字时代"这个关键词,其 2011—2021 年的统计结果(图 7-2)显示:2016 年开始上升,到 2021 年"数字时代中文相关文献量:972""数字时代中文环比增长率:38%"。还可以分别输入"信息时代""网络时代",加以对比。由此可以了解有关“数字时代”的论文发表数量的趋势是到 2019 年迅速增加的(606 篇)。[①]

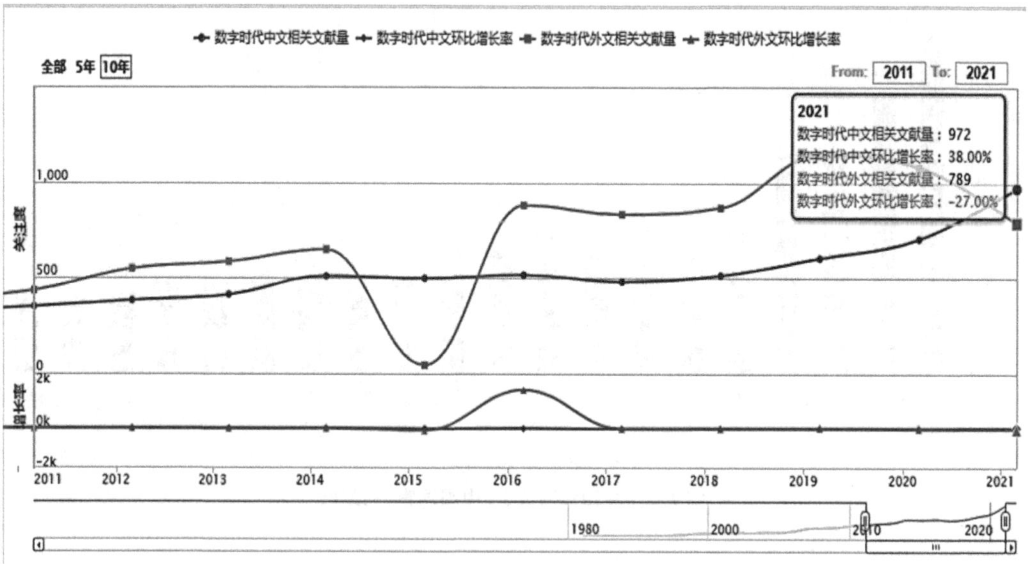

图 7-2 中国知网(“数字时代”)学术关注度统计

中国知网的《中国学术辑刊全文数据库》是目前国内较大的、连续动态更新的学术辑刊全文数据库。辑刊指学术机构定期或不定期出版的成套论文集,编辑单位多为高等院校和科研院所。该数据库共收录自 1979 年至今国内出版的重要学术辑刊 1200 余种,累积文献总量 30 余万篇。

此外,还有手机知网(大众版),可下载 App 版。

2. 万方数据知识服务平台

集成学术期刊、学位论文、会议论文、科技报告、专利、标准、科技成果、法律法规、地方志、视频等十余种知识资源类型,覆盖自然科学、工程技术、医药卫生、农业科学、哲学政法、社会科学、科教文艺等全学科领域,实现海量学术文献统一发现及分析,支持多维度组合检索,适合不同用户群研究。首页的“万方智搜”,可以选择“全部”,跨库检索上述所有数据库。▲如果输入“作者”的姓名,可以通过“万方分析:学者知识脉络”,看到相关统计及图表:学术发文总量、核心发文量、总被引量、篇均被引量、研究兴趣、研究趋势(作者本人都不一定如此清楚)。还可以单选某一类型,如“学位论文”,即“中国学位论文全文数据库”。

---

① 以上中国知网数据是截至 2022 年 4 月 3 日的检索结果。(2024 年 5 月 1 日的检索结果是 2023 年“数字时代中文相关文献量:1876”。)

3. 维普网·中文期刊服务平台

重庆维普资讯有限公司开发。其《中文科技期刊数据库》:收录文献自 1989 年起,累计收录期刊 15000 余种,现刊 9000 余种,涵盖社会科学、自然科学、工程技术、农业、医药卫生、经济、教育和图书情报等学科,文献总量 7000 余万篇。但以自然科学期刊数量多为特色。包括多种服务功能:中文期刊检索、文献查新、期刊导航、文献引证追踪、科研指标分析、高被引析出文献、搜索引擎等。

4. 龙源期刊网 (www.qikan.com.cn)

又名龙源电子期刊阅览室,1998 年创建。目前涵盖国内 4200 多种、2500 万篇人文大众类期刊杂志内容。其"阅览室"分为党政党建、经济法律、管理财经、社科历史、文学文摘、教育教学、文化艺术、科技科普、健康生活 9 个大类,提供了文本版、专题版、原文原貌版、语音版等多版本的内容资源服务。该阅览室的收录特点为:(1)期刊内容实时更新出版;(2)一种期刊多种阅读形式;(3)提供对部分期刊过刊回溯,部分回溯到 1998 年;(4)龙源期刊文件格式主要采用 HTML(超文本)格式;(5)同时支持 PC 电脑、PAD、手机 App、触摸屏等终端应用,可以在线、下载离线阅读期刊。其中包括很多大众杂志,覆盖更为广泛的读者范围,包括中小学生,这是与专门的学术期刊数据库不同的地方。▲原貌版以书架形式展示《读者》《意林》《军事文摘》《音乐》《知音》等杂志,还可以检索到《儿童故事画报》《儿童绘本》等。

5. 中国科学院国家科学数字图书馆(CSDL)

包括全国期刊联合目录、中科院图书联合目录、电子资源联合目录(包括国外电子期刊的网址)、新书通报等。并与 Google Scholar 连接成功,面向科学院和全国的科研工作者开放学术信息资源。

6. 国家哲学社会科学学术期刊数据库 (http://nssd.cn/)

简称"国家期刊库(NSSD)":中国社会科学院承建的国家社会科学基金特别委托项目,于 2013 年正式上线。此数据库收录精品学术期刊 2000 多种,论文超过 2300 万篇,以及超过 157 万位学者、2.2 万家研究机构相关信息。内含国家社科基金重点资助期刊 187 种,中国社会科学院主管主办期刊 89 种,三大评价体系(中国社会科学院、北京大学、南京大学)收录的 600 多种核心期刊,回溯到创刊号期刊 700 多种,最早回溯到 1920 年。

7. 中国高等教育文献保障系统 (CALIS) 外文期刊网

是面向全国高校师生的外文期刊综合服务平台,是普通用户获取外文期刊论文的最佳途径。此平台收录近 10 万种高校收藏的纸本期刊和电子期刊信息,其中有 4 万多种期刊的文章篇名信息周更新,目前期刊文章的篇名目次信息量达 8000 多万条。

8. **开世览文:中国高校人文社会科学文献中心(简称 CASHL)**

教育部设立的、高校的人文社科外文资源收藏和服务中心,包括外文图书、期刊、电子资源、哲社期刊、大型特藏等。

9. **台湾学术期刊在线数据库(Taiwan Scholar Journal Database,简称 TWS)**

原名台湾学术在线(TAO),收录台湾学术期刊 2080 种。972 种刊物从创刊后开始,最早回溯至 1928 年,其余主要从 2000 年以后收录,是目前获取台湾地区期刊文献的主要数据库之一。

10. **"中国文史资料集粹"**

"超星电子图书"的特色专题库之一,收录各种类型的文史资料,包括政协系统的各地编写的文史资料。目前共收录了 2 万余辑,涉及文章篇数达 50 多万篇。按地区和省份进行分类。▲在"题名"中输入"北京",可以检索到:《北京师范大学体育系变迁》一文,作者张志贤,来源是《北京体育文史》第 1 辑。此外,"抗日战争与近代中日关系文献数据库"也有"人民政协文史资料专题库"。

(三)利用专题论文索引

这里介绍的专题论文索引,主要是按照专题编辑的见于报刊的论文的篇目索引。但有的索引也收录论文集所发表的论文,或收录论著目录。这类索引一般分学科编辑,数量很多,这里只介绍少数各学科综合性的索引。

《1900—1949 全国主要报刊哲学论文资料索引》:四川大学、复旦大学哲学系资料室编,商务印书馆 1989 年出版。此索引分为 10 类编排,附录有《解放后全国主要报刊外国哲学史等专题论文资料索引(1949—1980)》。

《中国哲学史论文索引》:方克立等编,中华书局 1986 年出版。此索引收录了 1900 年至 1984 年间发表的论文。另附录有台港 1950—1980 年间发表的论文。

《中国心理学文献索引》:陈远焕编,南京大学出版社 1986 年出版。

《全国伦理学论文著作目录索引》(1976—1989):温克勤主编,天津社会科学院伦理学研究所 1991 年编印。

《1949—1984 法学论文目录集》:童兆洪、吕雪梅编,浙江人民出版社 1986 年出版。

《世界经济论文篇目分类索引》(1978—1983.4):复旦大学世界经济系资料室编,

复旦大学出版社1985年出版。

《中国史学论文索引》:共两编,第一编(上、下册),中国科学院历史研究所第一、二所与北京大学历史系合编,科学出版社1957年出版。第二编(上、下册),中国社会科学院历史研究所编,中华书局1979年出版。两编收录了1900—1949年出版的报刊上的史学论文。

《全国报刊文学论文索引》(1977—1979):中国社会科学院文学研究所图书资料室编,中国人民大学书报资料社1982年印。

《全国报刊美学论文索引(1949—1982)》:孙立平编,江西大学中文系资料室1983年编印。

《全国主要报刊外国文学研究文章目录索引》(1985—1989):中国社会科学院外国文学研究所图书资料室编,社会科学文献出版社1991年出版。

《图书馆学情报学论文索引(1981—1989)》:南京图书馆编,书目文献出版社1993年出版。

《图书馆学、情报学、档案学、出版发行学论文索引》(1949—1985):武汉大学图书情报学院编,科学技术文献出版社1991年出版。

《全国报刊电影文章目录索引》(1949—1979):北京图书馆社会科学参考组、中国电影家协会电影史研究部合编,中国电影出版社1983年出版。

《全国报刊电影文摘目录索引》(1980—1989):中国电影资料馆编,中国电影出版社1994年出版。

《中文报刊教育论文索引》(季刊):中央教育科学研究所教育情报研究室编印,创刊于1979年。

查检专题论文索引和有关信息,还可以利用专业年鉴。专业年鉴主要反映最新的学术研究成果和动态,一般都设有论文选摘、论文索引等项目,可以按年度查检论文信息。▲《中国期刊年鉴》(2003/2004)收录"期刊研究论文索引(2003.6—2004.6)"。

三、检索报刊文摘

文摘是"以提供文献内容梗概为目的,不加评论和补充解释,简明、确切地记述文献重要内容的短文"(《文摘编写规则》GB6447-86)。文摘不仅及时并连续地报道、揭示最新的文献信息,而且提供查检原文的线索;特别是学术性文摘反映了最新的科研成果和学术动态,具有较高的参考价值。文摘以提供文献内容梗概为目的,因而把文摘按一定方式加以编排,就成为检索论文资料内容梗概的重要工具。文摘的载体形式主要是期刊,也有卡片、报纸、专著等。现在学术期刊所发表的论文一般要求提供摘要和关键词,这些内容也成为期刊全文数据库可以检索的内容。

(一)综合性文摘

《高等学校文科学报文摘》:上海师范大学高等学校学报文摘社 1984 年起编辑出版,1986 年改为双月刊,2003 年更名为《高等学校文科学术文摘》。主要摘录全国 400 余种文科学报中的重要论文,每期收录近 200 篇文摘,按哲学、政治学、法学、经济学、教育学、文艺学、历史学等学科分类编排。

《新华文摘》:新华文摘杂志社编辑出版,人民出版社主办。1979 年创刊,月刊,2004 年改为半月刊。该刊是大型的综合性、学术性、资料性文摘,目前设有政治、法学、社会、哲学、经济、管理、历史、文艺作品、文艺评论、人物与回忆、教育、科学技术、读书与传媒、国外社会科学、学术动态、论点摘编、新华观察等栏目。摘录形式除全文刊载之外,主要有详细摘编和论点摘编,还附有"报刊文章要目辑览"。已有"新华文摘纸刊数据库",可以检索和浏览 1979 年以来的过刊。另有"新华文摘网刊总目录",可以检索和浏览 2016 年以来的文章。

《中国社会科学文摘》:中国社会科学杂志社主办,2000 年创刊,月刊,是哲学社会科学重要研究成果的文摘类期刊。"中国社会科学网"有该杂志往期目录。

《社会科学文摘》:上海社会科学院主办,2003 年创刊,月刊。综合栏目有热点专题、学术争鸣、社科前沿。学科分栏涵盖政治、经济、社会、法学、哲学、历史、文化。该网站有"过刊浏览",可在线阅读 2016 年以来的内容。

(二)专题性文摘

《中共党史文摘年刊(1982)》:廖盖隆主编,浙江人民出版社 1985 年出版。此后每年一期。《中共党史文摘年刊(1986)》:中共党史资料出版社 1988 年版。此书对 1986 年全国报刊发表的 2700 多篇论文进行了精选,对 398 篇论文写了摘要。

《现代外国哲学社会科学文摘》:上海社会科学情报研究所编,1958 年创刊,月刊。此文摘主要译载国外哲学、经济学、史学、社会学、政治学、法学和新兴学科的重要学术论文。已改名为《国外社会科学文摘》,中国知网可检索其 1987 年至 2006 年的内容。

《国外经济文献摘要》:中国经济学团体联合会创办,经济科学出版社 1981 年起出版,双月刊。

《图书馆学文摘》:山西省图书馆学会 1983 年起编辑出版,季刊。

《国内外教育文摘》:山西省教育学研究所等编辑出版,1985 年创刊,月刊。

《台港与海外文摘》:北京《台港与海外文摘》编辑部编,人民日报出版社 1984 年创刊,月刊。1986 年改名《海外文摘》。这是一本集中刊登台湾、香港以及海外各种报刊、杂志、书籍的综合性文摘。有《海外文摘——二十周年典藏本》(何桂全等主编,中国旅游出版社 2005 年出版)。

以专著形式出版的文摘有《情报理论与方法论文题录和文摘精选》:蔡有富主编,社会科学文献出版社 1996 年出版。此书分为论文题录、论文索引和论文选摘三部分。

四、学位论文检索与利用

(一)学位论文的特点

学位论文是高校或研究机构的毕业生为获取某种学位而撰写的论文,包括学士论文、硕士论文、博士论文。学位论文的写作与完成,一般在导师的指导下,经过开题、预答辩、检测、评审(包括匿名外审)、答辩等环节。最终答辩通过的论文,由学生和导师共同签名,并签署使用授权书。授权书规定学位论文的知识产权属于培养单位,学校有权保留并向国家有关部门或机构送交论文的复印件和电子版,允许学位论文被查阅和借阅;学校可以公布论文的全部或部分内容,可以允许采用影印、缩印或其他复制手段保存、汇编学位论文。博士论文还要正式移交国家图书馆一份纸质版存档。学位论文属于一次文献,没有正式发表。

各高校图书馆都收藏本校的学位论文。▲北京大学图书馆收藏 1981 年以后自北京大学毕业的所有博、硕士学位论文,以及部分优秀学士论文,可通过检索馆藏目录查找所需论文。还收藏有燕京大学的学士和硕士论文,共 2600 多篇,其中包括许多当代著名学者的论文手稿真迹,已建成"燕京大学学位论文数据库",还有专门的阅览室。▲北京师范大学图书馆建有馆藏本科毕业论文、硕士博士学位论文数据库。

国家图书馆有专门的学位论文阅览室,馆藏的博士及硕士论文、博士后研究报告、部分海外华人华侨学位论文,向读者提供闭架阅览服务。

有的高校或个人将硕士、博士论文提供给中国知网等学位论文数据库,也就是授权以扫描版或电子版形式收入数据库,因此具有了"网络出版"的性质,所以要经得起上级主管部门的抽检以及读者的评判(有的论文抄袭现象就是由读者检索发现,并在网络发布,经学位授予单位调查属实后,作者受到处理,被撤销了学位)。

(二)学位论文的检索

目前有多种学术数据库平台收录学位论文。

*中国知网平台检索框中的"学位论文",即《中国博士学位论文全文数据库》和《中国优秀硕士学位论文全文数据库》。据介绍,这是目前国内资源完备、质量上乘、

连续动态更新的中国博硕士学位论文全文数据库，出版 530 余家博士培养单位的博士学位论文 56 余万篇，800 余家硕士培养单位的硕士学位论文 593 余万篇，最早回溯至 1984 年，覆盖基础科学、工程技术、农业、医学、哲学、人文、社会科学等各个领域。需要注意的是，这两个数据库所收录的学位论文限于高校或个人允许其使用的版本，还有不少高校的学位论文由于版权原因没能收录。被收入数据库的硕士论文也不能都冠以“优秀”。

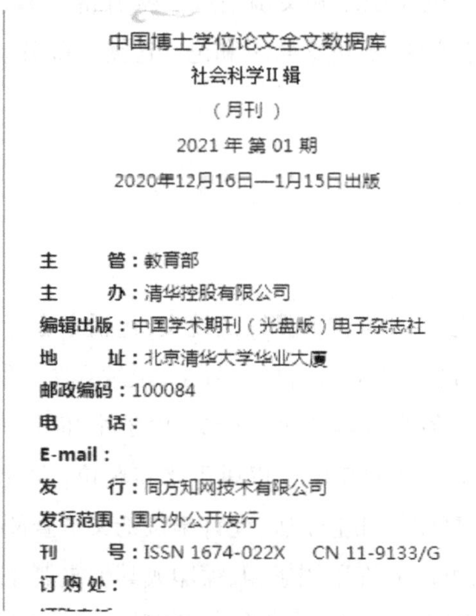
中国博士学位论文全文数据库
社会科学II辑
（月刊）
2021 年 第 01 期
2020年12月16日—1月15日出版

主　　管：教育部
主　　办：清华控股有限公司
编辑出版：中国学术期刊（光盘版）电子杂志社
地　　址：北京清华大学华业大厦
邮政编码：100084
电　　话：
E-mail：
发　　行：同方知网技术有限公司
发行范围：国内外公开发行
刊　　号：ISSN 1674-022X　CN 11-9133/G
订购处：

图 7-3　电子期刊封面

中国知网还以电子期刊形式出版《中国博士学位论文全文数据库》(图 7-3)、《中国优秀硕士学位论文全文数据库》。这是经国家新闻出版总署批准、清华控股有限公司主办的国家级学位论文综合性学术刊物，主要刊载自然科学、社会科学各领域基础研究和应用研究方面具有创新性的、高水平的、有重要意义的研究成果，由中国学术期刊(光盘版)电子杂志社编辑出版，国内外公开发行。网络版实行日连续出版，光盘版每月 10 日出版。有版权页和目录页。作者可以投稿，被杂志社录用后，杂志社对学位论文著作权的使用为非独家使用，学位论文仍可在纸质期刊、报纸、图书等媒体上再次出版发表。

这两个电子期刊都含有基础科学辑、工程科技Ⅰ辑、工程科技Ⅱ辑、农业科技辑、信息科技辑、医药卫生科技辑、社会科学Ⅰ辑、社会科学Ⅱ辑、哲学与人文科学辑、经济与管理科学辑，共 10 辑。可以分专辑、分年、分期，也可以选择“全部”进行检索。

其他收录学位论文的数据库平台还有多种，例如：

✲万方数据知识服务平台：其中“中国学位论文全文数据库”收录始于 1980 年，年增 42 余万篇，涵盖基础科学、理学、工业技术、人文科学、社会科学、医药卫生、农业科学、交通运输、航空航天和环境科学等各学科领域。文献收录来源是经批准可以授予学位的高等学校或科学研究机构。

✲“馆藏博士论文与博士后研究报告数字化资源库”：以国家图书馆 20 多年来收藏的博士论文为基础建设的学位论文全文影像数据。目前博士论文全文影像资源库以书目数据、篇名数据、数字对象为内容，提供 25 万多篇博士论文全文前 24 页的展示浏览。

✲“大学数字图书馆国际合作计划”(简称 CADAL)，其中收录的学位论文包括：民国学位论文、当代学位论文。

✲教育部建设的“中国高等教育文献保障系统(CALIS)”,包括“中国高等教育数字图书馆”,其中有“学位论文中心服务系统”。

检索学位论文,还要利用国家图书馆的学位论文阅览室及数据库,以及著名高校的学位论文数据库。

(三)学位论文的编写规则

中华人民共和国国家标准《学位论文编写规则》(GB/T 7713.1-2006):此标准规定了学位论文的撰写格式要求,以利于学位论文的收集、存储、处理、加工、检索、传播。其中“学位论文”的术语表述是:“学位论文是标明作者从事科学研究取得的创造性成果和创新见解,并以此为内容撰写的、作为提出申请授予相应的学位评审用的学术论文。”此规则还分别说明了学士论文、硕士论文、博士论文的特点。

学位论文构成要素和编写规则,也是论文检索的节点,二者是相互关联的。或者说,学位论文写作必须合乎学术规范,还要考虑其提交到数据库而成为检索对象的因素。以中国知网的硕士博士学位论文数据库为例,▲在检索框选择“主题”,输入“出版史”,分别选择“博士”“硕士”,检索结果有博士论文 49 条、硕士论文 133 条,学位授予年度从 2001 年到 2021 年(截至 2022 年 4 月 4 日)。目录页包括中文题名、作者、学位授予单位、学位授予年度、被引、下载等信息。点击其中一篇学位论文,可以看到题目、作者、学校、摘要、关键词、导师、学科专业等信息。左边栏展示的是文章目录,包括提要、引言(绪论)、章节题目、结语(结论)、参考文献、附录等。右边栏展示引证文献、被引频次。下面有“节点文献”,以可视化图表分析“研究起点、研究来源、研究分支、研究去脉”,还有“引文网络”。由此可见,一篇学位论文被收入中国知网后,就进入了一个相互链接的巨大网络之中,成为被他人检索的对象。

因此,论文写作要认真对待每个环节(下面仅针对硕士论文而言①)。论文的选题、开题报告以及论文正文中的绪论(或引言)部分,都涉及检索已有的研究成果,并进行综述,即文献综述。学位论文数据库是必须利用的工具。例如,利用中国知网的学位论文数据库,通过“主题”等检索方式,可以了解相关论文的信息及学术趋势;通过“引文网络”中的参考文献,可以了解论文的研究背景和依据,并链接到其他有代表性的研究成果。但对他人的学位论文的评述要谨慎中肯,认真关注他人已经研究的内容:论题范围、理论角度、研究方法、文献资料、有新意的观点等,拓展自己的学术视野;

---

① 于翠玲. 硕士学位论文基于网络的学术规范问题:以新闻传播专业为例[J]. 学位与研究生教育,2012(2):33-36.

而不要轻易评说他人“没有”如何，自己可以填补什么“空白”。因为每篇论文的写作背景、研究思路和论述重点等都有所不同。此外，还有不少论文没有收入中国知网，要到国家图书馆或各高校图书馆的数据库检索。

根据《学位论文编写规则》，论文的题名要“以简明的词语恰当、准确地反映论文最重要的特定内容”。要有明确的研究主题、观点鲜明、有一定深度和新意，尤其不要跟风选题。利用学位论文数据库，就可以了解相关“主题”的论文及研究现状，避免重复选题。

论文摘要也称提要，“是以第三人称的、提供论文内容梗概为目的，不加评论和补充的解释，简明扼要记述论文重要内容的短文”。一般在全文完成后，摘录全文的核心观点和结论，进行简单概括。特别要注意：摘要不是论文的开头，不是全文的提纲，不要自我评论，不引用他人观点。论文的关键词也叫索引词，要选择能够表达论文主题和研究范围、可以作为检索入口的词语，而不要使用空泛、笼统或比喻的词语。

论文各章和各节的标题要语言精练、逻辑严密，准确表达全文的主题、论证过程和结构特点，形成层次分明的目录。通过论证，最后在结语部分，归纳全文的核心观点，写出最终的、总体的结论；说明已经解决或有所发现或有待进一步展开的问题等。结论要扣紧论题，并与绪论中所提出的拟解决的问题相呼应；表述应该准确、完整、明确、简练。正文是论证过程，有了明确的结论，摘要的内容也就容易归纳了。学位论文不是一般的业界报告，不能简单采用三段（现状、问题、对策）的模式。

（四）学位论文的注释与检测

学位论文必须具有原创性，所有的参考文献必须详细注明出处，符合学术规范。学位论文的标注方法和具体格式，目前规定要根据中华人民共和国国家标准《信息与文献：参考文献著录规则（GB/T7714-2015）》；《学位论文编写规则》也附录了“参考文献表示例”。

引用古籍、近代期刊的资料，要打开数据库中原版面的影像，核对版本、刊号等，并逐字校对，不能简单粘贴，以避免繁体字转为简化字时出现错字、断句等方面的硬伤。（▲利用电脑繁转简，“编著”被简化为“编着”，“乾隆”的“乾”变成了“干”，此类错字要认真辨认，加以改正）。

引用他人的学术著作和论文，要注意区别直接引用和间接引用。直接引文要以双引号标注，不能将直接引文变成间接引文。参考他人的观点等内容，无论是直接引用或间接引用，或是转引，都要注明出处，不能出现抄袭、剽窃、造假、伪注（抄袭他人注释的资料，未经核对，难免以讹传讹，反而成为被人打假的关注点）等现象。尤其是从网络上搜集的报纸新闻消息，由于转载粘贴者往往改动题目（“标题党”）、不注明确切日期，引用者必须追踪其原始出处（纸质版或电子版的原版面），加以核对。

目前高校的学位论文，都要借助中国知网的《学术不端文献检测系统》进行检测，包括：学位论文学术不端行为检测系统、科技期刊学术不端文献检测系统、社科期刊学术不端文献检测系统，仅向机构提供服务，且仅限于检测本单位文献。学位论文的检测也被称为“查重”，凡是与他人论文有相同相似的地方，都会被标红，还有全篇重复率的统计及检测报告。对于检测结果，一般要求导师审查，指导学生修改，并写出是否同意答辩的意见。

此外，网络上还有“维普论文检测系统查重入口”，其中“维普研究生版”说明“面向研究生阶段毕业生初检及定稿检测，检测结果完全符合学校毕业要求，数据库覆盖全面”。但有的学生为了检测达标，直接在网络购买“降重服务”，或者采用变换字词、句子、删减注释等技巧来降低重复率，实际上影响了学术论文的严谨性，反而降低了论文的质量。这种“遵守规范者不敢合理引用，漠视规范者换着法子抄”的乱象，已经引起了媒体的关注和批评。①

鉴于学位论文通过网络发表（实际上等于网络出版）后，其下载方便、传播广泛却无法修改，研究生对其最终提交给学校、有可能被发布（或自行投稿）到学术数据库的论文底本，要以严谨求实的治学态度，按照学术规范进行认真审查和反复校对。研究生在学习阶段就应该具备学术坚守、自我提升的信念和定力，这是对论文质量进行自我把关，而非依赖外在检测的关键所在。

---

① 郑明鸿，施钱贵．学位论文查重乱象：买了“降重服务”，论文照抄不误[N]．新华每日电讯，2021-05-11(12)．

第八章

古今人物信息检索

人物信息包括姓氏人名、人物传记资料等方面。以人名为线索,才能进一步查检人物的生平事迹、年谱、家谱、传记资料等。本章介绍专门检索人物信息的工具书,主要包括人名词典、人名录和人物传记资料汇编。近年来出现了综合检索人物信息的数据库,以人物关系为线索,汇集各种类型的人物资料,可以展开数字人文方面的研究。

第一节 古今人名信息检索

一、古今人名文化现象

人们在阅读书报文献、观看电视节目(如历史剧)时,经常会遇到古今中外的人名问题。各个时期的著名人物也是媒体节目所利用的资源。

中国人的姓名是一种复杂的文化现象,涉及姓氏、字号室名及各种代称,古代帝王的庙号、年号、谥号等问题。例如中国古代图书及作品,有不少是以作者的室名别号、谥号、笔名命名的,如果要检索某一作者的文集,必须知道作者的本名。

在中国古代文学作品中,人名还可以浓缩为典故,成为代表某一类人物的符号。▲辛弃疾《水龙吟·登建康赏心亭》中写道:“休说鲈鱼堪脍,尽西风、季鹰归未?求田问舍,怕应羞见、刘郎才气。”如果要理解典故和词句的含义,必须知道“季鹰”“刘郎”所指何人,有什么故事。

关于中国人名文化有专门的研究著作,例如《中国人名的研究》(马来西亚学者萧遥天著,国际文化出版公司 1987 年出版)专门研究中国历代室名别号等现象。有的人名词典也利用前言或附录的研究文章,论述中国人名学。中国人名词典的许多类型正是根据中国人名的复杂现象而编纂的。此外,参考书有《人物工具书辞典》(李宝印等编,吉林科学技术出版社 1989 年出版),所收录的词目均为人物传记、年谱、名录、年表、索引等方面的书籍，共计 828 条词目。

要注意古代人名的字形和读音是有来历和规定的，不能随便更改。▲《容斋随笔》的作者宋代洪迈之兄洪适，其中“适”字，读 kuò。▲2013 年发布的《通用规范汉字表》有关于繁体字、异体字的最新调整和说明，“淼、吒、仝、甦、邨、堃、犇、絜、喆、昇、龢、飏”原为异体字，一般不宜使用，但用于姓氏人名时为规范字。《辞海》第七版凡例说明人名：一般用简化字。简化字意义不明确的，适当保留原来的繁体字或异体字，如“高適”（人名）的“適”不作“适”，“王濬”（人名）的“濬”不作“浚”。

以人名为关键词，利用相关数据库，可以搜集人物的综合资料。✲上海图书馆开放数据平台有《人名规范库》，▲输入人名“梁启超”，可以看到“异名”，还有“小传”，分别链接多个出处的资料，来源是：上图名人手稿数据库、中国近现代人物名号大辞典、中国近现代名人辞典、中国近现代人名大辞典、上海图书馆古籍数据库、国家图书馆规范档。还有“作品”列出篇目，如果检索《新会梁氏族谱》，出处是《中国家谱知识服务平台》。还有“古籍目录”列出梁启超的《西学书目表三卷附一卷》等，点击后又进入了“中文古籍联合目录及循证平台”。这种检索和链接的结果已经是一个人物的综合资料索引系统了。

二、检索古今人名信息

检索古今中外的著名人物，一般辞书，如《辞源》《辞海》，都有人物条目，但收录的范围有限。因此，检索古今人名信息，要利用人名词典。人名词典是以人名为词目、以词条形式介绍人物、以词典形式编辑的工具书。根据收录人名范围的不同，可以分为古代、现代、当代等人名词典，中国人名词典和外国人名词典，综合人名词典和专类人名词典等多种类型。首先要根据人物的生卒年、国籍等，来选择某种人名词典。还要注意词典收录人物的起迄时间，以及收录资料的截止时间，辨析同姓名的人物。

（一）检索中国人名

1. 检索姓氏

中国人历来重视姓氏，宋人编写的《百家姓》成为童蒙读物，家喻户晓。海外华人到大陆寻根问祖，也以姓氏为线索。电视专题片《百家姓》每姓一集，讲述每一姓氏的由来、历史演变以及有关的文化现象，引起了观众的兴趣。

中国人的姓氏起源很早。秦朝以前，姓和氏是含义不同、各有所指的。到西汉时期，姓和氏逐渐混为一谈。清初学者顾炎武曾指出：“姓氏之称，自太史公始混而为一。《本纪》于秦始皇则曰姓赵氏，于汉高祖则曰姓刘氏。”①有关姓氏的起源、发展、演变的知识，可以查检下列姓氏词典。

《中国古今姓氏辞典》：慕容翊编，黑龙江人民出版社 1985 年出版。此书收录中国古今各民族姓氏词目 4386 个，均出自史传和历代姓氏、姓谱专书，释义引用古籍，注明出处。▲“屈：楚武王子瑕，食采于屈，因氏焉。屈原其后也。（见《楚辞注》）”

《中国姓氏大全》：陈明远、汪宗虎主编，北京出版社 1987 年出版。此书收录中国历代姓氏 5600 多个，包括现在通行的姓氏和历史上曾经出现过的姓氏。书后附录《中国姓氏学发凡》，论述了中国姓氏的古今变化以及姓氏学一般知识。

《中国姓氏起源》：史国强著，山东大学出版社 1990 年出版。此书收录中国姓氏 1286 个，基本上包括了中国现在沿用的姓氏。绪论分中国姓氏的形成、姓氏趣谈、姓氏贵贱面面观、漫谈少数民族的姓氏、姓氏的发展与演变几部分，介绍了姓氏学的知识。

《中国姓氏大辞典》：袁义达、邱家儒编，江西人民出版社 2010 年出版。全部姓氏均来自历代姓氏专著、古今文献资料、考古发现和近代人口普查资料。此书收录中国各个历史时期汉字姓氏共 23813 个。

《历代名人姓氏全编》（全 4 册）：原为民国时期有正书局石印本，北京图书馆出版社 2005 年影印出版。收录历代名人姓氏约 2 万余，相关历史人物近 3 万。

《中华姓氏源流大辞典》：徐铁生编著，中华书局 2014 年出版。此书收录姓氏条目 31683 条，对姓氏的起源、演变及地理分布等进行全方位展示，每个姓氏下列出了代表人物。序言及附录部分附有关于姓氏基本概念的阐述和姓氏研究的综述。

有关古代姓氏的其他工具书，例如《元和姓纂》（全三册）：〔唐〕林宝撰，岑仲勉校记，郁贤皓、陶敏整理，孙望审订，中华书局 1994 年出版。此书详细记载了中唐以前的姓氏族望。

《姓氏典故》：傅永和编著，辽宁教育出版社 1995 年出版。此书收录根据第三次全国人口普查资料进行抽样统计而得出的现今使用的姓氏 1436 个，每一姓氏注出最早见于古代姓氏书的出处。附录有“中国历代姓氏书目”。

《百家姓新解》：徐铁生著，中华书局 2017 年出版。此书以《增广百家姓》为解读对象，涉及 506 个汉姓的源流。

✲上海图书馆开放数据平台有《华人姓氏列表》，以汉语拼音为序。▲检索“李”姓，说明：“《中国人名大辞典》收录李氏 1806 例，李氏为中国人数最多、分布最广的三大姓氏（李王张）之一。宋《百家姓》列为第 004。”

---

① 黄汝成，日知录集释：卷二十三[M]. 石家庄：花山文艺出版社，1990：999.

*“中华寻根网”：国家图书馆与澳门基金会的合作项目。目前提供500多个姓氏源流、2000多部家谱和6000种其他文献的阅览。

2. **检索历代人名**

人名词典有综合性的（综录历代人物），也有专门性的（如专录某一时代、某一类人物或某一地方人物）。综合性人名词典，例如：

臧励龢等编《中国人名大辞典》：上海商务印书馆1921年初版，商务印书馆1998年重印。此书是我国出版较早、收录古代人名较多的一部人名辞典，收录了我国远古至清末的人名4万多个。正文词条按姓氏笔画排列，同一姓氏的人又按第二字的笔画多少排列。有的姓氏（如李姓）收录人名很多，不便查检。此书新印本增附四角号码检字的“人名索引”，检索时先查人名第一个字（姓）的四角号码，再查第二个字前两个角的号码，就可以找到人名所在的页数和分栏了。台湾商务印书馆1982年出版了许师慎增补本。

《中国人名大词典》：上海辞书出版社和外文出版社分别用中文和外文出版。此书分为3卷，1990年出版的“历史人物卷”，收录远古至1949年10月1日以前去世的人物，共14000人。1989年出版的“现任党政军领导人物卷”，收录1988年12月31日以前在职的中央和各省、市、自治区的现任领导人物，共2121人，并附“主要机构及其领导人一览表”。1992年出版的“当代人物卷”，收录1949年10月1日至1986年12月底去世和在世的人物11970人。

《中国历史人物辞典》：吴海林、李延沛编，黑龙江人民出版社1983年出版。此书收录商代至清末的历史人物，兼收部分民国人物，共计5800多人。

《二十六史大辞典·人物卷》：戴逸主编，吉林人民出版社1993年出版。

《中国历代人名大词典》（全2册）：张撝之等主编，上海古籍出版社1999年出版，收录人名上起原始社会，下迄辛亥革命。

《中外历史人物词典》：董邦和、皮明庥主编，湖南人民出版社1987年出版。此书收录中国历史人物3000余人，外国历史人物1890余人。

《中国近现代人名大辞典》：李盛平主编，中国国际广播出版社1989年出版。此书收录1840年至1988年9月30日去世的人物，共计10750人，其中包括外国来华人物846人。

《中国近现代名人辞典》：马洪武等主编，档案出版社1993年出版。此书选列1840年至1911年间已经去世的人物，包括政治、军事、经济、文化、教育、科技、艺术等各界中国名人和与中国近现代史关系密切的部分外国名人，共计约3500人。

专题性人物词典有多种，例如：

《民国人物大辞典》(增订本):徐友春主编,河北人民出版社 2007 年出版。此书收录民国时期(1912 年 1 月至 1949 年 10 月 1 日)党政军及教育、科学、文化、宗教、实业各界知名人士 17000 余人。

《中国文学家大辞典》:周祖撰主编,中华书局 1992—1997 年分卷出版。上起先秦,下迄近代“五四运动”时期,按时代先后分为《先秦汉魏晋南北朝卷》《唐五代卷》《宋代卷》《辽金元卷》《明代卷》《清代卷》《近代卷》,共 7 卷。

《中国美术家人名辞典》:俞剑华编,上海人民美术出版社 1981 年出版。此书收录历代书家、画家、篆刻家、建筑家、雕塑家以及各种工艺美术家等近 29500 人。▲苏轼《书鄢陵王主薄所画折枝二首》中诗句:“边鸾雀写生,赵昌花传神。”可以通过本辞典检索两位古代画家的资料。另有《中国美术家人名辞典增补本》:张根全编,西泠印社出版社 2009 年出版。

《中国艺术家辞典》(现代 1—5 分册):北京语言学院本书编委会编,湖南人民出版社 1981 年出版。此书收录“五四”运动至当今中国艺术家的情况,词条释文包括艺术家的原名、笔名、艺名、籍贯、生卒年月、生平事迹、艺术活动、流派师承、受奖情况等。

《中国藏书家考略》:杨立诚、金步瀛编,上海古籍出版社 1987 年出版。此书收录上起秦汉,下迄清末的著名藏书家 870 余人。

《江浙藏书家史略》:吴晗撰,中华书局 1981 年出版。此书包括两部分:《两浙藏书家史略》(发表于 1932 年)和《江苏藏书家史略》(发表于 1933 年)。

《古籍刻工名录》:张振铎编著,上海书店出版社 1996 年出版。此书收录唐五代、宋、元、明、清刻本 1231 种,详述刻工姓名及所在地区,是研究古籍版本的必备参考资料。

《明代刊工姓名全录》(上下):李国庆编,上海古籍出版社 2014 年出版。

《中国佛学人名辞典》:比丘明复编撰,中华书局 1988 年据台湾方舟出版社 1974 年版影印。此书收录汉代至当代佛学人物 5326 人。

《华夏妇女名人词典》:华夏出版社 1988 年编辑出版,收录海内外著名华人妇女 3300 多人。

《中国百年女性人物辞典》:本书编委会编,人民出版社 2020 年出版,收录 1915 至 2015 年间的 1489 位中国女性人物。

《北京古今名人辞典》:马尚瑞主编,新华出版社 1991 年出版。

3. 检索当代人物

《中华人民共和国人物辞典》(1949. 10—1989):王乃庄、王清树主编,中国经济出版社 1989 年出版。此书收录了上述期间逝世的人物 3000 人,包括政治、经济、军事、文化、教育、科技、卫生、艺术、体育、工商、宗教等各界知名人士以及有突出贡献的革命烈士、劳动模范和战斗英雄。

检索当代在世的人物,主要利用人名录。人名录是汇集人名,并简单介绍人物信息的工具书。人名录与人名词典有区别,有的标称为人名录,实际上是人名词典。人名词典主要收录已故历史人物,人名录则侧重介绍当代知名人物。编辑人名录主要是为了交流信息,一般有明确的收录范围,专门收录某一范围的人物;有明确的收录时限,由于提供人物的通讯地址等交往信息,一般连续出版,不断修订。因此人名录与机构名录一样,是公务人员在当今经济文化等交流活动中不可缺少的工具。例如《中国当代名人录》:中外名人研究中心编,上海人民出版社 1991 年出版。此书为连续出版物,每年一版。此版收录当代中国社会各界知名人士 7564 人,主要介绍人物的生平、籍贯或出生地、主要经历和贡献等。

检索当代人物,还可利用人物年鉴。《中国人物年鉴》(中华名人协会主办,中国社会出版社出版)是我国第一部以年鉴形式介绍每年度我国各方面知名人士活动、事迹、贡献及生平的大型年刊。1989 年创刊,每年出版 1 卷,每卷收入约 1000 人。此外,综合或专业年鉴一般设有专门介绍知名人物的栏目,如《中国年鉴》(全称《中华人民共和国年鉴》)设有"人物"栏目。

(二)检索外国人名

《近代现代世界名人辞典》(上下):商务印书馆编辑部编,商务印书馆香港分馆 1965 年北京初版,1980 年香港第一次印刷。此书收录的资料全部选译自 1950—1958 年苏联、英国、美国、日本等国出版的大百科全书和辞典。所收人物以卒于 1870 年及以后者为限(卒于 1870 年以前的不收),共计收录人名约 7500 条。

《外国人名辞典》:于鹏彬等编,上海辞书出版社 1988 年出版。此书收录外国历史人物 10510 人,包括帝王将相、总统总理、革命领袖、专家学者、英雄模范、能工巧匠等,在世人物不收。书后附有"世界重要王朝世系表""诺贝尔奖获得者一览表(1901—1987)",并编有外国人名译名索引。

《外国历史名人传》:朱庭光主编,中国社会科学出版社、重庆出版社 1981 年起分 7 册出版。此书包括古代上下、近代上中下、现代上下,共收录世界各个时代 600 多位著名人物的生平事迹、社会活动及其思想政治观点和主要著述。

《世界人物大辞典》(上下):中国现代国际关系研究所本书编委会编辑,国际文化出版公司 1990 年出版。此书共收录近 1.4 万人,绝大多数是当今世界上健在的重要人物,也收录二次大战期间的一些风云人物,所用资料一般截至 1990 年 3 月底。附录有"外国人姓名简介",可以参考。

《当代国际人物词典》:苏仲翔主编,上海辞书出版社 1989 年第 2 版。此书主要收录在世的国际知名人物,共计 7 千多人。

《近代来华外国人名辞典》:中国社会科学院近代史研究所翻译室编,中国社会科学出版社 1981 年出版,共收与中国近代史事有关的来华外国人名 2000 余条。

《日本的中国学家》:严绍璗主编,中国社会科学出版社 1980 年出版。此书收录了日本在社会科学领域从事中国问题研究的学者、专家 1105 人,资料止于 1979 年上半年。

《日本人物辞典》:本书编委会编,商务印书馆 1988 年出版。此书选收日本人物 1525 人,包括日本各界和从事中日友好活动的著名人士,兼收部分历史人物。

《世界文学家大辞典》:本书编写组编,四川人民出版社 1988 年出版。此书收录 149 个国家和地区的文学家 7283 位,古代、现代、当代兼收,侧重现代、当代。

《英美作家辞典》第一卷:董守信、王亦兵编著,语文出版社 1987 年出版,收录自公元 7 世纪到 18 世纪英美作家 596 人。

《外国文学家大辞典》:张安迪、关家鹤主编,春风文艺出版社、辽宁少年儿童出版社 1989 年出版,收录 100 多个国家和地区 14000 多位作家。

《外国名作家大辞典》:张英伦等主编,漓江出版社 1989 年出版。此书在《外国名作家传》的基础上编辑,共收录 104 个国家和地区 1534 位著名作家,介绍作家的生平并评述其创作。

第二节 从异称检索本名

我国古代人物除了姓和名之外,还有字、号等多种代替本名的异名。字,也称表字,是根据人名中的字义另取的与字义有一定联系的别名。▲岳飞,字鹏举;曾巩,字子固。号,是人名字以外另起的称号,字号的含义一般与人物的志趣有一定关系。▲陶渊明《五柳先生传》说:“宅边有五柳树,因以为号焉”,表达了他闲适淡泊的生活情趣。室名号,是文人为其书斋所起的名号,也用为文人自己的代称。▲辛弃疾的室名为稼轩,其词集名为《稼轩词》。

古代用来代替个人姓名的异称还有:地名,包括出生地、住地、任职地等,▲柳宗元曾被徙柳州,人称柳柳州;官爵名,包括职衔、封号等,▲杜甫被称为杜工部、杜拾遗。庙号是帝王死后在太庙立室奉祀所起的称号,是根据帝王当政时的治绩和地位而定的。唐代李世民改革庙号,除开国皇帝庙号称“祖”外,其余都可称“宗”。因此,其父李渊称为唐高祖,他本人死后被称为唐太宗。

我国近代以来出现了笔名，即作者在报刊发表文章时所用的化名。一个作家有固定的笔名，也可以变换多个笔名，这与室名别号性质不同。

检索人物的异称，可以利用一般的人名词典。但一般的人名词典多以人物的本来姓名为词目，在释文中介绍人物的异称，或者在书后附录异名索引。《中国人名大辞典》就附有《异名表》，可从人物的字号、谥号等查找本名。根据我国人名异称的复杂情况，有专门编纂的工具书。

一、检索人物别称

（一）室名别号

《古今人物别名索引》：陈德芸编，广州岭南大学图书馆 1937 年版，上海书店 1982 年影印。此书辑录古今人物的别名、原名、字号、谥号、爵里称谓、斋舍自署、帝王庙号，以及现代人的笔名等，共计 70200 条。

《室名别号索引》（增订本）：陈乃乾编，丁宁等补编，中华书局 1982 年第 2 版。此书收录先秦到现代的室名别号，室名有二个字到二十个字的，别号则只收三个字以上的。每一室名、别号后注明时代、籍贯和姓名。

《明人室名别称字号索引》（上下）：杨廷福、杨同甫编，上海古籍出版社 2002 年出版。此书记载了 1368 至 1644 年左右明代各方面的人物，以别号、室名、笔名为主，世称、学者私谥也酌予收录。

《清人室名别称字号索引》（上下）：杨廷福等编，上海古籍出版社 1988 年出版，2001 年出版增补本（上下）。▲在古籍普查中，一册题为《旧学四种》的线装古籍，没有作者姓名和出版信息，仅有作者留下的一个“号”——东海褰冥氏。普查员用《清人室名别称字号索引》查询，得知“东海褰冥氏”是清末时期谭嗣同的别号。又用《中国现代人物大辞典》谭嗣同的词条比照，确认“东海褰冥氏”正是谭嗣同的“别署”。① ▲室名别号一般都有寓意或来历，笔者进一步检索，发现《台湾诗乘》有记载：“浏阳谭壮飞先生嗣同，字复生，敬甫中丞之第三子也。少倜傥，有大志；淹通群籍，能文章，好任侠。弱冠后，两渡台湾，有所擘画，因号东海褰冥氏。故其所著《仁学》，犹署台湾人撰，盖有所避忌也。”②

《历代名人字号辞典》：白晓朗、马建农主编，中国书店 1996 年出版。此书以《中

---

① 魏婧. 探秘古籍普查修复，一本残破古籍如何起死回生[N]. 北京日报，2021-04-30.

② 连横. 台湾诗乘[M]//沈云龙. 近代中国史料丛刊续编：51 辑：506 册. 台北：文海出版社有限公司印行，1974：208.

国人名大辞典》为基础,参照其他有关辞书中的人物条目编辑而成,所收人物止于1911年以前。

《历代名人室名别号辞典》:池秀云编撰,山西古籍出版社2002年出版。

《中国人名异称大辞典》:尚恒元、孙安邦主编,山西人民出版社2002年出版。此书收录人物上起远古,下迄1949年逝世者。

《中国室名大辞典》:孙叔安、孙正磊编著,中华书局2014年出版。此书共收录室名11127条,时代下限截止到清末民初。

《中国古代文学家字号室名别称词典》:张福庆编著,华文出版社2002年出版。此书收录中国古代上起西周,下至清代的著名文学家1100余人的姓名、别名、字、号、别称、室名等近6000条。

《中国历代书画篆刻家字号索引》:商承祚、黄华编,人民美术出版社1960年出版。

《中国近现代人物名号大辞典》(全编增订本):陈玉堂编著,浙江古籍出版社2005年出版。此书收录的人物始于1840年,迄于当今,共计14165人。包括人物的本名、小名、字号、别名、室名、笔名、化名,乃至爵里、谥号、世称、外号及史籍之中影射名号等。

《中共党史人物别名录》:陈玉堂编,红旗出版社1985年出版,收录党史人物192人的字号、笔名、化名。

《民国人物别名录》:中国友谊出版公司1989年出版,收录辛亥革命至1949年间各界知名人物1万多人的字号、别名、化名、笔名、室名等。

(二)作者笔名

笔名是近代作者在报刊发表文章而采用的别名,古代作者有别号,一般没有笔名。

《辛亥革命时期重要报刊作者笔名录》:张静庐、李松年合编,载《文史》第一辑,中华书局1962年出版。

《戊戌变法前后报刊作者字号笔名录》:张静庐、林松、李松年合编,载《文史》第四辑,中华书局1965年出版。

《五四以来历史人物笔名别名录》:张静如、肖甡、姜华宜编,陕西人民出版社1986年出版。

《中国现代人物笔名词典》:北京图书馆参考研究部编,书目文献出版社1985年出版。此书收录中国当代学术界及政界4000多位人物的笔名、别名约12000多个,分为笔名、原名两部分。

《中国现代文学作者笔名录》:徐廼翔、钦鸿编,湖南文艺出版社1988年出版。此书收录中国现代文学(1917年至1949年10月间)作者6000余人的笔名(包括原名、曾用名、字、号)3万余个。此书有修订本《中国现代文学作者笔名大辞典》:钦鸿、徐廼翔、闻彬编,南开大学出版社2023年出版。

作家的笔名一般寓有深意,反映出作家的人生经历、性格志趣及其时代背景等内容。▲鲁迅这个笔名是1918年5月15日他在《新青年》第4卷第5号发表小说《狂人日记》时开始使用并在后来使用最多的笔名。有的作家有多个笔名,如果要编辑现代作家的全集,就需要了解作家使用过的全部笔名,进行检索。因此有专门的笔名探源的工具书。

《中国作家笔名探源》(第1册):丁国成等编,时代文艺出版社1986年出版。此书收录上自"五四",下至当今283名作家的笔名。

《鲁迅笔名索解》:李允经著,四川人民出版社1980年出版,收录鲁迅笔名100多个。

《鲁迅笔名探索》:高信著,陕西人民出版社1980年出版。

作家的笔名也附录于有关作家的研究论著中。《茅盾笔名(别名)笺注》,孙中田编,载《论茅盾的生活与创作》,百花文艺出版社1980年出版。《郭沫若名、号、别名、笔名辑录》,艾扬辑,载《中国现代文艺资料丛刊》1979年第4辑。《巴金笔名考析》,张晓云等编,载《新文学史料》1981年第1期。

二、检索其他异称

(一)人物谥号

谥号,是人物去世后,根据其生平事迹评定的带有褒贬意义的称号。▲汉文帝、隋炀帝之类,就是帝王的官谥。还有私谥,指古代士人死后,其亲属、朋友或门徒弟子给予的谥号。▲陶渊明,私谥靖节。

《历代人物谥号封爵索引》:杨震方、水赉佑编著,上海古籍出版社1996年出版。此书收录上自周代,下迄清末的人物,上编可通过谥号查年代、姓名、封爵,下编可由姓名查年代、谥号、封爵。

《历代名人谥号谥法文献辑刊》(共4册):贾贵荣、张爱芳编,国家图书馆出版社2004年影印出版。此书编有人名笔画索引、谥号笔画索引。

(二)同名及并称

《古今同姓名大辞典》:彭作桢辑著,北京好望书店1936年印行,上海书店1983年影印出版。此书汇集了历代有关同姓名录的资料,并参考其他著作报刊编成。收录了上古至1936年间同姓名的人物约56700人。▲历史上叫毛遂的有四个人，战国时就有两个，“一战国时赵平原君客”，“一同时人，坠井而死。或以告平原君，既而知野人毛遂，非平原君食客也”。

《历代名人并称辞典》：龙潜庵等编，上海辞书出版社2001年出版。此书收录范围上起传说时代，下迄1949年，以文化人物并称为主，兼及政治、经济等方面的人物并称。▲儒家的“孔孟”、词家的“苏辛”等。

（三）排行相称

唐代人相互交往时有一种特殊的称呼，即以人物的排行来称呼。我们阅读唐代诗文就会遇到这种特殊的称呼，▲白居易《与元九书》中的“元九”指元稹。有时人物的行第连同官职并称，▲杜甫被称为杜二拾遗。

《唐人行第录》：岑仲勉著，中华书局1962年出版，上海古籍出版社1978年新一版。此书可以查检唐代诗文中出现的以行第称呼的人物的本名。

《全唐诗人名考》：吴汝煜、胡可先著，江苏教育出版社1990年出版。此书主要考证《全唐诗》题目、序、注中以官职、封爵、谥号、科第、行第、地望、职业及字号等相称呼的人物的姓名，并扼要介绍其生平资料。

《全唐诗人名汇考》：陶敏著，辽海出版社2006年出版。

《唐人称谓》：牛志平、姚兆女编著，三秦出版社1987年出版。

（四）避讳改名

避讳，是我国历史上特有的一种人名现象，指在文字上和口头上不能直接称呼当代帝王和尊长的名字，而必须采用其他方法加以回避。历代的帝王的避讳有所不同，因此我们在阅读古籍时会遇到因某朝避讳而改变人物姓名，或者用缺笔字表示等情况。▲康熙帝名玄烨，《康熙字典》午集上玄部，就写道“敬避御名”，并将所有“玄”字，包括偏旁中出现的“玄”字都刻作缺笔（省略最后一笔）。《古今图书集成》引用《桓玄伪事》，其中“玄”字被改为“元”字。了解有关人名避讳的知识，有助于校勘古籍版本、考证字画作年等。▲因避讳唐高祖李渊父亲的名字李昞，颜真卿书《干禄字书》后，用干支纪日，将“丙午”写作“景午”。

《史讳举例》：陈垣撰，中华书局2004年出版。此书是一部有关避讳学的专著，分为八卷。卷一避讳所用之方法；卷二避讳之种类；卷三避讳改史实；卷四因避讳而生之讹异；卷五避讳学应注意之事项；卷六不讲避讳学之贻误；卷七避讳学之利用；卷八历朝讳例。▲此书举“避讳改前人名例”说：“汉书蒯通传：‘本与武帝同讳。’师古曰：‘本名为彻，其后史家追书为通。’”

《历代避讳字汇典》：王彦坤编著，中华书局 2009 年出版。此书在广泛吸收前人避讳研究的基础上编写，以广义避讳材料为收集对象，以敬讳材料为主，兼及忌讳、憎讳材料。根据各朝或个人之避讳本字设立条目，共立条目 1043 条。

《史讳辞典》：王建编著，上海古籍出版社 2011 年出版。此书以讳字为字头，讳词为词条，便于检索。

✲上海图书馆开放数据平台《避讳字知识库》：▲输入“玄”字，解释：“清之避讳，自康熙帝之汉名始。雍乾之世，避讳至严，当时文字狱中，至以诗文笔记之对于庙讳御名有无敬避，为顺逆凭证。”（此解释参考了《史讳举例》）

（五）特殊称谓

《汉语称谓大词典》：吉常宏主编，河北教育出版社 2001 年出版。此书收录范围包括阅读古代文献、整理古籍、日常写作及社会交往有关的称谓词语：正名、异名、代称、喻称、单称、合称、美称、贱称、谦称、尊称等。此《正确使用称谓语（代序）》一文对报章杂志、历史题材电视剧等关于汉语称谓词错用现象，举例进行了批评。

《亲属称呼辞典》：鲍海涛、王安节编，吉林教育出版社 1988 年出版。此书收录的词语按亲缘关系分为 10 类（父子、母系、父系、妻系、兄弟姐妹系、儿孙系、堂亲系、表亲系、合称、泛称），包括现代普通话词、现代方言词和古语词，共计 3500 多条。附有亲缘关系系统表，可了解汉族亲属关系。

《中国古今称谓全书》：吴海林编著，黑龙江教育出版社 1991 年出版。此书收录中国古今具有称谓意义的词汇或专名，包括家族、亲属、行业、职官、职称等各种名称，以及他们的习称、别称、通称、俗称等，共计 12370 条。

《称谓大辞典》：韩省之主编，新世界出版社 1991 年出版。此书收录人际称谓共计 1.2 万余条，兼收古今中外的称谓，以当代常用的称谓为主，条目包括表示亲属关系的称谓和表示身分、职业以及其他关系的称谓。

第三节 人物传记资料检索

检索人物的生平事迹、传记资料，可以利用年谱、史传、纪传资料汇编等工具书。

一、检索正史人名

检索正史中收录的人物传记资料，有专门的索引。综录诸史的人名索引有多种，例如：

《二十四史纪传人名索引》：张忱石、吴树平编，中华书局1980年出版。此索引根据中华书局版“二十四史”点校本编制，按四角号码排列。每一人名下注明中华书局单行本的书名简称、册数、卷数和页数。

《二十五史纪传人名索引》：上海古籍出版社、上海书店编，1990年出版。此书根据上海古籍出版社和上海书店联合出版的《二十五史》、中华书局的标点本《二十四史》《清史稿》编制，可以查检所有在“正史”中有纪传的人物，包括列传中传首追述父祖和传末附传以及目录中未标出的附见人物。此索引可用于上述两种版本，上海古籍出版社本简称“上”，中华书局本简称“中”，以四角号码为序编排。

中华书局配合其出版的“二十四史”，编印了一套各史人名索引，分别由中华书局和上海古籍出版社出版。此索引包括：《史记人名索引》（吴树平编，中华书局1982年出版）、《汉书人名索引》（魏连科编，中华书局1979年出版）、《后汉书人名索引》（李裕民编，中华书局1979年出版）、《三国志人名索引》（高秀芳、杨济安编，中华书局1980年出版）、《晋书人名索引》（张忱石编，中华书局1977年出版）、《南朝五史人名索引》上下（张忱石编，中华书局1985年出版）、《北朝四史人名索引》（陈仲安等编，中华书局1988年出版）、《隋书人名索引》（刘经元编，中华书局1979年出版）、《新旧唐书人名索引》全四册（张万起编，上海古籍出版社1986年出版）、《新旧五代史人名索引》（张万起编，上海古籍出版社1980年出版）、《宋史人名索引》全四册（上海古籍出版社1992年出版）、《辽史人名索引》（曾贻芬、崔文印编，中华书局1982年出版）、《金史人名索引》（崔文印编，中华书局1980年出版）、《元史人名索引》（姚景安编，中华书局1982年出版）、《明史人名索引》上下册（李裕民编，中华书局1985年出版）。这套书有统一的体例，以姓名或常用的称谓作主条目，其他称谓（字、号、小名、绰号、官名、爵名、谥号等）附注于后。人物的传记专传，标出卷、页数，并标有*号；人名散见于他人传记的只标出卷、页数。

我国古代诗文中出现的人物典故，大多出自历代史书。因此通过查检上述两类正史人名索引，可以找到典故中出现的人名是何朝人、见于某一史书的卷页等，从而查检到典故的出处。▲唐代王勃的《滕王阁序》写道：“冯唐易老，李广难封。屈贾谊于长沙，非无圣主；窜梁鸿于海曲，岂乏明时。”通过查检《二十四史纪传人名索引》就可以知道，上述人名分别见于《汉书·冯唐传》《史记·李将军列传》《汉书·贾谊传》和《后汉书·逸民传》。

✲南开大学开发的电子检索系统《二十五史全文阅读检索系统（网络版）》：利用这一数据库，逐一检索上述人物的传记出处，非常方便。▲输入“贾谊”，不仅可以检索到《汉书·贾谊传》，还可以检索到《汉书》其他人物传记中关于“贾谊”的记载，以及其他史书(如《清史稿》)提到“贾谊”的文字,“共命中 161 篇文章”。根据其标出的页数,可以核对中华书局的版本。

二、检索综合传记资料

从事古代人物的学术研究,要尽可能占有更多资料。古代人物的传记资料,除了见于正史,还见于其他各种书籍,这就必须利用综合传记资料索引。哈佛燕京学社引得编纂处曾编辑出版了一套传记综合引得,包括:《四十七种宋代传记综合引得》(1939 年)、《辽金元传记三十种综合引得》(1940 年)、《八十九种明代传记综合引得》(1935 年)、《三十三种清代传记综合引得》(1932 年)。这四种书有中华书局 1959 年新印本,上海古籍出版社 1986 年出版影印合订本。

其他传记资料索引有多种。例如:

《历代人物传记资料汇编》(全 150 册):国家图书馆编,国家图书馆出版社 2016 年出版。此书分为总传与传记,收集自先秦迄清之历代人物资料。按照所记史事或人物之时代先后排列。总传部分以两人及以上多人事迹为主,共收录 71 种书。除传记、图赞外,另收录姓氏目录、缙绅册等。传记部分主要以个人生平事迹为主,包括行实、行状、行略、墓志铭等撰述形式,收录从商至 19 世纪末期历代人物 133 人(以明清居多)。多数资料为国家图书馆藏古籍善本、抄稿本,首次整理出版。

《唐五代人物传记资料综合索引》:傅璇琮、张忱石、许逸民编撰,中华书局 1982 年出版。此书共计收录唐五代人物约 3 万个,采用有关书籍 83 种,包括大量与传记资料有关的各种体裁的文献。全书有“字号索引”和“姓名索引”两部分。

《唐五代五十二种笔记小说人名索引》:方积六等编,中华书局 1992 年出版。此索引可作为《唐五代传记资料综合索引》的补充。

《宋人传记资料索引》(增订版,全 6 册):昌彼得、王德毅、程元敏、侯俊德编,中华书局 1988 年据台湾版影印出版。此收录宋代约 22000 人的传记资料索引,涉及宋人文集 347 种、元人文集 20 种、总集 12 种、史传典籍 90 种、宋元地方志 28 种、金石文 8 种,比哈佛燕京学社的《四十七种宋代传记综合引得》资料丰富。《宋人传记资料索引补编》(全 3 册):李国玲编,四川大学出版社 1994 年出版,新增人物 14000 余人。

《元人传记资料索引》(全 5 册):王德毅、李荣村、潘柏澄编,台湾新文丰出版公司 1979—1982 年发行,中华书局 1987 年影印出版。此书采用各种书籍达 700 多种,收录元代人物 17000 余人。

《明人传记资料索引》:台湾中央图书馆编印,1965 年初版,1978 年再版,中华书局 1987 年影印出版。此书采用明清人文集 528 种、史传及笔记类典籍 65 种,还有单行本的年谱、别传和期刊中的论文等人物资料。

《二十五史外人物总传要籍集成》(全3册):董治安主编,齐鲁书社2000年出版。该书共收人物总传34种,立传人名多达2万。

《清代碑传文通检》:陈乃乾编纂,中华书局1959年出版,北京图书馆出版社2003年出版。此书从1025种清人文集中辑录了约1万余人的碑传文资料。

《明清进士题名碑录索引》(上中下):朱保炯、谢沛霖编,上海古籍出版社1980年出版。此书可以查检明清考中进士者姓名、籍贯、科年、甲第、名次等,从而为查检其传记资料提供了线索。

《四库全书传记资料索引》(上下):《四库全书索引丛刊》之三,台湾商务印书馆1990年出版。四库全书索引编纂小组依据1986年台湾商务印书馆影印的文渊阁《四库全书》编纂,附字号索引。

《丛书人物传记资料类编·学林卷》(全16册):本社古籍影印室编,北京图书馆出版社2006年出版。

《清代科举人物家传资料汇编》:来新夏主编,学苑出版社2006年出版,正文100册。此书是国家清史编纂委员会文献丛刊,由此书可以查找清代科举人物的传记资料,包括姓名、字号、中的科名、受业师等资料;查找清代科举人物家族中每一位主要成员的传记资料,包括姓名、字号、官职、著述、族系关系等基本情况;还可以作为《家谱》使用。

《中国近现代人物传记资料索引》:王继祥主编,东北师范大学图书馆1988年印行。此书收录了1840—1949年间约1万名历史人物的传记资料索引。

《辛亥革命以来人物传记资料索引》:复旦大学历史系资料室编,王明根主编,上海辞书出版社1990年出版。此书共计收录活动于1911年辛亥革命至1949年中华人民共和国成立期间且有传记资料的各类人物约1.8万余人,收录中文传记资料8万余条,附录了所收报纸、期刊、论文集一览表。

《中华佛教人物传记文献全书》(全60册):国家图书馆分馆编,线装书局2005年出版。底本来自中国国家图书馆,收录文献始于宋代,止于民国。

《古今中外人物传记指南录》(正编):邵延淼编著,江苏教育出版社1989年出版。此书收录1949—1983年底出版的有关人物传记的书籍约3000种,包括古今中外人物的别传、合传、评传、年谱、轶闻趣事等。此书另有前编,江苏教育出版社1990年出版,收录1911—1949年出版的各种人物传记书籍;续编,1997年出版;补编,2002年出版。

《二十世纪中国人物传记资料索引》(全4册):复旦大学历史系资料室编,上海辞书出版社2010年出版。此书收录1900—1999年有过传记资料的中国各类人物4.8万余人,收录中文传记资料20万余条。

三、检索地方志人物传记

地方志中一般列有“人物”类目，可以查检地方人物的传记。为此而编辑的综合性地方志人物传记索引有多种。

《宋元方志传记索引》：朱士嘉编，中华书局1963年出版，上海古籍出版社1986年新1版，收录33种宋元方志中的人物3949名。

《北京天津地方志人物传记索引》：高秀芳等编，北京大学出版社1985年出版。

《中国地方志宋代人物资料索引》（全4册）：沈治宏、王蓉贵编撰，四川辞书出版社1997年出版。此书查阅了4种地方志丛书（《宋元方志丛刊》《天一阁藏明代方志选刊》《天一阁明代方志选刊续编》《日本藏中国罕见地方志丛刊》）、302种地方志，收录其中的宋代人物资料10.4万条。

《中国地方志宋代人物资料索引续编》（全4册）：王蓉贵、沈治宏编著，四川辞书出版社2002年出版。此书查阅了3种地方志丛书，共19种省志，收录其中的宋代人物资料10.4万条。

《中国古代地方人物传记汇编》：国家图书馆古籍馆编，北京燕山出版社2008年出版。此书共收录广东、广西、福建、安徽、湖南、湖北、江西、江苏、上海、浙江、云南、河南、河北、甘肃、山东等省市的历史人物传记著作共130部，涉及人物3.2万余个。所收录的人物始于先秦，止于民国。

《地方志人物传记资料丛刊》（全167册）：国家图书馆编，北京图书馆出版社2002年出版。此书以国家图书馆的馆藏为底本编辑影印，分西北、东北、华北、华东、中南、西南六卷，网罗方志近3000种。另有《地方志人物传记资料丛刊·华东卷上编人名索引》（全两册）：王恒柱、李迎编著，国家图书馆出版社2020年出版。此书共收录山东、江西、福建、台湾四省300多种方志中4万余历史人物的传记资料，是《地方志人物传记资料丛刊·华东卷上编》的索引。

《天一阁藏明代方志选刊人物数据人名索引》：华东师范大学图书馆古籍部编，上海书店1997年出版。

《清代人物传记史料研究》：冯尔康著，商务印书馆2000年出版。此书提供了检索清代人物传记史料的途径。

✲国家图书馆地方志家谱文献中心编制的“地方志人物传记索引数据库”，收录1949年以后新编地方志中所见人物的姓名等信息，数据每年递增。

四、检索人物传记集

(一)各种人物传记集

人物传记介绍人物的内容比人名词典要详细,因此有一定的可读性。这里介绍的是综录多人的传记集,这类传记集一般编有人名目录,因此也可作为工具书检索。例如,关于文学家的传记集有多种。

《唐才子传》:〔元〕辛文房撰,古典文学出版社 1957 年出版。此书是唐五代诗人简要评传的汇编集。傅璇琮主编《唐才子传校笺》本(中华书局 1987 年起分册出版,共 5 册)补考了原书未备的重要事迹,可以参考。另有周绍良的《唐才子传笺证》(全 3 册),中华书局 2010 年出版。

《古代作家传记史料述要》:祝鼎民编,中国社会科学出版社 2020 年出版。内容包括:有关各种史料书的概况和重要书籍的选介;各种传记史料所收传记的特色及其价值;有关传记史料的考订,包括姓名、籍贯、生卒年、事迹诸方面;作家传记史料的索引。

《中国历代著名文学家评传》:山东大学文史哲研究所主编,山东教育出版社 1985 年起分卷出版,共 6 卷。1991 年出版了续编一、续编二、续编三。此套书以作家生平系年和作品系年为主线,对每个作家的生平事迹和主要作品有较为详细的述评。

《中国现代作家传略》:徐州师范学院本书编辑组编,四川人民出版社 1981 年出版上卷,1983 年出版下卷。此书特点是凡健在的作家,由本人撰写自传,已故作家或用本人生前自传,或由亲属及专门研究者撰写。

《中国文艺家传集》:蒋往、庹纯双主编,四川辞书出版社 1993 年出版。此书分为文学、戏剧、影视、美术、书法、摄影、音乐、舞蹈、曲艺、杂技、民间文艺等卷,收录著名文艺家、国家级文艺家协会会员和少量省级文艺家协会会员的传记,记载其 1992 年 4 月以前的主要事迹。

关于学术人物的传记,我国古代有“学案”一体,记述学术家的生平、著作和学术渊源。例如:

《宋元学案》:〔清〕黄宗羲原著,全祖望补修,陈金生、梁运华点校,中华书局 1986 年出版。另外有《宋元学案人名索引》(邓元鼎、王默君编,上海商务印书馆 1936 年版)、《稿本宋元学案补遗(影印)》(北京图书馆出版社 2002 年出版)。

《明儒学案》(修订本,全 2 册):〔清〕黄宗羲著,中华书局 2008 年出版点校本。

《清儒学案》(全 4 册):徐世昌著,中国书店 1990 年影印出版。

其他人物传记总集,例如:

《明实录类纂·人物传记卷》:李国祥主编,武汉出版社1990年出版。

《清代人物传稿》(上下,全20册):清史编委会编,是比较全面的清代人物传记总集。上编十卷,第一卷:王思治主编,中华书局1984年出版,第一个人物是努尔哈赤。下编十卷,第十卷:罗明、杨益茂主编,辽宁人民出版社1994年出版,第一个人物是光绪。

《清代七百名人传》(全三册):蔡冠洛编著,北京图书馆出版社2008年出版。此书收录清代名人传713篇,分政治、军事、实业、学术、艺术、革命、外人等类编排。

《鸦片战争人物传》:戴学稷主编,福建教育出版社1985年出版。

《戊戌变法人物传稿》(增订本):汤志钧著,中华书局1982年第2版。此书收录戊戌变法中的人物78人,大体归为维新派、帝党、后党几类排列。

《辛亥武昌首义人物传》:贺觉非编著,中华书局1982年出版。

《民国人物碑传记》:中国社会科学院近代史资料编辑部主编,四川人民出版社1997年出版,收录1912年至1949年以前去世的各界知名人士。

《中华民国史·人物传》(全8册):李新等主编,中华书局2011年出版。此书选取自1905年同盟会成立至1949年,政治、经济、军事、文化、科技等领域的代表人物1000余人,撰写人物小传。

《中国现代社会科学家传略》(1—10辑):晋阳学刊编辑部编,山西人民出版社1982—1987年陆续出版。已故者请他人撰写,健在者由本人作传。《中国当代社会科学家传略》(传记丛刊1—11辑),书目文献出版社1990年出版。王同策的《中国现代、当代社会科学家传略综合索引》(《中国索引》2015年第1期)收录上述两书全部传主,编为综合索引,按音序排列。

《中国现代语言学家传略》(全4册):中国语言学会本书编写组编,河北教育出版社2004年出版。

关于人物传记,除了上述综录多人的传记集,还有许多人物传记的丛书,例如时事出版社1985年出版的《现代国际人物丛书》、百花洲文艺出版社1997年出版的《国学大师丛书》等。

(二)人物传记数据库

目前还有综合性的数据库平台,涉及历史人物,为数字人文研究提供了资源和路径。例如:

*"历史人文大数据平台":上海图书馆的开放数据平台,包括知识检索、人文地图、关系图谱、故事场景等栏目。截至2020年10月,已整合近代报纸510余种、篇

目 140760 余种、广告 44210 余条、图片 20 张;期刊 8 种、篇目 30 余种、图片 16 张;近代图书 124400 余种;家谱 71820 余种;古籍 602450 余种;盛宣怀档案 15 万余件;红色文献 8500 余种;1332440 余人物和 7480 余事件。通过这个平台检索一个人物,可以链接多种数据库的资源,列出综合的检索结果。▲输入“鲁迅”,可以检索到复杂的“关系图谱”。

✲籍合网·晚清民国文献平台有“近现代历史人物专题库”:以人物为主题,汇集人物的自著与他者著述等相关文献,已收录晚清民国历史人物 300 余位。籍合网还上线了龚延明主持编纂的“历代进士登科数据库”,以登科人物的传记资料为主要内容。

✲“中国历代人物传记资料库”(简称 CBDB):北京大学中国古代史研究中心、中央研究院历史语言研究所、哈佛大学费正清中国研究中心联合开发的在线的关系型数据库。其远程目标是系统性地收入中国历史上所有重要的传记资料,并毫无限制地、免费地公诸学术之用。90%以上的数据来自唐代(618—907)至 20 世纪早期,截至 2021 年 12 月,共收录约 515488 人的传记资料,内容不断补充更新。“包括单个人物查询、入仕途径、官职查询,还可以查询社会关系网络,查询两个人之间的社会关系,甚至查询不同地区间人物的关系。这样的数据库为研究者提供了一种新的方式,基于大量数据来思考人类的过去和历史。”[①]此数据库支持数据可视化分析,可以从网站上下载相关的分析数据表格和图表应用于其他工具库中,将数据录入数据模版并上传以制作与历史人物相关的地理信息分析图与人物关系图谱。《中国历代人物传记数据库用户指南》(中文版)介绍了此数据库的“关系型”特点,其能够作为“群体传记学”(固定人群的生平研究)的分析工具(指通过对一群人物生平的集体性研究,来探讨他们的共同背景特征)。

✲“中国思想与文化名家数据库”:中国人民大学出版社开发的数据库平台。此平台以中国古代、近现代、当代思想与文化名家(人物)研究为核心,建构著作全文库、研究文献库、研究学者库、研究视频资源库、研究会议资讯、研究机构等资源库,涵盖哲学、史学、文学、社会学、政治学、经济学、教育学、军事学等领域,可以全面检索有关人物各方面的文献资料及已有的研究信息。其中“近现代版”有晚清民国档案,收录了演说词、书信、公函、章程、诏书、宣言、发刊词等文献。

✲“搜韵—诗词门户网站”:其平台有“古籍检索”栏目,点击进入,出现“知识图谱”,选择“人物”,输入作者名“杜甫”,可以呈现“作品中述及人物关系图”,▲杜甫与李白的关系。

---

① 包弼德. 数字人文与中国研究的网络基础设施建设[J]. 图书馆杂志,2018(11):20.

第四节 人物生卒年和年谱检索

一、检索人物生卒年

考证历史人物生卒年的著述,过去称为疑年录。最早的有清代钱大昕的《疑年录》,后人也编有专门的生卒年表。

《疑年录集成》:北京图书馆出版社 2002 年出版。此书收录自清代钱大昕《疑年录》到今人陈垣《释氏疑年录》共十数位专家学者编撰的同类著作 17 种,涉及历代人物生卒年代考证 2 万余条,间有人物籍贯、官爵、著作等生平事迹的简介。全套共九册,前八册以原书版本先后为序编排,第九册为人名拼音和笔画索引。

《释氏疑年录》:陈垣撰,中华书局 1964 年出版。此书收录自晋至清初的僧人 2800 人的生卒年。

《历代人物年里碑传综表》:姜亮夫编,陶秋英校,上海中华书局 1959 年出版,文史哲出版社 1985 年出版。

《中国历史人物生卒年表》:吴海林、李延沛编,黑龙江人民出版社 1981 年出版。此书收录我国历史人物 6600 余人,以表格形式,分五栏:姓名、别名、籍贯、生年、卒年。

《清代人物生卒年表》:江庆柏编著,人民文学出版社 2005 年出版。此书收录清代人物约 2.5 万人,对每个人均著录其姓名、生卒年、字号、籍贯,并记载其原始文献出处。

《中国历代科技人物生卒年表》:李迪、查永平编,科学出版社 2002 年出版。此书以表格形式记载中国历史上 1522 名科技人物的姓名、字号、籍贯或族别、生卒年月、学科及成就。收录时间上溯到春秋时代,下迄民国末年。人物限于在中国出生和去世者,也包括个别在外国去世者。附录明清西方来华科技人物。

检索当代人物的生卒年,也可以利用年鉴中有关当年去世的重要人物的记载。

二、检索人物年谱

我国古代学术研究有“知人论世”的传统,年谱就是由于“知人论世”的需要而产生的一种著述形式,按年月记载人物的生平事迹和相关的背景资料。宋代吕大防作韩愈年谱而说明:“予苦韩文、杜诗之多误,既雠正之,又各为年谱,以次第其出处之岁月，而略见其为文之时。则其歌时伤世、幽忧窃叹之意，灿然可观。”[①]梁启超在《中国历史研究法》中专门讲述了年谱问题，指出我国流存下来最古的年谱是北宋吕大防为杜甫、韩愈分别编撰的年谱，可以了解“作者和社会的背景关系”。[②] 此后年谱之作渐渐增加，到明清时蔚为大观。

年谱的谱述对象被称为谱主。年谱有作者自编的，即所谓自订年谱，例如谭嗣同的《三十自记》。但绝大多数是他人（主要是后人）编的。年谱有独谱，也有合谱。合谱是根据人物的关系或学术研究需要，把两个或两个以上的谱主合在一起编写的年谱，例如《南唐二主年谱》《赵明诚李清照夫妇年谱》《李白杜甫年表》等。年谱有附录于谱主文集，或附录于学术研究著作的，有发表于报刊的，也有单独出版的。▲目前有学者利用地理信息数据库平台，以既编年又系地的体例，编写唐宋文学作家的编年系地年谱，记载谱主的出生地、任职地、经行地、寓居地、创作地、终老地。[③]

要比较全面地检索某一人物是否有年谱、有几种年谱、年谱的版本等，就要利用年谱目录。年谱目录一般著录谱名、编撰者、年谱版本出处、年谱内容、谱主生平、年谱收藏情况等。

（一）年谱目录及丛刊

《历代名人年谱》：〔清〕吴荣光著，李宗颢补遗，林梓宗点校，北京图书馆出版社2002年出版。此书自汉高祖刘邦元年（公元前206年）至清道光二十三年（1843年），共收集中国历史有名人物数千人，以年表形式分纪年、时事、人物生卒三项排列。

《中国历代年谱总录》：杨殿珣编，书目文献出版社1980年出版。此书共收录年谱3015种，谱主1829人，包括年谱和按年谱体例编制的其他名目的著述。此书作者又有《〈中国历代年谱总录〉续录》（刊载于《文献》第十三辑，书目文献出版社1982年出版），收录上书出版后续辑的年谱220余种。书目文献出版社1996年出版《中国历代年谱总录》（增订本），著录年谱4450种。

《近三百年人物年谱知见录（增订本）》：来新夏著，中华书局2010年出版。此书叙录明末迄清末三百年间人物年谱，收录谱主1251人，叙录年谱1581篇。前八卷为书录，按年代编次，卷九为知而未见录，卷十为谱主、谱名、编者、谱主别号索引。著录内容包括谱主小传、年谱著录情况、年谱内容特色及价值等。

《中国历代人物年谱考录》：谢巍编，中华书局1992年出版。此书共收录历代各种年谱6000多种，谱主4000余人。

---

① 王冠. 唐宋八大家年谱（一）[M]. 北京：北京图书馆出版社，2005：11.

② 梁启超. 中国历史研究法[M]. 北京：东方出版社，1996：224.

③ 王兆鹏. 从“年谱”到“编年系地谱”：重建作家年谱的理念与范式[J]. 文学评论，2021（2）：17-24.

《新编中国名人年谱集成》:王云五主编,台湾商务印书馆 1978 年出版。此书共 20 辑,198 册,收录古代至民国时期的名人的年谱。

《北京图书馆藏珍本年谱丛刊》(全 200 册):北京图书馆出版社 1999 年出版。此书收入 1996 年以前北京图书馆所藏中国历代人物的线装年谱,计 1212 种,谱主 1018 人。所收年谱的谱主卒年大体以 1911 年为下限,个别卒于民国及之后的传统文化人士的年谱也酌情收入。▲其中包括多种孔子年谱、孟子年谱。

《上海图书馆藏珍本年谱丛刊》:周德明、吴建伟主编,国家图书馆出版社 2015 年出版。此书从上海图书馆遴选珍本年谱近百种,凡《北京图书馆藏珍本年谱丛刊》收录者,不再重复收录。其中有为数众多的稿抄本为存世孤本。此书有续编,2019 年出版。

《中国年谱大辞典》:黄秀文编,上海辞书出版社 2015 年出版。此书收录中国(包括台湾、香港、澳门地区)自先秦至当代的人物年谱 75900 种,涉及谱主近 4030 人。每一辞目除谱主小传外,列卷数、撰者、刊本、收藏单位(只注稀见之稿本、抄本及非正式出版物)、字数、编谱情况、谱文特色、史料价值等。

《隋唐五代名人年谱》(全 4 册):北京图书馆出版社影印室编,北京图书馆出版社 2005 年出版。此书共计收入年谱 60 种,谱主 29 人,年谱撰成年代自宋朝及于民国,资料翔实,体例谨严。

《唐宋词人年谱》:夏承焘编著,上海古籍出版社 1979 年新 1 版。此书收录唐宋词人年谱 10 种,谱主有韦庄、冯延巳、张先、周密等 12 家。

《宋人年谱集目》《宋编宋人年谱选刊》(合刊):吴洪泽编,巴蜀书社 1995 年出版。其中《宋人年谱集目》收录谱主 170 多人,年谱 560 多种。《宋编宋人年谱选刊》收录现存宋人编宋人年谱 24 种。

《宋明理学家年谱》(全 12 册):于浩编,北京图书馆出版社 2005 年出版,收录 27 人的年谱 46 种。

《历代妇女名人年谱》(全 2 册):张爱芳选编,北京图书馆出版社 2005 年出版。▲其中《崇德老人自编年谱》收入插图 14 幅,为谱主生活写照,具有图像史料价值。

《清代民国藏书家年谱》(全 6 册):张爱芳、贾贵荣选编,北京图书馆出版社 2004 年出版。

(二)著名人物的年谱

单独出版的近代和当代著名人物的年谱有多种,例如:

《梁启超年谱长编》:丁文江、赵丰田编,上海人民出版社 1983 年出版。

《鲁迅年谱》(增订本 1—4 卷):鲁迅博物馆鲁迅研究室编,人民文学出版社 2000 年出版。

《鲁迅年谱(校注本)》:曹聚仁著,生活·读书·新知三联书店 2011 年出版。

《蔡元培年谱长编》(共 4 卷):高平叔撰著,人民教育出版社 1999 年出版。

《张元济年谱长编》(上下):张人凤、柳和城编著,上海交通大学出版社 2011 年出版。

关于革命领袖人物的年谱、年表有《马克思恩格斯生平事业年表》:中共中央马恩列斯著作编译局编译,人民出版社 1976 年出版。

《孙中山年谱长编》(上下):陈锡祺编,中华书局 1991 年出版。

《李大钊年谱》(上下卷):杨琥编著,云南教育出版社 2020 年出版。

《毛泽东年谱(1893—1949)》(修订本,上中下):中共中央文献研究室编撰,中央文献出版社 2013 年出版。《毛泽东年谱(1949—1976)》(全 6 卷),中央文献出版社 2013 年出版。

《周恩来年谱(1949—1976)》(上中下),中央文献出版社 1997 年出版。《周恩来年谱(1898—1949)》(修订本):中共中央文献研究室编,中央文献出版社 1998 年出版。

《邓小平年谱(1975—1997)》(上下):中共中央文献研究室撰写,中央文献出版社 2004 年出版。《邓小平年谱(1904—1974)》(上中下),中央文献出版社 2009 年出版。

要了解新近出版的年谱信息,可以利用《全国总书目》《中国国家书目》《全国新书目》中的“人物传记”类书目。

✻“中国年谱数据库”:华东师范大学图书馆开发。此数据库包括年谱数据库(谱表)、谱主数据库、谱主影音数据库、谱主图片数据库、谱主论著数据库,目前收集了 3700 多位古今人物的年谱近万种。每种年谱均有谱表介绍,其中多数年谱能浏览全文。

三、检索人物家谱

(一)家谱综合目录及丛刊

家谱收录的内容非常丰富。章学诚指出:“谱牒有专家、总类之不同,专则一家之书,总则汇萃之书。而家传、家训、内训、家范、家礼皆附入专谱门中,以其行于家者然也。”①目前已有多种家谱目录和丛刊,成为“寻根”文化的参考书。

《中国家谱综合目录》:国家档案局二处、南开大学历史系、中国社科院历史所图书馆编,中华书局 1997 年出版,收录全国 29 个省市区含港澳台 550 个姓氏共 14719

---

① 王重民. 校雠通义通解[M]. 上海:上海古籍出版社,1987:174.

种家谱。

《中国家谱总目》:王鹤鸣主编,上海古籍出版社2008年出版。此书是一部提要式的目录,揭示家谱的谱名、责任者、版本年代、卷数等基本内容,还揭示家谱中有重要资料价值的内容。共收录中国家谱52401种,计有608个姓氏。

《上海图书馆馆藏家谱提要》:上海图书馆编,王鹤鸣等主编,上海古籍出版社2000年出版。此书收录全国近20个省市区328个姓氏的家谱约11700种,近10万册。

《上海图书馆藏珍稀家谱丛刊》:上海图书馆编,上海科学技术文献出版社2016年出版第一辑(30册),后续出版有2017年第二辑(40册),2018年第三辑(2册),2020年第四辑(48册),2021年第五辑(12册)。

《中国珍稀家谱丛刊》收录下限为1949年。其中有《稀见姓氏家谱》(第一辑46册):常建华、王强主编,凤凰出版社2013年出版;《明代家谱(二辑)》(23册):王强编,凤凰出版社2017年出版;《四川家谱》(57册):金生扬、王强主编,巴蜀书社2017年出版;《福州族谱丛刊》(31册):王强主编,凤凰出版社2017年出版。《北方家谱》(30册):郭登浩主编,广陵书社2018年出版;《京津冀家谱》(50册):孙爱霞、任吉东主编,燕山出版社2021年出版,等等。

《中国族谱丛刊》:李吉辑录,中州古籍出版社2019年出版。

《北京图书馆藏家谱丛刊·闽粤侨乡卷》(全50册):北京图书馆编,北京图书馆出版社2000年出版。此丛刊汇集闽粤两省著名侨乡家谱计25姓40种。所用版本上起清顺治,下迄民国,远及海外如新加坡,大多不为外界所见。内容除传统的世系表、祖训、族规、姓氏源流考、先祖图像、人物传记、坟墓图址和大事记等家族资料外,还详细记载了东南沿海各省中国人迁移、流落海外的情况。

《中国国家图书馆藏早期稀见家谱丛刊》:国家图书馆编,谢冬荣、鲍国强主编,线装书局2002年出版影印本。此书共收录65种家谱,共计109函366册。

此外,中国国家图书馆"地方志与家谱文献中心",收藏明代至民国期间的原版古旧家谱近3000余种4万余册、1949年以后新修家谱数百种、美国犹他州家谱学会提供的家谱(缩微胶卷)1500余种,以及大量的谱牒学论著和参考书。

(二)家谱数据库

✲"中华古籍资源库:家谱":上海图书馆现藏家谱有近3万余种,30余万册,共计365个姓氏。收藏的家谱覆盖全国27个省、自治区及直辖市,是国内外收藏中国家谱原件最多的公藏机构。国家图书馆与上海图书馆合作,征集该馆所藏明清家谱资源2200余种,在国图网站发布使用。

✲"上海图书馆家谱知识服务平台"：以《中国家谱总目》收录的、包含608个姓氏的，来自港、澳、台地区及日、韩、北美、德国等地的收藏机构所藏的5.4万余种家谱目录为基础，析出姓氏608个，先祖名人7万余个，谱籍地名1600余个，堂号3万余个，以知识组织的方法和关联数据技术建构。

✲"中华寻根网"：国家图书馆与澳门基金会的文化合作项目，目前提供500多个姓氏源流、2000多部家谱和6000种其他文献的阅览，以及自建家谱、交流联谊的互动服务。

✲"徽州善本家谱印刷资料数据库"：中国国家图书馆与法国远东学院的合作项目，收录中国国家图书馆藏善本古籍中徽州家谱243种286部。

✲"中国谱牒库"：北京爱如生数字化技术研究中心研制。是专门收录历代谱牒类典籍的全文检索版数据库，分为家谱编、年谱编、仕谱编、日谱编，共收录宋元明清历代家谱3.6万余种，年谱1500余种，仕谱1.2万余件，日谱500种，合计5万种。采用爱如生独有的数字再造技术制作，还原式页面，左图右文逐页对照。现已推出中国谱牒库初集（收录历代家谱、年谱、缙绅录、日记共2000种）、明清科举录（收录明科举录420余种，清人朱卷8000余件）。

第五节 人物其他资料检索

一、人物图像资料

人物图像是人物资料的一个方面，人物图像汇编是图录类工具书的一种。人物图像的来源，包括绘画像、木刻像、石刻像、雕塑像、照片等。人物图像的编排或者以人物的生卒年代为顺序，或者按照人物类型组合排列。人物图像下一般附有简单文字，介绍人物的生卒年或简单事迹。因此，这类人物图像汇编既是人物资料的一个方面，也为进一步查检人物的传记提供了线索。

《中国历代名人图鉴》（上下）：苏州大学图书馆编著，上海书画出版社1989年出版。此书收录我国上古至清末著名人物1137人的图像1165帧，包括政治家、哲学家、科学家、军事家、史学家、文学家、语言学家等，酌收历代帝王及部分后妃。人物按照生卒年代顺序排列，每一图像下附有关于人物生卒年代、字号、籍贯的简要说明。

《中国历代人物图像索引》：瞿冠群、华人德主编，江苏教育出版社1994年出版。此书对《中国历代名人图鉴》已经收录的图像均有标记，可作为上书的补充。

《中国历代人物图像集》（上中下）：华人德主编，上海古籍出版社2004年出版。

此书从上古至清末历史人物图像中，选择影响较大、形象较清晰、有一定代表性者3033幅，人各一幅，编辑成集，是目前古代人物图像类工具书中收集人数较多的。

《中国古代著名哲学家画传》:《哲学研究》编辑部编辑，人民美术出版社1981年出版。此书收录59位古代著名哲学家的画像，上自周公，下迄清代戴震，图像大多采自古籍，每一像下注明该像的出处和收藏单位，并附有人物传记。

《历代古人像赞》(上中下):郑振铎编，上海古典文学出版社1958年出版。此书根据明代弘治十一年刊本影印，绘制了从伏羲到宋宁宗时帝王将相及名人学者等人的图像共88帧。每人附有四句小赞，并概述其生平事迹。郑振铎《〈历代古人像赞〉跋》认为此书"表现了15世纪末期的中国版画的很高超的成就"。此书又收入《中国古代版画丛刊》(第1册)，上海古籍出版社1988年出版。

《晚笑堂画传》:〔清〕上官周撰绘，胡佩衡选订，中国书店1984年影印出版。此书绘制了两汉至明代120位著名历史人物的画像，每像后附有小传。

《中国历代名人图会》:房立中、陈运坤编，学苑出版社1994年出版。此书从古书中选录700多幅人物画像，上自远古，下至民国，分为帝王名相良将、圣贤才子佳人、仙道高僧术士三类编排。每一像下有简单说明，但没有注明图像的出处。

《中华各姓祖先像传集》:马小林、鲍国强主编，民族出版社1999年出版。此书是一部从卷帙浩瀚的家谱藏品中精选各姓族史文献、祖先画像及其传记资料编纂而成的大型像传专辑。

《清代学者象传第一集》:〔清〕叶衍兰绘，商务印书馆1930年影印出版。此书收录清代学者，从顾炎武到魏源共180人的绘像，并附有人物小传。《清代学者象传第二集》:叶公绰撰绘，商务印书馆1953年影印出版。此书补收第一集未收的清代学者，从钱谦益到李希圣，共200人的绘像。《清代学者象传合集》:上海古籍出版社1989年将上述两集合并出版。《清代学者象传校补》(全三册):陈祖武校补，商务印书馆2017年出版。

《明清人物肖像画选》:南京博物院供稿，上海人民美术出版社1982年编辑出版。此书收录近70幅彩色精印人物画，其中包括名人肖像。

《晚清七百名人图鉴》:闵杰编著，上海书店出版社2007年出版。此书汇辑了帝王后妃、文官武将、社会名流、党人义士、在华洋人等各界名人及其眷属在当时的照片和小传。

《耆献写真:苏州大学图书馆藏清代人物图像选》:苏州大学图书馆编，中国人民大学出版社2008年出版。此书选收苏州大学图书馆馆藏文献中顺治元年(1644)至宣统三年(1911)的清代人物图像。包括清人创作的画像、线画木刻与石刻像及照片等，部分清人想象绘制与艺术创作的人物图像酌加收录。

✲"清代图像人物数据库":国家清史工程子项目,苏州大学 2002 年开始建库。此数据库收录清代人物相关图像,还包括少数卒于民国的清代人物图像及清代外国来华人物图像等。人像类型有画像、塑像、木刻、版画、石刻拓片以及近代的照片等。同时收录每个人物的手迹、印章、著述、作品、史迹等。

✲《中国历代人物图像数据库》:赵达雄主编,浙江图书馆编,浙江电子音像出版社 2008 年出版,目前有网络版。此数据库收录自远古至清代,中华文明史中有文字记载的人物图像资料(包括版刻、绘画、摄影、雕塑等)。每位人物肖像少则一幅,多则数十幅,配有生平简介,共收录人物 5800 余人,图像 1 万余幅。

二、专人词典资料

专人词典以词条的形式收录某一著名人物的各方面资料。

《孔子大辞典》:张岱年主编,上海辞书出版社 1993 年出版。其分类词目表包括:生平事迹、历史背景、思想体系、典籍文献、弟子后学,还有历代评孔等部分,共计 3172 个词条。

《李白大辞典》:郁贤皓主编,广西教育出版社 1995 年出版。内容包括李白的生平研究、作品研究、李白研究概况等,总结和反映了李白研究已有的学术成果。

《朱熹大辞典》:张立文主编,上海辞书出版社 2013 年出版。此书较系统全面收入朱熹平生事迹、朱熹思想体系、朱熹思想与朱子学传播及研究的条目。

《共和国领袖大辞典》:本书编委会编,成都出版社 1993 年出版。此书分为毛泽东卷、周恩来卷、刘少奇卷、朱德卷、邓小平卷。每卷均设生平或活动大事记、著作、思想和附录四部分。

《毛泽东大辞典》:王进等主编,广西人民出版社、漓江出版社 1992 年出版。此书分为四编:毛泽东生平、毛泽东著作、毛泽东思想、毛泽东研究,共收词目 3400 余条。

《周恩来大辞典》:中共中央文献研究室编,江西人民出版社 1998 年出版。此书共有 2791 个条目,分生平编、著作编、思想编、交往编、研究编、附录编。

《邓小平大辞典》:本书编委会编,红旗出版社 1994 年出版。此书收录词条 1400 余条,分为综合、生平、著作、思想、研究、《邓小平文选》第三卷篇目介绍六编。附录有"邓小平生平记事",记录至 1993 年。

《简明茅盾词典》:李标晶、王嘉良主编,甘肃教育出版社 1993 年出版。此书共收录词目约 1900 条,分为生平、著译、文学形象、人物、报刊、书籍作品、文艺思潮、团体机构、词语掌故、茅盾研究等 10 辑。其中"词语掌故"部分,解释词源、本义,并从茅盾著作中举例加以疏证。"茅盾研究"分为"专著论文集""论文""研究机构"三部分。此出版社还出版了《简明郭沫若词典》(1999年)、《简明巴金词典》(2000年)、《简明老舍词典》(2000年)、《简明曹禺词典》(2000年),等等。

三、文学人物形象

文学人物形象词典以词条形式收录文学作品中所描写的人物名,注释文字带有描述和鉴赏性质。这与以篇目或书名为词目的鉴赏辞典的内容类似。

《文学形象辞典》:于漪、陶本一主编,陕西人民教育出版社1991年出版。罗竹风在题为《扩大文学形象的范围》的序中指出,"《文学形象辞典》填补了辞书系列的一个空白"。此书收录中外古今52个国家和地区477位作家以及部分佚名、民间艺人作品中所着意刻画的人物形象1051个。通过查检人名(文学形象)可找到作品的出处、作者情况。

《古书人物辞典》:庄克华主编,江西教育出版社2004年出版。此书以古代诗辞文赋、小说、戏曲等文学作品中的人物形象为对象,共涉及古书1000多种。

《中外文学人物形象辞典》:臧恩钰、梁平、王才路主编,山西人民出版社1993年出版。此书收录古今中外文学人物形象词条1278条,包括中国古代文学、中国现代文学、中国当代文学和外国文学部分。

四、人物数据库资料

✲"中国学汉学家":中国国家图书馆、中国国家数字图书馆编制。此数据库介绍汉学家150人,包括国外中国学家研究领域、学术研究简介、大事年表、主要学术成果等部分,涵盖了美国、法国、英国、德国、比利时、西班牙、意大利、瑞典、荷兰、(原)捷克斯洛伐克、波兰、以色列、日本、韩国,以及帝俄、苏联、俄联邦等不同时期与国家的中国学家。▲"南怀仁"(比利时,1623—1688),简单介绍其研究领域、主要研究成果、参考文献等。

✲"广州人物数据库":广州图书馆承建的科研项目。此数据库收录了从古代至今在广州活动过、对广州有一定影响,有杰出成就或突出业绩的人物的全文资料。资料来源为国内外公开出版的书籍、报刊及网站等多媒体的有关信息。2007年库内已经收入5000个人物。人物信息包括人物的生平、传记、作品、研究资料、照片等资料。

✲新闻媒体的数据库有人民网的"人民数据":包括《中国共产党重大事件/重要人物信息库》。

✲"新华社多媒体数据库"的"人物库":分为国内人物和国际人物、华人华侨、港澳台人物的地区子库,按属性分为党政军人物、财经人物、体育人物、教科文卫人物等子库,重点收集国际国内知名人士的简历、主要业绩、工作和生活活动情况及其他信息,另外还收录大量人物剪报,内容随时更新。

不少图书馆引进了国外的人物资源数据库,例如美国 Gale 集团的两种数据库。✲“人物传记资源中心”:可以提供全球 52.5 万个人物的 60 多万份传记资料,介绍各个学科、各个领域、不同国家、种族的著名人物的传记资料。可以链接到 19000 个经过权威考察过的世界著名人物的官方和权威网址,每年新增数千个相关网站。可以检索到传主的生平资料、得奖情况、从事的职业或从事研究等相关资料。✲“文学资源中心”:囊括 Gale 集团 50 年来众多著名印刷系列(文学传记、文学评论等),包含 14 万名全球作家的传记,75000 篇文学评论文章,400 种全文文学学术期刊中的 85 万篇文章。数据不断更新。

第九章

地名和地方文献检索

本章所说的地名,包括各种地理名称,其范围十分广泛。不仅包括行政区划名称(国名、城市名、乡镇名等)、自然地理名称(山水名),还包括名胜古迹等。

关于地名的含义、地名发生演变的过程,以及地名用字的规律、时代特征和区域特征等问题,属于专门的地名学研究的范围。一般人虽然不研究地名学,但在阅读古今中外的文献以及日常生活中经常会遇到地名问题,也需要了解简单的地名知识,特别是需要学会检索有关地名的工具书。

我国历史悠久、幅员辽阔,古今的行政区划、地名屡经更迭,变化很大。查检中国的地名,涉及每一个地名的兴废沿革情况、古今所辖地域的变化和今地所在的方位等问题。在注释古籍中出现的地名时,就需要了解历代地名沿革情况,并注出相当于今天某地。改革开放以来,我国的行政区划发生了很大的变化,先后设立了海南省、重庆市、雄安新区等,还有许多地县改市。人们在日常的社会交往中,也需要了解近年来行政区划的沿革情况。

随着我国和世界各国之间的经济文化交流日益频繁,我国旅游事业迅速发展,有关世界地名及地理资料,有关我国地方概况、名胜古迹、文化遗产地等方面的信息,具有了更为普遍的使用价值。我国近年来编辑出版的地名类工具书、地方志和地图等,无论数量和种类都超过以往。伴随数字技术的发展,关于地理知识信息及地图的数据库平台建立起来,为数字人文研究提供了新的思路。

查检地名工具书要注意工具书的编纂时间以及所收录的资料的截止日期,这牵扯行政区划的沿革问题。凡是所谓"今"地,都是相对于工具书出版日期之前某一时限而言的,有的后来出现变动,因此要根据最新的行政区划来核查今地所在。古今地名沿革过程中还有同名异地、一名数指或一地数名等情况。▲北京在春秋战国时称蓟,为燕国国都。辽时称燕京,为陪都。金时正式建都,称中都。元时为大都。明、清称京师,也通称北京。1928 年设北平特别市,1930 年改称北平市。1949 年中华人民共和国建都于此,改设北京市。而在历史上,同是"北京"一名却代表不同的地方,如西晋时江南人就称洛阳为北京。因此,对于一个历史地名,要根据历代沿革,具体考查其地理位置,不能依今天的行政区划而定。

印刷出版物在使用汉语拼音拼写地名时,要根据《中国地名汉语拼音字母拼写规则(汉语地名部分)》(中国地名委员会文件[84]中地字第17号)。▲地名汉字书写中有“儿”字的儿化音用“r”表示(盆儿胡同 Pénr Hútong),没有“儿”字的不予表示。《辞海》第七版凡例说明地名:一般用简化字。简化字意义不明确的,适当保留原来的繁体字或异体字,▲“南壄”(地名)的“壄”不作“野”。

第一节　古今地名检索

检索古今的重要地名、常见地名,可以利用综合性辞书。《辞海》有3种地理分册:中国地理(上海辞书出版社1981年出版)、历史地理(上海辞书出版社1982年出版)、外国地理(上海辞书出版社1982年出版)。虽然检索方便,但材料一般截止到1980年底,要注意核对最新的版本,或通过其他工具书核对今天地名变化的情况。《辞海》第七版凡例说明“本书的古、旧地名一般均括注今地名。所注今地名的行政区划因资料原因,截止期不完全相同,至迟到2018年6月。”

《中国大百科全书》(第一版)有“世界地理”分卷和“中国地理”分卷。其中“中国地理”分卷有“重要地名”“名胜、古迹、遗址”等类目。

《辞源》收录了一些古代地名,简单说明其历代沿革情况。

专门收录地名的工具书有地名词典和地名录,下面主要介绍这类工具书。

此外,“聚典数据库开放平台”有“古今地名库”,收录多种古今地名工具书的内容。

一、检索中国地名

(一)检索古地名

《中国古今地名大辞典》:臧励龢等编,上海商务印书馆1931年初版(已收入“瀚堂典藏”数据库),上海书店出版社2015年出版。此书是我国编辑较早、收录古今地名较多的一部辞典。上起远古,下迄1930年前后,共计收录省、府、郡、县、镇、堡、山川、名城、要塞、铁路、矿山、商港、名胜、古迹、寺观、园亭等4万余条,可以检索古代地名及其历史沿革。▲黄庭坚有“吾家双井塘,十里秋风香”的诗句,检索此书可知:“[双井]在江西修水县西三十一里。宋黄庭坚所居之南溪。”但书中所说的“今”地是指民国时期通行的行政区域地名,今天使用时要注意核对最新的行政区划情况。

《中国古今地名大词典》(上中下):戴均良等主编,上海辞书出版社 2005 年出版。此书包括古地名、旧地名和今地名三大部分,共 6 万余条。特别是收录了我国土地革命时期和抗日战争时期革命根据地、解放战争时期解放区所设的县名。

《中国历史地名大辞典》:魏嵩山主编,广东教育出版社 1995 年出版。此书收录我国文献有记载的历史地名约 9 万余个,分列 6 万余词目。上自远古,下迄 1949 年中华人民共和国成立。每一地名指出今地所在,今地以 1990 年行政区划为准。

《中国历史大辞典 · 历史地理卷》:郑天挺等主编,上海辞书出版社 1996 年出版,所收词目限于 1911 年前各类历史文献上所见地名。

《中国历史地名大辞典》(上下):史为乐主编,中国社会科学出版社 2005 年出版。此书收入词条包括古国、都邑、各级地区、山川、泽薮、津梁、关隘、城镇、堡寨、交通道路、水利工程及与历史上重大历史事件、著名历史人物、重要战役有关的地名,共 7 万余条。

《中国地名辞源》:贾文毓、李引编著,华夏出版社 2005 年出版。词条诠释在说明地名的地理位置之后,以地名语源为主。

《中国古典诗词地名辞典》:魏嵩山主编,江西教育出版社 1989 年出版。此书收录见于古典诗词典籍的地名,共计 1.8 万余个词目。每一词条注释列举诗词为证。

《中国历史地名避讳考》:李德清著,华东师范大学出版社 2002 年出版。历史上存在因避讳而改名的现象,包括郡县、集镇、山川、河流、街坊、殿宇、庙堂、陵墓的名称。

查检古代地名,还可以利用中华书局出版的正史地名索引,例如:《三国志地名索引》(1980 年出版)、《后汉书地名索引》(1988 年出版)、《史记地名索引》(1990 年出版)、《汉书地名索引》(1990 年出版)等。

(二)检索今地名

《中国地名录——〈中华人民共和国地图集〉地名索引》:国家测绘局地名研究所编,中国地图出版社 1995 年出版第二版。此书与《中华人民共和国地图集》配合使用,收录的每一地名列出地名类别、汉语拼音、北纬、东经、图上位置等项目。

《中国地名词典》:上海辞书出版社 1990 年出版。此书收录的地名以今地名为主,古地名一般不收。旧地名收录民国时期和中华人民共和国成立以后的旧县名。集镇地名以县辖镇为主,并选收其他地名。共收录地名 21240 条,书后附录"我国城市和市辖区一览表"。

《中华人民共和国地名辞典》:中国地名委员会、国家教委、国家新闻出版署组织编纂,商务印书馆 1987 年至 1994 年出版。此书共计收录我国地名约 10 万个,限于

1949 年 10 月 1 日中华人民共和国成立后而合乎此辞典收录范围的地名。每个省、自治区、直辖市一卷,并出版“总卷”收录跨省和有全国性重要意义的地名,共 32 个分卷。在此书基础上编纂了《中华人民共和国地名大词典》(全 5 卷),崔乃夫主编,采收我国国土范围内地名 18 万条。所收条目共分 8 大类,第一至三卷收录全国政区与居民点类地名。第四卷收录全国自然实体类、交通类、教科文卫体和服务业类、工矿企业类、农业和水利设施类地名。第五卷为名胜古迹和纪念地类、地域名、简名和旧名类地名,及索引。商务印书馆 1998 年出版第一至三卷,2002 年出版第四卷、第五卷。

《全国乡镇地名录》:中华人民共和国民政部行政区划处编,高岩主编,测绘出版社 1986 年出版。

《中国现代城市市名考》:李德惠编著,江西人民出版社 1991 年出版。

《北京市街巷名称录》:严肃编,群众出版社 1986 年出版。

二、检索名胜古迹

《中国历史文化名城词典》:国家文物局编,上海辞书出版社 1985 年出版。此书收录了国务院公布的第一批 24 个历史文化名城。每个城市一般包括史地概况、古迹园林、风物特产、城市建设四个部分,共收词目约 3100 条。1997 年出版续编,收录国务院公布的第二批 38 个历史文化名城,共收词目 3260 条。2000 年出版三编,收录国务院公布的第三批 37 个历史文化名城,共收词目 2309 条。

《中国历史文化名城大辞典》(上下):崔林涛等主编,人民日报出版社 1999 年出版,收录国务院正式公布的国家历史文化名城 99 座。

《中国名胜辞典》(精编本):文化部文物局主编,上海辞书出版社 1998 年第 3 版,2001 年精编本。全书约计 5000 条,包括全国重点风景名胜区和各省重要的风景区、游览区;世界遗产和有旅游价值的全国重点文物保护单位与各省重要的文物保护单位;全国重要的革命纪念地和博物馆、展览馆;有名的山水湖泉、亭台楼阁、宫殿寺庙、园林洞窟和著名的、有特色的现代建筑。著名的名胜古迹、革命纪念地和风景区、游览区酌附游览图和照片。

《全国重点文物大全》(全国重点文物保护单位五百处):彭卿云、刘炜等编著,中国旅游出版社 1989 年出版。

《中国宗教名胜》:任宝根、杨光文编著,四川人民出版社 1989 年出版。此书收录全国各省、自治区、直辖市有关佛教、道教、伊斯兰教、基督教和其他与宗教有关的名胜古迹 3200 余条。主要收录我国历史上的宗教名山、洞窟和现存主要寺庙、宫观、佛塔、石刻、经幢等。

《中国宗教名胜事典(修订本)》:袁一锋、郑石平编著,上海三联书店2009年出版。此书结合宗教名胜,介绍宗教文化知识。

《中国名山大川辞典》:单树模主编,山东教育出版社1992年出版。此书收录词目3500余条,一级词目按山水系统列出;二级词目按临山、沿江主要城镇列出;三级词目为旅游景点。附录有:全国历史文化名城与全国重点风景名胜区名单、全国重点文物保护单位名单。

《中国旅游百科全书》:本书编委会编,中国大百科全书出版社1999年出版。

三、检索世界地名

《世界地名词典》:中国科学院地理研究所等编,上海辞书出版社1981年出版。此书收录中国以外的地名1万条,范围包括大洲、大洋,世界各国家、地区及其首都、首府,各国大行政区、城市以及历史上发生重大事件的地名,主要山脉、河流、湖泊、港湾、岛屿,部分古国名、古地名,世界名胜古迹、著名建筑物等。1996年出版修订版。

《世界历史地名辞典》:孙文范编著,吉林文史出版社1990年出版。此书收录对世界历史有较大影响的历史地名9035条,上自远古,下迄1945年第二次世界大战结束。

《世界地名录》(上下):中国大百科全书出版社编,中国大百科全书出版社1984年出版。全书分为外国地名和中国地名两部分,收录中外地名近30万条。

《世界城市百科辞典》:本书编辑部编著,中国大百科全书出版社1992年出版,收录词条551条,均为外国城市。

《西方七国知识辞典》:鄂人主编,湖北人民出版社1997年出版,分为美国、英国、德国、法国、意大利、日本、加拿大卷。

《最新各国概况》(修订版):李树藩、王德林主编,长春出版社2000年第3版。

《世界地名手册》:张祖光编,安徽科学技术出版社2002年出版,收入世界地名约43000个。其中包括外文地名和汉语拼音字母地名;外文地名包括英文、法文、西班牙文、俄文和阿拉伯文等67种外文地名。

《世界地名译名词典》(上中下):民政部地名研究所编,中国社会出版社2017年出版。此书收录世界七大洲和四大洋的自然地理实体、行政区、居民点、名胜古迹等外文地名30多万条。每个地名条目包括罗马字母拼写、汉字译名、国别或所在地域、地理坐标四项内容,旨在推动外文地名汉字译写标准化。

《世界名胜辞典》:新华社国际资料编辑组编,新华出版社1986年出版,共收除中国以外的世界各国和各地区名胜古迹条目近3000条。

《世界旅游名胜词典》:孙宝玉、雷景魁主编,中国旅游出版社 1999 年出版。此书根据多种文字资料,择优选录。内容包括世界各国(不含中国)及地区的主要名胜 2500 多条。

《世界各国首都名手册》:刘伉编,上海辞书出版社 2016 年出版。

《中国大百科全书》第二版附录《世界各国(地区)简表》,共收录 223 个国家和地区的简称、全称、面积、人口、首都(首府)、洲别、货币名称及符号、官方语言、国旗和国徽等项内容。

第二节 地理沿革检索

一、检索一朝地理建置

检索某一朝代的地理建置,可以利用正史中的《地理志》《郡国志》《州郡志》等。《汉书·地理志》是我国古代第一部以疆域政区为主体的地理文献,其内容涉及战国秦汉的疆域,汉代郡国行政、历史沿革、物产民俗等方面(周振鹤有《汉书地理志汇释》,安徽教育出版社 2006 年出版)。此后许多正史设立地理类专志,例如《后汉书·郡国志》、《晋书·地理志》、《宋书·州郡志》、《南齐书·地理志》、《魏书·地形志》、《隋书·地理志》、(旧、新)《唐书·地理志》、《旧五代史·郡县志》、《新五代史·职方考》、《宋史·地理志》及《河渠志》、《辽史·地理志》、《金史·地理志》及《河渠志》、《元史·地理志》及《河渠志》、《明史·地理志》及《河渠志》等 15 种史书。此外,清代以来考订、补作的历代地理志有 32 种,为开明书店 1936—1937 年版《二十五史补编》所收录,也可以查阅。如果将历代地理志贯穿起来查阅,可以了解有关历代地理沿革的大量资料。

古代政书中有关地理的部类可以用来检索地理沿革资料,例如杜佑《通典》中有“州郡典”,郑樵《通志》中有“地理略”,马端临《文献通考》有“舆地考”。古代类书中有关部类也可以检索地理沿革的资料,例如《太平御览》有“州郡部”,《古今图书集成》有“方舆汇编”。

二、检索古今地理沿革

(一)检索历代地理沿革

《历代地理沿革表》(上下):〔清〕陈芳绩编,黄廷鉴校补,上海商务印书馆 1935 年

《丛书集成初编》本,江苏广陵古籍刻印社 1991 年影印。此书按古代地方行政区划,分为部表、郡表、县表,每表分栏列出各个朝代名称,每栏填写历朝沿用或变迁情况。

《清代地理沿革表》:赵泉澄编,上海中华书局 1955 年出版。此表根据明清档案等原始资料以及有关地理沿革的书籍编成,先用文字详述沿革始末,再用表格揭示,可以查检清代行政区划的频繁变化情况。此书又收入《近代中国史料丛刊续编》第 63 辑,台北文海出版社 1979 年出版。

《中国近现代政区沿革表》:张在普编著,福建省地图出版社 1987 年出版。此书反映了 1820—1984 年间我国县级以上政区的沿革。

《民国时期政区沿革》(1912—1949):郑宝恒著,湖北教育出版社 2000 年出版。

《中国地名演变手册》(1912 年以来省市县新老地名):张志强等编著,中国大百科全书出版社 2001 年出版。此书收集了 1912 年至 1999 年底的全部新老省(区)、市、县名(包括繁体字、异体字书写的地名)。

《中国古今地名对照表》(第 3 版):薛国屏编著,上海辞书出版社 2020 年出版。此书分设所在地区、今地名、改置地名、设置年代、沿革变迁、废置地名六栏,其中今地名按《中华人民共和国行政区划简册》收词,沿革变迁包括改置地名和设置年代两个部分。此书地名资料截至 2019 年底(重要政区变动截至 2020 年 6 月底)。

(二)检索 1949 年以来政区沿革

《中华人民共和国政区沿革(1949—2002)》:史为乐编,人民出版社 2006 年出版。此书以现行行政区划为范围,详细叙述各省、自治区、直辖市的政区变化。建制已经撤销的省、行署区和直辖市,在各省、自治区、直辖市之后加以说明。已经撤销的地区、市或其他省直辖行政单位附在有关市或地区之后。

《中华人民共和国行政区划简册》:自 1950 年起,每年由中华人民共和国有关部门(先由内务部,后由公安部,现由民政部)根据上一年年底以前的行政区划资料汇编成册,先后由人民、法律、中国地图等出版社出版。此书主要按省市、地区排列所辖市区县的名称,注明各级行政机构所在地,区划有变化的加注说明。查检今地,可以利用此书的最新版(目前已出版 2020 年版)。

《中华人民共和国乡镇行政区划简册 2021》:中华人民共和国民政部编,中国社会出版社 2021 年出版。

有关行政区划的最新信息,还可以查检年鉴。▲《中国年鉴》设有“省、自治区、直辖市”栏目,1994 年卷介绍海南的“历史沿革”:“1988 年 4 月由广东省析置海南省。”

中华人民共和国民政部网站:其“民政数据”栏目有行政区划代码、县级以上行政区划变更情况等信息。

第三节　地方文献检索

一、古代地理总志

古代的地理总志，也称一统志，是以全国的疆域政区为纲目、分门别类地汇集各方面资料的一种工具书。

《元和郡县图志》（上下）：〔唐〕李吉甫撰，贺次君点校本，中华书局 1983 年出版。此书是我国现存最早的一部地理总志，介绍了唐代全国十道所属的各府州县的户口、沿革、道里、山川、贡赋、古迹等。《四库全书总目》评价其“体例最善，后来虽递相损益，无能出其范围”。中华书局本附录有《元和郡县图志地名索引》。

《太平寰宇记》：〔宋〕乐史撰，清刻本，有王文楚校点本，中华书局 2008 年出版，全 9 册。此书按照北宋行政区划分篇，又增加了风俗、姓氏、人物、土产等门，丰富了我国地理志的内容，《四库全书总目》评价：“后来方志必列人物、艺文，其体皆始于乐史，盖地理之书至是书而始详。体例亦自是而大变。”

《嘉庆重修一统志》：清代官修的地理总志，见商务印书馆 1934 年《四部丛刊续编·史部》，上海书店出版社 2010 年重印。此书体例更加完备，内容更为翔实。按省排列，各省先列一省的图、表，再总叙分野、建置沿革、形势、职官、户口、田赋、名宦等。然后按照各省的府、直隶厅、州分卷，列有该府、直隶厅、州的地图、沿革表及分野、建置沿革、形势、风俗、城池、学校、户口、田赋、山川、古迹、关隘、津梁、堤堰、陵墓、祠、庙、寺观、名宦、人物、流寓、列女、仙释、土产等项目。

《读史方舆纪要》：〔清〕顾祖禹辑著，中华书局 1955 年用商务版《国学基本丛书》本重印，又有中华书局 2005 年出版本。此书以明末清初的政区分区，叙述府、州、县的疆域、沿革、名山、大川、关隘、古迹等。

二、古代地方志

我国的地方志，是以某一地方行政区域为线索，收录当地各方面文献资料的工具书。地方志的内容相当广泛，一般涉及当地的天文、地理、政治、经济、学术、人物、名胜古迹、物产民俗等等，可以说无所不包。地方志专记一地，其内容比地理总志要全面，因此可以说“方志乃一方全史”，或者说是地方性的百科全书。

我国编纂地方志的历史悠久，地方志的数量很多。地方志具有多方面的功用，西晋左思写作《三都赋》就说“鸟兽草木，则验之方志”。清代类书《古今图书集成》收录了上千种地方志。《四库全书总目》著录了唐、宋、元、明以及清前期曾经出现过的重要方志。瞿宣颖《方志考稿序》总结方志的历史价值有六方面：“社会制度之委曲隐微不见于正史者，往往于方志中得其梗概，一也；前代人物不能登名于正史者，往往于方志中存其姓氏，二也；遗文佚事散在集部者，赖方志然后能以地为纲有所统摄，三也；方志多详物产税额物价等类事实，可以窥见经济状态之变迁，四也；方志多详建置兴废，可以窥见文化升降之迹，五也；方志多详族姓之分合、门第之隆衰，往往可与其他史事互证，六也。……吾曹而欲稍稍认识了解吾民族乎？则此浩如烟海之方志不可不一瞻望其涯涘也。”①

通过古代地方志可以了解大量正史所没有记载的各个方面的资料，例如查检地方人物、地方名胜古迹、地方自然资源及地理沿革等等。这对于今天的学术（包括数字人文）研究和地方文化旅游资源的开发等都有参考价值。

（一）地方志目录

检索我国古代的地方志（包括地理总志），要利用有关目录。例如：

《中国地方志综录》（增订本）：朱士嘉编，商务印书馆 1958 年出版，著录全国 41 个图书馆所存方志 7413 种。全书用表格形式，分书名、卷数、纂修人、版本、藏书者、备注等栏。

《中国地方志联合目录》：中国科学院北京天文台主编，中华书局 1985 年出版。此书收录地方志书目 8264 种，收录范围包括通志、府志、州志、厅志、县志、乡土志、里镇志、卫志、所志、关志、岛屿志等。每一方志列出书名、卷数、纂修者、版本、藏书单位和备注。

《中国地方志总目提要》（上中下）：金恩辉、胡述兆主编，（台北）汉美图书有限公司 1996 年印行。此书收录全国各省、市、自治区近 200 个公共、科研、院校图书馆、博物馆、档案馆、文史馆等所收藏的现存地方志 8577 种（截至 1949 年 10 月），著录我国历代地方志修纂者 13685 人。每种地方志均单列条目，有释文。

《中国古方志考》：张国淦撰，中华书局 1962 年出版，上海古籍出版社 2019 年出版。此书收录自秦汉至元代的地方志 2200 多种，“叙例”说明了资料来源及古代方志的发展历史。

《稀见地方志提要》（上下）：陈光贻著，齐鲁书社 1987 年出版。此书著录地方志 1120 余种，大多是稀见的版本。每种详细著录书名、版本、收藏处，以及纂修者简历、

---

① 瞿宣颖. 方志考稿甲集：序文[M]//民国丛书：第二编：81 册. 上海：上海书店，1990：3.

方志记载的内容和编辑体例等。自序和例言论述了我国地方志的种类和特点等问题，书后附有《古今图书集成地方志辑目》，辑录自东汉迄清康熙时的地方志约1430余种。

地方志一般收藏在各地图书馆，可以利用专收地方志的馆藏目录，或专收地方文献的目录，例如：

《北京图书馆普通古籍总目》第四卷“地志门”：北京图书馆普通古籍组编，北京图书馆出版社2003年出版。此书共收录地志门书8774种，目次分为地理学、方志、专类地志。

国家图书馆“地方志家谱文献中心”收藏古旧方志6300多种。通过国家图书馆的网站可以检索“馆藏地方志数字化资源库”。

《四川大学图书馆馆藏地方志目录》：倪晶莹主编，张锡康校订，四川大学出版社1991年出版，收录1949年底以前成书的地方志1213种。

《中国社会科学院地方志联合目录》：赵嘉朱主编，中国社会科学出版社2013年出版。此书涵盖了社科院图书馆、考古所、历史所、近代史所、文学所、哲学所、民族所、法学所、经济所、研究生院十家的地方志收藏，集钞本、刻本、油印本、晒蓝本、铅印本、影印本为一册。

《天一阁藏明代地方志考录》：骆兆平编著，书目文献出版社1982年出版。

《燕都古籍考》：王灿炽著，京华出版社1995年出版。此书是一部有关北京的历代古籍文献的目录，共收录、考证、评介北京古籍151种，上起先秦，下迄清代。所列许多书籍对研究北京的建制沿革以及风土民情各方面史料都有参考价值。

《北京方志提要》：谭烈飞主编，中国书店2006年出版，包括旧编地方志和新编地方志。

《上海方志资料考录》：上海师范大学图书馆编，上海书店1987年出版。此书考录自宋代至1984年底的上海方志与专志，以本馆藏书为主，兼及北京图书馆、上海图书馆、上海博物馆等单位或个人藏书。

《浙江方志考》：洪焕椿编著，浙江人民出版社1984年出版。

关于地方志的丛刊有多种，资料丰富。例如：

《天一阁藏明代方志选刊》(68册，107种)：上海书店出版社编，1961—1966年影印出版。《天一阁藏明代方志选刊续编》(72册，109种)，1990年影印出版。两编共计216种。

《宋元珍稀地方志丛刊》：李勇先等点校，四川大学出版社2007出版甲编，2009年出版乙编，共14册。

《中国国家博物馆藏稀见方志丛刊》(全14册)：国家图书馆出版社2018年出版，

收录明、清及民国时期的方志27种。

《中国地方志分类史料丛刊》：北京师范大学历史学院编，中州古籍出版社2018年出版。此书首选15省的1200余部地方志（旧志），将其中史料分8类48卷影印出版。

《上海图书馆藏稀见方志丛刊》（全240册）：上海图书馆编，国家图书馆出版社2011年出版。

《中国佛寺志丛刊》（全130册）：白化文，张智主编，广陵书社2005年出版。寺院志从内容上可分三类：一、专记某一地域寺院兴废沿革。二、以山为名，专记一山梵宇兴衰。三、某一寺院的专志。修志者有寺僧、名儒居士，也有官方。内容大致包括：图考、沿革、山水、古迹、建置、僧传、法语、寺产、规约、艺文等，共记载了数百种寺志。

《中国风土文献汇编》（全10册）：全国图书馆文献缩微中心2006年影印出版，收录《新疆舆图风土考》《岳阳风土记》等近20种关于中国不同地区的风土记。

关于地方志的词典，除了介绍地方志的知识，也有方志目录。例如：

《中国地方志辞典》：黄苇主编，黄山书社1986年出版。此书的资料起于远古，截至1986年。分类收录著名方志、修志专家与方志专家、方志用语、方志目录、方志专著、方志论文、方志序跋凡例、修志文献、修志机构与方志刊物、其他等十大类。检索地方志可以利用其中的“方志目录”部分。

《中国方志大辞典》：董一博编，浙江人民出版社1988年出版。此书分为方志词语、方志书名、方志人物、修志机构等部分。

《中华古文献大辞典·地理卷》：王兆明、傅朗云主编，吉林文史出版社1991年出版。此书收录地理文献2500余种，包括地理总志和地区方志、专志、杂志、边疆民族地理、中外交通、游记、地理考证、地图图说、地理古籍等。

我国的地方志也流传到海外，为海外图书馆收藏，应该注意有关的目录。例如：

《美国国会图书馆藏中国方志目录》：朱士嘉编，中华书局1989年出版，共著录中国方志2939种。

《日本稀见中国方志书录》：崔建英编，书目文献出版社1986年出版，著录日本所藏中国方志140种。

（二）地方志数据库

✲“中国数字方志库”：北京籍古轩图书数字技术有限公司发行，分“地理学”“方志”“专类地志”三个库，收录1949年以前地志类文献1.2万种。▲在“地理学——地图”库，可以检索到“《坤舆万国全图》，利玛窦绘，明万历三十年（1602）刻本”的记录，还可以打开浏览。在“专志”库中有：《山海经》、名胜古迹、游记、外国游记等。

✲“中华古籍资源库:数字方志”:根据国家图书馆藏地方志文献建设,主要包括清代以前(含清代)的方志资源 6529 种。

✲“中国方志库”:北京爱如生数字化技术研究中心研制。此库收录汉魏至民国历代地方志类典籍,包括全国地理总志(如方舆志、一统志等),各地方志(如省通志、府州志、县厅志等),各类专志(如山川志、边防志、都城志、宫殿志、祠墓志、园林志、寺观志、书院志等),各种杂志(如乡土志、物产志、风俗志、考古志、游历志等),以及外志(如环球志、一国志、多国志等),共计 1 万种。自 2011 年起,分为五集陆续出版。

✲“中国地方历史文献数据库”:上海交通大学地方文献中心编制。收录自明清至 1960 年代,主要来自浙江南部的处州、安徽南部的徽州等多地的地方历史文献。

✲“万方数据知识服务平台”:包括地方志库,按年代分为新方志、旧方志。新方志收录始于 1949 年,共计 4.7 万册;旧方志收录为新中国成立之前,共计 8600 余种,10 万多卷。▲可检索到《台湾府志》,清康熙五十一年刻本。

✲“北京师范大学馆藏线装方志书目数据库”:以馆藏 3000 多种方志为基础,现有数据 2898 条。

✲“南京历史文献数据库”:基于南京出版传媒集团(南京出版社)《金陵全书》的数字化,由中华书局下属古联(北京)数字传媒科技有限公司承担共建。第一阶段收入 70 册《金陵全书》,包括《景定建康志》《至正金陵新志》《嘉庆江宁府志》等众多记载各朝代南京历史的重要文献。还提供“繁简转化”“纪年换算”等实用工具。

✲“籍合网”的数据库平台有“边疆历史地理数据库”:包括“史地经典文库”“边疆史料文库”,目前收录 1253 本著作和 390 本期刊。▲《边事研究》1934 年在南京创刊,主要内容围绕边疆地区进行研究,涉及中国内地及其他众多国家。

✲“超星电子图书”:其数据资源涵盖中图法 22 大类,拥有百万余种中文电子图书。其特色专题库包括“方志文献专题”第一部“中国历代方志集(1368—1949)”,收录了明清时期及民国时期的各地史志。还有 1949 年以后的“新地方志”库,收录《中国地方志联合目录》电子版等资料和各地新编地方志。

✲“上海地方志办公室网站”:有上海通志、区县志、旧志鉴、专业志、上海地方志等内容介绍。▲“旧志鉴”中收录了“《上海市年鉴》1935 年目录”、《上海年鉴 1854》解题及中英文目录等内容。

三、当代地方概况

记录当代地方概况的工具书有地方辞典和新编地方志等。地方辞典以词条的形式介绍地方的综合情况。

(一)综合性地方词典

《中国分省市县大辞典》:李汉杰主编,中国旅游出版社1990年出版。此书集中了全国31个省、自治区、直辖市截至1988年底前2393个市县的基本情况。主要内容有市县总况、自然地理、历史沿革、工业、农业、交通、文教卫生、历史人物、重大事件、名胜古迹、纪年地、名优特产等。

《中国县情大全》:中华人民共和国民政部、中华人民共和国建设部联合各省市共同编纂,中国社会出版社1993年出版。此书收录截至1990年底的2182个县级行政区,全书分为6卷:华北卷(北京、天津、河北、山西、内蒙古)、东北卷(辽宁、吉林、黑龙江)、华东卷(上海、江苏、浙江、安徽、福建、江西、山东)、中南卷(河南、湖北、湖南、广东、广西、海南)、西南卷(四川、贵州、云南、西藏)、西北卷(陕西、甘肃、青海、宁夏、新疆)。每个县级行政区划作为一个词条,主要内容分为政区概况、自然地理条件、经济发展概况、社会发展概况、主要城镇介绍等方面。

《中国省情市情县情大典》:本书编委会编,兵器工业出版社1997年出版。

(二)专题性地方词典

《上海词典》:吴申元等主编,复旦大学出版社1989年出版。此书收录的词目分为市政篇、经济篇、文化篇、政治篇、军事篇、人物篇、书籍报刊篇、名胜古迹篇、土特名产篇、方言习俗篇等类。正文后附有“上海历史大事记”“清末民国时期上海历任主要职官”“上海解放以来历任市长”等。

《无锡词典》:本书编委会编,复旦大学出版社1990年出版。此书以无锡为介绍对象,兼有城市志和百科词典性质。书后附录有“无锡历史大事记”。

《汉代长安词典》(西安地方志丛书):张永禄主编,陕西人民出版社1993年出版。此书为《西安大词典》的第一分册。

《香港辞典》:郑定欧主编,北京语言学院出版社1996年出版。此书分类收录香港历史、地理、政治、经济、旅游、文化、社会、方言等8个方面的词目2000余条,以当代为主,下限止于1995年底。

(三)新编地方志

自1981年7月中国地方志协会成立以来,各地新编并出版的地方志很多。国家图书馆“地方志家谱文献中心”除收藏古旧方志外,还收藏1949年以后新编方志3300多种。新修地方志有的还没有收录进地方志目录,检索这些新编的地方志要利用近年的《全国总书目》和《全国新书目》的“地方史志”栏目。其中包括“各省、市、区史志”,

会介绍新编地方志的出版情况。

《中国地方志年鉴》:中国地方志指导小组主办,本书编辑部编辑发行。2002 年创刊,每年出版一卷,是全面系统记载中国地方志与年鉴事业发展状况的专业年鉴,已收入中国知网的年鉴数据库。

《中国地方志综览(1949—1987)》:来新夏主编,黄山书社 1988 年出版。此书的“新志简介”部分著录新编的地方志 119 种。

《中国社会科学院图书馆新地方志总目》:赵嘉朱主编,吉林文史出版社 2002 出版,收录该图书馆藏 1949 年 10 月至 2000 年 12 月出版的新地方志 1.1 万种。

第四节 地图集检索

地图在我国很早就出现了,战国时期的文献已明确记载地图,《战国策》中就有“图穷匕见”的典故。我国古代的地理总志也有地图,唐代的《元和郡县图志》原来就是有图有志的,只是图已散失了。

中国对世界的认识和世界地图、世界地理知识的输入有关。明代万历年间传教士利玛窦在中国刻印的世界地图,拓展了当时士人的知识视野。清代时,林则徐的《四洲志》选译自西方的《世界地理百科全书》[①];此后有徐继畬的《瀛环志略》等书,对康有为、梁启超等人都产生了很大影响,使其“始知有五大洲各国”。

利用地图,不仅可以直观地名在地图上的位置,还可以检索地名的古今对照、历代地理沿革资料等。所以,使用地图,要注意检索地图附录的地名索引、与地图相关的注释文字及著述等。地图的种类很多,大型辞书也收录地图,《辞海》第七版就收录了由中国地图出版社绘制的约 340 幅地图。下面仅介绍有代表性的地图集。

一、历史地图集

《中国历史地图集》:谭其骧主编,中国地图出版社 1982—1987 年出版。此书是我国第一部用现代绘图方法绘制的、具有精确计量意义的历史图集。全书共分 8 册:第 1 册,原始社会、商、周、春秋、战国时期;第 2 册,秦、西汉、东汉时期;第 3 册,三国、西晋时期;第 4 册,东晋、十六国时期;第 5 册,隋、唐、五代十国时期;第 6 册,宋、辽、金时期;第 7 册,元、明时期;第 8 册,清时期。每册附有《地名索引》和《地名首字笔画检字表》。每一地图的重要地名采用古今对照的标示方法,查检方便。

---

① 邹振环. 舆地智环:近代中国最早编译的百科全书《四洲志》[J]. 中国出版史研究,2020(1):78-104.

《中国历史地图集释文汇编》:谭其骧主编。此书是对《中国历史地图集》全部内容的文字说明,按照地区分东北、蒙古、青藏、西南、中原王朝6卷出版。全书对历代各级政区治所、城镇、邑聚、山隘、关津、政权疆界和政区界、水道流经、海岸线、政权辖境、部族分布、地区名称、湖泊等,一一考释说明。已出版《东北卷》(中央民族学院出版社1988年出版)。

《美国国会图书馆藏中文古地图叙录》:李孝聪编著,文物出版社2004年出版。此图书馆地图部收藏了大约300幅1900年前的、中国本土用传统方法绘制的古地图。此书共分四卷:卷一世界地图、域外图、全国总图。卷二区域地图:省、府、州、厅、县。卷三专题图:城市、宫殿、园林、陵墓、专题图。卷四专题图:河流、山脉、海岸图。采用中文、英文对照形式,介绍每幅地图的版本、内容、来源等。此书已收入超星电子图书数据库。▲卷一第一条就是《坤舆全图》,耶稣会士南怀仁编制。

《国家图书馆藏珍稀清代地图集汇编》(全7册):国家图书馆编,西安地图出版社2014年出版。此书精选国家图书馆藏珍稀舆图集《云南全省舆图》《贵州全省地舆图说》《吉林省全图》《河南全省地图》《甘肃全省舆图》《四川分县详细图说》等,影印出版。

《中华人民共和国国家历史地图集(第1册)》:国家地图集编纂委员会编,中国社会科学出版社2012年出版。此书含1300幅历史地图和20个专题图组,全面反映了中国从史前时期到1949年的历史自然地理和历史人文地理的发展过程。

《中国史稿地图集》:郭沫若主编,地图出版社1979年出版。此书是配合《中国史稿》编绘的,包括从原始社会到鸦片战争的有关地图159幅。

《中国近代史稿地图集》:张海鹏编著,地图出版社1984年出版。此书配合《中国近代史稿》编绘,共收图68幅。书后附有中国近代史大事记和地名索引。

《北京历史地图集》:侯仁之主编,北京出版集团公司文津出版社2013年出版。此书分为《政区城市卷》《文化生态卷》《人文社会卷》,共3卷。

《中外交通古地图集》:朱鉴秋等编著,(上海)中西书局2017年出版。此书选录中国各个历史时期涉外的中国古地图122幅(套),同时兼顾国家舆图、航海图、沿海图及有代表性的其他古地图。

《辛亥革命史地图集》:辛亥革命武昌起义纪念馆编著,中国地图出版社1991年出版。

《中国抗日战争史地图集》(1931—1945):武月星主编,中国地图出版社1995年编绘出版。此书是一部大型专题历史地图集,由地图、照片、说明文字、附录资料和大事记5个部分组成,其中地图近200幅。

《泰晤士世界历史地图集》(中文版):[英]杰弗里·巴勒克拉夫主编,邓蜀生中文版编辑,生活·读书·新知三联书店 1982 年出版。此图集约有 600 幅地图,127 篇文字论述。

《世界现代史地图集》(1900—1991):王春良主编,中华地图学社 1992 年出版。

二、当代地图集

(一)中国地图

《分省中国地图集》:中国地图出版社编制,中国地图出版社 2000 年出版。共有地图 50 幅,其中总图 3 幅,省级行政单位图 29.5 幅,地区图 2.5 幅,地形图 15 幅,各图幅均有相应的文字说明。《中国的地理位置》图附有《世界各国家和地区面积、人口表》。

《中华人民共和国行政区划沿革地图集》(1949—1999):陈潮、陈洪玲主编,中国地图出版社 2003 年出版。此书通过地图的形式记录中国 1949—1999 年的行政区划,以县级以上行政单位为主线,着重反映省、地、县三级行政区划建制的设置、变迁和现状。全书包括:行政建设的设置和撤销、行政地名的更改、行政辖区的调整、行政级别的升降、行政机构驻地的迁移等内容,由序图、总图、省图、统计表、地名索引五部分组成。

《中华人民共和国行政区划变迁地图集》(1949—1979):杨雅萍等编,中国地图出版社 2015 年出版。此书系统总结 1949 年以来我国县级及以上行政区划的变迁,通过地图的形式记录下来。

《中国地图集》(第 2 版):杜秀荣、唐建军编,中国地图出版社 2012 年出版。全书由序图、省区图和地名索引三部分组成。

《新编中国地图集》:成都地图出版社 2018 年编辑出版。全书包括:序图、中国的地理位置、中国政区、中国地形、中国公路、中国铁路、水运、中国经济、中国旅游等图。

《中国国家地理地图》(精编本):本书编委会编著,中国大百科全书出版社 2010 年第一版。

《世界遗产地图集·中国卷》:杜越、高锡瑞主编,中国地图出版社 2004 年出版,另有英文版。此书以画册方式介绍中国列入世界遗产的全国各地遗产的名称、列入时间、地理方位、概况、历史与人文特点、主要景点等。

《北京街道胡同地图集》:王瑞平主编,中国地图出版社 1998 年出版。

(二)世界地图

《新编实用世界地图册(中英文)》:李绍明编著,中国地图出版社 2004 年出版。

内容由地图、文字、照片三部分组成。地图部分包括总图、分洲分国图和城市平面图等三部分，以直观的形式展现了各大洲和各国家的地理、政区概况及名城、名地等内容，并对重要地名加外文对照，按统一的译写原则译名，实现外国译名的标准化和规范化。文字部分较系统地介绍了地球和各大洲、大洋的地理概况，广泛而扼要地介绍了各国家和地区的面积、人口、语言、民族、历史、宗教、外交关系、自然及经济概况、民情民俗及重要城市等，内容丰富，言简意赅。图片部分配以世界各国家的最新国旗，并精选了部分世界著名风光，及各大洲具有代表性的照片。

《世界地图册：汉英对照》：范毅、周敏主编，中国地图出版社 2013 年修订出版。

《新编世界地图集》：成都地图出版社编辑，2019 年出版。此书由世界总图、各洲概况、分国地图、重要城市平面图等几部分组成。世界总图由世界政区、经济、人口等多种专题组成；各洲概况由各洲政区、各洲地形专题、各洲介绍、大比例尺分国政区地图、世界重要城市图、各国的国家概况等组成，详细介绍各个国家和地区的人口、面积、语言、货币等内容。

《世界综合地图集》：刘伉编著，星球地图出版社 2017 年出版。全书包括世界总图篇、世界海洋篇、世界国名篇、世界国家和地区篇、世界地理位置篇、世界国家建制篇等。

三、数字化地图

（一）电子版地图

电子版地图采用多媒体技术，地图的版面可以缩放，数据可以不断更新，检索更加方便，并能够与地图标识相结合，链接更多的资料（包括图形、声音、视频、说明文字等），还可以为使用者提供多种编辑功能，形成了内容丰富多彩的地理空间数据库，从而改变了人们的空间观念。

《世界电子地图》：中国地图出版社电子信息中心编制，中国地图出版社 2005 年出版。全书主要包括：世界全图、分国图、城市旅游图等共计 250 幅；46400 条数据的居民点数据库查询系统；1250 张世界各国风光图片；37 个三维景观、视频片段；200 多万文字介绍；世界各国国旗、国徽、国歌。

《中国地图集（光盘版）》：中国地图出版社 2001 年出版。全书包含 2000 年最新审定的中华人民共和国各省、自治区、直辖市、特别行政区、省会城市、各省大中城市、著名风景旅游点电子地图；中国政区、民族、地形、交通、文化古迹、风景名胜、土特产、工艺美术等专题地图，共计 260 余幅，对各省市区点均有详细权威的文字介绍，具有快速缩放、移动、漫游、浏览、索引图检索、目录树检索和打印输出等功能。

《北京电子地图 2006》(Beijing Map2006):中国地图出版社 2006 年出版。此套电子地图中的地图是矢量地图,地图缩放不模糊。范围包括北京全境及市内 8 个城区、10 个郊区(县)。信息主要包含各类单位、行政边界、居民地、水系、高速公路、国道、县乡道、旅游景点等 30 多类。地图内所有具有文字信息的内容均可通过模糊查询定位功能查询定位。此外,还可以通过矩形、圆形、多边形、区域等多种查询方式,满足用户在特定范围内查找信息的要求,还有多种编辑功能和服务功能。

《中国电子地图 2005》:北京灵图软件技术有限公司推出的大众普及版电子地图软件产品,内含全国及 300 余个城市的详细地图数据,2100 个全国旅游景点信息,百万地名信息,3 万公里高速公路里程,10 万公里国道里程,70 万公里全部道路里程(包括最新高速公路、国道、省道、县乡道)信息,涵盖我国目前 90%以上通车道路,全国精细道路网无缝漫游。其功能包括:所有信息均可实现模糊查询定位;地图可以无缝浏览,无级缩放;资料实时更新,互联互动;个人可以标注添加与显示,等等。

(二)数字地图信息

网络搜索引擎可以为大众日常生活提供地图服务。通过输入地名来检索地图等地理信息,已经成为人们的日常习惯。✲"便民查询网 · 电子地图"排列了多种网络地图,包括谷歌、腾讯、高德、百度等,可以选择使用。例如谷歌地图,可以检索世界地图,也可以不断点击缩小范围,检索某个国家某个地区的某个具体地名,再放大来看。

数字人文研究关注"历史地理议题,探讨数字技术(特别是地理信息系统、遥感技术)如何促进传统沿革地理、政区地理研究,如何进行考古和地理空间分析等"[①]。例如:

✲"中国历史地理信息系统"(简称 CHGIS):复旦大学历史地理研究中心与美国哈佛大学、哈佛燕京学社、澳大利亚格林菲斯大学等机构合作开发,2001 年正式启动。此系统能提供大量电子地图和历史地理信息,同时也是一个支持空间分析的系统。"该数据集包括从公元前 221 年到 1911 年的地名数据,现在也有了 20 世纪和 21 世纪的数据";"通过历史地理信息系统的分层地图能看到历史信息的空间关系。例如,可以看出,一个县的所在地,与周围河流湖泊之间是什么关系"。[②]

✲"中国历代人物传记资料库"(简称 CBDB):北京大学中国古代史研究中心、中央研究院历史语言研究所、哈佛大学费正清中国研究中心的联合项目。"可以从 CB-

---

① 朱本军,聂华. 互动与共生:数字人文与史学研究——第二届"北京大学数字人文论坛"综述[J]. 大学图书馆学报,2017(4):18-22.

② 包弼德. 数字人文与中国研究的网络基础设施建设[J]. 图书馆杂志,2018(11):22.

DB 中提取信息并映射到地图上去，例如生成明代（1368—1644）的进士地理分布图”，会发现明代进士主要来自江南地区，中国的东南部以及江西。[①]

✲王兆鹏等开发的“唐宋文学编年系地信息平台”：在历史地图展示的地理空间，呈现唐宋诗人的地理行踪，发现其中的关联信息，并编辑人物编年系地年谱等。其中“唐宋文学编年地图”，可以显示在某一地方、不同年代、有哪些诗人写过什么诗歌；显示一个诗人一生的行踪轨迹及诗歌写作的地点。▲在“诗人列表”中选择王维，在其行踪图中点击“终南山”，就可以看到以年谱方式记录的王维在不同年份、在此地写作的所有诗歌。此地图目前在“搜韵—诗词门户网站”发布，可以检索。

✲“学术地图发布平台”：浙江大学与哈佛大学共建，2018 年 3 月正式上线，为广大用户提供地理信息研究成果的发布、可视化分析及多功能查询服务。此平台包括群体性数据、个体性数据，其中有人文历史领域的学术地图，▲人物类的文人行迹，有“司马迁形迹图”“苏轼形迹图”等。

✲“观沧海”：由志愿者开放运营，提供人文地理知识地图制作分享服务的公益网站。2015 年上线，可以在线浏览国外各大图书馆的高清中国古旧地图，▲明万历年间制《坤舆万国全图》等。

---

① 包弼德. 数字人文与中国研究的网络基础设施建设[J]. 图书馆杂志，2018（11）：22.

第十章

古今纪年及编年资料检索

一般辞书也涉及纪年问题,例如《辞海》第七版附录了《中国历史纪年表》,其凡例说明:“中国古代史部分(1840 年鸦片战争以前)一般用旧纪年,夹注公元纪年;近现代史部分用公元纪年,必要时夹注旧纪年;外国史部分一律用公元纪年(涉及日本、朝鲜、越南等国的条目,如使用本国王朝纪年的,也夹注公元纪年),与中国历史有关时夹注中国王朝纪年。年代以 0—9 作为起讫,世纪以 1—100 作为起讫。”《中国大百科全书》第二版附录《中国历史纪年表》(起于夏,至 1949 年),其中《夏商周纪年表》按照《夏商周断代工程 1996—2000 年阶段成果报告》中的此年表编制。

本章介绍我国古今的纪年(年、月、日)方法以及换算的纪年表,附带介绍以年为序的记事年表、大事记、年鉴等类型的工具书和数据库。

第一节　纪年法的基本知识

一、阳历、阴历、阴阳历

古今中外的历法大致可以分为三种:阳历、阴历、阴阳历。

阳历,又称太阳历、西历,是以地球绕太阳运行一周的时间为根据而制定的历法。现在各国通用的公历就是一种阳历。阳历(公历)以传说中的耶稣诞生年份为公元 1 年(元年),公元 1 年以前倒数,称为公元前 1 年,依次类推。

阴历,又称太阴历,是以朔望月(月亮圆缺变化)为根据制定的历法。伊斯兰教使用的回历就是一种阴历。

阴阳历,全称阴阳合历。我国使用的旧历就是阴阳历,又称夏历、中历、农历、旧历。有时也称作阴历。

二、中国古代纪年法

(一)王公在位年次纪年

这是春秋至西汉初年使用的纪年方法。这种方法根据王公即位的年次顺序纪年，即位之年称为元年，依次类推，至该王公退位或去世为止。▲《左传·庄公十年》："十年春，齐师伐我。"此文所谓"十年"就是指鲁庄公即位的第十年。

(二)帝王年号纪年

这种纪年方法始于西汉武帝刘彻。公元前140年，汉武帝即位，称这一年为"建元"元年。从此以后，历代皇帝即位都要重新命名年号，并依年号纪年。年号一般为两个字，个别也有多于两个字的，▲武则天的年号有天册万岁、万岁通天等。明代以前，一个皇帝可以有一个或多个年号，改变年号被称为改元。明代以后，一般一个皇帝只有一个年号，▲明成祖的年号是永乐，清圣祖的年号是康熙，清高宗的年号是乾隆。因此可以用皇帝的年号代称皇帝。由于历代皇帝使用的年号很多，难免有重复的年号。

年号纪年使用的时间较长，因而我国古籍中普遍出现的是年号纪年。我们在阅读和注释古籍时，就会遇到年号纪年和公历纪年的换算问题。

(三)干支纪年

干支又称甲子。其中干指天干，即甲乙丙丁戊己庚辛壬癸。支指地支，即子丑寅卯辰巳午未申酉戌亥。这十个天干和十二个地支依次相配组合，就组成了六十甲子，列表如下。

表10-1　干支次序表

1 甲子	2 乙丑	3 丙寅	4 丁卯	5 戊辰	6 己巳	7 庚午	8 辛未	9 壬申	10 癸酉
11 甲戌	12 乙亥	13 丙子	14 丁丑	15 戊寅	16 己卯	17 庚辰	18 辛巳	19 壬午	20 癸未
21 甲申	22 乙酉	23 丙戌	24 丁亥	25 戊子	26 己丑	27 庚寅	28 辛卯	29 壬辰	30 癸巳
31 甲午	32 乙未	33 丙申	34 丁酉	35 戊戌	36 己亥	37 庚子	38 辛丑	39 壬寅	40 癸卯
41 甲辰	42 乙巳	43 丙午	44 丁未	45 戊申	46 己酉	47 庚戌	48 辛亥	49 壬子	50 癸丑
51 甲寅	52 乙卯	53 丙辰	54 丁巳	55 戊午	56 己未	57 庚申	58 辛酉	59 壬戌	60 癸亥

干支可以用来纪年，西汉初年已有记载，至东汉章帝元和二年（公元 85 年）开始以政府命令的形式确定下来。我国历史上的一些重大事件就是用干支表示的，如甲午战争、戊戌变法、辛亥革命等。干支也用来纪日。用干支纪年和纪日都是六十循环，往复不断。《现代汉语词典》附录“干支次序表”。

（四）古代纪月法

我国古代纪月的方法，一般用数字一至十二来表示。一月也称为正月，十一月、十二月也分别称为冬月、腊月。

此外还有一些特殊的纪月方法和名称，例如地支纪月法。地支纪月法是将十二地支与十二个月份相配，通常称夏历十一月为“建子之月”、十二月为“建丑之月”，依次类推。

由于我国历史上使用的历法、纪年法等，与今天通用的公历不同，我们在阅读和注释古籍时，经常遇到的就是中历（夏历）与公历（西历）等互相换算的问题。▲陆游的《跋李庄简公家书》写于“淳熙戊申五月己未”，这里作者采用了年号纪年、干支纪年和干支纪日。对今天的读者来说，“淳熙”是哪个皇帝的年号、“淳熙戊申”是指哪一年、“五月己未”是指农历的五月几日，相当于公元的哪年哪月哪日？▲严复《〈普通百科新大词典〉序》的落款是“宣统三年正月晦”，这相当于公元的哪一年、“正月晦”是农历的正月几日、相当于公元的几月几日？这些问题都必须通过检索工具书来解决。近年来盛行的历史电视剧中，经常出现关于纪年知识的错误。全国出版专业技术人员职业资格考试也有纪年知识题，▲“竟有不少应试人员既不知道‘贞观二年’用的是什么纪年方法，也不明白‘太宗’在古代是什么称谓，以致连文中的‘太宗’是指李世民也弄错了”。①

第二节 历史纪年的换算

一、纪年的换算

查检历史纪年，以及历史纪年和公元纪年的对照和换算，要使用历史纪年表。历史纪年表是使用率很高的检索工具，因此许多辞书都附录有历史纪年表。例如《辞

① 夏剑钦. 出版专业职业资格考试初级基础知识应试漫谈[J]. 中国编辑，2006(4)：93.

源》附录有《历代建元表》，从汉武帝开始，列历代帝王年号，不建元者不录。从此表可以查检历代帝王的年号、公元起迄、干支等。《现代汉语词典》附录有《我国历代纪元表》，从"五帝"开始，到1949年为止，可以查检帝王的名号、年号、元年的干支和公元纪年。特别是用汉语拼音注出帝王名号、年号中的生僻字的读音，为此纪年表所独有，便于读者使用。

单独出版的纪年表也有多种，下面介绍几种比较容易查检、版本比较新的纪年表。例如：

《中国历史纪年表》：方诗铭编，上海辞书出版社1980年出版，2013年出版新修订本。此表原是《辞海》(1979年版)的附录，单行本增加了周代诸侯兴亡表、十六国兴亡表、五代十国兴亡表及年号索引。此表起自公元前841年西周共和元年，至公元1949年中华人民共和国成立为止。按历史年代分为十五个纪年表，可以逐年对照查检公元纪年和干支纪年，查检帝王名号和年号。从秦代起，还注明帝王即位、建年号、改年号以及覆灭的阴历月份。

《中国历史纪年表》：万国鼎编，万斯年、陈梦家补订，商务印书馆1956年出版，中华书局2005年重印。全书分为上下两编。上编包括：历史年代总表、公元甲子纪年表。下编包括：夏商周年代简表、殷年代简表、西周周王简表、东周周王简表、东周诸侯年表、西周诸侯存亡表、秦以后主要朝代年表、十六国年表、十国年表、中日对照年表、公元甲子检查表、太岁纪年表。公元甲子纪年表是此书的主要部分，包括公元前841年至1949年间公历与中历的年代对照。每1页50年，每格1年。通过横竖的表格，可以查检帝王庙号、年号、干支纪年以及相应的公元纪年。此外，公元甲子检查表，分为公元前、公元后各一表，可以从公元查甲子，也可以从甲子查公元。此表经过精密计算排列，学会其查检方法，使用非常方便。

公元后甲子检查表(表10-2)分上中下三段。上段的左边(窄格)是天干，中间六直行(宽格)为地支，右边(窄格)号码为公元的个位数。中段号码是公元的十位数。下段三竖行是公元的百位数和千位数。而中段号码又分三层，上下两层分隶于下段的左、右两竖行，有连线标明。中层隶属于下段的中竖行，没有连线。▲检索2021年的甲子，从下段竖行查得千位数与百位数20在右行，再从中段的下层框中(有连线)检索十位数2。再从2所在的右行上推，与上段个位数1的交叉处是地支丑，左边的天干是辛，可查知2021年是辛丑年。

如果由甲子查公元，则倒转上面的方法。由于甲子纪年六十一循环，必须有相近年代的旁证才能确定所查之年在什么范围之内。▲杨绛的散文《丙午丁未年纪事》①，要查“丙午丁未”②是指哪一年，可以参照杨绛的生日（1911—2016）和作品记述的内容，找到此间的丙午和丁未年，就知道杨绛所说的“丙午丁未”年是指 1966 年和 1967 年。

表 10-2　（乙表）公元后甲子检查表

庚	申	午	辰	寅	子	戌	0
辛	酉	未	巳	卯	丑	亥	1
壬	戌	申	午	辰	寅	子	2
癸	亥	酉	未	巳	卯	丑	3
甲	子	戌	申	午	辰	寅	4
乙	丑	亥	酉	未	巳	卯	5
丙	寅	子	戌	申	午	辰	6
丁	卯	丑	亥	酉	未	巳	7
戊	辰	寅	子	戌	申	午	8
己	巳	卯	丑	亥	酉	未	9

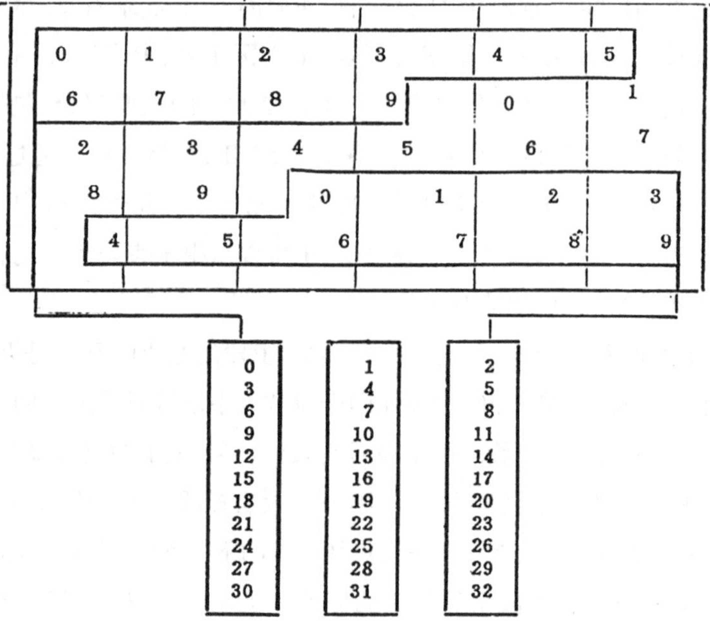

① 杨绛. 杨绛文集：散文卷（上）［M］. 北京：人民文学出版社，2004：164. 按：此文已经写明“一九六六年八月九日——也就是阴历丙午年的六月”。

② 按：此处有典故。宋代洪迈《容斋随笔》下册（五笔卷十：丙午丁未）记载：“丙午、丁未之岁，中国遇此辄有变故，非祸生于内，则夷狄外侮。”（容斋随笔［M］. 北京：中华书局，2005：952）

类似的公元与甲子检查表，还有《公元干支推算表》：汤有恩编，文物出版社 1961 年出版。此书分为“公元推算干支表”和“干支推算公元表”。

要了解这类检查表或推算表的具体使用方法，需要阅读其表格的有关说明。

二、历日的换算

查检并换算中历和西历、回历等的年月日，可以利用历日对照表。

直接通过表格逐日对照的表有《近世中西史日对照表》：郑鹤声编，商务印书馆 1936 年初版，中华书局 1981 年影印。此表为公元 1516—1941 年间中西历日的对照，每年按月列表。每一表首先列出西历的月和日，然后列出阴历（中历）的月和日、西历的星期、阴历的干支和节气，逐日对照，一目了然，不需要推算。书前有《近世中外年号纪元对照表》，分中国年号、日本年号、朝鲜年号、甲子、西历纪元、距民国前等栏，始于明武宗正德十一年，终于民国三十年，逐年对照。▲利用此表检索日本的“明治维新”相当于中国纪年和公元纪年的哪一年，可以很快查到：日本的明治元年是清穆宗同治七年、公元 1868 年。书后还有《太平新历与阴阳历史日对照表》，可以查检太平天国的历日。

《两千年中西历对照表》：薛仲三、欧阳颐编，商务印书馆 1940 年初版，三联书店 1956 年增订重印。此表将公元元年至公元 2000 年间的中历、西历逐年、逐月、逐日对照，还可以推算每天的星期和干支等。

《二百年历表（1821—2020）》：中国科学院紫金山天文台编，科学出版社 1959 年出版。此表为二百年间的公历和夏历的日期对照，还标明了星期、干支、节气及日月食。

《公历·农历·回历日对照表（公元 1911—2050）》：毛继成、肖菁、万庐山编著，江西高校出版社 1991 年出版。此表可以对照查检出公元的年月日、农历的年月日和节气以及干支纪日、回历的年月日。此书还有 20 种附表，并附录了历法知识、天气预报知识。其中的附表 17“公元甲子换算表”（即万国鼎编《中国历史纪年表》中的“公元后甲子检查表），附有“公元甲子换算表使用说明”，可以参考。

由于历史年代悠久，而来年无限，各种年表都有一定的时限。有的年表为了节省篇幅，扩大容量，采用经过严密计算、可以类推的表格。例如：

《二十史朔闰表》：陈垣编，北京大学研究所国学门 1926 年出版，中华书局 1962 年出版修订增补本。作者原编有《中西回史日历》，首创中、西、回三历对照的体例。此书是《中西回史日历》的简本。所谓“二十史”指汉至清各朝的历史，上起汉高祖元年（公元前 206 年），下至 2000 年。此表通过推算的办法，可以查检帝王年号、干支纪年和公元纪年、回历的对照。通过表中列出的每一月初一的干支相当于公元的月日，可以依次推算出任何一个干支纪日，相当于农历的何月何日、公历的何月何日，并通过所附日曜表查出是星期几。▲陶渊明《辛丑岁七月赴假还江陵夜行涂口》一诗作于何年？根据陶渊明的生卒年（公元372—427），利用此表，在这个范围内找到一个辛丑岁——晋安帝隆安五年（公元401年），就是这首诗的作年。

《中国史历日和中西历日对照表》：方诗铭、方小芬编，上海辞书出版社1987年出版。此书包括公元前1394年—公元2000年的历日表，公元前仅标注中历，公元后中西历对照，每年一表。此书查检月和日，参照了陈垣《二十史朔闰表》的方法，每月以汉字列出中历（农历）上、中、下旬的第一天（即：一、十一、二十一），并标明相应的干支纪日和公元纪日（阿拉伯数字）。这比《二十史朔闰表》仅列出每月初一一天，计算起来更加快捷。使用这两种表换算历日，都要参照"六十甲子表"。▲《资治通鉴》记载：唐穆宗长庆元年"五月……癸亥，以太和长公主嫁回鹘"。根据此书的下表可以查出：唐穆宗长庆元年为辛丑年，相当于公元821年，根据表中列出的：

五·一	丙申 6.4
五·十一	丙午 6.14
五·二十一	丙辰 6.24

可以选择农历的五月二十一日，其干支是"丙辰"，相当于公历6月24日。参照"六十甲子表"依此类推，找到"癸亥"，再计算出"癸亥"是农历的五月二十八日，相当于公历7月1日。

《新编中国三千年历日检索表》：徐锡祺编，人民教育出版社1992年出版。此书分历日检索表、列国纪年表、参考资料三部分。历日检索表中的"公元前1500年至公元2050年历日检索表"是此书的主要内容，不仅列有干支纪年、年号纪年、农历公历和回历月日对照等栏，还有与日本、朝鲜、越南纪年的对照。此书的参考资料部分还有"检星期表"，可以查检某日为星期几。书后附有年号索引，包括中国、日本、朝鲜和越南。这是目前收录时限较长、功能比较齐全的历日工具书。

根据上述三种历表，我们可以解决前面提到的问题：▲陆游《跋李庄简公家书》中"淳熙戊申五月己未"，相当于公元1188年6月20日（五月己未是农历的五月二十四日，淳熙是南宋孝宗的年号）。▲严复《〈普通百科新大词典〉序》的落款是"宣统三年正月晦"，查《中国史历日和中西历日对照表》可知"宣统三年"是公元1911年。查《辞源》可知"晦"是"农历每月的最后一日"，这里即正月三十日。再通过《中国史历日和中西历日对照表》推算，可知正月（农历一月）三十日相当于公元2月28日。

晚清的报刊还在使用旧历。▲《新闻纸略论》,从“瀚堂近代报刊”数据库查出此文,检索结果标注出处是“《东西洋考每月统纪传》(1834—1839. 10. Fulltext)·Dec,1834·地理·新闻纸略论”。那么,其年代是否为1834年12月?

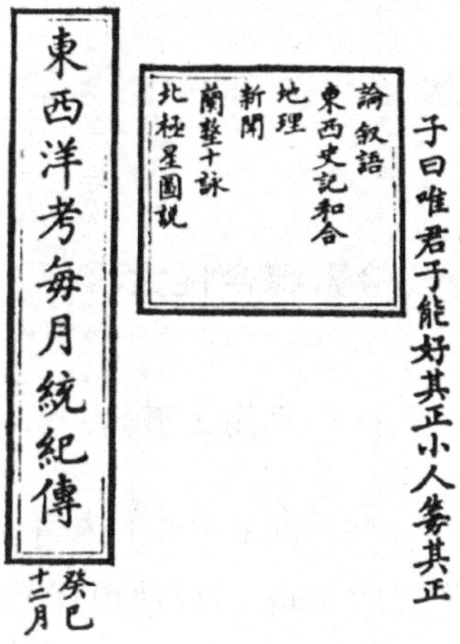
東西洋考每月統紀傳
癸巳
十二月
論敘語
東西史記和合
地理
新聞
蘭墪十詠
北極星圖說
子曰唯君子能好其正小人毒其正

图10-1　杂志封面

继续搜索杂志的封面(图10-1),下载此页,看到“癸巳十二月”的信息。下一步的问题是,这相当于公元的哪一年哪一月?这就涉及中西历日对照的问题了。我们可以通过上述中西历日对照表进行计算。从方诗铭编著的《中国历史纪年表》,查到“癸巳”是清道光十三年,相当于公元1833年。根据旁边第三栏的说明:公元1833年12月31日相当于中国历史纪年的十一月二十一日,这就是说“癸巳十二月”已经进入公元1834年的1月了。

目前已经有更为方便的数据库,✲(台湾)“中央研究院”数位文化中心的《两千年中西历转换》(西元元年2月11日至2101年1月29日)。通过这个数据库,从“西历—〉中历”,输入“1834”年1月,结果是“清宣宗道光13年(岁次癸巳)12月1日”。因此,《新闻纸略论》的年代是:《东西洋考每月统纪传》1834年1月,而不是12月。① 由此类推,“瀚堂近代报刊”中其他标记旧年号的报刊也有转换公历的问题,需要检索者加以核对。

此外,近代的报刊,如《申报》的报头,既有帝王年号和农历月日,也有西历的年月日;1912年改为民国纪年和农历、西历纪年并用。民国元年是1912年,引用《申报》的资料,在注释年月时也要注意。

还有专门题目的历日对照表,例如:

《天历考及天历与阴阳历日对照表》:罗尔纲著,北京三联书店1955年出版。“天历”是太平天国的历法。此书第一部分为“天历考”,第二部分为“天历与阴阳历日对照表”。

《春秋历学三种》:王韬撰、曾次亮点校,中华书局1959年出版。此书包括《春秋朔闰日至考》《春秋朔闰表》和《春秋日食辨正》,可以用来查检春秋时期的月日。

《中国先秦史历表》:张培瑜编,齐鲁书社1987年出版。此书可以查检先秦时的年月日、干支、闰月等。

---

① 笔者在注释这篇文章的出处时,检索到李秀云《第一篇新闻学专文到底何时刊出》一文(新闻爱好者[J],2004(2):42.)。经核对纪年表,证明李秀云所论是正确的。

《中西日俄历表》:纪大椿编,新疆人民出版社 1978 年出版。此表为公元 1821—1950 年中西日俄及太平天国历的对照。

第三节 古今编年大事检索

一、检索综合性大事记

(一)利用大事典

检索古今中外的大事,如果知道事件的概称(如“五四”运动、辛亥革命),或事件发生的时间,可以使用有关的词典和事典。事典以事件为词目,按时代顺序编次,词条的内容也比较全面,比一般词典更便于查检古今中外的大事。

《中国事典》(上中下):中外名人研究中心编,沈阳出版社 1993 年出版。此书以一切可相对独立的历史事件为词目,收录上起远古、下迄 1911 年底的大小历史事件。

《中华五千年纪事本末》:宁可主编,人民出版社 1996 年出版。此书以时间为序,以中国历史上重大且对后世有影响的事件为条目,收录自传说中的炎帝至 1949 年中华人民共和国成立的条目 1216 条。

《20 世纪中国大事典》(1901—2000):韩信夫、曾景忠主编,四川人民出版社 2002 年出版。此书以条目形式,按照政治、军事、外交、社会、经济、文化、台港澳、华侨华人等栏目,列表记述清末、中华民国、中华人民共和国三个时期的大事和要事。

《中国共产党 80 年事典》(1921—2001):朱敏彦、李学昌、齐卫平主编,上海人民出版社 2001 年出版。

《外国历史大事典》:张殿吉主编,河北教育出版社 1989 年出版,收录外国政治、经济、军事、法律、文化、科学等领域的重大事件 2000 余条。

《世界五千年纪事本末》:齐世荣主编,人民出版社 2005 年出版。此书以时间为序,立条目列述世界历史上重点且对后世有影响的事件,自人类起源至 20 世纪 90 年代。

(二)利用记事年表

查检古今某年某月某日发生了什么大事,比较方便的是利用记事年表类工具书。记事年表包括大事年表和大事记。这类工具书都以年代顺序为线索,大事年表多以表格形式编排;大事记主要以年代顺序排列。二者都用简明的文字记述已经发生的有影响的事件信息。在现有这类工具书中，年表和大事记的名目有的没有什么区别，称为年表的有的就是没有表格的大事记。比较而言，大事记的文字比较详细。

我国的史书中很早就出现了各种形式的记事年表，例如，《春秋》记载了鲁隐公元年（公元前722年）至鲁哀公十四年（公元前481年）的历史，可以说是历史大事记。《史记》首创史表，与表前的序文相配合，具有大事年表的性质。此后我国史书中这类以"年经月纬"为体例，使人"一览了如"的大事记和年表，历代都有。"自宋以后，年表之类的著作，更加发展。到了清代，年表的制作便以史学的附庸，蔚为大国。"[①]例如，宋代李心传的《建炎以来系年要录》、清代王之枢等编《历代纪事年表》、顾栋高编《春秋大事表》、万斯同编《历代史表》、齐召南编《历代帝王年表》等，有的已经整理出版。

记事年表的种类很多，从记载的内容和时间看，有历史回溯性的，也有时事报道性的；有综合性的，也有专科、专题性的。从出版形式来说，有专门的记事年表工具书，也有附录于年鉴、百科全书、专科辞书、学术著作等载体的大事记。综合性大事记以年月为线索，罗列政治、经济、军事、文化等方面的重要信息，涉及多方面的重要人物和重大事件。

《中国大事年表》：陈庆麒编，商务印书馆1934年初版，另有台北商务印书馆1963年版。此书参考古代史书帝王表及大事记等编纂，"上起隆古，下讫今兹"，共有四编。第一编"上古疑年唐虞三代历年一览"，从"十纪三皇总表"开始。

《中外历史年表·校订本》（公元前4500—公元1918）：翦伯赞主编，齐思和、刘启戈、聂崇歧合编，原书1958年出版，中华书局2008年出版校订本。此书上起传说中的远古，下迄1918年，按照年代的顺序编纂中外历史大事。每一年先列中国，再列外国。检索历史年表同样会遇到中国历史纪年方法和公历年月的换算问题。此书采用公历纪年，同时标明我国的干支纪年和帝王年号纪年，而且大事记文中提到的月份在改用公历前仍用农历。如果要确切知道其相当于公元的几月就要进行换算了。此书的续编有《中外历史年表（公元1919—1957）》：齐思和等编著，中华书局1963年出版。

《中国历史大事年表》（古代卷）：沈起炜编著，上海辞书出版社1983年出版。此书的时间自远古至清道光十九年（1839），记事涉及政治、军事、经济、文化等方面。采用编年体和纪事本末体相结合的办法，在一年之中，尽量用记事本末体，每事自为起迄，不用分月记事法。此书对因阴历、阳历差异而产生的年份出入问题，以古代纪年为主，加注公元年月。▲在"1836年　丙申　清道光十六年"之下，大事记中以括号注明"十二月（1837年初）"。此书还注意吸收考古发现成果，▲"前433年　戊申　周考王八年"之下记载："1978年湖北随县发现的曾侯乙墓，出土的镈钟一件作于本年。出

① 翦伯赞，等. 中外历史年表：序[M]. 北京：中华书局，1989.

土的漆箱盖面上有二十八宿全部名称,证明二十八宿起源于我国,其形成在本年以前。出土编钟六十四件可演奏现代乐曲。曾系楚的附庸。”这都增加了此书的可读性和知识性。

《中国历史大事编年》:张习孔、田珏主编,北京出版社 1987 年出版。全书共五卷,上起原始社会元谋人,下迄近代 1918 年。

《中国历史大事年表》(近代卷):沈渭滨主编,上海辞书出版社 1999 年出版。上起公元 1840 年 1 月,与古代卷相接;下迄 1919 年 5 月,而以“五四运动”爆发前夕与现代卷相分,前后约八十年。

《北京历史纪年》:北京市社会科学研究所本书编写组编,北京出版社 1984 年出版。此书记述时间从“北京人”活动的约七十万年前起至 1949 年中华人民共和国成立止。

《中国近现代史大事记(1840—1980)》:马洪林、郭绪印编,知识出版社 1982 年出版。

《中华民国史大事记》(全 12 册):李新总主编,中华书局 2011 年出版。此书逐年、逐月、逐日编排 1905 年至 1949 年间发生的历史大事,是研究民国史的基本参考资料。

《中华民国史史料长编》(共 70 册):万仁元、方庆秋主编,南京大学出版社 1993 年影印出版。此书从 1911 年起,到 1948 年 12 月止,辑录每日大事史料,多取材于当时的报刊、公报、档案及私家有关记录。

《中华人民共和国大事记(1949 年 10 月—2019 年 9 月)》:中共中央党史和文献研究院编,人民出版社 2019 年出版。

《中华人民共和国国史全鉴》(1949—1995):本书编委会编,团结出版社 1996 年出版。全书共 6 卷,按年代编排。每一年份内按史事日志、大事纪要、人物传略、典章制度、历史实录、文献资料的顺序分为六个部分。

《中华人民共和国国史全鉴(1999—2004)》:刘海藩主编,中央文献出版社 2005 年出版,采用分门类和记事本末体相结合的编纂体制。

《二十世纪中国大事年表(1900—1988)》:贾新民主编,中国人民大学出版社 1992 年出版。

《中国二十世纪通鉴》:龚育之等主编,线装书局 2002 年出版。时间自 1901 年 1 月 1 日起至 2000 年 12 月 31 日止。每 5 年编为 1 卷,共 20 卷。凡 20 世纪在中国疆域内,有关政治、经济、军事、外交、思想、文化、教育、科技、艺术、体育、卫生、民族、宗教、环境、灾害、区划变更、社会生活等各方面具有重要影响的事件、会议、文献、人物活动等内容均予收录。

《国内外大事记》:斯夫编,新华出版社自 1981 年起,每年出版一册。此套书分国内、对外关系和国际三部分,收录每年的政治、外交、经济、军事、文化、科技和社会新闻等各方面的内容。

外国综合性大事记有《外国史大事纪年》:李永采等编,山东教育出版社 1987 年出版。

《世界近代史大事记(1640—1918)》《世界现代史大事记(1917—1959)》:吴成平编著,知识出版社 1989 年、1984 年出版。

《第二次世界大战后国际关系大事记(1945—1979)》:卫林等编,中国社会科学出版社 1983 年出版。

《世界七千年大事总览》:[美]伯纳德·格伦主编,雷自学、王迎选译,邓蜀生校,东方出版社 1990 年出版。此书以表格的形式记录了公元前 5000 年至 1978 年间的世界大事,分为历史政治、文学戏剧、宗教哲学学术、观赏艺术、音乐、科学技术发展、日常生活七个方面。

《20 世纪大事记》:曹世元主编,国际文化出版公司 1991 年出版。此书记录 1900—1988 年间世界各国、各地区发生的重大事件,各个领域著名人物的重要活动,科学技术的重要发明,文化体育方面的业绩成就等。分为 20 世纪大事记、20 世纪科技大事记、20 世纪体育大事记。

《中国大百科全书》第二版附录《世界大事年表》,起于"距今约 140 亿年·大爆炸宇宙学认为,宇宙在此时形成",止于 2008 年 12 月 31 日。

✲"中国近代影像资料库":收入"中国与世界历史年表",记录从史前时代到 2011 年间全球范围内发生的重大事件。

二、检索专题性大事记

分学科或分专题编著的大事记便于读者比较集中地检索有关资料信息。这类资料信息是经过编著者整理,以简明的文字加以叙述的,因此不同于以收录原始文献为主的资料汇编。这类资料信息由于以年代为序,有的具有学术简史的意义,如《先秦学术年表》(梁启超编);有的是某一事件的简史,如《辛亥革命大事录》(刘望龄编著,知识出版社 1981 年出版)。有的是专门的学术研究著作,如《春秋大事年表》(清顾栋高辑,吴树平、李解民点校,中华书局 1993 年出版)把《春秋》和《左传》的基本内容用 50 篇表格的形式类聚区分,进行研究和总结;有的收录了大量研究资料和成果,相当于以年为纲的学术著作,如《中古文学系年》(陆侃如著,人民文学出版社 1985 年出版)。各个学科、各种专题性或地方性的大事记数量众多,下面仅举数例。

《中国共产党历史大事记(1919.5—2009.9)》:中共中央党史研究室编著,中共党史出版社2010年出版。此外,✲《人民数据》(权威党政、时政信息平台)综合版有“中国共产党大事记”。

《中国共产党一百年大事记》:中央党史和文献研究院编写,人民出版社2021年出版。

《中国国民党大事记》:李松林主编,解放军出版社1988年出版。此书记叙了1894—1986年国民党的重大活动。

《中国学术界大事记(1919—1985)》:王亚夫、章恒忠主编,上海社会科学院出版社1988年出版。

《中国近代教育大事记》:陈学恂主编,上海教育出版社1981年出版。

《中华人民共和国教育大事记(1949—1982)》:中央教育科学研究所编,教育科学出版社1984年出版。

《中国法学四十年》(1949—1989):张友渔主编,上海人民出版社1989年出版。

《中国文化史年表》:虞云国等编著,上海辞书出版社1990年出版。此书上起远古,下迄1949年中华人民共和国成立。

《中华文化年表》:赵玉敏、岳思聪、陈虎编,中华书局2017年出版。此书以历史发展大势为线索,详于科学技术、思想文化及社会生活诸方面。

《世界美学艺术史年表》:马采、陈云编著,广东人民出版社2001年出版。时间范围自公元前580年至公元1949年,收集中外有关美学(艺术学)、美术(艺术),包括绘画、雕刻、建筑,以及文艺、戏剧、诗歌、音乐等与美有关的资料。

《中国文学史大事年表》:吴文治编著,黄山书社1987年出版。全书分“时事纪要”和“文学史事”两栏。前者简略提供当时文学的社会、政治背景;后者详列文学家的生卒、年岁、重要事迹、主要作品系年、文学家之间的交往,朝政对文坛重要措举,国际民间民族文学交流以及文坛重要轶事。此书便于读者结合当时的文化背景,横向比较作家、作品,具有文学史研究的眼光。

《建国以来文字改革工作编年纪事》:《文字改革》杂志编辑部编,文字改革出版社1985年出版。

《近代上海大事记》:汤志钧主编,上海辞书出版社1989年出版。

《中国旅游大事记》(1949.10—1994.12):本书编委会编,中国旅游出版社1995年出版。

此外,许多辞书也附录了有关学科的大事年表,例如《中国大百科全书》(第一版)“中国文学卷”后附有“中国文学大事年表”。起自公元前21世纪前,止于公元1985年。《中国大百科全书》(第一版)“新闻出版卷”后附有“新闻事业大事年表”和“出版事业大事年表”。《出版词典》(上海辞书出版社 1992 年出版)附录有“中国出版史大事年表”。有的地图集也附录有大事记,例如《中国抗日战争史地图集》附录有“抗日战争大事记(1931—1945)”。

有的学术著作附有专题性大事年表,例如《唐代佛教》(张遵骝著,人民出版社 1979 年出版)一书附有“隋唐五代佛教大事年表”。《西学东渐与晚清社会》(熊月之著,上海人民出版社 1994 年出版)一书附有“西学东渐大事记”。

三、检索年度资料信息

(一)年鉴概述

年鉴是按年度连续出版的、系统汇集(距出版期)最近一年内重要资料信息的工具书。要具体了解某一年度的详细资料,或某一年度的大事记,最方便的是利用年鉴。

年鉴这种连续出版物在我国的出现,是西方出版物形式传入之后的事情。熊月之编“西学东渐大事记”记载:“1873 年江南制造局翻译馆编译出版《西国近事汇编》,到 1899 年,每年一卷,内容主要依据英国《泰晤士报》等编译,实为一部西国大事要闻录,是同光之际中国知识分子了解世界大事的重要参考书。”[①]此后我国陆续翻译了几种国外的年鉴。1912 年神州编译社编辑部出版了《世界年鉴》。1924 年上海商务印书馆出版了阮湘等编辑的《第一回中国年鉴》,这是我国自己编辑出版的最早的中文年鉴(介绍清末以后全国各方面情况,包括土地人口、政治军事、财政金融、交通水利、农工商业、教育宗教等 6 类,附:20 年来中国大事记、世界之部)。据统计,1909 年到 1949 年期间我国编纂出版了 100 种年鉴,包括综合性年鉴、专业性年鉴和地方性年鉴。[②]

改革开放以来,我国年鉴的编辑出版成为热点,数量和种类迅猛增加。中国国家图书馆有专门的年鉴阅览室。近年来很多年鉴已经开发了电子版,有的年鉴数据库在相关网站平台运行。

年鉴的类型有综合性的,例如《中华人民共和国年鉴》:1981 年创刊,新华通讯社主办,中华人民共和国年鉴社编辑出版,有中、英文两种版本和电子版,向全国和全世界发行,目前已连续出版 42 期,最新版是 2022 年版。此书采用分类编辑法,以“部类”为单元。其中“大事记”为上一年中国各方面大事的纪要,以时间顺序排列。

有专业性的,包括行业年鉴、学科年鉴等。例如《中国出版年鉴》《中国文学年鉴》

---

① 熊月之.西学东渐与晚清社会[M].上海:上海人民出版社,1995:752.

② 王世伟.中国早期年鉴编纂出版述略[J].年鉴信息与研究,1994(1):110-121.

《中国图书馆年鉴》《中国知识产权年鉴》等。

有地方性的,例如《北京年鉴》《山东年鉴》等。

有地方专题性的,例如《上海文化年鉴》《北京信息化年鉴》等。

有统计性的,例如《中国统计年鉴》:国家统计局编,中国统计出版社出版,1891 年创刊,主要收录全国和各省、自治区、直辖市经济和社会各方面的统计数据。

年鉴收录的资料类型也是多种多样的,有原始文献或文件、综述、名录、统计资料、信息检索目录等。因此年鉴是一种收录年度资料的重要参考工具书,也可以说是一种重要的信息情报源。检索近现代出版的年鉴可以了解历史的资料,检索当代出版的年鉴可以及时了解最新的信息。而年鉴连续累积的资料,为编纂辞书提供了依据,例如《中国百科年鉴》就是与《中国大百科全书》相衔接的综合性资料工具书,其编辑宗旨是为《中国大百科全书》的修订版积累资料(中国大百科全书出版社自 1980 年起,逐年出版,1996 年停刊)。

年鉴根据其不同的编纂宗旨和类型,通过设立栏目来收录资料信息,读者可以根据栏目检索各类资料。如果查检一年大事,综合性的年鉴一般都设有“大事记”类栏目,及时记录国内外的大事、时事动态,如《世界知识年鉴》设有“世界大事记”栏目,《中国百科年鉴》设有每年“大事志”栏目,《中国年鉴》设有“大事纪要”栏目。专业性的年鉴也设有专门介绍本学科大事的栏目,如《中国经济年鉴》设有“中国经济大事记”栏目。这类大事记从内容和时间上说,是上述历史大事记的延续,可以为编写新的历史大事记提供资料。

(二)年鉴丛书及数据库

《民国丛书续编》:上海书店出版社 2012 年影印出版。此书以精选汇编民国时期出版的各种年鉴为主题,包括一个丛书型的“年鉴专辑”(100 册),其中综合类有世界年鉴、世界知识年鉴、中国年鉴、国民政府年鉴等;专题类有财政年鉴、妇女年鉴等。还有两个专刊型的书系,分别为《中国经济年鉴》(22 册)、《申报年鉴》(16 册),总规模为 138 册。

✲中国知网的《中国年鉴网络出版总库》是目前国内较大的连续更新的动态年鉴资源全文数据库。内容覆盖基本国情、地理历史、政治军事外交、法律、经济、科学技术、教育、文化体育事业、医疗卫生、社会生活、人物、统计资料、文件标准与法律法规等各个领域。此库目前收录自 1949 年以来的年鉴,总计 5550 余种,4 万余本,3680 余万篇,数据会不断更新。

✲《中国年鉴数据库》:原北京金报兴图信息工程技术有限公司制作,以“中国”字头年鉴为主,包括 15 个大类,资源覆盖了我国国民经济及社会发展的各个领域和地区，基本是自创刊卷开始收录所有卷次内容。2007 年在中国版协年鉴工作委员会的协调下，《中国年鉴数据库》并入方正阿帕比《中国年鉴资源全文数据库》。

✲“国家图书馆中国年鉴篇名书目数据库”：国家图书馆联合编目中心版权所有。收录馆藏综合性年鉴、统计性年鉴及经济特区年鉴 230 余种，选录其中 1981—1999 全部或部分年卷的统计资料、法律法规、特载专文、图书评价等方面的内容，为读者提供题名、著者、地区、出处、年卷号、页码、关键词、馆藏信息等检索点。现有书目数据近 17 万条。此外，国家图书馆有中国年鉴阅览室，可以检索年鉴的纸质版本。

✲“中国社会科学年鉴数据库”：中国社会科学出版社开发。此数据库已整合近 50 种 430 余卷学术年鉴资源，覆盖了哲学社会科学绝大多数重要学科，可通过“作者”“标题”“全文”进行检索。

✲“瀚文民国书库”数据库：收录多种民国时期编辑出版的年鉴，例如《申报年鉴》《国民年鉴》《世界年鉴》《中国经济年鉴》《交通年鉴》《中国教育年鉴》《中国名人年鉴：上海之部》《中国文艺年鉴》等，具有史料价值。▲《申报年鉴》（1935 年）为“纪念创刊人史量才先生”，首先刊登了史量才先生的生平及“遗影”（照片）；在“出版”类目下，有“民国二十三年申报广告新刊出版物分类统计”等资料。

✲“抗日战争与近代中日关系文献数据平台”：收录《国民年鉴》《申报年鉴》《图书年鉴》《妇女年鉴》《中国教育年鉴》《上海市年鉴》等。

第十一章

综合资料信息检索

查检综合的参考性的文献资料信息,要利用资料汇编。资料汇编分门别类汇集原始文献,既可以阅读,也可以查检,具有研究和参考价值。

我国古代的资料汇编主要有类书和政书等形式。现代以来,各个学科或各种专题的资料汇编数量很多,不胜枚举。

资料汇编与百科词典或百科全书是有区别的,二者所收录的内容和编排体例都是不同的。资料汇编辑录的主要是原始文献。百科词典或百科全书以词条或条目为收录单位,收录的内容是经过编辑者加工和浓缩的三次文献。

资料汇编有多种类型,从收录的内容看,有综合性的资料汇编,有专题性的资料汇编。从编排体例看,有按类编排的,有以时间为序的,也有以人物或著作为线索的。从载体形式看,有书籍(丛书)、有期刊,还有光盘版或网络版的文献资源总库及专题数据库。

近年来各种专题性的资料汇编、史料丛刊卷帙浩繁,不断编辑、影印出版。网络版集成式数据库发展迅速,囊括各种文献资源,具有全文检索功能,实际上是规模宏大的文献资料汇编,或者说是数字化的"古今图书集成"。二者相互辅助,便于检索和阅读。

第一节　古代资料汇编检索

检索古代各方面的资料,最便于使用的工具书就是类书。

一、类书的特点及利用

(一)类书的特点

类书是古代的资料汇编。类书的体例大部分是按类编排的,也有少数是按韵编排的。类书有综合性的，也有专题性的。综合性的类书收录的内容包罗万象，例如《古今图书集成》。专题性的类书专门收录某一方面的资料，例如《太平广记》专门收录笔记小说。从总体上说，综合性类书多于专题性类书，《四库全书总目》“类书类”小序认为：“类事之书，兼收四部，而非经、非史、非子、非集，四部之内，乃无类可归。”其中著录类书65部，存目中还有217部。中国古代类书资料数量众多，卷帙浩繁，内容丰富，又便于检索，是古代典籍文献的知识仓库。

综合性类书具有古代百科全书的性质。但是，类书的分类体系与现代意义的百科全书的学科分类体系是不能相提并论的。古代综合性类书一般包括天、地、人、事、物等方面的部类，从天文地理直至草木鸟兽虫鱼等百科事物全都搜罗于一书之中。例如《艺文类聚》所分的46部如下：

天部、岁时部、地部、州部、郡部、山部、水部、符命部、帝王部、后妃部、储宫部、人部、礼部、乐部、职官部、封爵部、政治部、刑法部、杂文部、武部、军器部、居处部、产业部、衣冠部、仪饰部、服饰部、舟车部、食物部、杂器物部、巧艺部、方术部、内典部、灵异部、火部、药香草部、宝玉部、百谷部、布帛部、果部、木部、鸟部、兽部、鳞介部、虫豸部、祥瑞部、灾异部。

这46部的每一部又分若干子目，共有子目727个。

类书的编纂有官修的，也有私修的。中国最早的类书，是魏文帝曹丕命王象等人编纂的《皇览》，此书首创“集五经群书，以类相从”①的体例。此后历代朝廷都组织文臣编修类书，延续不断。因此不少类书的内容是在前代所修类书的基础上累积而成的，类书的规模越来越庞大，分类越来越繁杂，体例越来越完备。我国现存最大的类书《古今图书集成》分为六汇编，三十二典，六千一百零九部，即包括三级目录：汇编、典、部。其汇编及其各典的名目如表11-1：

表11-1 《古今图书集成》类目

1. 历象汇编	乾象典、岁功典、历法典、庶征典
2. 方舆汇编	坤舆典、职方典、山川典、边裔典
3. 明伦汇编	皇极典、宫闱典、官常典、家范典、交谊典、氏族典、人事典、闺媛典
4. 博物汇编	艺术典、神异典、禽虫典、草木典
5. 理学汇编	经籍典、学行典、文学典、字学典
6. 经济汇编	选举典、铨衡典、食货典、礼仪典、乐律典、戎政典、祥刑典、考工典

① 陈寿. 三国志：魏书：刘劭传[M]裴松之，注. 北京：中华书局，2011：618.

每部之中大体列有如下项目：汇考、总论、图、表、列传、艺文、选句、纪事、杂录、外编。

对于今天的读者来说，检索类书首先遇到的问题就是：不熟悉类书的分类体系；不能确切把握部类、子目名称的含义以及所收录文献的范围，所以要检索类书必须对所用类书的分类体系和部类名称有大致的了解。

（二）类书的利用

通过上述类书的分类部类以及名目，我们可以大致看出类书收录的资料是包罗万象的，具有多方面的利用价值。

1. 检索专门资料

利用类书的分类，可以检索某一门类的资料。▲《古今图书集成》中“理学汇编”的“字学典”包括下列分类：字学总部、音义部、楷书部、行书部、草书部、篆书部、隶书部、飞白部、押字部、书画部、法帖部、书法部、书家部、声韵部、方言部、笔部、墨部、纸部、砚部、笔格部、水注部、镇纸部、书尺部、文房杂器部，这些名目及其内容相当于一部“字学”大全。▲今人汇辑类书资料编辑过多种书籍，《中国古代音乐史料辑要 · 第一辑》（中华书局 1962 年出版）选用了 26 种古代类书中音乐类及其他类中有关音乐的资料。《中国体育史参考资料》第一辑（人民体育出版社 1957 年出版）中《我国古代足球资料汇辑》一篇，抄录了《古今图书集成 · 艺术典 · 蹴鞠部》的资料。李约瑟编著《中国科学技术史》将《古今图书集成》作为重要的参考书①。

2. 辑录古代佚书

类书收录的内容是经过剪裁而抄录的原始文献，利用类书可以辑录大量散佚的古书，也可以校勘古籍，特别是流传至今的唐宋类书具有重要的文献价值。正如范希曾《书目答问补正》所言：“古类书不特所引佚文足资考证，即见存诸书，亦可订正文字异同。”②。现在有“瀚堂典藏”数据库，其“类书集成”部分汇集了历代的类书，为检索、辑录和校勘古籍资料提供了方便。但要注意的是，类书的内容往往历代相沿，不断抄纂，也有不少沿讹之处。

3. 搜集诗文辞藻

综合性类书从《艺文类聚》开始采用“事居其前，文列于后”的编排体例，这为后代

---

① 李约瑟. 中国科学技术史：第一卷：导论[M]. 袁翰青，等译. 北京：科学出版社，上海：上海古籍出版社，2018：46. 此书说明“我们经常查阅的最大的百科全书是《古今图书集成》……这是一件无上珍贵的礼物”。

② 范希曾. 书目答问补正：子部类书[M]. 上海：上海古籍出版社，2001：189. 关于辑佚情况可参见：顾力仁.《永乐大典》及其辑佚书研究[M]. 台北：文史哲出版社，1985. 张升.《永乐大典》流传与辑佚研究[M]. 北京：北京师范大学出版社，2010.

类书所沿用。“事”的部分收录资料，摘录经史子集、百家杂说，而经史的内容在前；“文”的部分选录历代的诗文及词藻典故。利用类书可以分类查检古代的诗文和典故(详见第五章的典故检索部分)，便于编纂分类的诗词选本。还可以通过某一部类的全部资料，梳理其引书来源和排列顺序，了解古代文人的知识结构和和思维方式。▲选择一个检索词“狐”，翻检《古今图书集成》的“博物汇编·禽虫典·狐部”的文献，可以了解古代文人对“狐”的认知，包括文字释义、历史故实、传奇小说、文学象征意义等方面，可以说一个字就是一部文化史。①

二、历代重要类书简介

(一)类书新印本

检索类书，要大体了解我国历代编纂的主要类书，特别是流存至今的类书，其编纂特点、新印版本等，以便根据具体问题，选择适当的类书。

《北堂书钞》：〔隋〕虞世南编。这是我国现存最早的一部类书，较好的本子是清光绪十四年孔广陶等的影宋《北堂书钞》，学苑出版社 2002 年出版影印本。此书引用的书籍大致止于南朝宋、齐，共分 19 部，851 目，每目下先摘录群书词语，然后用双行小字引录原文的资料。

《艺文类聚》：〔唐〕欧阳询等奉敕编，中华书局上海编辑所 1965 年出版汪绍楹校本，上海古籍出版社 1982 年重印，增附索引。全书分为 46 部(详细目录见前)，分类编次，每一子目之下先叙述故事，再收录诗文。故事注出书名，诗文注明时代、作者和题目，并标明不同文体，依次排列，因此兼有类书和分类编辑的诗文总集的性质。▲“人”部有 58 个子目，涉及人的生理方面(头、目、耳、口、舌、言语、性命等)、伦理道德(圣、贤、忠、孝等)、情感抒发(怀旧、哀伤等)、人际交往(交友、绝交、友悌等)等类，有的子目来自《世说新语》、《文选》(行旅等类)等书籍。这是根据所选录的资料(包括诗文)而归类的，具有为文学写作提供分类例证的作用。《艺文类聚》保存了不少隋代以前古籍的内容，据北京大学研究所 1923 年统计，共收录 1431 种书籍，这些书现存的不足百分之十。索引分为“人名索引”和“书名篇目索引”，都按四角号码排列。如果查检唐代以前某一作者有什么作品收入了《艺文类聚》，可以查“人名索引”。要查《艺文类聚》中在何处收录了某一著作或某一篇目，可用“书名篇名索引”。▲曹植的《洛神赋》，分别收录在不同部类，除了“水部上·洛水”、“灵异部下·神”，还有“天部

---

① 于翠玲. 从类书论狐文化与狐文学[J]. 西北大学学报，2003(2)：99-102.

下 · 雪”所引“洛神赋曰:飘飖兮若流风之回雪”;“草部下 · 芙蕖”所引“洛神赋:灼若芙蓉出绿波”。由此可见古人分类摘录句子的情况,这类似句子索引,今天已经可以利用“瀚堂典藏”数据库进行检索和和统计了。此外查检典故出处,可以根据此书原有的分部和类目。

《初学记》:〔唐〕徐坚、张说等奉敕编,有中华书局1962年点校排印本,2005年新印本。中华书局1980年出版了许逸民编的《初学记索引》,分为“事对索引”和“引书索引”。此书共分23部,每部之下又分子目,每一子目之下先是【叙事】,摘录群书中有关该事物的记载;其次为【事对】,把有关该事物的记载概括为对偶;最后是【诗文】,分文体编录有关诗文。▲《初学记》卷二十一“文部 · 纸”,在【事对】“当策 代简”下引用了两条资料。一是傅咸《纸赋》曰:“既作契以代绳兮,又造纸以当策。犹纯俭之从宜,亦唯变而是适。揽之则舒,舍之则卷。”二是《桓玄伪事》曰:“古无纸故用简,非主于敬也。今诸用简者皆以黄纸代之。”

《太平御览》:〔宋〕李昉、扈蒙等奉敕编,有中华书局1960年影宋本,1985年、2000年重印,共四册。这是一部综合性类书,共分55部,征引书籍丰富,据马念祖《水经注等八种古籍引用书目汇编》统计,多达2800余种。陈垣指出:“《御览》采摭范围较广,每条皆著出处,便于引据,为校雠辑佚家所喜用。”①这些资料也有助于考察古代的文化观念。▲汤一介指出:《太平御览》“天部一”中对“元气”的解释,“引用了二十几种古书对它作了说明。从这些引用的材料我们不仅可以看到不同时期的著作对‘元气’涵义的不同解说,而且也表现了某些解释方法上的不同……对不同类书的编纂原则和方法加以分析研究,以及从中探索对名词概念的选择和解释,能否对中国的‘解释理论’的建立有一定意义?”②

《太平广记》:〔宋〕李昉等奉敕编,中华书局1961年出版,全10册。此书分类编录了汉至北宋初年的笔记小说,保存了大量古代小说的佚文,有重要的资料价值。▲鲁迅辑录《唐宋传奇集》就主要抄录自《太平广记》等书。中华书局1982年出版本编制了《太平广记索引》,分为“引书索引”和“篇名索引”两部分。▲其中有一类目为“狐”,以九卷篇幅辑录了83则故事,大部分出自唐人传奇或笔记。

《册府元龟》:〔宋〕王钦若、杨亿等奉敕编,现有中华书局1960年影印明刻本,1982年重印本12册,又有中华书局1989年出版的《宋本册府元龟》(四册本)。此书专门辑录上古至五代的历朝君臣事迹。所取材料以“正史”为主,间取经书、子书,不取小说。陈垣指出:“《册府》材料丰富,自上古至五代,按人事人物,分门编纂,凡一千

① 陈垣. 影印明本《册府元龟》序[J]. 北京师范大学学报,1959(4):1.

② 汤一介. 能否创建中国的“解释学”[M]//汤一介. 和而不同. 沈阳:辽宁人民出版社,2001:4.

一百余门，概括全部《十七史》。其所见史，又皆北宋以前古本，故可以校史，亦可以补史。”①▲周绍良有《〈册府元龟〉唐史资料辑录》，国家图书馆出版社 2011 年出版。

《玉海》：〔宋〕王应麟编，江苏古籍出版社、上海书店 1987 年影印出版，广陵书社 2003 年出版精装本（5 册）。此书多收录典章制度和祥瑞善事的文献。▲关于“祥瑞·动物·龙”的记载就有一卷。

《永乐大典》：〔明〕解缙、姚广孝等奉明成祖命编纂。此书是我国最大的一部类书，共有 22877 卷。目前仅存残本，中华书局 1960 年汇集 730 卷影印出版；此后出版《永乐大典》续印本 67 卷。1984 年中华书局将影印出版的 730 卷和 67 卷，共计 797 卷缩印为 16 开精装本。上海辞书出版社 2003 年将现藏于美国、日本、英国、爱尔兰等国的 17 卷《永乐大典》的复制件，影印出版。《永乐大典》的残本保存了大量宋金元人的诗词、戏文、笔记、方志等资料。可参见张忱石著《永乐大典史话》（中华书局 1986 年出版）附录的《现存〈永乐大典〉卷目表》和《永乐大典辑出的佚书书目》。“瀚堂典藏”数据库中收录了《永乐大典》部分残本。

《渊鉴类函》：〔清〕张英等奉敕编，中国书店 1985 年影印出版。此书在明代俞安期的《唐类函》的基础上增补而成，博采类书、史书、总集的资料，汇为一编。全书分为 45 部，每部分若干小类。小类的内容大致分为五项：一为释名、总论、沿革、缘起；二为典故；三为对偶；四为摘句；五为诗文，可用来查检古代的百科知识和词藻典故。

《子史精华》：〔清〕张廷玉等奉敕编，北京古籍出版社 1991 年影印上海同文书局本。此书专门辑录子部和史部的图书中的名言隽语，故名《子史精华》。全书共分为 30 部，每部又分为若干小类。每类都以大字标出精要词语，用双行小字注明出处，排列引文，可以检索史书和子书的典故。

《古今图书集成》：〔清〕陈梦雷原纂、蒋廷锡等重新编校。雍正四年（1727）用铜活字排印，上海中华书局 1934 年有缩小影印的铜活字本。又有中华书局、巴蜀书社 1985 年排印本，正文共 80 册，另附有索引一册、考证一册。此书是我国现存的最大的类书（其分部情况已见前述），所录内容多将原书整部、整篇、整段抄入，不加改动，并一一注明出处，完整保留了许多古代文献资料。此书多达 1 万卷，查检时要利用所附的索引一册（包括经纬目录、部名索引、图表索引、人物传记资料索引、职方典汇考索引、禽虫草木二典释名索引）。▲要了解中国古代的龙文化，此书“博物汇编·禽虫典”第 127—131 卷为“龙”部，全部是辑录自古籍的有关龙的资料，还附有四幅龙的版刻图（图 11-1）。

《古今图书集成续编初稿》（全 10 册）：杨家骆主编，台北鼎文书局 1987 年出版。

---

① 陈垣. 影印明本《册府元龟》序[J]. 北京师范大学学报，1959(4)：1.

图 11-1 《古今图书集成》图

此书对《古今图书集成》的岁功典、官常典、选举典、经籍典、食货典进行续补。▲经籍典续补了《明史 · 艺文志》《清史稿 · 艺文志》《通志 · 校雠略》《校雠通义》。

《古今图书集成医部全录》(点校本,上下):人民卫生出版社 1991 年出版。

除了上述官修的大型类书,还有文人私修类书、民间日用类书等。例如:

《俚俗集》:清代福申辑,书目文献出版社 1993 年出版。此书是专门辑录古代民俗资料的类书。

《四库全书总目 · 子部 · 谱录类》分为:器物之属、饮馔之属、草木禽鱼之属,主要收录专门的谱录,实际上是分类的资料汇编。▲花谱中除了《御定广群芳谱》,还有文人所编写的梅花、菊花、海棠等多种花卉的谱录。商务印书馆 2019 年出版的《花谱:宋人花谱九种》,就以文津阁本《四库全书》为底本,以欧阳修的《洛阳牡丹记》为开篇,收录了《扬州芍药谱》《刘氏菊谱》《史氏菊谱》《范村梅谱》《范村菊谱》《百菊集谱》《金漳兰谱》《海棠谱》等九种花卉谱录,介绍了六种花卉。

(二)类书数据库

✲电子版《中华文明百科全书——古今图书集成》:深圳市科信源实业发展有限公司海南电子音像出版社出版。有标点全文版、无标点全本版(根据中华书局、巴蜀书社 1985 年排印本扫描)。据电子版统计,《古今图书集成》总字数有 1.6 亿。利用这一版本可以按照类书的汇编、典等分类进行逐层搜索,还可以输入任何关键词,对全书文字进行检索。▲输入关键词“编辑”二字,会显示符合搜寻条件的 71 篇。其中“理学汇编→经籍典→类书部→汇考”中收录:“《明野史纪闻》:成祖即位后,复命儒臣编辑各部类书。”这些记载有助于考察古代“编辑”图书的情况。搜寻结果标出了具体的卷、册、页数,可以选择标点本复制打印,还可以点击“版面影像”核对原书或拷贝。这比印刷版本更加便于检索,可以避免使用者不熟悉古代类书分类以及手工翻检难以详尽所造成的漏检资料等问题。其中许多难得的版刻图像资料也可以复制保存。但检索标点全文本后一定要核对原文,防止出现标点、文字等错误。

✲电子版《古今图书集成》:广西大学古籍整理研究所和广西金海湾电子音像出版社 1999 年联合推出。其中《古今图书集成索引》开发了多种“专题索引数据库”,具有强大的全文检索功能和文献“大数据”价值。▲“天灾索引数据库”可以检索和统计古代各种自然灾害的记录。

✲“瀚堂典藏”数据库的“子部集成”有“类书集成”,包括《初学记》《艺文类聚》《册府元龟》《太平御览》《渊鉴类涵》《古今图书集成》《佩文韵府》《永乐大典(残卷)》等官修类书,还有私人编纂的《三才图会》以及日用类书《居家必用事类全集》等,具有全文检索功能。关键是要了解类书的知识体系和分类方法,选择恰当的检索途径,以获取专题的文献资料。▲单独检索某一部类书,如《古今图书集成》,再选择其中“博物汇编 · 草木典 · 梅花艺文”,可以辑录历代的梅花诗、词、赋,其数量可观。▲在“类书集成”中选择相关的类书,如唐代的类书《艺文类聚》和《初学记》,再选择某一部类,如“梅”,加以比较,由此考察其中分类名目和文献来源的异同。▲还可以选择“类书集成”,对所收录的各种类书“全文”进行检索,输入某一个词语典故,如“葵藿”,根据其统计的相关记录数和标红的文字,打开原版面,加以阅读和梳理,就可以了解“葵藿倾阳”这一典故意象的出处、含义及大量用例。其中《佩文韵府》收录“葵藿倾阳”这一韵藻,引曹植《求通亲亲表》中“葵藿之倾叶,太阳虽不回光,然终向之者,诚也”句。曹植言“臣窃自比于葵藿”有特殊的寓意,并为后世文人所援引。

✲“搜韵——诗词门户网站”有“类书集成”栏目,收录《古今图书集成》《渊鉴类函》《艺文类聚》《广群芳谱》《骈字类编》《分类字锦》《佩文斋咏物诗选》等书,可以检索字词或浏览全书文本。

✲《永乐大典》数据库:利用国家图书馆出版社高清仿真影印的成果,首次集中发布包括国家图书馆在内的多家收藏机构所藏《永乐大典》的高清彩色图像,辅以图文对照、版式还原、全文数字检索等功能。“《永乐大典》高清影像数据库”(第一辑):收录国家图书馆馆藏 40 册《永乐大典》,可以在国家图书馆网站“数字资源”中查找“永乐大典”。

第二节 古代典章制度检索

古代的典章制度指历史上的制度法令,包括礼制、乐制、刑法制、兵制、选举制、职官制、赋税制等。检索古代的典章制度，对比较简单的知识，可以利用《辞源》《辞海》等辞书。▲《辞海》的"历史分册（中国古代史）"的"分类词目表"中就列有：历代官制、历代兵制、科举制度的类目。《辞源》中收录的古代词语更多，有专家举例说明："如果想了解和知晓中国科举制度的方方面面，诸如科目、级别、程序、方式等等，《辞源》收录的这些词语就是一个再好不过的向导。"①如果详细考察古代典章制度的资料，可以检索综合性类书的有关部类，例如《古今图书集成》的"经济汇编"列有选举、铨衡、食货、礼仪、乐律、戎政、祥刑、考工等典。此外，还可以利用我国古代专门汇集典章制度资料的工具书。

一、检索历代典章制度

我国专门汇集典章制度资料的工具书，被称为政书。政书按其内容可分为两类：一是通史体政书，记载几个朝代的典章制度，如《通典》《通志》《文献通考》等；一类是断代体政书，记载一个朝代的典章制度，如各种"会要""会典"等。▲《四库全书》史部・政书类有"通制之属"，收录《通典》《续通典》《文献通考》《唐会要》等书。

政书也采用分门别类的体例汇集文献资料，但政书收录的内容主要是历代或某一朝代的政治、经济、军事、文化等制度沿革方面的史料，不像类书那样包罗万象。政书的编辑体例还借鉴了纪传体正史中志书的方式，先选择若干主题，按照逻辑顺序排列文献资料，并注明出处；有的附有序言、按语等，通过这些编辑体例来表达编纂者对所收录的原始文献资料的概括和分析。

我国检索历代典章制度的政书主要有所谓"十通"，其中《通典》《通志》《文献通考》，简称"三通"。商务印书馆 1935 年至 1937 年影印出版了"十通"，浙江古籍出版社 1987 年重新影印。

《通典》：〔唐〕杜佑撰。这是我国现存最早的政书，也是检索唐代天宝以前典章制度的重要资料书。时间范围起自上古，终于唐代天宝末年。全书共有食货典、选举典、职官典、礼典、乐典、兵刑典、州郡典、边防典八门，每一门再分为若干子目。

《通志》（全 3 册）：〔宋〕郑樵撰。此书是纪传体的通史，起自上古，终于唐代。其中专门记载典章制度沿革和文化艺术发展情况的部分是"二十略"：氏族略、六书略、七音略、天文略、地理略、都邑略、礼略、谥略、器服略、乐略、职官略、选举略、刑法略、食货略、艺文略、校雠略、图谱略、金石略、灾祥略、昆虫草木略。

《文献通考》：〔元〕马端临撰。此书在杜佑《通典》基础上加以增补，补充宋代的

① 董琨.《辞源》：通往中国古代文化彼岸的津梁[N]. 中华读书报，2017-09-20(15).

史料较多,《四库全书总目》评其"所载宋制最详,多《宋史》各志所未备"。

"三通"的续作有清代乾隆年间官修的《续通典》(续杜佑《通典》)、《清朝通典》、《续通志》(续郑樵《通志》)、《清朝通志》、《续文献通考》(续马端临《文献通考》)、《清朝文献通考》。以上九种书合称为"九通"。此外还有《清朝续文献通考》(刘锦藻撰),该书上接官修的《清朝文献通考》,起自乾隆五十一年,止于宣统三年,保存了晚清的大量资料。

上述十种书合称为"十通"。检索"十通",可利用每一种政书的分类。▲马端临《文献通考》中"钱币考"部分介绍了"历代钱币之制"的资料,其中记载了我国最早的纸币"交子"印制的情况。综合检索"十通"的资料,可以利用《十通索引》(商务印书馆 1937 年编印),其包括"十通四角号码检字索引"和"十通分类索引"。浙江古籍出版社 2000 年出版《十通》及《十通索引》。

✲电子版《〈十通〉全文检索系统》:北京书同文数字化技术公司开发,包括光盘版和网络数据库,检索全书更加方便。

✲"瀚堂典藏"数据库:其中"史部集成 · 职官政书"类,收录传统史部分类的职官和政书两类,收集历代政治、经济和法治类的图书文献。▲输入"拾遗",可以检索到:"唐 · 蒋偕 · 李相国论事集(指海第八集) · 卷二 · 论白居易事",李相国即李绛,其中记载:"上召学士于三殿对奏,论政事。拾遗白居易言事抗直,曰'陛下错'。"这条史料有助于了解白居易任拾遗时的政治环境。

二、检索断代典章制度

(一)历代史志

检索断代的典章制度,要利用历代各史的"志"和"补志"。《史记》创立了礼书、乐书、律书、历书、天官书、封禅书、河渠书、平准书等八书。《汉书》改书为志,编有八志。此后多种正史都有专记典章制度的"志";有的正史没有"志",清代以来学者为其作了"补志"。这些补作集中收录在开明书店所辑印的《二十五史补编》一书。

史志的内容是十分广泛的,关于二十四史和《清史稿》中的"志"书,可以利用"二十五史全文阅读检索系统(网络版)"检索。

这些志书按照分类汇集起来,便成为专题资料汇编。商务印书馆 1938 年出版了《历代刑法志》(丘汉平编,群众出版社 1962 年有翻印本),中华书局 1975 年编印了《历代天文律历等志汇编》,农业出版社 1984 年起分册出版了《历代食货志注释》。此外,还有《中国历代食货志汇编简注》(王子英等注释,中国财政出版社 1985 年出版)

等。检索食货志的索引有:《食货志十五种综合引得》(哈佛燕京学社引得编纂处编,上海古籍出版社 1986 年重印本)。

此外,综合各史志书资料而编辑的辞典有《二十六史大辞典 · 典章制度卷》:戴逸总主编,吉林人民出版社 1993 年出版。此卷分为礼制编、职官编、食货编、选举编、刑法编、兵制编、方域编、典籍编。每编先分列史书,再列词目,每一词条释文后标明参考史书的卷数。

《中国古代典章制度大辞典》:唐嘉弘主编,中州古籍出版社 1998 年出版,共分 19 个大类。

《清代典章制度辞典》:朱金甫等主编,中国人民大学出版社 2011 出版,包括清代典制的所有门类。

(二)历代会要

会要是专门记载某一朝代的典章史实的政书。中国古代最早出现的会要是唐代苏冕所撰《会要》。以后历代官修和私撰的会要不断出现,还有人为唐代以前的各朝代补撰了会要,到清代时有关春秋至明的历代会要基本齐备。

《春秋会要》:〔清〕姚彦渠著,中华书局 1955 年点校出版。全书 4 卷,分为列国世系、吉礼、凶礼、军礼、宾礼、嘉礼 6 门,记载了 98 件事。有王贵民、杨志清编著的增补本,中华书局 2009 年出版。

《七国考》:〔明〕董说著,商务印书馆《丛书集成》本,中华书局 1956 年点校出版。此书从《战国策》《史记》和先秦诸子及杂史中广泛辑录战国时期七国的典章制度。《七国考订补》:缪文远订补,上海古籍出版社 1987 年出版。

《秦会要订补》:〔清〕孙楷编,近代徐复订补,中华书局 1959 年修订本。上海古籍出版社 2004 年出版《历代会要丛书》,包括杨善群校补本《秦会要》。

《西汉会要》:〔宋〕徐天麟撰,上海人民出版社 1976 年点校出版。

《东汉会要》:〔宋〕徐天麟撰,上海古籍出版社 2006 年点校出版。

《三国会要》:〔清〕钱仪吉著,上海古籍出版社 1991 年出版。

《稿本晋会要》:汪兆镛撰,书目文献出版社 1988 年影印出版。

《南朝宋会要》《南朝齐会要》《南朝梁会要》《南朝陈会要》:〔清〕朱铭盘撰,上海古籍出版社 1984 年至 1986 年点校出版。这四种会要的原名为《宋齐梁陈会要》,为了与五代梁朝和赵宋王朝区别,特将原书分成四册出版。

《唐会要》(全 2 册):〔宋〕王溥撰,上海古籍出版社 1991 年出版。

《五代会要》:〔宋〕王溥撰,上海古籍出版社 1978 年点校出版。

《宋会要辑稿》(全 16 册):〔清〕徐松辑,刘琳等点校本,上海古籍出版社 2014 年出版。此书是宋代几种会要的辑佚本,许多资料为《宋史》各志所无。

《明会要》(全2册):〔清〕龙文彬撰,中华书局1956年点校出版,又有1998年版。

会要有的编成于史志之前,保存了大量史料;有的编成于史志之后,所辑录的资料多出于史书,或兼取当时的实录以及杂史等,因此可以和历代的史志相互补充。会要也是按类编排资料的,▲《西汉会要》分为:帝系、礼、乐、舆服、学校、运历、祥异、职官、选举、民政、食货、兵、刑法、方域、蕃夷等15门,367目。要注释或理解司马迁《报任安书》中所言"家贫,货赂不足以自赎"这句话,可以查《西汉会要》"刑法"类,其中有"赎罪"一目,可以找到有关的资料。就是说,要根据问题,选择不同朝代的会要,分类检索。

其他有关历代典章制度的书还有多种,例如:

《春秋大事表》:〔清〕顾栋高辑,吴树平、李解民点校,中华书局1993年出版。其中包括"春秋列国官制表"。

《唐六典》:唐玄宗时官修,中华书局1985年影印出版。

《元典章》:元代官修,中华书局1957年出版,中国书店1982年重印。

《明会典》:明代官修,江苏广陵古籍刻印社1989年重印。

《明实录类纂·涉外史料卷》:李国祥主编,武汉出版社1991年出版。

《清实录》(全60册):全称《大清历朝实录》,是清代历朝官修史料的汇编,中华书局1986年出版。

《两汉行政史手册》:黄绶撰,中州古籍出版社1990年出版。

三、检索历代职官沿革

古代官制是古代典章制度的重要组成部分。如果不认真核查,在古籍校勘时会出现错误。▲《职官别名宜慎用》一文举例说明:"希望学术界、出版界和报刊编辑能携手合作,共同重视掌握职官别名这把钥匙,尽力遏止职官别名误释且积重难返的趋势。"[①]▲有编辑谈到审读通俗文史书稿时,"一定要留神作者所写的官职是不是该人物所处朝代的,这也很容易出现错误。如汉代是没有兵部尚书的,唐代是没有知县的,清代是没有巡阅使的"。[②]

上述的"十通"、正史中的《职官志》以及类书、政书、会要等,都有关于职官的部类,记载了历代官制的情况。此外,还有专门记载历代官制沿革、职官的隶属和执掌的工具书。

---

① 龚延明.职官别名宜慎用[N].光明日报,2000-03-17:历史周刊版.

② 胡宝亮.编辑怎样发现通俗文史图书中的错误[N].新华书目报,2017-09-21(7).

(一)历代职官表

《历代职官表》:〔清〕黄本骥编,中华书局上海编辑所整理,中华书局 1965 年出版,上海古籍出版社 1980 年新 1 版。此书是清代官修的《历代职官表》的缩编本,中华书局加以校勘整理,并改进了表格的排列方法。共有 67 个表格,每表的第一栏为清代某一职官的名称,其余若干栏为历代职官的不同名称。以清代职官为纲,追溯“今之某官即前代某官”。虽然可以一目了然历代职官名称的沿革,但也有牵强比附的情况。书前有瞿蜕园撰写的《历代官制概述》,综述历代官制的概况及沿革情况。书后有瞿蜕园撰写的《历代职官简释》,对历代职官表中所列的官名加以注释。书末附有“历代职官表及简释综合索引”。

《历代官制、兵制、科举制表释》:臧云浦等著,江苏古籍出版社 1987 年出版。此书共有三部分:简述部分叙述先秦至清代的官制;表解部分列有历代官制的 49 种简表;名词简释部分对历代官制、兵制、科举制度的有关名词作简要解释。

《中国历代官制简表》:卫文选编,山西人民出版社 1987 年出版。

检索清代的职官,有多种工具书,例如,《清代国家机关考略》:张德泽编著,中国人民大学出版社 1981 年出版。此书分为三编:第一编中央机关;第二编地方机关;第三编清季国家机关之改革。

《清代职官年表》:钱实甫编,中华书局 1980 年出版。包括从中央到地方的重要职官年表 49 种,书后附录有《人名录》等。

《清代六部成语词典》:李鹏年等编著,天津人民出版社 1990 年出版。此书收录清代中央吏、户、礼、兵、刑、工六部常用的名词术语 2500 余条。

查检辛亥革命以后的职官,可利用下列工具书。《民国职官年表》:刘寿林等编,中华书局 1995 年出版,包括了 1912 年 1 月至 1949 年 10 月整个民国时期的中央和地方政府的重要职官。

《中华民国时期军政职官志》:郭卿友主编,甘肃人民出版社 1990 年出版。

《中华民国国民政府军政职官人物志》:刘国铭编,春秋出版社 1987 年出版。附有《中华民国时期军政机构建制年表》。

(二)官制词典

综合性的官制词典也可以检索历代职官。这类词典是以词目形式编辑的,与资料汇编不同,为方便查检,附录于此。

《中国历代官制词典》:徐连达主编,安徽教育出版社 1991 年出版。所收词目上起传说时代,下迄清末,共 12270 多条。内容包括职官、机构及其别称、省称、合称、俗称等,兼及职官的选拔、任用、考核、监察、升降、赏罚、待遇、俸禄等制度。

《中国历代官制大辞典》(修订版):吕宗力主编,商务印书馆 2015 年出版。此书收录 20000 多词条,内容涉及中国历代职官制度废置沿革等方面。

《简明古代职官辞典》:孙永都、孟昭星编,书目文献出版社 1987 年出版。此书收录词目止于清末。

《中国近代官制词典》:邱远猷主编,书目文献出版社 1991 年出版。此书包括五个部分:清政府的官制、军制、科举制度;太平天国的官制、军制、科举制度;南京临时政府、护国军政府、护法军政府的官制、军制、选官制度;北洋军阀政府的官制、军制、选官制度;各地各民族人民起义或各种起事中的官制以及其他机构和有关称谓。此书与《简明古代职官辞典》时代衔接,可参照使用。

《中国官制大辞典》:俞鹿年编著,黑龙江人民出版社 1992 年出版。此书收词目 13600 多条,起自原始社会末期至中华人民共和国建国前。正文分为官制起源、皇帝与皇室机构、中枢机构、中央行政各部门、地方行政机构、司法与监察机构、军事机构、职官考选制度、职官管理制度 9 大部分编制。

《中国历代职官别名大辞典》(增订本):龚延明著,中华书局 2019 年出版。内容包括中国历代王朝国家管理机构正式官名的各种别称,收录近万条。

《中国古代官制译名简明手册》(汉英、英汉):林金水、邹萍编,上海辞书出版社 2005 年出版。

第三节　现当代制度法令检索

一、检索专题资料汇编

关于现当代政治制度的工具书有多种,例如:

《中外政治制度大辞典》:杨逢春主编,人民日报出版社 1994 年出版。内容包括宪政制度、议会制度、元首制度、政党制度、司法监察制度、政府制度等,共收词近 9000 条。

《中华人民共和国史通鉴》(1949—1992):有林、郑新立等主编,红旗出版社 1993 年出版。此书比较系统地收录了包括典章制度在内的许多方面的资料。

法规资料主要是由政府职能部门制定的各种法律、法令等文件的汇编,一般按年代编辑,或者分类编辑。条约是国家之间的有关协议,有公约、议定书等。我国的法规条约资料数量很多,有综合性的,也有专门性的。下面仅举例介绍几种综合性的法规条约资料汇编。

《民国法规集成》：蔡鸿源主编，黄山书社 1999 年出版。此书收录了 1911 年至 1949 年政府发布的法规等，影印出版。

《中华人民共和国法规汇编(2010 年 1 月至 12 月)》：国务院法制办公室编，中国法制出版社 2011 年出版。此书逐年编辑出版，每年一册，收集当年全国人民代表大会及其常务委员会通过的法律和有关法律问题的决定，国务院公布的行政法规和法规性文件，还选收国务院部门公布的规章。

《新编中华人民共和国常用法律法规全书》(2021 年版)：司法部编，中国法制出版社 2021 年出版。至今已经更新至第 29 版，收录 2020 年 11 月以前颁布的常用现行有效的法律及行政法规共 278 件。

《中外旧约章汇编》(全 3 册)：王铁崖编，生活·读书·新知三联书店 1957 年至 1962 年出版，1982 年重印。此书收录了 1689 年至 1949 年间中国和外国签订的各种条约、协定、章程、合同等 1200 多件。

《中外旧约辞典》：伍杰主编，青岛出版社 1992 年出版。此书收集了 1689 年 9 月至 1949 年 9 月的条约、协议，每个词条简明反映该条约、协议的主要内容。

二、检索专题数据库

有关中华人民共和国政治制度的各方面资料，可以利用中央政府的网站和专题数据库。

✲"国家法律法规数据库"网站(https://flk.npc.gov.cn/)：全国人大常委会办公厅版权所有。栏目有宪法、法律、行政法规、监察法规、司法解释、地方性法规。

✲《中国法律法规大典数据光盘》：全国人大常委会法制工作委员会办公室审定(2000)版，北京大学出版社 2000 年出版。此数据库包括使用手册和 2 张光盘，汇集了 1949 年至 2000 年 5 月中国颁布的法律法规及其规章 65000 多件。

✲万方"中国法律法规全文库"：由十多个子库构成，包括国家法律、行政法规、司法解释、部门规章、合同范本、法院公报案例、仲裁裁决案例、法院裁判文书、法律文书样式、港澳台法律法规、国际条约、外国法律、地方法规等，可以分别检索子库，也可以跨库检索。

✲中国知网的"中国法律知识资源总库"有案例库、法律法规库，可以综合检索中国知网期刊、报纸等子库中有关法律的信息。▲在案例库输入"辞海"，有多篇文章涉及《辞海》的诉讼案。其中一篇报道法律判决结果：《辞海》盗版商被判巨额赔偿。内容包括：【审理法院】上海市第二中级人民法院。【案由】著作权纠纷；侵犯著作权罪。

【原告】辞海编辑委员会;上海辞书出版社。【被告】李渭渭;哈翎;陕西省汉中印刷厂。【裁判日期】2003-03-25。【涉及领域】著作权。【关键词】著作权;侵犯著作权罪。

✲中国知网的"中国政报公报期刊文献总库":收录中央及地方的政报、公报、公告和文告类期刊215种,内容不断增加。

✲"北大法宝"法律信息数据库:北京大学法制信息中心与北京北大英华科技有限公司联合推出的智能型法律信息数据库。该库包括多个子库,举例如下。

法律法规数据库:自1949年起至今的法律法规,收录中央及地方各类法规文件80余万篇。数据每日更新。内容包括中央司法解释、地方法律规章、合同与文书范文、港澳台法律法规、中外条约、外国法律法规、法律动态、立法背景资料等,满足一站式查询法律法规的需求。

司法案例数据库:收录大陆地区各法院裁判文书、案例报道。数据每日更新。

法学期刊数据库:收录国内核心法学期刊、集刊、英文期刊等117种,共16.7万篇法学文章及评论。数据每月更新。

英文译本数据库:收录法规、案例、法律新闻、法学期刊、税收协定、白皮书等文件及国家公报目录的英文译本。平均每周更新最新翻译文件20篇,最新法规文件出台3—7个工作日可上传其英文译本。所有英文译本均与中文法律文本相对照,可同时同步进行中英文双版本浏览。

专题参考检索系统:涵盖裁判标准、实务专题、法学文献、法律年鉴、法学教程等。

三、检索机构简况

改革开放以来,为适应经济文化交流的需要,各种机构名录大量出版。这类工具书有很强的时效性,一般需要不断修订、补充。有的机构名录开始采用光盘、网络数据库形式出版,便于不断更新。

(一)专题名录

主要有国家政府机构名录、经济机构名录、文化机构名录、教育机构名录、国际组织名录等。

《中国政府机构名录》:本书编辑部编,新华出版社不定期更新出版。2004/2005版分为中央卷和地方一至五卷,共六卷。此版内容包括机构的名称、地址、邮编、电话、传真、Email、负责人姓名,以及司局(厅)级以上单位的主要职能。

《近代外国在华文化机构综录》:郭卫东主编,上海人民出版社1993年出版。

《国际组织通览》:饶戈平、张献主编,世界知识出版社2004年出版。收录比较重要且网站建设完备的5730余个组织，翻译整理，分为6大类27个专题，基本涵盖了各领域的不同专业。

《各国国家机构手册(修订本)》:新华社国际部国际资料编辑室编，中国对外翻译出版社1993年出版。

《国际传播组织通览》:仪名海主编，新华出版社2011年出版。此书全面系统概述国际传播组织，包括阿拉伯国家广播联盟、博物馆资讯交换联盟、电视与广播博物馆国际理事会等。

《国外人文社会科学机构手册》:中国社会科学院文献信息中心研究部编，社会科学文献出版社2007年出版，收录了148个国家(除中国外)的4518个人文社会研究机构。

《中国授予博士、硕士学位和培养研究生的学科、专业总览》:国务院学位委员会办公室编著，高等教育出版社1996年出版，2018年更新。

(二)专门辞典

《中国现代社团辞典1919—1949》:章绍嗣主编，湖北人民出版社1994年出版。

《中国社会团体大辞典》:范宝俊主编，警官教育出版社1995年出版。此书收录的词目包括如下几类:有关名词术语、有关学科行业、若干党派社会活动简介、有关文献、社团业务主管部门简介、近现代国内及海外华人社会团体、世界(国际性)社会团体、国内民主党派社团有关人物简介、部分国内社团出版物简介、当代全国性社团、跨省区社团、当代地方性社团等。其中关于社团的词目著录社团成立的年代、机构设置、会址所在、通讯地址、邮编、电话、电传等，具有机构名录的性质，所使用的资料一般截止于1993年12月底。

《中国社会团体组织大全》(全3卷):本书编写组编，专利文献出版社1998年出版。此书介绍了中国(含港、澳、台及海外华侨社团)2万多个最具代表性的社会团体组织的各方面信息。

《中国图书馆大全》(上中下):中国图书馆协会主编，中国标准出版社2002年出版，收集了全国大中型各级各类图书馆和情报机构等12223家。

《中国高等学校图书馆大全》:教育部高等学校图书情报工作指导委员会编，中国画报出版社2011年出版。此书全面介绍了2000多所高校图书馆的基本情况，包括普通高校、独立学院、成人高校、军事院校图书馆。

《中国博物馆志》:中国博物馆学会编，华夏出版社1995年出版。此书收入正式向社会开放的全国各省市自治区、各个管理系统的各种类型博物馆，具有博物馆功能的各种类型的纪念馆、文物保护单位、科学馆、民族宫、植物园、动物园和国家正式公布的自然保护区。按行政区划顺序编排,包括台湾、香港、澳门地区。

(三)数字资源

由于机构名录的信息在不断变更,印刷版本难免滞后或过时。目前检索最新机构名录信息,可以搜索相关机构的网站、政府部门网站等,或者利用电子数据库。

✲万方数据的“中国机构数据库”:包括中国企业、公司及产品数据库,中国科研机构数据库、中国科技信息机构数据库、中国中高等教育机构数据库等,不定期更新。

✲新华社多媒体数据库(2021 年 2 月改为“新华全媒新闻服务平台”):有“公司企业库”:按高管信息、公司动态、市场评论、业绩报告公告、背景资料及行业进行分类;收集了中国和部分外国上市和非上市企业的基本情况,包括领导人、企业性质、通信地址等,内容随时更新。还有《组织机构库》,分为中国组织机构库和国际组织机构库两个子库,系统收集了中国和世界 100 多个国家(地区)的政府机构、政党、社会团体及联合国等国际组织的基本情况和领导人名单,内容随时更新。

第四节　专题资料汇编检索

专题资料汇编是学术研究的工具。以前采用工具书形式编辑出版,目前开发的专题数据库成为数字人文研究的资源平台,数量不断增加。

一、检索教学科研资料汇编

教学科研资料汇编具有很强的学科专业特点,一般按学科分类或按研究专题(包括专书、专人等)分类汇集有关的资料。有的辑录自古籍,例如《清实录经济资料辑要》(南开大学历史系编,中华书局 1959 年出版)辑录自《大清历朝实录》;有的节选自报刊、专著等。其主要为教学和科研专业人员提供文献信息,各个学科都有,数量很多。

(一)历史学科资料

《世界通史资料选辑》(近代部分上下):周一良等主编,商务印书馆 1983 年再版本。

《中国近代史资料概述》:陈恭禄著,中华书局 1982 年出版。

《中华民国史档案资料汇编》:中国第二历史档案馆编,江苏古籍出版社 1994 年出版。此书共有五辑,每一辑有数编。

《民国史料丛刊》,张研、孙燕京主编,大象出版社 2009 年出版。此书收录民国纸质文本 2194 种,合编 1128 册。又有《民国史料丛刊续编》,选编资料 2268 种,合成 1140 册,2012 年出版。均以政治、经济、社会、史地、文教分类,各附总目提要。

《中国书院史资料》(上中下):陈谷嘉、邓洪波主编,浙江教育出版社 1998 年出版。

《中国近代教育史资料汇编(全 10 卷)》:陈元晖主编,上海教育出版社 2007 年出版。此丛书自 1984 年鸦片战争起至 1919 年五四运动前夕为止,辑录各个历史时期的重要教育史料,分为学制演变、普通教育、高等教育、实业和师范教育、教育行政机构与教育团体、教育思想、留学教育等分册。

《近代中国史料丛刊》《近代中国史料丛刊续编》《近代中国史料丛刊第三编》:沈云龙主编,台北文海出版社有限公司 1966 年起陆续印行,共 288 辑 3000 余册。所收文献从清末至民国,包括清宫档案、奏疏、政书、人物年谱、笔记、日记、诗文集、民国政府资料等。

《中国哲学史教学资料选编》:北京大学哲学系中国哲学史教研室编,中华书局 1981 年出版。

《中国政治制度史教学参考资料》:柏桦主编,中国人民大学出版社 2007 年出版。

《中西交通史料汇编》(全 4 册):张星烺编注、朱杰勤校订,中华书局 2003 年出版。此书从中外文 42 种史籍中辑录了大量有关中外关系史的资料。

《民国文献资料汇编:近代国学文献汇编》:桑兵、关晓红主编,国家图书馆出版社 2019 年出版第一辑(全 20 册)、第二辑(全 20 册),各收录有关“国学”的著作近百种;2021 年出版第三辑(全 30 册)、第四辑(全 20 册),各收录近代以来国学期刊近百种。

✻《近代史资料》:中国社会科学院近代史研究所近代史资料编辑部编,2006 年创刊,知识产权出版社出版。收录 1840 年至 1949 年间中国近代各方面史料,包括档案、函电、日记、著述稿本、回忆录、访问记、调查报告、照片、拓片等,以及年表、统计表、资料考证等著作和外文资料的译文等。2021 年已经在“抗战文献数据库平台”上线前 100 期。

(二)语言文学资料

各学科的各种资料汇编,一般分研究专题来编纂,可以通过专业性书目来了解。下面仅略举中国语言文学方面的部分资料汇编为例。

《中国古文字大系 · 甲骨文献集成》(40 册):中国社会科学院历史研究所先秦史研究室编纂,四川大学出版社 2001 年出版。全书分为甲骨文考释、甲骨研究、专题分论、西周甲骨文及其他、综合类五大类，每大类之下，再分小类。所收论著约 2500 种，用科技含量很高的现代影印技术保存了文稿版本原貌，可以称为甲骨文及其研究集成。

※《中国历代石刻史料汇编》全文检索软件：北京书同文数字化技术有限公司出品。编辑者从现在的千余种金石志书中，辑录了 15000 余篇石刻文献，并附有历代金石家撰写的考释文字。收录年代从秦砖汉瓦到碑文墓志，内容涵盖中国古代政治、经济、军事、民族、宗教、文学、科技、民俗、教育、地理等方面。

《古汉语语法学资料汇编》：郑奠、麦梅翘编，中华书局 1981 年第 3 版。此书汇编了《马氏文通》问世以前的语法研究资料。

《古汉语修辞学资料汇编》：郑奠、谭全基编，商务印书馆 1980 年出版。

《二十四史侠客资料汇编》：龚鹏程，林保淳编，台湾学生书局 1995 年出版。

《〈西游记〉资料汇编》：朱一玄等编，中州书画社 1983 年出版。

《三国演义资料汇编》：朱一玄、刘毓忱编，百花文艺出版社 1983 年出版。

《三言两拍资料》：谭正璧编写，上海古籍出版社 1980 年出版。

《中国现代文学运动史料摘编》：陈寿立编，北京出版社 1985 年出版。

《二十世纪中国小说理论资料（1897—1976）》（5 卷）：陈平原、夏晓虹编，北京大学出版社 1997 年出版。

《中国当代文学批评史料编年》（全 12 卷）：吴俊主编，华东师范大学出版社 2017 年出版。

《近代戏剧史研究资料汇编》（全 38 册）：马昕编，广陵书社 2019 年出版。

《西方美学史资料选编》（上下）：马奇主编，上海人民出版社 1987 年出版。

有的资料汇编以丛书形式，分卷出版，形成了比较完整的系列。例如：

《古典文学研究资料汇编》：中华书局自 1962 年起陆续出版，收录历代对中国古典文学作家、流派、作品的评论、疏证、考据资料等。目前出版了百余册资料汇编，包括三曹、陶渊明、王维、李白、杜甫、柳宗元、白居易、韩愈、李商隐、元稹、李贺、李清照、苏轼、黄庭坚和江西诗派、陆游、杨万里、范成大、元好问、红楼梦、世说新语等卷。

《中国现代文学史资料汇编》：陈荒煤主编，分甲乙丙三套丛书。甲种为《中国现代文学运动、论争、社团资料丛书》；乙种为《中国现代作家作品研究资料丛书》，为 170 余种作家作品研究资料专集。丙种为《中国现代文学书刊资料丛书》，包括文学期刊目录、主要报纸文艺副刊目录、文学总书目、文学作者笔名录等。中国社会科学出版社等多家出版社 1982 年起陆续出版。

《中国当代文学研究资料》丛书：山东大学等三十多个单位协作编辑，福建人民出版社等 1981 年起分别陆续出版。此书收集中国当代文学史上有一定地位、在国内外有一定影响的100多位作家的研究专集和合集，如王愿坚、王蒙、巴金、茅盾、艾青、魏巍、茹志鹃等人的专集。

二、检索新型类书

今人编辑大型资料书，有的借鉴古代类书以类相从的编排方法，采用当代科学分类体系，分为若干专题或几级部类、子目，以摘录的形式汇集古今中外内容广泛的原始文献资料。这类资料书可以称为新型类书，例如：

《中国思想宝库》：姚鹏主编，中国广播电视出版社1990年出版。此书分为15个主题：论哲学和宗教、论伦理道德、论政治、论行政、论法律、论经济科技、论军事、论社会、论民族、论历史、论文学、论艺术、论教育、论医学、论学术流派，汇集了民国以前中国著名哲学家、思想家、政治家、科学家、艺术家、经济学家和宗教思想家的有代表性的论著中的有关资料。每一主题又分为若干小类，每类又分为若干细目。每一细目下选录的有关资料都注明作者、书名。此书按照主题分类编排、逐级标目的体例，代表了新编资料书（或称类书）的特点。

《东方思想宝库》（全35册）：姚鹏等主编，中国广播电视出版社1990年出版。此书与《中国思想宝库》编排体例相同，所收录的资料有的是国内以前从未有过翻译和介绍的。

《西方思想宝库》：[美]莫特玛·阿德勒、查尔斯·范多伦编，周汉林等译，中国广播电视出版社1991年出版全译本。编者在“前言”中称这种书为“语录式辞书”，全书分为20大类，每类又分若干小类。▲“2. 家庭：家庭的建立、父母与子女、婚姻”。

《中国历代文献精粹大典》：门岿主编，学苑出版社1990年出版。此书分为政事、文艺、科技、经史、人物五卷，每卷分若干类、若干目、若干条。分类精选辛亥革命以前中国历代有代表性的及对今天有应用价值的文献资料。每条征引原始资料，注明出处；有的资料列有简单评语，揭示其价值和意义。

《中华大典》：本书编纂委员会编纂，共158册，多家出版社1999—2018年出版。此书是对汉文古籍进行分类整理和汇编总结的新型类书。上自先秦，下讫辛亥革命，共收各种汉文古籍3万余种，分为24个典：哲学、宗教、政治、军事、经济、法律、教育、语言文字、文学、艺术、历史、历史地理、民俗、数学、物理化学、天文、地学、生物学、医药卫生、农业、林业、工业、交通运输、文献目录。典下面以分典、总部、部、分部分级，以内容分类编排资料。

《中华思想宝库》：吴枫主编，吉林人民出版社1990年出版。此书分为三个部分，25篇。人伦部分（包括论人、修身、人伦、道德、家庭、世风等篇）；治世部分（包括论政治、治道、君道、吏道、战争、民族、中外关系及西学等篇);人文部分(包括文学、历史、哲学、宗教、经济、教育、法学、儒学学术、文艺、科技、人物、典籍等篇)。分门别类收录先秦至清末年间著名人物的思想文献资料,包括1000多种典籍。所引资料注明版本、页数。

《中国现代思想宝库》:吴枫、杜文君主编,吉林人民出版社1991年出版。此书分为社会、政治、经济、文化四个部分,33篇,250多个类目。分类选录1200多种图书、近300多种刊物、1000多位著名人物的言论。附录有征引资料人名、笔名目录、文献目录及报刊目录。

《中华民族优秀传统汇典》:门岿主编,天津社会科学院出版社1991年出版。此书汇集了有关中华民族优秀传统的文献资料,分为爱国、勤劳、智慧、勇敢、重德、革命六编。每编又分为若干类、若干条、若干目。取材包括古代典籍、近现代文献,国外有关评述也适当收录。

《中国传统道德》:国家教育委员会组织编写,中国人民大学出版社1995年出版。此书是一套大型的中国传统伦理道德思想的文献资料库,收录从孔子到孙中山关于传统美德的有代表性的经典规范、事迹和言论,共分为规范卷、德行卷、教育修养卷、理论卷、名言卷五卷。每卷分类摘录资料,并简单注释。另编有简编本一册。

《二十世纪思想宝库》:本书编委会编,中国广播电视出版社1993年出版。此书分为30个专题,辑录了有关文献的著名论点和重要学说。

《人类智慧宝库》:本书编委会编,改革出版社1992年出版。此书分为“中国智慧卷”和“西方智慧卷”,从中外历史上各种著名人物的著作中辑录有关智慧的文献资料。

《人道主义思想论库》:罗国杰主编,华夏出版社1993年出版。此书分为马克思主义经典作家论人道主义、苏联东欧思想家论人道主义、西方思想家论人道主义、中国思想家论人道主义、东方思想家论人道主义五部分。

三、检索图像资料

图像是重要的史料,“图像证史”引起了学者的关注。检索图像资料,主要利用图录。图录是图像资料的汇编,以实物图像的有序编排和简单说明来展示有关知识。图录可以供人们查检各种图像资料,了解有关图像的知识和历史,也可以为编辑出版“读图”书籍提供资源。

(一)古籍图像资料

《三才图会》:〔明〕王圻、王思义编纂。上海古籍出版社1988年据明万历王忠义

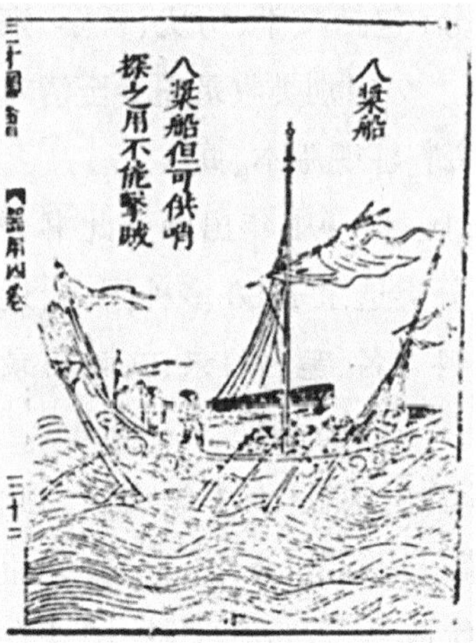

图 11-2 《三才图会》图

校正本影印出版。此书共 106 卷，分为天文、地理、人物、时令、宫室、器用、身体、衣服、人事、仪制、珍宝、文史、鸟兽、草木 14 大类。每一事物，先列图像，再加说明，提供了一般类书少见的图像资料（图像、图表、地图）。▲图 11-2“八桨船”来自《三才图会》器用四卷。

《四库全书名物珍奇大图典》：本书编委会编，警官教育出版社 1993 年出版。此书汇集了《四库全书》中的名物珍奇图像，分为古今刀剑图录、历代古图汇编、鼎录、诸器图说、奇器图说、文房四谱、砚谱、墨经、香谱、石谱、茶经图、酒谱、糖谱、群芳谱、禽谱、鱼谱、蟹谱等类。

《四库全书图典》（全 12 册）：王皓编，商务印书馆 2017 年出版。以文津阁本《四库全书》为底本，从中筛选出手绘插图 20593 幅，按原书顺序编排，包含易象、天文、数学、植物、器物、肖像、服饰、纹样、山水、方志、建筑、诗词、戏曲、农耕、水利、日常生活等各个领域。

《古今图书集成图集》：齐鲁书社 2006 年编辑出版。此书以铜活字本《钦定古今图书集成》为底本影印编纂，内容包括天文星象、疆域图记、山岳形势、神仙传奇、花草树木、禽虫鸟兽、青铜器皿、农桑水利、冠服配饰、乐律舞蹈、货币量具、仪仗礼器、城制苑囿、军阵战备、百家考工等。

（二）历史文化图录

图录类工具书主要有人物图录（见第八章第五节人物图像资料部分），还有地理图录、历史图录、文物图录、书法图录、艺术图录、书刊图录等类。图录所汇集的内容有百科性的，也有专题性的。利用图像资料，也要注意资料的来源，加以注释。

1. 历史类

《中国历史参考图谱》：郑振铎编，上海出版公司 1947—1951 年出版，书目文献出版社 1994 年出版。此书共计 24 辑，汇集了自上古至晚清的重要文化遗址、名人图像、墨迹、器物、文献，以及雕刻、书画、工艺品等图片，共 3000 多幅。

《中华古文明大图集》：陈高华等编著，人民日报出版社 1992 年出版。此书共 24 集，收录了近 4000 幅珍贵的图像资料，内容涉及华夏史前文明史、古人类考古史、汉学史、农业史、医学史、天文史、水利史、建筑史、商业史、交通史、战争史、民俗史、民族史以及禹贡、考工、治国、文渊、儒圣、风雅、艺苑等方面，并配有文字说明。

《中国古代史参考图录》:中国历史博物馆编,上海教育出版社 1989 年出版。此书选录古代历史文物和遗址照片 7000 余幅,内容包括各个历史时期的政治、经济、文化、民族,以及中外交流等,按朝代编排,共计 9 册。

《图片中国百年史》:张筱强等编著,山东画报出版社 1994 年出版。上卷为 1894—1949 年,下卷为 1949—1994 年,收录图片 2743 幅。

《中国抗日战争图志》(上中下):杨克林、曹红编著,(香港)天地图书有限公司、新大陆出版社有限公司 1992 年出版。

《美国国家档案馆馆藏中国抗战历史影像全集》(全 30 册):张宪文、杨天石总主编,化学工业出版社、军事科学出版社 2016 年联合出版。

2. **文化艺术类**

《中国历代纪年佛像图典》:金申编,文物出版社 1994 年出版。此书主要收录单尊有明确纪年的佛像,按时代顺序先后排列。

《中国古代书画图目》(20 册):中国古代书画鉴定组编,文物出版社 1986—2000 年出版。

《中国名画鉴赏辞典》:伍蠡甫主编,上海辞书出版社 1993 年出版。全书共收录历代名画 1000 余幅,鉴赏文章 746 篇。

《中国古代书法鉴赏辞典》:周绸主编,北京燕山出版社 1990 年出版。此书集历代甲骨、金文、碑碣、墓志、简牍、墨迹共 2400 余种,皆有精美图版。另附有赏析文字、鉴赏知识、书家小传、书法等。

《中国书画文献索引》(上下):卢辅圣主编,上海书画出版社 2005 年出版。此书分为三部分:人名编涵盖《中国书画全书》中所有书画家及与书画文物活动有关者的姓名、字号、别名、谥号等;篇名编涵盖《中国书画全书》中有关的书画作品、诗文题跋、书学画学著述等;术语编涵盖《中国书画全书》中有关风格、技法、品评、流派等各种专业术语。

《中国碑拓鉴别图典》:仲威著,文物出版社 2010 年出版。此书鉴别先秦至唐宋著名碑刻的上千件知名拓本,配有 2000 余幅插图。

《中国文化史图鉴》:吴方撰文,齐吉祥配图,山西教育出版社 1992 年出版。此书内容涉及文化史的诸多侧面,选取各类文物图像加以参照说明。

《中国艺术史图集》:蒲松年主编,上海文艺出版社 2004 年出版。此书以图片为主体,以编年形式,介绍历代重要艺术家和代表性作品,勾画中国美术发展的轨迹。

《中国少数民族文化史图典》:王永强等主编,广西教育出版社 1999 年出版。全书按中国古今民族的主要聚居和活动区域划分,共 8 卷。

《中国民族民俗文物辞典》:宋兆麟、高可主编,山西人民出版社 2004 年出版。此书以文字表述为主,配有照片或插图 3733 幅。

《中国钱币大辞典》:本书编委会编,中华书局 2005 年出版。此书采取图文并重的方式,分为先秦、秦汉、魏晋南北朝隋、唐五代十国、宋辽西夏金、元明清、民国、考古、泉人著述、附录等编。

《中国古代器物大词典·器皿卷》:陆锡兴主编,河北教育出版社 2001 年出版。作者另有《中国古代器物大词典·兵器、刑具卷》,河北教育出版社 2004 年出版。二书对凡是能提供器形的词条,均附一至多幅插图。

《中国历代装饰美术大全》(上中下):许颖等主编,北京燕山出版社 1989 年出版。全书收录 3 万余幅图,分为 10 个部分。

《中国历代装饰纹样》:黄能馥、陈娟娟编著,中国旅游出版社 1999 年出版。

《中国传统吉祥文化图系》:黄全信主编,北京燕山出版社 1997 年出版。全书分为《中国五百名人图典》《中国五百仙佛图典》《中国五百吉祥图典》和《中国五百罗汉图典》四个分册。

《中国吉祥图案释义》(上下):丛惠珠等编,华夏出版社 2001 年出版。此书收录中国民间优秀吉祥图案 3000 余幅,还附录了有关文字资料,介绍民俗知识、民间传说。

《中国京剧服装图谱》:中国戏曲学院编著,北京工艺美术出版社 1992 年出版。

《西方艺术史图解辞典》:[英]珍妮·哈维兰编,北屋等译,上海人民美术出版社 1990 年出版。此书收录旧石器时代至现代的西方绘画、建筑、雕塑杰作,按照年代排列,分为 10 个时期,每一时期附有简明序言。

《东西方图形艺术象征词典》:[美]詹姆斯·霍尔著,韩巍等译,中国青年出版社 2000 年出版。此书包括抽象符号、动物、人工制品、大地和天空、人体和服饰以及植物六章,以绘画为主,附有详尽的文字解说。

(三)中国书刊图录资料

《中国版刻图录》(修订本,全 4 册):赵万里主编,北京图书馆编,文物出版社 2015 年出版。新版仍选书 550 种,图版 724 幅;并附说明,介绍该书版刻特点、版本鉴定的依据、雕版源流等。所有重要的图版都经重新拍摄、制版,精度超越从前。内容包括刻版、活字本、版画三个部分。

《中国版本文化丛书》:任继愈主编,江苏古籍出版社 2002 年出版。全书分为中国书源流、宋书、元本、明本、清刻本、少数民族古籍版本、稿本、佛经版本、家刻本、坊刻本、活字本、批校本、插图本、新文学版本等多种专册撰写,所介绍的书籍都有版本图像。

《清代版刻牌记图录》(全 14 册):国家图书馆古籍馆编,学苑出版社 2007 年出版。

《清代内府刻书图录》:翁连溪编著,北京出版社 2004 年出版。

《清代经学图鉴》:马文大、陈坚编著,国际文化出版公司 1998 年出版。此书收录经学家的画像、手迹及其代表作的书影。

《古本小说版画图录》(修订增补本):周心慧主编,学苑出版社 2000 年出版。

《宋元版刻图释》:陈坚、马文大撰集,学苑出版社 2000 年出版。

《中国古代戏曲版画集》:周心慧、王致军撰集,学苑出版社 2000 年出版。

《中国国家图书馆古籍藏书印选编》:国家图书馆古籍分馆编,线装书局 2004 年出版。

《欧洲冯氏藏中国古代版画丛刊》(全 100 册):翁连溪、刘禹主编,文物出版社 2020 年出版,收录瑞典人冯德保所收藏的中国古代图籍 140 部。此书有《欧洲冯氏藏中国古代版画丛刊图录》,收录 140 种图籍中有代表性的版画及内页,并依《丛刊》的分类分为 11 类:佛教类、道教类、耶教类、儒家经典类、工技农艺类、画谱谱录类、山水园林类、纪游类、传记类、文学故事类、其他,分别由中、英两国学者撰写双语提要。

《光绪老画刊——晚清社会的〈图画新闻〉》:刘精民收藏,中国文联出版社 2005 年出版。此书是宣统元年由上海时事报馆印行的新闻画刊合订本,以图文并茂的形式报道和记录了当时国内外朝野的要闻奇趣。

《民国画报汇编》:全国图书馆缩微文献复制中心 2007 年编辑出版,包括北京卷(66 册)、上海卷(100 册)、天津卷(40 册)、粤港卷(14 册)、综合卷(18 册)。

《民国时期漫画杂志汇编》(32 册):上海图书馆编,国家图书馆出版社 2020 年出版。

《民国时期连环图画总目》:王志庚编,国家图书馆出版社 2013 年出版。

《老上海电影画报》(全 40 册):沈芸编,天津古籍出版社 2015 年出版。

《近代中国稀见影像文献汇编》(全 20 册):韩丛耀主编,国家图书馆出版社 2023 年出版。

《良友忆旧——一家画报与一个时代》(插图本):马国亮著,三联书店 2002 年出版。此书精选《良友》画报中较具代表性的图片近 400 幅,与文字参照阅读,反映了当年的时事、政治、体育、电影、戏剧等社会侧面。

《创刊号风景》:谢其章编著,北京图书馆出版社 2003 年出版。此书收录民国旧杂志“创刊号”70 余种,采用一图一文或两图一文的形式。此作者又编著了《创刊号剪影》,北京图书馆出版社 2004 年出版。

《再见老广告》:由国庆编著,百花文艺出版社 2004 年出版,收录了大量老广告图像。

《中国近代广告文化》:赵琛著,吉林科学技术出版社 2001 年出版。此书收集了近代各种商品的广告作品的图像。

《近代上海小报图录(1897—1952)》:郭骥、黄薇主编,上海大学出版社 2018 年出版。此书简明介绍近代上海小报数十种,附有图片。

《二十世纪上海报刊娱乐版广告资料长编:1907—1966》(共 4 册):姜进主编,上海文化出版社 2015 年出版。这本书的资料已经开发为数据库。

《中国现代文学初版本图鉴》(上中下):黄开发、李今编,河南文艺出版社 2018 年出版。此书收录 1920 年至 1950 年间较为重要的 696 种书籍的封面及版权页,有图片 2000 余幅。

(四)多媒体图像资源

✲"中华数字书苑":方正阿帕比知识服务综合平台有"中国艺术博物馆图片数据库",包含 18 个分馆,236 个子馆,35 万幅高清图片。例如,中国美术馆、中国书法馆、中国民间美术馆、中国红色艺术馆、世界美术馆、中国出土器精品馆、中国老照片馆、中国古代设计馆、世界经典摄影艺术馆、中国经典画谱馆、中国珍贵古籍插图馆、中国历代服饰馆、世界经典商标设计馆、世界经典标识设计馆、中国近现代平面设计馆、世界经典平面设计馆、美术字设计馆、艺术图案设计馆。每个资源库下又分若干子馆,提供标题、主题关键词、编号、作者、作者简介、朝代、内容说明等项目,可进行简单检索、高级检索。在图片详细信息页面可以进行以下操作:缩放图片、缩略图导航、将图片发送 email、全屏展示、高精度展示。

✲中国知网"学术图片库":是学术类图片的知识库产品,采用同方知网自主研发的智能挖掘技术,从各类学术文献中提取图形、图像等内容,加以规范化编辑整理。根据图片语义和视觉信息,可以检索到所需要的图像素材,进而快速获取相关知识与信息。其结果按照科学合理的方式进行分类和组织,并提供丰富的图片知网节信息,进而实现"同类图片比较,相关图片参考"等功能。此库共分 10 大专辑,出版镜像版和网络版。收录了 1994 年至今,来源于 CNKI 学术期刊库、博硕士论文库、会议论文库、工具书库中的图片,并和上述几个源数据库同步更新。截止到 2015 年底,共计图片 5000 余万张。

✲"中国基本图片库":数字图书馆推广工程的项目。此库收录中国古代和近现代 27 万张艺术精品图片,主要包含中国绘画库、中国书法库、中国陶瓷艺术库、中国玉石珠宝艺术库、中国古董珍玩库等单元。

✲"前尘旧影"资源库:收录国家图书馆收藏的新旧照片 7000 余种 10 万余张,记录了过去的社会事件、历史人物、城乡面貌、名胜古迹和建筑服饰等。可以检索图片，并查看大图。

✲上海图书馆的《全国报刊索引》数据库：其中有“图片数据库”，包括《图述百年——中国近代文献图库（1833—1949）》（共六辑），还有《近代报刊上海人物数据库》。此库具有多种检索途径（全字段、图片标题、图片责任者、文献来源），所检索的图片有详细说明，可以放大浏览和下载，具有史料价值。▲输入“张元济”，可以检索到张元济的多张图片，其中一张照片的标题是“最老院士前清翰林张元济老先生致词”，图片来源是 1948 年 9 月 29 日的《中央日报》。▲输入“古今图书集成”，可以检索到《钦定古今图书集成中之金鱼图》，图片来源是 1925 年第 2 卷第 3 期的《农学》杂志，所属正文篇名是《金鱼的变异与天演（附图、照片）》。

✲爱如生“中国近代报刊库（要刊编）”：分为 10 辑陆续出版，提供条目检索和全文检索。▲第 1 辑收录了《点石斋画报》（1884—1898 年，上海《申报》馆发行的新闻画报，共出 44 部 528 册）；第 3 辑收录了《良友》画报（1926—1945 年，良友图书公司发行的综合画报）。

✲书格网：多收录艺术类、绘图类古籍资源，▲明代顾炳辑录的《历代名公画谱》、清末广州画坊为欧洲人绘制的《各样花草鱼鸟虫图册》；明代金琮书唐宋名诗、杜堇绘画的《古贤诗意图》，等等。

✲“世界艺术鉴赏库”：中国国家图书馆学会阅读推广委员会主办，有艺术普及、艺术故事、艺术品、艺术家、机构、艺术与阅读等栏目，收录大量中外艺术品图片（绘画、书法等），配有鉴赏文字资料。

✲故宫博物院“数字文物库”：2019 年推出，到 2023 年已发布各种文物的高清影像超过 10 万件，分类编排，有藏品总目；有多种检索方式，可以放大观赏。

✲“中国古籍图典资源库”：是国家图书馆出版社承担的“国家文化大数据体系建设”项目。其特点是从海量的传统文化典籍中搜集整理具有中国传统文化特色的图像，加以分类，便于检索。▲小说插图、墨谱、年画、玉器、纹饰等图片中的“虎”元素被抽取和标示出来，用户输入一个“虎”字，就可以看到这些原来无法检索的图片，被关联在一起排列，从中有所发现。

✲“知识视界视频教育资源库”：武汉缘来文化传播有限责任公司开发，分类收录了理、工、农、医、历史、文学等学科十八大类别的视频教育节目，共有 1 万多部。这些科教片从澳大利亚、美国、德国、法国、日本等国家引进版权，提供中外文双语字幕。▲从“公开课”中可以检索到纳什的《博弈论》等。

✲“超星学术视频”：北京世纪超星公司主办，超星公司独立拍摄制作学术视频的网站。超星名师讲坛分为三个栏目：微视频、报告厅、超星课堂，收录知名教授、学者、专家,包括海外名师名人的视频,囊括哲学、宗教、社会学、政治、文化科学、文学、艺术、历史等系列,共 8 万余部学术专辑。

✲"中国近代影像资料库":中国社会科学出版社申请的国家文化产业发展专项资金项目。此库从世界各地收录了 1840 年至 1949 年间的 7 万多幅珍贵历史照片和近百部历史视频,200 多个组图和十几个精选专题,是目前国内最大的、以近代历史照片为主要内容的专业历史研究数据库。除了老照片,影像库中还包含大量的档案、书信、舆图、地图等资料,多源于海外的图书馆藏,也有来自世界各国的摄影家和收藏家的照片。这些资料采用组图、专题、图说历史等形式展现和记录历史变迁,并配以详细介绍。

✲"抗日战争与近代中日关系文献数据平台":已上线文献除图书、报纸、期刊外,还包括音频、图片、视频等。▲1946 年"东京审判"的原始影像纪录。

✲新华社多媒体数据库的"图片库":收录新华社新闻发稿照片和留存照片数据以及从社会摄影师图片中精选的图片,其内容涉及政治、经济、外交、文化、体育、教育及风土人情。图片系统庞大的底片资料库涵盖了中国近百年历史和世界重大新闻事件,聚焦国内、国际最新时事的新闻照片滚动入库。目前已入库图片数量达 100 多万张,每日增加 1600 多张。中国照片档案馆保存的 170 万张档案照片近几年内将全部入库。

此外,还有百度搜索引擎的"图片"搜索、"百度识图"等。但使用网络资料需要甄别其来源。

第五节　出版及媒体综合资料检索

在"新闻与传播学"的学科名目下,传播学、新闻学、编辑出版学、广播电视学、广告学等专业是相互联系的。在现代媒介环境中,编辑出版工作也必然与其他媒体相互合作。所以,特列本节专门介绍如何检索出版及媒体综合信息,并与相关章节的内容链接起来。

一、检索新闻出版信息

(一)利用专业年鉴

了解新近的新闻出版信息,可以利用年鉴。有印刷版本,也有电子版本。

《中国出版年鉴》:中国出版工作者协会、中国出版科学研究所合编,中国书籍出版社出版,1980年创刊。利用年鉴的有关栏目和附录,可以逐年累积有关图书的出版信息。▲2019年卷记载新闻出版业2018年度改革开放40年的史实,是很有历史意义的一卷。其中"主题出版"栏目,集中了有关庆祝改革开放40周年各方面的论述及资料,如新闻出版体制改革、图书出版、古籍影印出版、优秀出版物、期刊出版、报纸出版、出版物发行业、印刷业、出版法治建设、新闻传播教育、出版人才队伍建设、民族出版、出版科学研究、新闻报道研究、出版外宣工作、版权工作等。

《中国图书年鉴》:该书编委会编,湖北人民出版社出版,1994年创刊。主要栏目有年度综述、年度关注、论文摘要(包括报刊文章索引)、图书评论(包括书评索引)、获奖图书、统计资料、新书简介、政策法规、年度大事记等。附录《图书出版单位名录》。▲2009年卷有"引进版图书推介"栏目,通过各出版单位的经典案例,剖析其选题策划和本土改造的经验及编辑创意。

《中国新闻年鉴》:中国社会科学院新闻与传播研究所主办,1982创刊,每年1卷,主要内容是记录上一年度我国新闻报刊业、广播电视业、网络传播业、新闻宣传与管理、新闻教育界,以及新闻与传播研究界的工作实绩、重大事件、重大改革举措、典型经验、典型人物、优秀成果、机构设置、重大人事变动等方面的情况。从1982年创刊至今,年鉴对新闻传播学书目做了较为全面的辑览,陆续收录了1949年前及之后出版的书刊名录。目前每卷重点辑录年度新闻传播学新书目,选介有代表性的新闻传播学论著。▲2019年卷正文内包括重要文献、事业发展、学术成果、综合资料四大板块,涵盖18编。

《中国新闻传播学年鉴》:中国社会科学院新闻与传播研究所主办。▲2017年卷有四个板块:历史篇、成果篇、综合篇、概况篇。其中历史篇设"历史回眸"栏目,梳理和回顾了中国新闻传播史研究、中国新闻业务研究百年来的发展历程和20世纪以来中国传播学科的发展历程。

《中国期刊年鉴》:创刊于2002年,国家新闻出版广电总局主管、中国期刊协会主办、中国期刊年鉴杂志社编辑出版。此书以相接的两个年份的各自6月为起迄点,跨年度收录中国期刊一年来的总体发展状况以及相关信息、数据与分析等。▲2018年卷的"期刊数据与分析"栏目,包括2017年全国期刊业基本情况、2017年新闻出版产业分析报告(期刊出版相关部分)等内容,还有"期刊出版法律、法规、规章"栏目。

《中国报业年鉴·2004》(首版):中国人民大学传播媒介管理研究所组织编纂,宋建武主编,中华工商联合出版社2005年出版。全书分四个部分:特稿、概况、专题、资料。

《中国广播电视年鉴》:中国广播电视年鉴社编辑出版。自1986年起,每年出版一卷,自2003年版起配套出版电子版。此书全面反映我国广播电视事业基本情况和发展变化风貌，记录上一年全国广播电视系统各方面新情况、新资料。▲2017年卷共设18个栏目：特载、年度报道、概况、大事记、节目播出、新媒体、受众调查、科学技术、产业发展、改革创新、教育·学术·出版、评奖与表彰、机构与社团、人物、法规文件、统计资料、交流合作、附录。

《中国中央电视台年鉴》：中央电视台研究室编辑，人民出版社、中国广播电视出版社出版。从1994年创刊起，每年编印一卷，主要记录和反映中央电视台上一年度的宣传情况和各项成果。

《中国新闻摄影通鉴》（1978—2003）：中国新闻摄影学会编，新华出版社2004年出版。收入1200余幅照片、100个报纸照片版面、250余篇新闻摄影论文精选、450幅新闻摄影代表作、近1000位人物简介、150余个新闻摄影机构、520余部新闻摄影著作、108条新闻摄影词目。

《世界华文传媒年鉴》（创刊卷）：夏春平主编，世界华文传媒年鉴社2003年出版，收录港澳台及海外华文媒体资料。▲2017年卷设置"传媒风采"（图片）、"华文传媒发展综述""港澳台及海外华文传媒简介""华文传媒协会""华文网站名录""专题""传媒大事记"等栏目。

《中国信息年鉴》：国家信息中心、中国信息协会《中国信息年鉴》编委会编，中国信息年鉴期刊社出版。自2001年起，每年编印一卷，重点记载上一年与当年我国信息化建设发展的新情况。▲2019卷主要收录了2018年全年和2019年上半年的最新相关资料，按内容分类编排，其中涉及"新闻出版信息化"。

《中国新闻传播教育年鉴》：中国新闻史学会新闻传播教育史研究委员会编，自2016年起，每年一卷，武汉大学出版社出版。2020年版包括中国新闻传播教育年度综述、各省（自治区、直辖市）新闻传播教育发展综述、中国新闻传播教育地图、院系巡礼、教育家研究、口述史研究、院长论衡、行业组织和相关学会介绍等内容。

《IMI消费行为与社会形态年鉴》（1995北京卷、上海卷、广州卷）：中国财政经济出版社1996年出版，后由北京广播学院出版社、华夏出版社陆续出版多卷。其中包括"媒介分析"，列有报纸、杂志、阅读、广播收听、电视收看情况等统计数据表。此年鉴有网络版电子数据库。▲2012卷有《IMI 90后大学生网络化生活研究报告》。

✲检索当代出版的年鉴可以利用中国知网的《中国年鉴网络出版总库》。

✲检索民国时期的年鉴，可以利用"瀚文民国书库"数据库。▲《上海市年鉴》：上海市年鉴委员会编著，上海市通志馆1935出版。其中记录了1934年有关出版界的情况，具有出版史料价值，其相关目录如下：

3. 一年来出版界之趋势

4. 一年来翻印古书之潮流

(一)四部丛刊续编。(二)四库珍本。(三)各省通志。(四)图书集成。(五)二十五史。(六)二十六史。

5. 一年来出版书籍杂志表

(一)一年来上海出版书籍性质及数量表。(二)中央党部变通查禁书籍办法。(三)一年来上海出版书籍与各地出版书籍比较表。(四)半年来图书杂志审查会审查书志数量表。(五)现有杂志性质及数量表。

6. 一年来上海出版界之杂事

(一)禁毁反动书籍。(二)中央党部变通查禁书籍办法。(三)教育局焚毁被禁连环图书。(四)书业取缔翻版办法。(五)新亚编译算学辞典。

此年鉴还包括新闻事业等方面的资料。

(二)检索出版名录

《2008 中国 ISBN 出版者名录》:新闻出版总署图书司编写,江苏教育出版社 2008 年出版。

《中国出版人名词典》:中国出版科学研究所、河北省新闻出版局编,中国书籍出版社 1989 年出版。此书收录出版界人物 1.1 万余人,以当代为主,也选录了一部分近、现代有一定贡献和成就的出版界人物。

《图书发行工作手册》(2002 年修订本):新闻出版总署出版发行管理司编,中国青年出版社 2002 年出版。内容包括图书发行的有关规章、全国出版社发行机构 560 家、全国各地书店名录等。

《最新全国出版发行单位名录》:中国书刊发行业协会编,吉林出版集团有限责任公司 2011 年出版,专门为全国出版发行、图书采购工作人员和广大读者提供业务服务。

《中国新闻机构及记者名录》:邵华泽主编,当代中国出版社 1994 年出版。

检索最新的出版机构名录,还可以利用其他检索途径,如《全国总书目》附录的"全国出版社名录"。新闻、出版、图书类年鉴也都附有名录。✲"中国新闻出版广电网"有音像出版单位查询、发行机构查询、期刊社查询、图书出版单位查询、电子出版物出版单位查询、报纸报社查询等内容。

(三)编辑出版常用工具书

《中国出版百科全书》:许力以主编,书海出版社 1997 年出版。全书包括九大部分:中华人民共和国出版事业、出版理论和知识、编辑理论和业务、装帧艺术和书刊插图、印刷原理和技术、书刊发行理论和发行事业、中外出版史、中外出版人物、出版图书文献。内容以条目形式出现,有2900多个条目。附录有较为详细的出版大事年表,自上古至1994年12月止。

《马克思主义新闻观百科全书》:陈力丹主编,中国人民大学出版社2018年出版。全书共有575条词目,分列理论思想、观点术语、人物活动、论著文件、媒体组织、历史事件六个部分。

《出版词典》(修订本):本书编委会编,中国书籍出版社2014年出版。全书共收词条3864条,分为12个部分:出版综论、出版管理、出版物、编辑、印刷与复制、发行、著作权、数字出版、出版历史、外国出版、出版机构、附录。

《图书出版管理手册》(2006修订):新闻出版总署图书出版管理司编,中国法制出版社2006年出版。此书由法规、规章和中共中央国务院及有关部门关于出版的重要文件组成,共收录文件212件(截止时间为2006年7月)。

《报刊出版管理手册》:郝振省主编,中国书籍出版社2007年出版。

《图书音像电子出版物出版管理手册(2013版)》:新闻出版总署出版管理司编,中国法制出版社2013出版。此书收录有关出版的法律、法规、规章和重要文件共计212件,收录时间截至2013年1月。

《简明著作权词典》:朱明远主编,学林出版社1990年出版。

《中国新闻实用大辞典》:冯健总主编,新华出版社1996年出版。此书收录词目4991条,分为10个部分:新闻学基本概念、新闻业务、中国新闻事业、外国新闻事业、信息、新闻信息处理与传播技术、新闻事业的经营管理、新闻队伍建设、新闻法与道德准则、新闻界人物。

《中国新闻出版统计资料汇编》:自1997年起每年1卷。现为新闻出版规划发展司编写。此书用直观的表格形式,对我国的图书出版、期刊出版、报纸出版、音像电子出版物出版,以及出版物发行、出版物印刷、出版物进出口、版权管理及贸易等内容进行数据分析和说明。

《现代新闻出版编校实用手册》:周奇、杜维东主编,中国出版工作者协会校对研究委员会编,苏州大学出版社2008年出版。

《科技编辑工作百问百答》:穆励生主编,科学技术文献出版社2006年出版。此书包括基本概念与基本理论、编辑业务、设计与印刷、图书经营与出版管理、有关法律法规、附录,共计300多个问题及其解答。

《图书报刊编审校手册》:江建名著,首都经济贸易大学出版社2000年出版。

《图书编辑校对实用手册》:黎洪波、利来友编,广西师范大学出版社2016年出版,分上、下两编。上编从文字、词语、语法、标点、数字、量和单位、版面格式、常见知识性错误等八个方面谈编校的基本规范;下编主要收录在编辑校对过程中经常会用到的有关语言文字的法律法规、国家标准和规范。

《作者编辑常用标准及规范(第4版)》:中国标准出版社编,中国标准出版社2019年出版。

《标点符号辞典》(修订本):袁晖主编,书海出版社2000年出版。此书收录旧式标点符号(我国古代标点符号)、新式标点符号(我国现代标点符号)以及研究和阐述标点符号的著作和论文等。附录有"国家政府历次颁布的标点符号使用方案"。

二、检索出版史资料

(一)编辑出版史料

张静庐整理、辑注的一套《中国近现代出版史料》,共7编8册,分别为:近代初编、二编;现代甲编、乙编、丙编、补编;现代丁编(上、下),上海书店出版社2003年影印出版。此书收录了自1862年京师同文馆创立至1949年87年间我国出版事业的重要资料,包括图书、报刊、教科书、印订技术、发行、出版法令、报律等,另有近400幅图片和书影,保存了大量丰富的第一手资料。2021年再次影印出版,编制了全书的分类总目录、作者和篇目的综合索引,便于读者检索。

《中国出版史料》(古代部分,全2卷):宋原放主编,宋原放、王有朋辑注,湖北教育出版社、山东教育出版社2004年出版。

《中国出版史料》(近代部分,全3卷):宋原放主编,汪家熔辑注,湖北教育出版社、山东教育出版社2004年出版。

《中国出版史料(近代部分补卷)》(上下):汪家熔编,湖北教育出版社2011年出版。主要内容为收集整理中国近代出版史上的书目资料、规章制度。

《中国出版史料》(现代部分,全3卷,共5册):宋原放主编,陈江、吴道弘、方厚枢等辑注,湖北教育出版社、山东教育出版社2001年出版。2006年出版此书的补卷(上中下,共3册)。

《中国近代古籍出版发行史料丛刊》(全28册):徐蜀、宋安莉主编,北京图书馆出版社2003年出版。此书在数十种清末民国时期的图书馆销售目录、宣传册页及征订样本的基础上编辑而成,对研究中国古籍的发展与流通、中国近代出版业的发展、中国近代印刷史和造纸史及现存古籍价值的评定都有参考价值。

《中国近代古籍出版发行史料丛刊续编》(全24册):殷梦霞、李莎莎编,国家图书馆出版社 2008 年出版,主要辑录民国时期各地主要官办书局、民办书局的书目及征订样本。

《中国近代古籍出版发行史料丛刊补编》(全 24 册):韦力编,线装书局 2006 年出版,主要收录民办书局书目和私人刻书书目。其中清末 2 种,民国 97 种,有铅印本、石印本和油印本,共 99 种。

《民国文献资料丛编:民国时期出版书目汇编》(全 20 册):刘洪权编,国家图书馆出版社 2010 影印出版。此书收录民国时期各出版机构编印的出版目录 148 种,90%以上是首次影印。

《民国文献资料丛编:民国时期发行书目汇编》(全 7 册):国家图书馆典藏阅览部编,国家图书馆 2010 年影印出版。此书收录民国时期编印的各种图书发行目录,还包括部分期刊发行目录。

《民国时期出版史料汇编》(全 22 册):吴永贵编,国家图书馆出版社 2013 年出版,收录民国时期各种出版史料 120 种。2016 年又出版《民国时期出版史料续编》(全 20 册),收录民国时期各类出版史料 100 多种。

《中国近现代出版研究资料汇编》(全 50 册):张志强主编,上海科学技术文献出版社 2022 年出版,辑录近现代出版史料近 200 种。

《民国年度出版时评史料辑编》(全 10 卷):吴永贵、张学科编,华中师范大学出版社 2019—2020 年出版。此书以编年形式,汇辑 1912 年至 1949 年间各大报刊的出版时评文章约 1800 篇。

《民国书评汇编》:叶新、周伟俊编,知识产权出版社 2021 年出版,主要收录对当时译作的书评文章。

《近代书评文献汇编》(全 30 册):叶建、叶新编,国家图书馆出版社 2022 年出版。此书收录近代以来,尤其是民国时期书评资料图书 6 种,杂志 17 种。

《民国外国出版史料汇编》:叶新、周伟俊编,知识产权出版社 2021 年出版。此书收录 60 篇民国时期有关美国、英国、法国、德国、日本、苏联等国家的出版史料,出自 40 余种民国期刊。

《晚清出版史料汇编》:叶新、周伟俊编,知识产权出版社 2021 年出版。此书汇编了来自《万国公报》等 30 余种刊物的 77 篇晚清时期出版史料。

《晚清营业书目》:周振鹤编,上海书店出版社 2005 年出版。营业书目是书店为出售书籍而编制的小册子或单张的供招贴的传单,充分展示了当时市面上的书籍流行情况和大众阅读趋向。此书分"官书局"和"民营书局"两大部分,囊括了湖北官书处、申报馆、商务印书馆、扫叶山房等晚清出版机构的营业书目,具有出版史料价值。

《中国古籍版刻辞典(增订本)》:瞿冕良编著,苏州大学出版社 2009 年出版。此书收集了21500余条词目,大体时间断限上溯唐代,下及清代乾隆前后,包括版刻名词、刻字工人、历代刻书家抄书家、版本书目等部分。

《民国图书出版史编年(1912—1949)》(3册):吴永贵编,社会科学文献出版社2018年出版。此书以编年史体例,叙述民国时期的图书出版活动。内容主要包括出版机构的创立,大型丛书、工具书、教科书、古籍图书的刊印,出版法、著作权法等法律法规的颁布,书业章程业规的制定,各种版权上的争端,劳资双方权益的纠纷,查禁与反查禁的斗争,以及出版机构的有关经营活动等。

《中华人民共和国出版史料》:中国出版科学研究所、中央档案馆编,中国书籍出版社1995年出版第1集。此书主要收录1949年的公文资料,以后按所收录资料的年份,陆续分集出版。

《中国出版文化史研究书录(1978—2009)》:范军编撰,河南大学出版社2011年出版。

《中国出版学研究综录:1949—2009》:李新祥编撰,中国书籍出版社2011年出版。

《中国共产党出版史研究综论(1921—1949)》:范军编著,华中师范大学出版社2015年出版。

《中华书局大事纪要(1912—1954)》:钱炳寰编,中华书局2002年出版。

《中国编辑出版文献题录选辑》:许菊、言静霞编,地震出版社2005年出版。此书从310多种期刊和140多种论文集中的2万多篇文献中选录编辑出版及相关领域的图书约1200种,论文约8000篇。

《中国编辑学研究60年(1949—2009)》:姬建敏著,社会科学文献出版社2015年出版。此书对中国的"编辑学"研究所涉及的各个方面进行梳理和述评,附录有"我国出版的编辑学著作一览表(1949—2009)""中国编辑学会活动纪事(1992—2009)"。

(二)新闻史料

《中国新闻学书目大全》(1903—1987):林德海主编,新华出版社1989年出版。此书收录我国出版的新闻学及相关学科方面的书籍1900多种,其中自1903年第一部新闻学书籍问世至1949年9月全国印行的书籍有968种。

《民国时期新闻史料丛书》(共16册):方汉奇、王润泽主编,国家图书馆出版社2011年影印出版。此书收录民国时期有关新闻的文献60余种,包括新闻学专著、新闻学普及读物、新闻年刊、特刊,纪念刊、期刊和名录等。编者后续出版了续编、三编、四编,还有《中国人民大学新闻学院藏稀见民国新闻史料汇编》(全29册)、《中国人民大学图书馆藏燕京大学新闻系毕业论文汇编》(全34册)。

《民国时期报业史料:上海篇》:高郁雅主编,(香港)开源书局 2021 年出版,收录上海市档案馆档案、报人回忆、报章杂志文章等。

《申报馆剪报资料·上海卷:新闻出版专辑》(全 12 册):上海报业集团编,上海书店出版社 2022 年出版。此书收录 1931 年至 1949 年间有关上海新闻、出版业的剪报资料,按照主题分类,以年月日的顺序编排。

《辛亥革命史地图集》:辛亥革命武昌起义纪念馆编著,中国地图出版社 1991 年出版。其中收有专题地图《1900—1905 年主要革命报刊分布》《同盟会成立后主要革命报刊分布》。

三、检索媒体综合信息

(一)专业期刊和网站

新闻出版类专业期刊有:《新闻与传播研究》《国际新闻界》《中国科技期刊研究》《现代出版》《现代传播(中国传媒大学学报)》《编辑学报》《编辑之友》《中国编辑》《编辑学刊》《科技与出版》《新闻大学》《新闻记者》《中国出版》《出版发行研究》《新闻界》《中国广播电视学刊》《中国图书评论》《出版史料》《中国出版史研究》《出版科学》《出版参考》《出版广角》《出版广场》《出版经济》《出版人》《中国版权》,等等。

图书评论类报刊有:《读书》《博览群书》《书屋》《书城》《书摘》《中华读书报》《新京报书评周刊》等。

《河南大学学报》多年设有“编辑学研究”栏目。人大复印报刊资料有《出版业》《新闻与传播》等专题的月刊。

✲专业网站有“中国新闻出版广电网”:国家新闻出版署主管,中国新闻出版传媒集团有限公司主办。此外,各大出版社的网站也是及时了解出版行业信息的窗口。

✲中国版权保护中心(国家版权登记门户网):中国版权保护中心著作权登记系统(公测版)已于 2020 年 8 月 31 日完成升级上线。

✲“上海出版信息库”:2021 年 9 月 10 日发布。收录内容包括《上海出版志》(2000 年出版,时限从宋代至 1994 年);《上海市志·新闻出版分志·出版卷(1978—2010)》(2021 年出版,主要记录 1978 年至 2010 年间上海出版业改革发展的历程);《上海出版年刊(2020)》(反映 2019 年上海出版界的情况)。这是整合梳理上海出版业历史资料的专业类信息系统,可以从人物、事件、出版机构、出版物等栏目进行检索。

(二)影视资料信息

《电影艺术词典》(修订版):许南明著,中国电影出版社 2005 年出版。原版本

1986 年出版,修订本增设了“数字电影”等新词条,附录了“中外电影记事年表”。

《中外影视大辞典》:汪流主编,中国广播电视出版社 2001 年出版。此书是大型综合性影视文化辞典,反映中外影视文化的全貌和影视艺术的发展状况,共收 3000 多个词条。

《中国电影大辞典》:张骏祥、程季华主编,上海辞书出版社 1995 年出版。全书分电影家、影片、摄制发行机构、团体、研究机构、学校、培训班、资料馆、图书馆、出版社、著作、报刊年鉴、电影事件、电影歌曲、电影节、电影展、电影奖、电影院、电影工业企业以及电影名词术语等类,共计 6139 条,图片 3121 幅。

《中国电影年鉴 2005 增刊 · 中国电影百年特刊》:本刊编辑部编,中国电影年鉴社 2005 年出版,分影片篇、人物篇、历史篇、艺术篇、市场篇等 11 篇。

《中国影片大典》(电影 100 周年纪念版):中国电影资料馆编,中国电影出版社 1996 年至 2005 年陆续出版。此书收入 1905 年至 1994 年期间中国各电影制片机构出品的故事影片、戏曲片和舞台纪录片,按所收录影片的出品年代分为 4 卷。

《近代电影史研究资料汇编》(全 40 册):马昕编,广陵书社 2018 年出版。内容分电影理论、电影剧本、电影鉴赏、电影技术、电影史、电影年鉴、电影工具书、电影院经营与电影放映、电影普及读物、电影教育、世界电影、电影杂志等 12 个方面。

《民国时期电影杂志汇编》(全 167 册):上海图书馆编,国家图书馆出版社 2012 年出版,收录民国时期 20 年代至 40 年代的电影期刊 73 种。

《民国时期摄影文献辑刊》(全 36 册):罗欢主编,国家图书馆出版社 2022 年出版,收录摄影作品、摄影社团、摄影展览、摄影技术、摄影期刊方面的文献资料。

✲“中国电影知识体系平台”:北京大学艺术学院、中国传媒大学文化大数据实验室合作开发,以影人年谱、电影计量、文献索引、知识生成等 4 个特色数据库为主,正在开发建构中。

(三)媒体数据库信息

检索新闻信息,可以利用综合的数据资源库。例如:

✲《人民数据》:依托于《人民日报》、人民网的信息资源和中共中央各研究部门的研究成果,由人民日报网络中心、金报电子出版中心制作出版。此库为各级用户提供党政、时政类信息,包含国家决策政策动态,并有全球政经走势分析,同时传递国内各地政策。目前由 7 大栏目、26 个专题库构成。经典栏目和专题库包括:《人民日报》图文数据库(《人民日报》从创刊至今的所有图文报道内容,含报纸图形版)、领导人活动报道库、国家政策信息库、省部长言论信息数据库、政府工作报告信息库、《人民日报》社论/言论数据库、外交部发言人言论数据库、中共历次全会文献信息库、历届全国人大数据信息库、历届全国政协数据信息库、中共重大事件/重要人物信息库、保持共产党员先进性教育数据库、国家法律法规数据库、各地政策信息库、学术理论文库、国际组织信息数据库、人民时评数据库、人物访谈库等，共 150 余万篇文章，近 30 万张图片。

✲“新华社多媒体数据库”（2021 年 2 月改为“新华全媒新闻服务平台”）：设有新闻产品、信息产品、文献资料等栏目。新闻产品栏目包括；综合检索库、新华社新闻、新华社图片、新华社视频、新华社音频、新华社图表、新华社报刊、1948—2003 年新闻稿等子目。新华社报刊包括：《新华每日电讯》《经济参考报》《瞭望》《半月谈》《中国证券报》《上海证券报》《中国记者》《中国名牌网》《中国传媒科技》《环球》《瞭望东方周刊》《参考消息》《财经国家周刊》。文献资料栏目包括：人物库、人物简历库、组织机构、法规库、背景资料库、国际译名、资本市场法律法规等子目。▲《新华每日电讯》可以检索自 2010 年至今的内容信息。

新华社还有“专题资料库”：以基本事实为依据，收集了经过系统编辑加工的关于国际国内政治、经济、文化、科技、教育、军事、外交等领域的各种重要专题资料，随时更新。例如，“高等教育版—普通版”：利用新华社多媒体数据库的采集平台，汇集新华社文字、图片、图表、视音频、报刊等全部资源，充实各高等院校的校园网、图书馆的内容资源；同时提供多种形式的、丰富的多媒体资料。数据库主要栏目包括：新华电讯、新华报刊、教育信息、名校浏览、特供数据库、学术论文、人才市场、环球财经、新华图片、新华视频。“高等教育版—校长版”：为高校校长提供以部委信息、深度调研、专家分析报告、热点专题、海内外媒体动态等为主要内容和特色的专供信息。主要栏目包括：每日快递、教育舆情、参考信息、前沿报告、热点专题、历史回溯。

✲“慧科报纸图文数据库”：慧科讯业有限公司版权所有。“慧科新闻”采取一站式方案，综合处理大中华区内各大报刊的新闻内容，涵盖中国大陆、港澳台地区及东南亚、欧美等国 1500 余家主流媒体新闻，新闻总量超过 3 千万条，每月更新超过 50 万篇文章。“慧科搜索”依托全球最大的中文媒体资讯库，近 1200 多种报刊杂志随时提供各种信息，可根据特定媒体、版面新闻报道、作者、日期、标题、内文等进行检索。

后 记

这本教材是笔者根据三个方面的积累而编写的：多年的教学实践、已经出版的教材、关于工具书的研究；在此基础上进行梳理和总结，思考数字时代的新变化和新问题，希望对读者检索知识信息、从事编辑工作及学术研究，以及高校相关专业的信息检索或通识教育课程的教学有参考价值。

一、教学实践的思路

1983 年我在北京师范大学攻读硕士期间，曾聆听启功先生讲授古代文化常识课程，其内容包括中国古典文献的基本知识，还有检索文献信息的具体作业，初步了解了古代的书目、类书、典故等工具书，以及陈垣老校长从目录学开始读书的方法。① 在当时的文化背景下，启功先生非常重视这些基础知识，是为了给恢复高考后进入大学的学生补课。这门课程的知识内容和教学方法，让学生印象深刻、受益颇多。

1991 年我开始为汉语言文学专业本科生讲授中文工具书使用法课程，1995 年为新创办的编辑出版专业（2003 年改为传播学专业）本科生讲授信息检索与利用课程，还为汉语言文学专业本科生讲授中国古典文献学课程。在 20 多年的教学过程中，我都有意识地将启功先生讲授的内容渗透于课程，强调古典文献的基础知识及其检索方法的重要性，以此作为传承中国典籍文化的一种途径。

本教材的概论和各章概述部分，简单介绍了古典文献的基础知识，包括古代字书、典故、书目、类书、人名、地名、纪年等。但教材在教学过程中仅是参考，值得探讨的是，如何设计课程的知识框架及检索作业，引导学生综合利用各种检索工具，解决具体的学术问题，并对中国典籍的知识体系及文化特征有所了解。特别是在当今的数字时代，各种古籍数据库不断得到开发，古籍文献资源在大量聚合的同时，也被拆解为碎片

---

① 于翠玲. 见微知著、博览群书：从《启功书信选》谈文化常识[N]. 中国艺术报，2013-06-28(3).

(或称"颗粒化"),这反而更加需要我们弥补中国古典文献的基础知识,了解其整体的知识体系和内在关联;引入历史考察的视角,从古典文献延伸到近代(晚清民国时期)的文献资源,提高对文献信息的检索、分析和利用能力。在教学过程中,我不断调整课程的框架,确定了古今贯通、中西对比的教学思路,通过综合利用工具书和数据库的方法,来回应当今"国学"复兴的现实话题。

具体步骤是,首先提出"国学"概念,让学生利用晚清民国时期的报刊数据库(如《四库全书总目》《民国时期期刊全文数据库》、"瀚堂近代报刊"数据库),检索题目中包含"国学"(或"国故""国粹")的文章,每个人选择自己感兴趣的一篇文章,在课程的网络教学平台(BB)发布,简单概述其内容,并略作评价。这是为了让学生从学术数据库切入,简单了解"国学"概念的来源、内涵以及论争,其中涉及如何评价中学、如何融合西学等问题,由此进入近代的学术语境。

接下来的问题是,追溯中国古代,在没有"国学"(近代意义)概念之前,典籍文化是如何存在的?其知识体系具有什么特点?这又进入了古典文献产生与发展的历史语境,古代的字书、书目、类书等就是具体的检索工具。当年启功先生给我们布置的作业是,必须到图书馆去翻检书目(如《书目答问》)、类书等。如今有了古籍数据库,可以先从检索古籍数据库入手,我选择了"瀚堂典藏"数据库作为一个文献资源的基础平台,利用其四部分类的"目录树",以《四库全书总目》为例,讲解古代的目录学知识;侧重其中经部"小学类"、子部"类书类"等类目,将古代书目与字书、类书等知识结合起来,介绍古代知识分类兼收并蓄的整体框架,了解古代读书人的知识结构和思维方式的特点,以便将数据库所能检索的碎片化信息置于有序的知识体系之中,加以梳理和考察,避免知识结构的断层和知识传承的脱节。

关键是要提出一个有意义的、值得检索和探讨的题目,引导学生进行探究式学习。参考古代类书的分类体系,我以儒家的"博物多识"观念为引导①,以《古今图书集成》数据库为线索,侧重其中"博物汇编"的"禽虫典"和"草木典",让学生任选一个自己感兴趣的具体部类,也就是从一个有文化意蕴的字词切入,例如,梅、茶或鱼、鸟等;或者让学生综合利用各种类书的框架,任意选择古代节日(春节、端午节、中秋节等)、文化艺术(笔、墨、纸、砚,琴、棋、书、画)等中国元素(符号)。这种思路正如陈寅恪所言"凡解释一字即是作一部文化史"②。

每个同学将自己的选题发布在课程的BB平台上,彼此不能重复。要求学生针对今天的读者,重新编写一种小类书(相当于古代的专题谱录,如《菊谱》等)。这是贯穿

① 于翠玲."多识之学":儒学的一条根脉[N].中华读书报,2015-12-02(9).

② 沈兼士."鬼"字原始意义之试探:附录陈寅恪先生来函[J].国学季刊,1935,5(3):60.参见于翠玲.古籍中的"司晨鸟"[J].中国艺术,2017(3):91-94.

整个课程内容的期末作业,要求有小序、有分类结构,梳理和汇集文献资料(要核对纸质文献,详细注明出处)、简单注释、写出结语。这个作业能让本科生综合利用图书馆的多种学术数据库,走进了工具书阅览室、古籍库本阅览室;还能引导学生搜集许多文献资料并发现其中的知识关联,了解古代文人的知识结构和思维方式,从而达到见微知著、举一反三的学习效果。任何一种物象都可以从文字切入,从名物训诂开始,汇集群书资料,包括历史典故和文学诗词(大多具有比兴象征意义)。例如,鸟部中凤凰居首位,还有善鸟、孝鸟和恶鸟的分别;即使是风、云、虹、雨、雪等自然现象,也有祥瑞或灾异的象征意义。学生将这份期末作业制成了纸质或电子书籍形式,在 BB 平台发布,与同学分享,也在课上交流,每个学生都表示很有收获和成就感。这也为进一步展开研究奠定了基础,有多位学生通过这门课程发现了毕业论文的选题,由我指导完成了学位论文。

民国时期,胡适、梁启超都曾为大学生开列"一个最低限度的国学书目",梁启超强调这是"凡属中国读书人都要读的"①。当时为中学生编写的多种国学概论教材,就包含古典文献知识及相关工具书。在当今的数字时代,各种古籍数据库为检索文献信息提供了便捷的途径,许多以往稀见而无法查阅的书籍,如《四库全书》《古今图书集成》等,都聚合在古籍数据库中,这也建构了普及和学习古典文献知识的平台。英国学者李约瑟当年撰写《中国科学技术史》,曾借助《古今图书集成》等类书,搜集了大量资料。如今一个中国大学生如果依然不知道或没有检索过《古今图书集成》等书籍,就是缺少最基本的国学知识了。只有了解古籍文献的基础知识,才能认识中国近代受到西学知识体系影响而产生的变化;才能有效利用当今的数字人文技术,进行跨学科、跨文化的研究与对话。所以,数字时代的信息检索,不仅要提高检索和利用信息的能力,还要提升综合的人文素养,这也是一个与时俱进的学习和补课过程。

二、教材编写的特点

1998 年我编写了《工具书应用通则》(春风文艺出版社 1999 年出版)。此书是《汉语应用通则丛书》之一,是在古文字研究专家王宁先生、邹晓丽先生的指导下完成的。感谢两位先生为我提供了一次学习机会,借此梳理中文工具书从古到今的发展史,了解各种类型的工具书及其检索方法。还要感谢祝鼎民先生,他编写的讲义《中文工具书及其使用》是我最初的参考文献。

2006 年我编写了《现代出版信息检索》(苏州大学出版社 2007 年出版,2010 年获

① 梁启超. 饮冰室合集:专集之七十一[M]. 北京:中华书局,1996:29-30.

首届中国大学出版社图书奖优秀教材一等奖)。感谢苏州大学出版社吴培华总编辑将这个选题纳入"现代出版学丛书",作为编辑出版学专业的教材。这促使我从"现代出版"的宏观视角,思考工具书概念的变化,搜集和补充当时出版的电子版工具书,关注网络百科全书、学术数据库的信息。

2021年编写这本《数字时代信息检索》,要面对"数字时代"所带来的变化,其读者对象更加广泛。因为数字图书馆、学术数据库为检索古籍文献、近代文献以及当今各种文献信息提供了导航系统,为拓展跨学科的、文理交叉的学术视野提供了平台。这也有助于当代大学生以文献为基础,学习"国学"基础知识,了解社会历史文化,思考媒介技术带来的现实问题,培养批判性思维能力。

有鉴于此,这本教材特别强调:在当今的数字时代,工具书为数据库提供了文献资源和检索方式,数据库是工具书的延伸以及文献资源的重新整合,工具书依然具有不可替代的文献价值。本教材的各章内容是根据具体的检索问题编排的,所介绍的内容采取从工具书到数据库的顺序。为了编写教材,我除了利用北京师范大学的图书馆,还曾到国家图书馆的工具书阅览室、年鉴阅览室、电子阅览室,到北京大学图书馆,还有新华书店等处搜集资料,对琳琅满目、积淀深厚的工具书有深刻印象,也有一种触摸历史的感觉。本教材保留了大量有关工具书的内容,而不是偏重介绍数据库的具体检索方法。对于习惯于使用搜索引擎(百度一下)的大学生来说,数据库的检索方法并不复杂,更为重要的是了解数据库的文献资源及检索方式从何而来,有什么特点,能够解决什么问题;即使是通过数据库进行检索,对所获取的资料也要核对纸质版本,详细注释。而从整体上了解中文工具书及典籍文献的特点,对于采用"数字人文"的方法,进行交叉学科的研究,也是不可缺少的基础知识。

在数字时代,各种学术数据库正处在竞相开发、整合完善的阶段。除了各种机构(商业公司、图书馆、科研机构等)开发的大型数据库及其综合检索平台(如中国知网),还有学者组合的交叉学科团队,以"数字人文"方法建构的专题数据库项目。国外有关数字人文的书籍及数据库已经被翻译引进,还有人文学者提出了数字文献学、数字目录学等概念,有的高校开设了数字人文的课程。对此,本教材绪论部分略有介绍。但正如学者所言:"数字人文研究一定是相互合作才能发展,不可能是一个人或者独立的机构就可以做出来。"①而且,现在的大学生"偏好算法式致知而非联想式致知",没有"掌握一个能内在产生超链接的整体";"要做到有效的联想式致知,你的头脑必须充满知识,与你看到的新事物联系起来:事实、概念、记忆和论证,它们像许多小

① 包弼德. 数字人文要配合学术思考[J]. 数字人文,2020(4).

钩子一样起作用,抓住你所面对的文本中的东西”。① 所以说,作为针对大学生(大学程度的读者)的教材,依然要强调掌握基础知识的重要性,以提高检索与利用信息的综合能力。

这里仅举一个例子。有文章根据“‘半部’《论语》的典故”提出问题:“那么‘半部’应该是前半部,还是后半部,还是什么半部?”尝试用数字人文的方法对这一问题进行推测性的解答;得出的结论是:“《论语》前半部与后半部有较大的差别,在篇章分布上也呈现出量化之后的一些新结果”。② 其实,《论语》仅有13700字③,不难通读;还有逐字索引可以利用,有多种古籍数据库包含《论语》及其注疏系列,可以进行全文检索或比对。关键是这个典故的来源、含义及流传情况是需要进行辨析考证的。凑巧的是,我在学校图书馆核对关于索引的资料时,看到了洪业1970年发表的一篇长文《半部论语治天下辨》,文章引据大量资料,详细考证这句话的来源,提出质疑,得出的结论是:《论语》这部书不能强分作前后两半部。赵普的为人与从政更不足以证他的两半部《论语》之传说。赵普不曾说过什么半部的话。“《论语》中有很重要的政治原则,凡为政者,不可忽略。但不可用撒谎的故事来替《论语》鼓吹。然则赵普半部《论语》也治天下之传说,而今而后,可已也夫!”④这样的考证文章依靠的是深厚的文献学功底,不是机器计算可以完成的。利用古籍数据库或采用数字人文的方法,首先要以文献学为基础,进入知识关联的历史语境,通过阅读和辨析材料,并参考已有的研究成果,发现选题(提出问题)并思考和阐释其意义及价值所在。

三、以工具书为对象的研究

在教学和编写教材的过程中,我翻检了许多工具书,也利用了多种学术数据库,由此发现了值得探讨的题目。于是我将工具书作为研究对象,从中国的编辑出版史角度加以考察,也与西方的书籍史进行比较,陆续发表了相关论文,以此辅助教学。

古代的字书、书目、类书,不仅具有检索功能,也是古籍文献。本人感兴趣的问题是,古代官修类书的编辑传统是如何形成的,以及为什么在近代终结?⑤ 以《古今图书集成》为聚焦点,借鉴西方书籍史的视角,可以探讨中国类书与西方百科全书的文化

① 阿伯特. 专业知识的未来[J]. 刘文楠,周忆粟,译. 清华社会学评论,2020(12):46-68.
② 讲座预告[EB/OL](2019-10-11)[2021-09-17]. https://www.sohu.com/a/346252499_205051.
③ 陈垣. 与毕业同学谈谈我的一些读书经验[J]中国青年(上海),1961(16):2.
④ 洪业. 洪业论学集[M]. 北京:中华书局,1981:405-426.
⑤ 于翠玲. 论官修类书的编辑传统及其终结[J]. 北京师范大学学报,2002(6):118-125.

差异。[①] 研究工具书的历史，现在可以综合利用多种数据库来检索资料，例如，通过检索"瀚堂典藏"数据库，我发现了《康熙字典》与《清文鉴》的关联[②]、《康熙字典》在《古今图书集成》中被引用的情况（即特指《康熙字典》的"字典"二字的记录），这是翻检纸质版本所难以找到的；再利用"瀚堂近代报刊库"，检索刊载于《申报》的许多书籍广告，了解《康熙字典》《古今图书集成》在近代的出版流通情况以及相关评价。[③] 即使对于一个字词（如黄遵宪诗中"伛离"）的解释也要综合利用多种检索工具，寻找例证，在特定的历史语境中加以辨析，以免在形音义方面出错。[④]

中国近代的新式工具书是中西文化交汇的产物，具有史料价值和网络再版价值[⑤]。借鉴西方的"博物"学科概念，可以追溯中国古代的"博物"观念的特点，由此与儒家"多识之学"以及经学文献相关联；再检索近代博物学辞书、教材、杂志等资料，与西方博物学科加以对比。[⑥] 我曾到北京大学图书馆翻阅传教士罗存德 1866—1869 年在香港出版的《英华字典》，到国家图书馆文津街分馆查检 1919 年出版的《国民宝库全书》。（这两处图书馆阅览室的书桌上都摆放着民国样式的绿罩台灯，让人仿佛进入了历史的空间。）我借助近代的工具书，考察近代输入的"出版"一词的含义[⑦]，探讨民国时期《日用百科全书》所建构的知识体系[⑧]，拓展了学术视野。关于近代工具书的研究，特别感谢钟少华老师所惠赠的多部著作。钟老师多年来孜孜不倦，利用晚清民国时期的大量辞书等文献资料，研究近代输入的新概念（概念史）、新观念和"百科思想"，这都给予我很大启发。

参照古代、近代的工具书，再来考察当今的工具书的数字化出版[⑨]、网络互动百科全书的特点[⑩]，就具有了历史眼光和宏观视野，有助于认识媒介技术演变对工具书以

---

① 于翠玲. 西方书籍史视角下中国出版文化的差异：以清代官修类书《古今图书集成》为聚焦点[J]. 中国出版史研究，2017(2)：28-40.

② 于翠玲. "同文之治"语境下《康熙字典》的编纂特征[M]//民俗典籍文字研究（第二十六辑），北京：商务印书馆，2020：163-173.

③ 于翠玲.《康熙字典》在近代的出版流变[J]. 吉林师范大学学报，2020(3)：50-55. .

④ 于翠玲. "伛离"的含义[J]. 文史知识. 2016(11)：125-127. 按："伛离"一词有来历出处。对今天的读者而言，"伛"字已是生僻字，《新华字典》没有收录，电脑的普通字库中也没有，难免将"伛"字打成"侉"或"瓠"，或者不知读音，或对"伛离"一词望文生义。

⑤ 于翠玲. 中国近代工具书网络再版的价值与思路[J]. 郑州轻工业学院学报（社会科学版），2011(5)：39-42.

⑥ 于翠玲. 中国古代动植物工具书的文化特征[J]. 图书与情报，2004(1)：33-36. 从"博物"观念到"博物"学科[J]. 华中科技大学学报（社科版），2006(3)：107-112.

⑦ 于翠玲. "出版"溯源与中国出版活动的演变[J]. 延安大学学报，2008(1)：121-125.

⑧ 于翠玲. 民国"日用百科全书"：中西知识交汇的样本[M]//印刷文化的传播轨迹. 北京：中国传媒大学出版社，2015：205-223.

⑨ 于翠玲. 工具书"在线"模式与开发思路[J]. 科技与出版，2009(1)：52-54.

⑩ 于翠玲. 网络互动"百科全书"的编辑规范探讨[J]. 出版科学，2012(1)：82-84.

及信息检索方式的影响①。2010年我曾受邀到同方知网的公司参观,在现场看到了正在改版的《中国工具书网络出版总库》、正在扫描的硕士学位论文和报刊,还有正在建设的"学术不端检测系统"等。每一种学术数据库的建构,都是对文献资源重新整理和聚合的过程,其背后有着复杂的技术操作和运作流程。这种数字化出版活动及其知识产品,已经对教学和学术研究产生了深刻影响,也是编辑出版学、文献信息学研究的课题。

总之,上述三个方面是相互辅助的。这次编写的教材,渗透了本人多年来的教学体会和读书思考。在当今文献信息数字化的浪潮中,这本教材仅仅是一个阶段性的记录,简单勾勒了从工具书到数据库的发展轨迹。尽管文献信息的载体及检索方式正在发生变化,但中国典籍文献的基础知识依然不可或缺,甚至需要补课。在"国学"复兴的文化背景下,希望本教材也能起到普及中国典籍文化知识的作用。

本教材所收集的资料截至2021年底。由于中文工具书数量繁多,版本不断修订;学术数据库不时更新或变化,文献信息迅速增加,本教材不可能包罗所有,即使是选录的资料也有局限性,仅仅是为读者检索文献信息提供可以参考的框架和线索。不足之处,还请读者通过工具书和数据库自行检索和补充。

最后向本教材的责任编辑表示感谢,也向本教材涉及的工具书编写者、数据库开发者表示感谢。

于翠玲

2021年12月于北京

① 于翠玲.工具书对知识的整合功能及其历史演变:兼论信息检索与利用的宏观视野[J].浙江高校图书情报工作,2010(5):13-17.

图书在版编目(CIP)数据

数字时代信息检索 / 于翠玲编著. --北京：中国传媒大学出版社，2024.6（2026.1重印）
ISBN 978-7-5657-3286-7

Ⅰ. ①数… Ⅱ. ①于… Ⅲ. ①信息检索 Ⅳ. ①G254.9

中国版本图书馆 CIP 数据核字(2022)第 176063 号

数字时代信息检索
SHUZI SHIDAI XINXI JIANSUO

编　　著	于翠玲		
责任编辑	黄松毅		
封面设计	拓美设计		
责任印制	李志鹏		
出版发行	中国传媒大学出版社		
社　　址	北京市朝阳区定福庄东街 1 号	**邮　　编**	100024
电　　话	86-10-65450528　65450532	**传　　真**	65779405
网　　址	http://cucp.cuc.edu.cn		
经　　销	全国新华书店		
印　　刷	唐山玺诚印务有限公司		
开　　本	787mm×1092mm　1/16		
印　　张	18.5		
字　　数	352 千字		
版　　次	2024 年 6 月第 1 版		
印　　次	2026 年 1 月第 2 次印刷		
书　　号	ISBN 978-7-5657-3286-7	**定　　价**	69.00 元

本社法律顾问：北京嘉润律师事务所　郭建平